파이썬을 여행하는 히치하이커를 위한 안내서
The Hitchhiker's Guide to Python

The Hitchhiker's Guide to Python

by Kenneth Reitz and Tanya Schlusser

Authorized Korean translation of the English edition of THE HITCHHIKER'S GUIDE TO PYTHON
ISBN 9781491933176 ⓒ 2016 Kenneth Reitz, Tanya Schlusser

Korean-language edition copyright ⓒ 2017 Insight Press

파이썬을 여행하는 히치하이커를 위한 안내서:
모범 사례와 실용 라이브러리로 더 파이썬답게!

초판 1쇄 발행 2017년 10월 31일 지은이 케네스 라이츠·타냐 슐로서 옮긴이 김은지 펴낸이 한기성 펴낸곳 인사이트 편집 조연희·조은별 제작·관리 박미경 용지 월드페이퍼 출력 소다미디어 인쇄 현문인쇄 후가공 이지앤비 제본 자현제책 등록번호 제10-2313호 등록일자 2002년 2월 19일 주소 서울시 마포구 잔다리로 119 석우빌딩 3층 전화 02-322-5143 팩스 02-3143-5579 블로그 http://blog.insightbook.co.kr 이메일 insight@insightbook.co.kr ISBN 978-89-6626-407-0 책값은 뒤표지에 있습니다. 잘못 만들어진 책은 바꾸어 드립니다. 이 책의 정오표는 http://www.insightbook.co.kr에서 확인하실 수 있습니다. 이 도서의 국립중앙도서관 출판예정도서목록(CIP)은 서지정보유통지원시스템 홈페이지(http://seoji.nl.go.kr)와 국가자료공동목록시스템(http://www.nl.go.kr/kolisnet)에서 이용하실 수 있습니다.(CIP제어번호: CIP2017019434))

파이썬을 여행하는 히치하이커를 위한 안내서

케네스 라이츠 · 타냐 슐로서 지음 | 김은지 옮김

인사이트
insight

차례

옮긴이의 글   xi
서문   xiii

1부 들어가기

1장   인터프리터 선택하기   3

파이썬 2와 3 중 어느 버전을 선택할까?   3
추천하는 파이썬 버전   4
파이썬 3가 최선일까?   4
구현   5
  C파이썬   5
  스택리스   6
  파이파이   6
  자이썬   7
  아이언파이썬   7
  파이썬넷   7
  스컬트   8
  마이크로파이썬   8

2장   파이썬 설치하기   9

맥에 파이썬 설치하기   9
  Setuptools와 pip   11
  virtualenv   12

리눅스에 파이썬 설치하기   13
  Setuptools와 pip   13
  개발 도구 설치   14
  virtualenv   16

윈도우에 파이썬 설치하기   17
  Setuptools와 pip   19

virtualenv   20

상용 파이썬 재배포판   21

인텔의 파이썬 배포판   21
컨티넘 애널리틱스의 아나콘다(Anaconda)   22
액티브스테이트의 액티브파이썬(ActivePython)   22
Enthought의 캐노피(Canopy)   23

3장   개발 환경   25

텍스트 편집기   26

서브라임 텍스트   27
Vim   27
이맥스   30
텍스트메이트   31
아톰   31
VS 코드   32

통합 개발 환경   32

파이참/인텔리제이 아이디어   34
앱타나 스튜디오 3/이클립스 + 리클립스 + 파이데브   34
윙 IDE   35
스파이더   36
닌자 IDE   36
코모도 IDE   37
에릭   37
비주얼 스튜디오   38

기능이 강화된 대화형 도구   38

IDLE   39
IPython   39
bpython   40

격리 도구   40

가상환경   40
pyenv   43
Autoenv   43
virtualenvwrapper   44
Buildout   46
Conda   47
도커   48

2부 실전 돌입하기

4장	훌륭한 코드 작성하기	53

코드 스타일	53
PEP8	54
PEP 20(파이썬 계명)	55
일반적인 조언	56
컨벤션	65
관용구	68
일반적인 갓차	72
변경 가능한 기본 인자	72

프로젝트 구조화하기	76
모듈	76
패키지	80
객체지향 프로그래밍	81
데코레이터	83
동적 타이핑	84
변경 가능/불가능한 자료형	85
의존성 벤더화	88

코드 테스트	88
테스트를 위한 기본	91
예시	94
그 외 인기 있는 도구들	98

문서	101
프로젝트 문서	101
프로젝트 공개	102
문서화 문자열 vs. 블록 주석	103

로그	104
라이브러리에서 로그 남기기	105
애플리케이션에서 로그 남기기	106

라이선스 선택	108
업스트림 라이선스	108
선택 사항	109
라이선스 관련 자료	111

5장	훌륭한 코드 읽어 보기	113

프로젝트의 공통 특성   114

HowDoI   115

    단일 파일 스크립트 읽기   115
    HowDoI의 구조 예시   119
    HowDoI의 스타일 예시   120

Diamond   122

    보다 큰 애플리케이션 코드 읽기   122
    Diamond의 구조 예시   128
    Diamond 스타일 예시   133

Tablib   135

    작은 라이브러리 읽기   135
    Tablib의 구조 예시   139
    설명자와 프로퍼티 데코레이터(인간공학적 API)   140
    Tablib의 스타일 예시   148

Requests   150

    보다 큰 라이브러리 읽기   151
    Requests의 구조 예시   155
    Requests 스타일 예시   160

Werkzeug   165

    툴킷 코드 읽기   166
    Werkzeug 스타일 예시   174
    Werkzeug 구조 예시   176

Flask   182

    프레임워크 코드 읽기   183
    Flask 스타일 예시   189
    Flask 구조 예시   191

6장	훌륭한 코드 배포하기	195

유용한 단어와 콘셉트   196

코드 패키징   197

    Conda   198
    PyPI   198
    Pypiserver   200

코드 동결하기 202
    PyInstaller 204
    cx_Freeze 206
    py2app 208
    py2exe 209
    bbFreeze 210
    리눅스 내장 배포를 위한 패키징 211
    실행 가능한 ZIP 파일 212

3부 시나리오 가이드

7장   사용자와의 상호작용 217

Jupyter Notebook 217
명령줄 애플리케이션 218
GUI 애플리케이션 227
    위젯 라이브러리 228
    게임 개발 234

웹 애플리케이션 236
    웹 프레임워크/마이크로프레임워크 236
    웹 템플릿 엔진 240
    웹 배포 246

8장   코드 관리와 개선 251

지속적 통합 251
시스템 관리 252
    서버 자동화 255
    시스템/작업 모니터링 260

속도 264
    C/C++/FORTRAN 라이브러리와의 인터페이스 275

9장   소프트웨어 인터페이스 281

웹 클라이언트 282
    lxml 287

데이터 직렬화   289

    피클   289

분산 시스템   292

    네트워킹   292

암호   299

10장   데이터 작업   307

과학 애플리케이션   308

    Ipython   309

    SciPy   310

    Matplotlib   310

    Pandas   311

    Scikit-Learn   311

    Rpy2   311

    decimal, fractions, numbers   311

    SymPy   312

텍스트 작업과 텍스트 마이닝   313

    파이썬 표준 라이브러리의 문자열 도구   313

이미지 작업   317

    cv2   318

    Scikit-Image   319

11장   데이터 지속성   321

구조화된 파일   321

데이터베이스 라이브러리   322

부록 A   추가적으로 참고할 사항   339

파이썬 커뮤니티   339

    자유로운 종신 독재자   339

    파이썬 소프트웨어 재단   339

    파이썬 개선 제안   339

파이썬 배우기   341

    초급   341

    중급   343

    고급   344

엔지니어와 과학자   344

기타 주제   345

참고자료   346

문서   347

뉴스   347

찾아보기   349

옮긴이의 글

"Life is Short, You need Python."

인생은 짧기에 파이썬이 필요하다는 이 문장은 파이썬의 여러 특징을 담고 있습니다. 가독성이 높은 파이썬은 배우기가 쉬워 초보자의 시간과 노력을 절감해 주고, 다수가 참여하는 오픈 소스 프로젝트에서도 빛을 발합니다. 파이썬을 사용하면 아이디어를 빠르게 구현할 수 있고, 대화형 도구를 통해 실행 결과를 즉각적으로 확인할 수도 있습니다. 주로 C++이나 자바로 구현하되, 스크립트 언어로는 파이썬을 사용하는 기업도 많습니다. 풍부한 패키지 목록을 보면 게임, 웹 서버, 기계 학습 등 파이썬으로 뭐든지 할 수 있을 것 같다는 자신감이 듭니다.

그러나 광활한 파이썬의 세계를 여행하다 보면 어느 방향이 최선인지 고민하는 순간이 옵니다. 스택오버플로에는 파이썬스러운(pythonic) 방법이 무엇인지를 묻는 질문이 자주 보입니다. 이는 초급 개발자에게만 국한된 고민이 아닙니다. 국내외 파이콘(PyCon, 파이썬 컨퍼런스)에서 늘 가장 높은 비율을 차지하는 발표 주제가 '모범 사례 및 패턴(Best Practices & Patterns)'인 것을 보면 파이썬 커뮤니티는 언제나 최선의 방법이 무엇인지 고민하는 것으로 보입니다(*http://blog.pycon.kr/2017/03/06/python-korea-category-setup/*).

이 책은 파이썬 세계를 여행하는 히치하이커에게 나침반 역할이 되어 줄 수 있는 종합 안내서입니다. 오픈 소스 프로젝트에서 시작하여 오프라인으로 출간된 이 책은 백 명이 넘는 커뮤니티 일원이 공동 저술하였습니다. 목차만 살펴봐도 알 수 있듯이 방대한 내용을 일목요연하게 잘 정리했습니다. 파이썬 설치부터 개발 환경 구성, 코드를 작성하고 프로젝트를 구조화하는 파이썬스러운 방법, 다른 사람의 코드를 읽는 방법, 상황별 일반적인 라이브러리 선택지 등 누구나 고민해 왔던 내용을 마치 파이썬 커뮤니티로부터 과외를 받는 것과 같이 효과적으로 배울 수 있습니다. 군데군데 등장하는 꿀팁이나 노하우는 덤입니다.

파이썬 개발자뿐만 아니라, 다른 언어를 사용하다가 파이썬을 시작하려는 개발자에게도 적극 추천합니다. 파이썬 커뮤니티의 철학과 사고방식을 생생하게 이해할 수 있을 것입니다. 오픈 소스 생태계에 기여하고 싶거나 새로운 애플리케이션을 개발하고 싶은 분께는 더욱 추천합니다. 기존 책에서 잘 다루지 않던 프로젝트 패키징, 라이선스, 테스트, 문서화 등의 내용이 잘 정리되어 있어 도움이 될 것입니다. 다만, 프로그래밍을 처음 시작하는 사람이라면 다른 입문서를 통해 프로그래밍 언어와 컴퓨터과학에 대해 이해한 뒤 이 책을 읽기를 권합니다. 이때, 파이썬으로 프로그래밍을 시작하고 싶다면 이 책의 부록에 나열된 입문서 목록이 도움이 될 것입니다.

가끔씩 본문이나 코드 문자열에 소설 '은하수를 여행하는 히치하이커를 위한 안내서'의 내용이 등장합니다. 이 소설을 읽어 봤다면 반가울 테지만, 읽지 않았더라도 소설의 기발한 표현과 재치 있는 소재를 충분히 즐기실 수 있습니다.

이 책을 번역하면서 가장 고민했던 부분은 단어 선택입니다. 수많은 컴퓨터과학 용어를 우리말로 옮기는 데에는 나름의 기준이 필요했습니다. 자주 쓰이는 용어는 어렵지 않았으나, 드물게 쓰이는 용어는 우리말로 번역해 놓으니 어색한 경우가 많아 심사숙고했습니다. 이때, 우리말로 번역한 단어를 이해하는 데 수 초 이상 소요된다면 영어 발음의 우리말 독음을 그대로 사용하였습니다. 기존 번역어가 확실히 정해지지 않은 경우에는 보다 많은 사람들이 사용한다고 판단되는 쪽을 택하였습니다. 영어가 더욱 친숙하게 느껴진다면 영어를 병기하였습니다. 최대한 읽기 자연스럽게 번역하려 노력하였지만 혹시 제 노력이 그에 미치지 못했더라도 독자 분들의 너그러운 이해 부탁드립니다.

첫 번역인지라 미숙한 점이 많아 쉽지 않았지만 많은 분들의 도움과 값진 수고에 힘입어 무사히 작업을 끝마칠 수 있었습니다. 먼저, 이 책의 번역을 시작할 수 있도록 저를 추천해 주신 박은정 님께 감사드립니다. 멋진 책을 번역할 기회를 제공해 주신 인사이트 출판사의 조은별 편집자님과 한기성 사장님께 감사드립니다. 번역 일에 생소했던 저에게 필요한 여러 가지를 꼼꼼하게 짚어주시고 아낌없이 조언해주셔서 무사히 번역을 마칠 수 있었습니다. 교정을 도와주신 김태욱 님, 김현중 님, 신훈식 님, 안용대 님, 안진원 님, 조현창 님께 감사드립니다. 이 분들의 검토 덕택에 제가 미처 헤아리지 못한 부분이 채워질 수 있었습니다. 좋은 사람들과 자유롭고 즐겁게 연구할 수 있는 환경을 제공해 주시고 크고 작은 가르침을 주시는 조성준 교수님께도 늘 감사드립니다.

마지막으로, 저의 소중한 가족과 친구들에게도 이 자리를 빌려 마음을 전합니다.

옮긴이 김은지

서문

파이썬은 거대하다. 정말 거대하다. 여러분은 파이썬이 얼마나 엄청나고 상상도 못할 정도로 거대한지 믿지 못할 것이다.

이 책에서는 파이썬 언어를 가르치지 않는다(그러나 뛰어난 파이썬 교재를 많이 인용하였으니 참고할 것). 대신 파이썬 커뮤니티가 선호하는 도구와 최선의 방법을 커뮤니티 일원의 입장에서 안내한다. 주요 독자층은 파이썬 입문자나 어느 정도 실력이 있는 파이썬 프로그래머 중 오픈 소스에 기여하고 싶거나, 파이썬 커리어를 쌓고 싶거나, 혹은 파이썬을 사용하여 회사를 차리고 싶은 사람이다. 이미 파이썬을 사용하는 사람에게도 1부와 5장의 내용은 아주 많은 도움이 될 것이다

1부에서는 상황에 맞는 텍스트 편집기 혹은 대화형 개발환경을 선택할 수 있도록 돕는다(예: 자바를 자주 사용한다면 파이썬 플러그인이 설치된 이클립스를 선호할 수 있음). 또한 다양한 인터프리터 옵션을 소개할 예정이니, 아직 파이썬에서 가능한 작업이 뭔지 모르더라도 필요에 맞는 인터프리터를 찾을 수 있을 것이다(예: ARM Cortex-M4 칩을 기반으로 하는 마이크로파이썬 구현). 2부에서는 오픈소스 커뮤니티에서 모범이 되는 예제 코드를 가져와 파이썬스러운 스타일이 무엇인지 설명한다. 2부를 다 읽고 나면 스스로 오픈소스 코드를 심도 있게 읽어보고 실험해 볼 수 있을 것이다. 3부에서는 파이썬 커뮤니티에서 주로 사용하는 광대한 라이브러리 은하계를 둘러본다. 파이썬이 할 수 있는 작업의 한계가 어디까지인지 살펴보자.

이 책의 인세는 Django Girls(*https://djangogirls.org/*)에 직접 기부된다. Django Girls는 열정적이고 즐거운 글로벌 단체이며, 자유롭게 Django와 파이썬 워크샵을 조직하고, 오픈 소스의 온라인 튜토리얼을 제작하며, 기술을 경험해 볼 수 있게 해준다. 이 책의 온라인 버전에 기여하고 싶은 독자는 이 책의 웹사이트(*http://docs.python-guide.org/en/latest/notes/contribute/*)에 방문해보자.

감사의 글

'파이썬을 여행하는 히치하이커를 위한 안내서'에 오신 것을 환영합니다.

저자의 기획으로 탄생한 이 책에는 전세계 수백 명의 사람들이 무료로 제공한 내용이 담겨 있습니다. 인류 역사상 이처럼 거대한 규모의 아름다운 협업이 가능했던 적이 없었습니다.

이 책은 다음 세 가지 요소가 있었기에 만들어질 수 있었습니다.

커뮤니티

사랑 아래 하나로 모여 모든 장애물을 극복합니다.

소프트웨어 프로젝트

파이썬(Python), 스핑크스(Sphinx), 알라바스터(Alabaster)[1], 깃(Git)

서비스

깃허브(Github)와 리드 더 닥스(Read the Docs)

마지막으로 타냐와 위대한 오라일리 팀에게 감사드립니다. 타냐는 이 작품을 책 형태로 변환하고 출판을 준비하는 데 기여했습니다. 오라일리 팀의 던, 재스민, 닉, 헤더, 니콜, 메그, 그 외 많은 사람이 묵묵히 노력해준 덕분에 이 책이 더욱 빛날 수 있었습니다.

---

[1] (옮긴이) 알라바스터(Alabaster)는 스핑크스 테마다.

Part 1

들어가기

1부에서는 파이썬 개발환경을 설정하는 방법에 대해 안내한다. 스튜어트 엘리스(Stuart Ellis)의 글 '윈도우에서 파이썬 환경 구축하기(*http://www.stuartellis.name/articles/python-development-windows/*)'에서 영감을 받아 작성되었으며, 다음과 같이 세 개의 장으로 구성된다.

Part 1

1장 인터프리터 선택하기
파이썬 2와 3을 비교한다.
또한 C파이썬 외의 인터프리터 옵션을 소개한다.

2장 파이썬 제대로 설치하기
파이썬, pip, virtualenv를 설치하는 방법을 안내한다.

3장 개발 환경
파이썬 개발에 주로 사용하는 텍스트 에디터와 IDE를 설명한다.

인터프리터 선택하기

파이썬 2와 3 중 어느 버전을 선택할까?

파이썬 인터프리터를 선택할 때 누구나 이런 고민에 빠진다. '파이썬 2와 파이썬 3 중 어느 버전을 선택해야 할까?' 이 질문에 대한 답은 (파이썬 3가 대세가 되고 있음에도 불구하고) 명쾌하지 않다.

그럼 파이썬 버전에 관한 몇 가지 사실을 살펴보자.

- 오랜 시간 동안 파이썬 2.7이 표준이었다.
- 파이썬 3에서 많은 변화가 생겼고, 일부 개발자들은 이러한 변화 때문에 불행해졌다.[1]
- 파이썬 2.7의 필수 보안 업데이트는 2020년까지 지속될 것이다(*https://www.python.org/dev/peps/pep-0373/*).
- 파이썬 3는 파이썬 2가 지난 몇 년간 그래왔듯이 끊임없이 진화하고 있다.

이제 파이썬 버전을 결정하는 게 왜 어려운지 짐작할 수 있을 것이다.

---

1 여러분이 로우레벨의 네트워크 프로그래밍을 거의 하지 않는다면, 출력문이 함수가 되었다는 사실 외에는 체감하는 변화가 거의 없을 것이다. 그러나 로우레벨의 네크워크 프로그래머에게는 '불행해졌다'는 말로도 부족하다. 대규모의 인기 있는 웹, 소켓, 네크워크 라이브러리는 유니코드나 바이트 문자열(bytestring)을 다루기 때문에 담당 개발자들이 광범위한 변경 작업을 해야 했다(혹은 아직도 작업 중이다). 파이썬 공식 문서에서는 '파이썬 3에서 새로워진 점'에 대해 다음 문장과 함께 소개한다. "여러분이 바이너리 데이터와 유니코드에 대해 알고 있다고 생각한 모든 게 변했습니다."(*http://bit.ly/text-vs-data*)

추천하는 파이썬 버전

아마 진정한 후피 프루드(hoopy frood)[2]는 파이썬 3를 사용할 것이다. 그러나 파이썬 3를 사용하지 않고 파이썬 2를 사용할 수도 있다. 다음 내용을 참고하여 파이썬 버전을 선택해보자.

파이썬 3를 사용할 독자

- 파이썬 3를 사랑한다.
- 어떤 버전을 사용할지 모르겠다.
- 변화를 좋아한다.

파이썬 2를 사용할 독자

- 파이썬 2를 사랑하며, 대다수가 파이썬 3를 사용할 미래를 떠올리면 슬프다.
- 파이썬 3를 사용하면 소프트웨어의 안정성 요구사항이 영향을 받는다.[3]
- 의존하는 소프트웨어가 파이썬 2를 필요로 한다.

파이썬 3가 최선일까?

파이썬 인터프리터를 선택하기 어렵다면, 최신 파이썬 3.X 버전을 사용하자. 새 버전이 공개될 때마다 표준 라이브러리와 보안 취약점이 개선되고, 버그가 고쳐진다. 게다가 이는 현재진행형이다. 그러므로 파이썬 2를 사용해야만 하는 강력한 이유가 있을 때만 파이썬 2를 사용하자. 강력한 이유라 하면 다음과 같은 세 가지를 예로 들 수 있다. 첫째, 사용하고자 하는 라이브러리가 파이썬 2 전용 라이브러리인 데다 파이썬 3에 대체 라이브러리가 없는 경우. 둘째, 특정 파이썬 구현이 필요한 경우(다음 쪽 '구현'을 참고). 셋째, 파이썬 2를 사랑하고 이로부터 영감을 받는 독자.

'Can I Use Python 3?'(*https://caniusepython3.com/*)에서는 파이썬 2의 패키지나 프로젝트를 파이썬 3에서도 사용할 수 있는지 확인할 수 있다.

'Python2orPython3'(*http://bit.ly/python2-or-python3*)에서는 파이썬 2와 3의 차

---

2 놀라울 정도로 침착한 사람. 즉, 수건이 어디 있는지 아는 사람.
   (옮긴이) 소설 『은하수를 여행하는 히치하이커를 위한 안내서』(책세상, 2004년, 이하 소설로 표기)에서 수건은 은하수를 여행하는 히치하이커의 필수품이다. 수건을 늘 지니고 다니는 히치하이커는 침착하고 대접받을 가치가 있는 사람으로 묘사된다.
3 파이썬 2에서 3로 넘어가면서 파이썬 표준 라이브러리에 적용된 하이레벨의 변경사항이 궁금하다면 *http://python3porting.com/stdlib.html*에 접속해보자.

이부터 하위 호환이 되지 않는 부분까지 설명하고 있으며, 차이점별 세부 내용에 관한 링크를 제공한다.

파이썬 입문 단계에서는 파이썬 버전 간 상호 호환성보다 중요한 내용이 훨씬 많다. 버전 선택에 신경쓰기보다는 일단 현재 사용 중인 시스템에서 잘 작동하는 버전으로 먼저 시작하고, 필요에 따라 나중에 변경하자.

구현

사람들이 **파이썬**에 대해 얘기할 때, 파이썬 언어 자체를 언급하는 경우가 대다수지만 가끔 C파이썬 구현체(implementation)를 지칭하기도 한다. 실제로 파이썬은 다양한 방식으로 구현될 수 있다.

다른 방식의 구현체는 다른 라이브러리와의 호환성이나 약간의 성능 향상을 위해 필요할 수 있다. 순수 파이썬 라이브러리는 모든 파이썬 구현체에서 작동해야 한다. 그러나 C 언어 기반 라이브러리(예: Numpy)는 C파이썬 이외의 구현체에서는 작동하지 않을 수도 있다. 여기서는 가장 많이 사용되는 구현 방식에 대해 간략하게 소개한다.

 이 책은 여러분이 파이썬 3의 표준 C파이썬 구현을 사용한다고 가정한다. 파이썬 2에 관한 내용이 등장할 때마다 노트를 추가하였지만, 파이썬 3가 주다.

C파이썬

C파이썬(CPython, *http://www.python.org/*)은 파이썬의 표준 구현[4]이며 C 언어로 작성되었다. C파이썬은 파이썬 코드를 중간 바이트코드로 컴파일하고, 그 결과를 가상머신이 해석한다. C파이썬은 파이썬 패키지, C 확장 모듈[5]과 호환성이 가장 높다.

오픈 소스 파이썬 코드를 작성 중이며 광범위한 사용자층을 염두에 두고 있다면, C파이썬을 사용하자. C 확장 모듈에 의존하는 패키지는 C파이썬만 사용할 수 있다.

C파이썬은 표준 구현 방식이므로 공식 홈페이지에서 제공되는 파이썬의 모든

4　**표준 구현**이란 말 그대로 해당 언어의 정의를 정확하게 반영한 구현을 의미한다. 나머지 구현체들은 표준 구현체의 구현 방식을 그대로 따른다.

5　**C 확장 모듈**은 파이썬에서 사용하기 위한 목적으로, C를 사용해 작성된다.

버전이 C를 사용해 구현되었다.

스택리스

스택리스 파이썬(Stackless Python, *https://bitbucket.org/stackless-dev/stackless/wiki/Home*)은 보통의 C파이썬이며, C파이썬에서 사용 가능한 모든 라이브러리를 사용할 수 있다. 그러나 파이썬 인터프리터를 호출 스택과 분리함으로써 코드 실행 순서를 변경할 수 있는 기능이 있다. 스택리스는 태스크릿(tasklet)이라는 콘셉트를 도입하여 함수를 감싸 '마이크로스레드(Microthread)'[6]로 바꾼다. 마이크로스레드는 향후 실행을 위해 디스크에 직렬화(serialization)할 수 있고, 라운드 로빈 스케줄링[7]도 할 수 있다.

C파이썬 사용자는 그린릿(Greenlet) 라이브러리(*http://greenlet.readthedocs.io/en/latest/*)를 사용하여 태스크릿과 비슷한 방식의 스택 전환 기능을 사용할 수 있다. 이러한 기능의 대부분은 다음에 소개할 파이파이에도 구현되어 있다.

파이파이

파이파이(PyPy, *http://pypy.org/*)는 파이썬 언어의 정적 타입 부분 집합인 RPython을 사용해 구현되었으며, 특정 종류의 최적화가 가능하다. 파이파이는 JIT(Just-in-time)[8] 컴파일러를 제공하며, C, CIL(Common Intermediate Language, 공통 중간 언어, *http://bit.ly/standard-ecma-335*), JVM(Java Virtual Machine, 자바 가상머신) 바이트코드와 같은 다양한 백엔드를 지원한다.

파이파이의 목표는 표준 C파이썬과의 호환성을 최대화하면서 성능도 끌어올리는 것이다. 파이썬 코드의 성능을 향상시키는 방법을 찾고 있다면, 파이파이를 시도해볼 만하다. 벤치마크를 해본 결과 C파이썬보다 무려 5배 이상 빠르다(*http://speed.pypy.org/*).

파이파이는 파이썬 2.7을 지원하며 파이파이3(*http://pypy.org/compat.html*)는 파이썬 3[9]를 지원한다. 두 버전 모두 파이파이 다운로드 웹페이지(*http://pypy.org/download.html*)에서 받을 수 있다.

6　(옮긴이) 운영체제의 스레드와는 다르게 경량화된 스레드.
7　(옮긴이) 라운드 로빈 스케줄링(Round Robin Scheduling)은 프로세스들 사이에 우선순위를 두지 않고, 순서대로 시간 단위로 CPU를 할당하는 방식의 CPU 스케줄링 알고리즘이다(출처: *https://ko.wikipedia.org/wiki/라운드_로빈_스케줄링*).
8　(옮긴이) 프로그램을 실행하는 시점에서 필요한 부분을 즉석으로 컴파일하는 방식.
9　(옮긴이) 2017년 8월 기준으로 파이썬 3.5.3 버전을 지원한다.

자이썬

자이썬(Jython, *http://www.jython.org/*)은 파이썬 코드를 자바 바이트코드로 컴파일하는 파이썬 인터프리터 구현이며, 컴파일 결과는 자바 가상머신에서 실행될 수 있다. 자바 클래스를 파이썬 모듈 불러오듯 가져와 사용할 수도 있다.

만약 기존 자바 코드를 사용해야 하거나 자바 가상머신을 위한 파이썬 코드를 작성해야 한다면 자이썬을 사용하자.

자이썬은 파이썬 2.7 버전까지 지원한다(*http://bit.ly/jython-supports-27*).[10]

아이언파이썬

아이언파이썬(IronPython, *http://ironpython.net/*)은 닷넷(.NET) 프레임워크를 위한 파이썬 구현이다. 여기서는 파이썬 라이브러리와 닷넷 프레임워크 라이브러리를 모두 사용할 수 있으며, 파이썬 코드를 다른 닷넷 프레임워크 언어에 노출시킬 수 있다.

비주얼 스튜디오용 파이썬 도구(*http://ironpython.net/tools/*)를 사용하면 비주얼 스튜디오 개발 환경에서 아이언파이썬을 사용할 수 있으며, 이는 윈도우 사용자에게 최고의 선택이다.

아이언파이썬은 파이썬 2.7 버전을 지원한다(*http://ironpython.codeplex.com/releases/view/81726*).

파이썬넷

파이썬넷(PythonNet, *http://pythonnet.github.io/*)은 파이썬을 위한 닷넷(Python for .NET)의 줄임말로, 파이썬과 닷넷 CLR(Common Language Runtime, 공용 언어 런타임)[11]을 매끄럽게 통합한 패키지다. 이는 아이언파이썬과는 반대의 접근 방식이며, 파이썬넷과 아이언파이썬은 경쟁관계가 아닌 상호보완 관계이다.

모노(Mono[12], *http://www.mono-project.com/*)와 함께, 파이썬넷은 리눅스나 맥에 내장된 파이썬이 닷넷 프레임워크에서 작동할 수 있도록 한다. 아이언파이썬과 함께 실행해도 충돌하지 않는다.

---

10 (옮긴이) 현재 자이썬 3.5 버전이 초기 개발 단계에 있으며, https://github.com/jython/jython3에서 확인할 수 있다.

11 (옮긴이) 닷넷 프레임워크에서 제공하는 기초 환경으로, 코드를 실행하며 개발 과정을 더 쉽게 해주는 서비스.

12 (옮긴이) 오픈 소스 프로젝트이며, 마이크로소프트에서 지원하지 않는 운영체제에서의 닷넷을 지원한다.

파이썬넷은 파이썬 2.3 버전부터 2.7 버전까지 지원한다.[13] 설치 지침은 파이썬넷 readme 페이지를 참고하자.

스컬트

스컬트(Skulpt, *http://www.skulpt.org/*)는 파이썬을 자바스크립트로 구현한 것이다. C파이썬의 표준 라이브러리가 모두 포팅되지는 않았으며, math, random, turtle, image, unittest, time의 일부, urllib, DOM, re가 포함되어 있다. 교육용으로 개발되었으며, 사용자가 작성한 모듈을 추가할 수 있다(*http://bit.ly/skulpt-adding-module*).

주목할 만한 사용 예시로는 Interactive Python(*http://interactivepython.org*)과 CodeSkulptor(*http://www.codeskulptor.org/demos.html*)이 있다.

스컬트는 파이썬 2.7과 파이썬 3.3을 지원한다. 자세한 내용은 스컬트 깃허브 페이지(*https://github.com/skulpt/skulpt*)를 참고하자.

마이크로파이썬

마이크로파이썬(MicroPython, *https://micropython.org/*)은 마이크로 컨트롤러[14]에서 실행되도록 최적화된 파이썬 3의 구현이며, Thumb v2 명령어를 사용하는 32비트 ARM 프로세서를 지원한다(예: 저가 마이크로 컨트롤러에 사용되는 Cortex-M 시리즈). 마이크로파이썬에는 파이썬 표준 라이브러리의 모듈, 마이크로파이썬 전용 라이브러리(보드 상세, 메모리 정보, 네트워크 접근 등), 그리고 작은 크기에 최적화된 ctypes 패키지가 포함되어 있다(*http://bit.ly/micropython-library*). 파이썬이 내장된, 데비안 혹은 C 기반의 운영체제인 라즈베리 파이(Raspberry Pi, *https://www.raspberrypi.org/*)와는 다르다. 파이보드(pyboard, *https://store.micropython.org/store/#/store*)는 마이크로파이썬을 운영체제로 사용한다.

 앞으로 이 책에서는 유닉스 계열, 맥, 윈도우 운영체제에서 C파이썬을 사용할 예정이다.

이제 우리의 여행을 위한 필수 도구인 파이썬을 설치해보자.

---

13 (옮긴이) 2017년 4월 현재 2.7, 3.3, 3.4, 3.5, 3.6 버전과 호환된다.
14 (옮긴이) 임베디드 기기, 가정용 기기, 원격 조종기, 장난감 등의 내부에 들어 있는 소형 저전력 칩.

## 2장

파이썬 설치하기

이번 장에서는 맥, 리눅스, 윈도우에 C파이썬을 설치하는 방법을 차례로 소개한다. (Setuptools나 pip와 같은) 패키징 도구에 대한 내용이 운영체제마다 반복적으로 등장하니, 사용 중인 운영체제 부분만 선택하여 읽자.

아나콘다(Anaconda)나 캐노피(Canopy)와 같은 상용 파이썬 배포판을 사용하려면, 제공자(vender)의 지침에 따라야 한다. 21쪽 '상용 파이썬 재배포판'에서 이에 대한 간략한 참고사항을 확인할 수 있다.

> 운영체제에 파이썬이 내장되었다면, 어떠한 계정에서도 해당 파이썬 실행 파일을 참조하는 심벌릭 링크[1]를 수정하지 못하도록 관리해야 한다. 만약 누군가가 이 링크를 수정한다면 보곤의 시(*https://en.wikipedia.org/wiki/Vogon#Poetry*)[2]를 큰 소리로 낭독하는 것만큼 최악의 상황이 발생할 수 있다(해당 파이썬에 의존하는 시스템 내장 코드가 있다고 생각해보자).

맥에 파이썬 설치하기

맥 운영체제의 최신 버전인 El Capitan[3]에는 맥에 맞춰 구현된 파이썬 2.7이 내장되어 있다.

따라서 맥에서는 파이썬을 별도로 설치하거나 설정할 필요가 없다. 하지만

---

1 (옮긴이) 심벌릭 링크(Symbolic link)는 파일이나 폴더에 대한 참조를 포함하는 특별한 종류의 파일이다.
2 (옮긴이) 소설에서 보곤(Vogon)은 외계인 종족 중 하나이며, 보곤의 시는 우주에서 세 번째로 최악인 시로 묘사되고 있다. 주인공 일동(포드와 아서)은 보곤 우주선에 히치하이킹했다가 보곤의 시를 듣고 쫓겨난다.
3 (옮긴이) 2016년 12월 기준 최신 버전은 Sierra이며, 여전히 파이썬 2.7이 내장되어 있다. 참고로 애플은 Sierra를 발표하면서 맥 운영체제의 이름을 OS X에서 macOS로 변경하겠다고 공표하였다.

파이썬 애플리케이션 개발 계획(예: 공동 프로젝트에 기여하기)이 있는 독자는 Setuptools, pip 그리고 virtualenv라는 세 가지 도구를 꼭 설치하자. 도구 설명과 설치법은 11~12쪽에 설명되어 있다. 참고로 세 가지 도구 중 Setuptools는 무조건 설치해 두자. 써드파티 파이썬 라이브러리를 사용하기가 매우 편해진다.

맥에 내장된 파이썬은 개인용으로는 손색이 없지만 공동개발용으로는 적합하지 않다. 공식 배포판보다 오래된 버전이며 안정성이 떨어질 수 있기 때문이다.[4] 만약 개인용 스크립트 작성이 주목적이라면(예: 웹사이트 데이터 가져오기, 데이터 처리하기) 맥에 내장된 파이썬을 사용해도 상관없다. 하지만 오픈 소스 프로젝트에 기여하고 싶거나 다른 운영체제를 사용하는 개발자들과 팀을 꾸려 함께 일하고자 한다면[5] C파이썬을 사용하자.

파이썬을 설치하기 전에 참고사항과 주의사항을 잘 읽어보자. 먼저 GCC를 설치해야 하는데, 이는 Xcode(*https://developer.apple.com/xcode/*)라는 가벼운 명령줄 도구(*https://developer.apple.com/downloads/*, 애플 계정이 필요함) 아니면 이보다 더 작은 용량의 osx-gcc-installer 패키지(*http://bit.ly/osx-gcc-installer-package*)를 설치하면 자동으로 설치된다.

> **!** 이미 Xcode가 설치되어 있다면 osx-gcc-installer를 설치하지 말 것. 진단하기 어려운 문제가 생길 수 있다.

맥에는 수많은 유닉스 유틸리티가 포함되어 있으나, 리눅스에 익숙한 사람이라면 쓸만한 패키지 관리자가 없다고 느껴질 수 있다. 홈브류(Homebrew, *https://brew.sh/*)는 그 빈자리를 채워준다.

홈브류를 설치하려면 터미널 혹은 마음에 드는 터미널 에뮬레이터를 열어 다음 코드를 실행하면 된다.

---

4 이에 대해서는 의견이 분분하다. 맥에 내장된 파이썬은 공식 배포판과 전혀 다르며, 심지어는 맥 전용 라이브러리가 포함되어 있다. 'Stupid Python Ideas' 블로그(*http://bit.ly/sticking-with-apples-python*)에서는 맥에 내장된 파이썬을 무조건적으로 사용하지 말자는 의견을 비판하면서도, 맥 운영체제의 C파이썬 2.7과 정식 C파이썬 2.7을 동시에 사용할 때 충돌이 일어날 수 있다는 점은 인정하고 있다. 만약 이런 점이 우려되면 가상환경을 사용하자. 아니면 맥 운영체제 파이썬은 그대로 두고, C파이썬 2.7 표준버전을 설치하여 앞으로 이 파이썬 버전이 실행되도록 환경변수의 PATH를 설정하자. 그러면 아무 문제가 없을 것이며, 맥에 내장된 파이썬에 의존하는 프로그램도 잘 작동할 것이다.

5 파이썬 3을 택하거나 처음부터 virtualenv나 virtualenvwrapper를 설치하여 가상환경에서 작업하는 것이 최선이다. 가상환경에서 작업하고 싶다면 히넥 쉬라크(Hynek Schlawack)의 블로그 게시글(*https://hynek.me/articles/virtualenv-lives/*)을 참고하자.

```
$ BREW_URI=https://raw.githubusercontent.com/Homebrew/install/master/install
$ ruby -e "$(curl -fsSL ${BREW_URI})"
```

이 스크립트는 설치로 인한 변경사항을 사용자에게 미리 알려준다. 홈브류를 설치했다면 홈브류의 경로를 PATH 환경변수의 맨 앞부분[6]에 넣자. *~/.profile* 파일의 마지막 줄에 다음 내용을 덧붙이면 된다.

```
export PATH=/usr/local/bin:/usr/local/sbin:$PATH
```

이제 다음 명령어를 터미널에 입력하여 파이썬을 설치하자.

```
$ brew install python3
```

파이썬 2를 설치하려면 다음과 같이 입력하자.

```
$ brew install python
```

파이썬은 기본으로 */usr/local/Cellar/python3/* 혹은 */usr/local/Cellar/python/*에 심벌릭 링크[7]와 함께 설치되며, 심벌릭 링크가 가리키는 인터프리터는 */usr/local/python3* 또는 */usr/local/python*에 위치한다. `pip install`에 --user 옵션을 사용한다면 distutils와 홈브류 구성에서 발생하는 버그를 처리해야 한다(*http://docs.brew.sh/Homebrew-and-Python.html*). 그러니 12쪽의 'virtualenv'에 소개되는 가상 환경을 사용하길 추천한다.

Setuptools와 pip

홈브류는 파이썬과 함께 Setuptools와 pip도 설치한다. 설치된 pip 실행 파일은 파이썬 3 기준 `pip3`, 파이썬 2 기준 `pip` 명령어에 매핑된다.

---

6 이렇게 해야 시스템 내장 파이썬이 아닌 홈브류로 설치한 파이썬을 사용할 수 있다.
7 심벌릭 링크는 실제 파일 위치를 가리키는 포인터다. 예를 들어, 명령 프롬프트에서 `ls -l /usr/local/bin/python3`라고 입력하면 실제로 가리키는 위치를 확인할 수 있다.

Setuptools의 `easy_install` 명령어를 사용하면 네트워크(일반적으로 인터넷)에서 Setuptools와 호환[8]되는 파이썬 소프트웨어를 다운 받아 설치할 수 있다. 또한, 약간의 작업만으로 직접 만든 파이썬 소프트웨어에 이러한 네트워크 설치 기능을 추가할 수 있다.

pip의 `pip`와 Setuptools의 `easy_install` 둘 다 파이썬 패키지를 설치하고 관리하기 위한 도구다. 이 둘을 비교하면 다음의 세 가지 측면에서 `pip`가 낫다. 첫째, `pip`는 패키지 설치뿐만 아니라 제거도 가능하다. 둘째, `pip`의 오류 메시지가 더 이해하기 쉽다. 셋째, 패키지의 일부만 설치되는 경우가 없다(부분적으로 설치가 실패하는 경우 지금까지의 설치 내역이 삭제되어 원상 복귀된다). 차이점에 대한 상세한 논의가 궁금하다면 파이썬 패키징 사용자 가이드(*https://packaging.python.org/*)의 pip vs `easy_install`(*http://bit.ly/pip-vs-easy-install*)을 참고하자.

참고로 pip 버전을 업그레이드하려면, 다음 명령어를 셸에 입력하자.

```
$ pip install --upgrade pip
```

virtualenv

`virtualenv`(*https://pypi.python.org/pypi/virtualenv*)는 고립된 파이썬 환경을 생성한다. 환경마다 폴더를 하나씩 만들어, 환경 내에서 패키지를 사용하는 데 필요한 모든 실행 파일을 담는다. 참고로 아무것도 설치하지 않고, virtualenv와 Setuptools만 깔아두고, 언제나 가상환경만을 사용하는 게 최선이라고 주장하는 사람들도 있다.[9]

`pip`를 통해 virtualenv를 설치하려면, 다음과 같이 터미널 셸의 명령줄에서 `pip`를 실행해야 한다.

```
$ pip3 install virtualenv
```

파이썬 2를 사용한다면 다음과 같이 입력하자.

---

8 Setuptools를 통해 설치할 수 있는 패키지에는 패키지 의존성을 식별하고 설치하는 데 필요한 모든 정보가 담겨 있다. 자세한 내용은 Packaging and Distributing Python Projects 문서(*https://packaging.python.org/distributing/*), PEP 302(*https://www.python.org/dev/peps/pep-0302/*), PEP 241(*https://www.python.org/dev/peps/pep-0241/*)를 참고하자.

9 이미 설치된 라이브러리를 새 버전으로 덮어쓰는 실수를 예방한다. 또한 운영체제 내장 파이썬이 훼손되지 않아 이에 의존하는 시스템 내부 코드가 망가지지 않는다.

```
$ pip install virtualenv
```

가상환경에서는 파이썬 버전에 관계 없이 pip 명령어를 사용할 수 있다. 따라서 앞으로는 pip 명령어만 사용하겠다. 40쪽 '가상환경'에서는 가상환경을 사용해야 하는 이유와 그 예시를 보다 자세히 소개한다.

리눅스에 파이썬 설치하기

우분투는 15.10 버전인 Wily Werewolf(교활한 늑대인간)부터 파이썬 3만 내장해서 배포한다(apt-get으로 파이썬 2 설치 가능). 구체적인 내용은 우분투 위키의 파이썬 페이지(*https://wiki.ubuntu.com/Python*)를 참고하자. 페도라(Fedora)도 릴리스 23부터 파이썬 3만 포함하여 배포하며(20에서 22까지는 2.7과 3 모두 포함되어 있음), 파이썬 2.7은 패키지 관리자를 통해 설치할 수 있다.

만약 파이썬 2와 3 모두 설치하여 사용하고 싶다면, 심벌릭 링크를 만들어 python2는 파이썬 2로, python3는 파이썬 3로 매핑하여 사용하자. 유닉스 계열에서 파이썬 2를 사용하기로 결심했다면 셔뱅(shebang)[10] 줄(예: 파일 첫 줄에 #!/usr/bin/env python2 입력)을 사용하여 파이썬 2 코드임을 명시하자(PEP 394 *https://www.python.org/dev/peps/pep-0394/* 참고).

PEP 394에 나와 있지는 않지만, pip2와 pip3 명령어를 각각 파이썬 2와 파이썬 3의 패키지 인스톨러에 연결하는 것이 관례다.

Setuptools와 pip

pip는 시스템 패키지 인스톨러를 사용해도 설치할 수 있다. 그러나 최신 버전을 사용하려면 다음 단계에 따라 설치하자.

먼저, *get-pip.py*(*https://bootstrap.pypa.io/get-pip.py*)를 다운 받자.[11]

그 다음 셸을 실행하고 다운 받은 *get-pip.py*가 있는 폴더로 이동하여 다음과 같이 입력하자.

```
$ wget https://bootstrap.pypa.io/get-pip.py
$ sudo python3 get-pip.py
```

---

10 (옮긴이) 셔뱅 줄은 유닉스 계열 운영체제에서 사용되며 파일이 어떤 프로그램에 의해 실행되어야 할지를 나타낸다. 파일의 맨 첫 줄에 넣어주며 #!로 시작한다.

11 보다 자세한 내용은 pip 설치 지침(*https://pip.pypa.io/en/latest/installing/*)을 확인하자.

파이썬 2라면 다음과 같이 입력하자.

```
$ wget https://bootstrap.pypa.io/get-pip.py
$ sudo python get-pip.py
```

이렇게 하면 pip 뿐만 아니라 Setuptools도 설치된다.

Setuptools의 `easy_install` 명령어를 사용하면 네트워크(일반적으로 인터넷)에서 Setuptools와 호환[12]되는 파이썬 소프트웨어를 다운 받아 설치할 수 있다. 또한 약간의 작업만으로 직접 만든 파이썬 소프트웨어에 이러한 네트워크 설치 기능을 추가할 수 있다.

pip는 파이썬 패키지를 쉽게 설치하고 관리할 수 있도록 돕는 도구이며, 다음의 세 가지 측면에서 easy_install보다 낫다. 첫째, `pip`는 패키지 설치뿐만 아니라 제거도 가능하다. 둘째, `pip`의 오류 메시지가 더 이해하기 쉽다. 셋째, 패키지의 일부만 설치되는 경우가 없다(부분적으로 설치가 실패하는 경우 지금까지의 설치 내역이 삭제되어 원상 복귀된다). 차이점에 대한 상세한 논의가 궁금하다면 파이썬 패키징 사용자 가이드(*https://packaging.python.org/*)의 `pip vs easy_install`(*http://bit.ly/pip-vs-easy-install*)을 참고하자.

개발 도구 설치

거의 모든 파이썬 라이브러리가 C 확장에 의존한다. 패키지 관리자에서 미리 빌드한 패키지를 제공하기도 하니, 제공 여부를 먼저 확인하자. 사용 중인 패키지 관리자에 따라 `yum search`나 `apt-cache search`와 같은 명령어를 사용하여 확인할 수 있다. 라이브러리에서 휠 형식(wheel, 미리 컴파일된 운영체제 플랫폼별 바이너리 파일, *http://pythonwheels.com/*)을 제공한다면 pip를 사용하여 PyPI로부터 직접 바이너리를 다운 받을 수 있다. 그러나 C 확장을 만들 예정이거나 플랫폼에 맞는 패키지 휠이 제공되지 않는다면, 각종 C 라이브러리, make, GCC 컴파일러와 같은 개발 도구가 필요할 수 있다. C 라이브러리 기반으로 하는 유용한 패키지를 살펴보자.

---

12 Setuptools를 통해 설치할 수 있는 패키지에는 패키지 의존성을 식별하고 설치하는 데 필요한 모든 정보가 담겨 있다. 자세한 내용은 Packaging and Distributing Python Projects 문서(*https://packaging.python.org/distributing/*), PEP 302(*https://www.python.org/dev/peps/pep-0302/*), PEP 241(*https://www.python.org/dev/peps/pep-0241/*)을 참고하자.

동시성(concurrency) 도구

- 스레딩 라이브러리 threading(*https://docs.python.org/3/library/threading.html*)
- 이벤트 핸들링 라이브러리(파이썬 3.4+) asyncio(*https://docs.python.org/3/library/asyncio.html*)
- 코루틴 기반 네트워크 라이브러리 curio(*https://curio.readthedocs.io/en/latest/*)
- 코루틴 기반 네트워크 라이브러리 gevent(*http://www.gevent.org/*)
- 이벤트 기반 네트워크 라이브러리 Twisted(*https://twistedmatrix.com/trac/*)

과학 분석

- 선형대수 라이브러리 NumPy(*http://www.numpy.org/*)
- 수치분석 도구 SciPy(*https://www.scipy.org/*)
- 기계학습 라이브러리 scikit-learn(*http://scikit-learn.org/stable/*)
- 데이터 시각화 라이브러리 Matplotlib(*http://matplotlib.org/*)

데이터/데이터베이스 인터페이스

- HDF5 데이터 형식을 위한 인터페이스 h5py(*http://www.h5py.org/*)
- PostgreSQL 데이터베이스 어댑터 Psycopg(*http://initd.org/psycopg/*)
- 데이터베이스 추상화 및 객체 관계형 매퍼 SQLAlchemy(*http://www.sqlalchemy.org/*)

우분투의 경우 터미널 셸에 다음과 같이 입력하여 개발 도구를 설치하자.

```
$ sudo apt-get update --fix-missing
$ sudo apt-get install python3-dev # 파이썬 3
$ sudo apt-get install python-dev  # 파이썬 2
```

페도라인 경우 터미널 셸에 다음과 같이 입력하여 개발 도구를 설치하자.

```
$ sudo yum update
$ sudo yum install gcc
$ sudo yum install python3-devel # 파이썬 3
$ sudo yum install python2-devel # 파이썬 2
```

이제 컴파일이 필요한 패키지를 pip3 install --user *패키지명*(파이썬 2에서는 pip install --user *패키지명*)을 통해 쉽게 설치할 수 있다. 아니면 필요에 따라 직접 컴파일하여 설치할 수도 있다(자세한 방법은 HDF5 설치 문서(*https://support.*

hdfgroup.org/HDF5/release/obtain5.html) 참고). 우분투에 PostgreSQL을 위한 개발 도구를 설치하려면 터미널 셸에 다음과 같이 입력하자.

```
$ sudo apt-get install libpq-dev
```

페도라에서는 다음과 같이 입력하자.

```
$ sudo yum install postgresql-devel
```

virtualenv

virtualenv는 virtualenv(*https://pypi.python.org/pypi/virtualenv*) 패키지와 함께 설치되는 명령어로, 고립된 파이썬 환경을 생성하는 데 사용한다. 환경마다 폴더를 하나씩 만들어, 환경 내에서 패키지를 사용하는 데 필요한 모든 실행 가능 파일을 담는다.

우분투 패키지 관리자를 사용하여 virtualenv를 설치하려면 다음과 같이 입력하자.

```
$ sudo apt-get install python-virtualenv
```

페도라에서는 다음과 같이 입력하자.

```
$ sudo yum install python-virtualenv
```

pip를 사용하여 설치하고 싶다면, 터미널 셸에서 --user 옵션을 사용하여 시스템 전체가 아닌 사용자 계정에만 설치한다.

```
$ pip3 install --user virtualenv
```

파이썬 2에서는 다음과 같이 입력하자.

```
$ sudo pip install --user virtualenv
```

가상환경에서는 파이썬 버전에 관계 없이 pip 명령어를 사용할 수 있다. 따라서 앞으로는 pip 명령어만 사용하겠다. 40쪽에서는 가상환경을 사용해야 하는 이유와 그 예시를 보다 자세히 소개한다.

윈도우에 파이썬 설치하기

많은 파이썬 라이브러리가 C 확장을 사용하지만 윈도우에서는 컴파일 작업이 어렵다. 따라서 윈도우에서는 다른 운영체제에 비해 파이썬을 설치하기 어렵다. 다행히도 휠(Wheel, *http://pythonwheels.com/*) 덕분에 `pip`를 통해 PyPI로부터 패키지 바이너리를 받을 수 있게 되어, 조금이나마 상황이 나아졌다.

윈도우에서 파이썬을 설치하는 방법은 두 가지이다. 하나는 상용 배포판(21쪽 '상용 파이썬 재배포판' 참고)이며, 다른 하나는 C파이썬이다. 과학 관련 작업을 많이 한다면 아나콘다(Anaconda)를 설치하는 게 간편하다. 윈도우에서 파이썬으로 과학 컴퓨팅을 하는 모든 이가 아나콘다를 추천한다. 그러나 컴파일과 링킹(linking)에 익숙하고, C코드를 사용한 오픈 소스 프로젝트에 기여하고 싶거나 상용 배포판을 사용하고 싶지 않다면 C파이썬을 설치하자.[13]

점차 C 라이브러리 기반의 파이썬 패키지의 휠이 PyPI에 등록되는 추세이며, 이러한 패키지는 `pip`를 사용해 설치할 수 있다. 그러나 윈도우에서 패키지를 설치할 때, C 라이브러리 의존성이 휠에 포함되지 않아 문제가 발생하기도 한다. 이런 의존성 문제를 피하고 싶다면 아나콘다 같은 파이썬 상용 재배포판을 선택하자.

참고로 다음과 같은 성향의 윈도우 사용자는 C파이썬을 사용하자.

- C 확장에 의존하는 파이썬 라이브러리가 필요하지 않다.
- (유료의) Visual C++ 컴파일러가 있다.
- MinGW를 다룰 수 있다.
- 직접[14] 바이너리를 다운 받아 `pip`를 사용해 설치할 수 있다.

여러분이 R이나 MATLAB의 대안으로 파이썬을 사용하거나 파이썬을 빠르게 사용해보고 싶다면('상용 파이썬 재배포판'에서 몇 가지 팁 참고) 아나콘다를 사용

---

13 파이썬과 닷넷 프레임워크를 통합하고 싶다면 아이언파이썬(7쪽의 "아이언파이썬" 참고)을 고려해보자. 그러나 초보자라면 C파이썬을 설치하자. 이 책은 C파이썬을 기반으로 설명하고 있다.

14 이를 위해서는 사용 중인 파이썬 버전뿐만 아니라, 32비트 파이썬인지 64비트 파이썬인지 알아야 한다. 필자는 32비트 파이썬을 설치하길 추천한다. 참고로 써드파티 DLL의 버전은 대체로 32비트며, 일부만 64비트다. 크리스토프 골케(Christoph Gohlke)의 사이트(*http://www.lfd.uci.edu/~gohlke/pythonlibs/*)는 컴파일된 바이너리를 얻는 용도로 널리 알려져 있다. 칼 클레프너(Carl Kleffner)는 MinGW를 사용하여 scikit-learn의 바이너리를 빌드하고 있으며(*https://pypi.anaconda.org/carlkl/simple/*), PyPI에 공개할 예정이다.

하자.[15]

만약 그래픽 위주의 인터페이스(Point-and-click)를 원하거나, 파이썬이 첫 언어이자 이번에 처음으로 도전해본다면 캐노피(Canopy)를 사용하자. 어쨌든 여러분이 속한 팀이 이 중 하나의 옵션을 이미 사용하고 있다면, 이에 따라야 한다.

표준 C파이썬 구현을 윈도우에 설치하려면, 공식 웹사이트에서 최신 버전의 파이썬 3(*https://www.python.org/ftp/python/3.5.0/python-3.5.0.exe*) 혹은 파이썬 2.7(*https://www.python.org/ftp/python/2.7.10/python-2.7.10.msi*)을 다운 받는 게 먼저다. 보다 최신 버전을 확인하려면(혹은 64비트 인스톨러[16]를 원한다면) 윈도우용 파이썬 배포 페이지(*https://www.python.org/downloads/windows/*)에 접속해 보자.

윈도우 버전은 MSI 패키지로 제공된다. 이 형식의 파일은 윈도우 관리자 표준 도구를 사용하여 자동으로 설치할 수 있다. 패키지를 수동으로 설치하고 싶다면 파일을 더블클릭하자.

파이썬은 버전 번호가 명시된 폴더에 설치되도록 설계되어 있기에(예: 파이썬 3.5 버전은 *C:\Python35*에 설치됨), 한 시스템에 충돌 없이 여러 버전의 파이썬을 설치할 수 있다. 물론 이 중 하나만 파이썬 파일 유형을 실행하는 기본 애플리케이션으로 선택해야 한다. 파이썬 인스톨러는 PATH 환경변수[17]를 자동으로 수정하지 않으므로 어떤 버전의 파이썬을 사용할지 사용자가 선택해야 한다.

매번 파이썬 인터프리터를 실행할 때마다 인터프리터의 전체 경로를 입력하는 일은 귀찮다. 따라서 사용할 파이썬 버전에 해당하는 폴더의 경로를 PATH에 추가하자. 만약 사용하고자 하는 파이썬이 *C:\Python35*에 설치되어 있다면, 다음 경로를 PATH에 추가하자.

```
C:\Python35;C:\Python35\Scripts\
```

---

15 아나콘다는 무료이며, 스파이더(Spyder)라는 이름의 괜찮은 IDE가 함께 설치된다. 아나콘다를 사용하면 아나콘다의 무료 패키지 색인(*https://repo.continuum.io/pkgs/*)과 캐노피의 패키지 색인(*https://www.enthought.com/products/canopy/package-index/*)이 도움이 될 것이다.

16 이는 64비트에서 필요한 동적 연결 라이브러리(Dynamically Linked Libraries, DLL)와 드라이버가 있을 때의 상황일 것이다.

17 PATH는 운영체제가 실행 가능한 프로그램(예: 파이썬, 혹은 pip와 같은 파이썬 스크립트)을 찾을 모든 경로를 나열한다. 각 경로는 세미콜론(;)으로 구분된다.

파워셸(Powershell)[18]에서 다음 내용을 입력하여 PATH에 추가할 수도 있다.

```
PS C:\> [Environment]::SetEnvironmentVariable(
    "Path",
    "$env:Path;C:\Python35\;C:\Python35\Scripts\",
    "User")
```

두 번째 경로(*Scripts*)에는 설치되는 패키지의 명령 파일이 저장되므로 추가하는 게 좋다. 파이썬을 사용하기 위한 별도의 설치나 설정이 필요하지 않다.

이제 파이썬 애플리케이션을 작성하기(예: 협동 프로젝트에 기여) 이전에, Setuptools, pip, virtualenv를 설치하자. 다음에 소개되는 내용은 이들에 대한 내용과 설치 방법이다. 특히, 써드파티 파이썬 라이브러리를 쉽게 사용할 수 있도록 도와주는 Setuptools는 꼭 설치해야 한다.

Setuptools와 pip

파이썬을 MSI 패키지 인스톨러로 설치했다면 Setuptools와 pip도 함께 설치됐을 것이다. 따라서 이 책을 따라 파이썬을 설치했다면 Setuptools와 pip 설치 또한 끝났다. 만약 이 책에 소개된 대로 설치하지 않았다면 파이썬 2.7 버전일 경우에는 최신 파이썬 버전[19]으로 업그레이드하는 게 최선이다. 여러분의 파이썬 버전이 3.3이나 그 이전 버전이라면 *get-pip.py*(*https://bootstrap.pypa.io/get-pip.py*)[20] 스크립트를 다운 받아 실행하자. 파워셸을 열어, *get-pip.py*가 있는 폴더로 이동한 뒤, 다음과 같이 입력하자.

```
PS C:\> python get-pip.py
```

Setuptools의 `easy_install` 명령어를 사용하면 네트워크(일반적으로 인터넷)에서 Setuptools와 호환[21]되는 파이썬 소프트웨어를 다운 받아 설치할 수 있다. 또

---

18 윈도우 파워셸은 명령줄 셸과 스크립트 언어를 제공하고, 유닉스 사용자가 파워셸 사용 안내서를 읽지 않고도 필요한 기능을 사용할 수 있을 정도로 유닉스 셸과 유사하다. 그리고 닷넷 프레임워크를 기반으로 한다. 자세한 내용은 마이크로소프트의 '윈도우 파워셸 사용하기(*http://bit.ly/using-windows-powershell*)'를 참고하자.

19 인스톨러가 현재 설치를 덮어쓸지 물어보는 창을 띄울 것이다. "예"를 선택하자. 버전 차이가 크지 않다면 이전 버전과 호환된다.

20 보다 자세히 알고싶다면 pip 설치 지침(*https://pip.pypa.io/en/latest/installing/*)을 읽어 보자.

21 Setuptools와 호환되는 패키지는 모든 의존성을 식별하고 설치하기에 충분한 정보를 제공한다. 자세한 내용은 Packaging and Distributing Python Projects 문서(*https://packaging.python.org/distributing/*), PEP 302(*https://www.python.org/dev/peps/pep-0302/*), PEP 241(*https://www.python.org/dev/peps/pep-0241/*)을 참고하자.

한 약간의 작업만으로 직접 만든 파이썬 소프트웨어에 이러한 네트워크 설치 기능을 추가할 수 있다.

pip의 pip와 Setuptools의 easy_install 둘 다 파이썬 패키지를 설치하고 관리하기 위한 도구다. 이 둘을 비교하면 다음의 세 가지 측면에서 pip가 낫다. 첫째, pip는 패키지 설치뿐만 아니라 제거도 가능하다. 둘째, pip의 오류 메시지가 더 이해하기 쉽다. 셋째, 패키지의 일부만 설치되는 경우가 없다(부분적으로 설치가 실패하는 경우 지금까지의 설치 내역이 삭제되어 원상 복귀된다). 차이점에 대한 상세한 논의가 궁금하다면 파이썬 패키징 사용자 가이드(*https://packaging.python.org/*)의 pip vs easy_install(*http://bit.ly/pip-vs-easy-install*)을 참고하자.

virtualenv

virtualenv(*https://pypi.python.org/pypi/virtualenv*)는 고립된 파이썬 환경을 생성한다. 환경마다 폴더를 하나씩 만들어, 환경 내에서 패키지를 사용하는 데 필요한 모든 실행 가능한 파일을 담는다. 해당 폴더에서 환경을 활성화하면, PATH 환경변수 앞에 폴더의 경로가 추가된다. 따라서 폴더 안에 위치한 파이썬이 처음 발견되고, 하위 폴더의 패키지가 사용된다.

pip를 통해 virtualenv를 설치하려면 파워셸 터미널에서 명령줄에서 다음과 같이 pip를 실행하자.

```
PS C:\> pip install virtualenv
```

40쪽에서 가상환경을 사용하는 동기와 방법에 대해 자세히 설명한다. 맥과 리눅스에 내장된 파이썬은 시스템 또는 써드파티 소프트웨어에서 사용되므로, 파이썬 2와 파이썬 3 버전의 pip를 구분해야 한다. 그러나 윈도우에서는 그럴 필요가 없다. 윈도우 사용자는 앞으로 pip3를 pip로 받아들여도 된다. 운영체제와 파이썬 버전에 상관없이 가상환경에서는 pip 명령어를 사용할 수 있다. 따라서 이책에서는 앞으로 pip라고 쓸 것이다.

상용 파이썬 재배포판

소속 부서나 수업에서 파이썬 상용 재배포판(commercial redistribution)을 설치하면, 최소한의 작업으로 모두가 일관된 환경을 사용할 수 있다. 이번 절에 나열된 재배포판은 모두 파이썬의 C 구현(C파이썬)이다.

이번 장의 초고를 읽은 기술 검토자는 윈도우에서 일반 C파이썬을 설치하고 사용하는 것이 얼마나 고통스러운지에 대해 공감한다고 말했다. 휠이 있더라도, 외부 C 라이브러리로 컴파일하거나 링킹하는 작업은 노련한 개발자가 아닌 이상 고통스럽다. 일반 CPython을 설치하는 게 좋아보일지라도, 라이브러리나 패키지를 가져다 사용할 용도(제작자나 기여자와는 반대)로 파이썬을 설치하고자 한다면 상용 재배포판을 선택하는 게 편리하다. 특히, 윈도우 사용자라면 더욱! 일반 C파이썬은 나중에 오픈 소스에 기여하고 싶을 때 설치해도 늦지 않다.

 재배포판 설치 시 기본 설정을 변경하지 않는다면 일반 파이썬 배포판으로 돌아가기 쉽다.

그렇다면 파이썬의 상용 재배포판을 살펴보자.

인텔의 파이썬 배포판

인텔의 파이썬 배포판(The Intel Distribution for Python, *https://software.intel.com/en-us/python-distribution*)의 지향점은 누구나 무료의 고성능 파이썬을 경험하는 것이다. 인텔 수학 커널 라이브러리(Math Kernel Library, MKL)와 같은 기본 라이브러리를 파이썬 패키지와 연결하고, 인텔 스레딩 빌딩 블록(Threading Building Block, TBB) 라이브러리(*http://bit.ly/intel-tbb-for-python*)를 포함한 향상된 스레딩 기능을 제공하여 성능이 대폭 향상되었다. 패키지 관리 도구로 컨티넘(Continuum)의 콘다(Conda)를 제공하지만, pip도 사용할 수 있다. 직접 다운 받거나 콘다 환경(*http://bit.ly/intel-python-beta*)에서 *https://anaconda.org/*로부터 설치할 수 있다.[22]

인텔 배포판은 SciPy 스택을 제공하며, 릴리스 노트(*http://bit.ly/intel-python-release-notes*)에 나열된 기타 공통 라이브러리도 제공한다. 인텔 병렬 스튜디오(Intel Parallel Studio) XE 고객은 상업적 지원을 받을 수 있고, 이

---

22 인텔과 아나콘다는 파트너 관계(*http://bit.ly/announce-anaconda-intel*)이며, 모든 인텔의 가속 패키지가 콘다에서 제공된다(*https://anaconda.org/intel*). 취향에 따라서 conda install pip로 pip를 설치한 다음, 콘다 대신 pip를 사용할 수 있다(반대로 pip install conda를 통해 pip 대신 conda를 사용할 수도 있음).

외의 사람들은 포럼에서 도움을 얻을 수 있다. 별다른 어려움 없이 과학 라이브러리를 사용하고 싶다면 파이썬 인텔 배포판을 선택하자.

컨티넘 애널리틱스의 아나콘다(Anaconda)

컨티넘 애널리틱스(Continum Analytics)의 파이썬 배포판(*https://www. continuum.io/downloads*)은 BSD 라이선스로 배포되고 있으며, 무료 패키지 색인(*https://repo.continuum.io/pkgs/*)에 나열된 수많은 과학/수학 바이너리가 미리 컴파일되어 제공된다. pip와는 다른 콘다(Conda)라는 패키지 관리자가 있다. 이 도구를 사용해 가상 환경도 관리할 수 있지만 가상 환경보다는 Buildout(46쪽의 'Buildout' 참고)과 같은 역할을 한다. 즉, 사용자를 위해 라이브러리와 외부 의존성을 관리한다. 패키지 형식이 호환되지 않으니, 다른 인스톨러의 패키지 색인에 등록된 패키지는 설치할 수 없다.

아나콘다 배포판은 Scipy 스택을 포함한 여러 도구를 함께 제공한다. 아나콘다의 라이선스는 대부분의 요소를 무료로 제공한다. 상용 배포판을 사용하고 싶다면, 특히 명령줄에서 작업하는 게 편하고, R이나 스칼라(Scala)를 좋아한다면, 아나콘다를 선택하자. 그중 일부 기능만 필요하다면 미니콘다(Miniconda) 배포판(*https://conda.io/miniconda.html*)을 선택하자. 오픈 소스 라이선스와 관련된 각종 면책(예: 누가 무엇을 언제 사용할 수 있는가? 누가 어떤 이유로 고소되는가?), 상업적 지원, 추가 파이썬 라이브러리를 제공한다.

액티브스테이트의 액티브파이썬(ActivePython)

액티브스테이트(ActiveState) 배포판(*https://www.activestate.com/downloads*)은 ActiveState Community Licence로 배포되며 무료 평가판이 제공된다. 그 외에는 라이선스를 구매해야 한다. 액티브스테이트는 펄(Perl)과 Tcl[23]을 위한 해법도 제공한다. 패키지 색인(*https://code.activestate.com/pypm/*)에 등장하는 7,000개가 넘는 패키지, 넓은 범위의 면책(오픈 소스 라이선스와 관련 있음)이 이 배포판의 주요 장점이다. 액티브스테이트 패키지를 설치하려면 pip의 대체 도구인 pypm를 사용한다.

---

23 (옮긴이) 도구 명령 언어의 일종.

*Enthought*의 캐노피*(Canopy)*

Enthought에서 제공하는 배포판(*https://store.enthought.com/downloads/*)은 Canopy Software License로 공개되었다. enpkg라는 패키지 관리자와 함께 제공되는데, 캐노피의 패키지 색인(*http://bit.ly/enthought-canopy*)과 연결되어 pip 대신 사용된다.

Enthought는 학위를 제공하는 교육 기관에 속한 학생과 교직원에게 무료 아카데믹 라이선스를 제공한다. Enthought 배포판과의 차이점은 파이썬과 상호작용하는 그래픽 도구가 추가되었다는 사실이다. 이 도구는 MATLAB과 유사한 IDE이며, 그래픽 패키지 관리자, 그래픽 디버거, 그래픽 데이터 처리 도구가 포함되어 있다. 다른 상용 재배포판과 마찬가지로 사용자를 위한 면책 사항이 있으며, 사용자를 위한 각종 패키지를 지원한다.

개발 환경

이번 장에서는 파이썬 코드를 수정하고 테스트 및 디버그하는 과정에서 자주 쓰는 텍스트 편집기와 통합 개발 환경(Integrated development environment, IDE), 기타 개발 도구를 소개한다.

텍스트 편집기는 서브라임 텍스트(Sublime text, 표 3-1의 '서브라임 텍스트' 참고), IDE는 파이참(PyCharm)과 인텔리제이 아이디어(IntelliJ idea, 34쪽 '파이참/인텔리제이 아이디어' 참고)가 대세지만, 각자의 코딩 취향과 언어에 따라 더 좋은 선택이 있을 수도 있다. 이번 장에서는 주요 인기 있는 편집기와 IDE를 나열하고, 각자의 강점을 소개한다.

파이썬은 컴파일[1] 방식이 아닌 인터프리터 방식이기에 메이크(Make), 자바 앤트(Java Ant), 메이븐(Maven)과 같은 빌드 도구가 필요하지 않다. 그러나 이후 프로젝트를 패키징하기 위한 셋업툴스(Setuptools)나 문서를 빌드하기 위한 스핑크스(Sphinx)에 대해 소개할 예정이다.

버전 관리 시스템은 언어에 관계없이 사용하는 도구이니 여기서는 다루지 않는다. 파이썬의 C (표준) 구현을 유지 관리하는 사람들은 머큐리얼(Mercurial)에서 깃(Git)으로 옮겼다(PEP 512 참고, *https://www.python.org/dev/peps/pep-0512/*). 머큐리얼을 사용해야 하는 이유를 최초로 정리한 PEP 374(*https://www.python.org/dev/peps/pep-0374/*)에서는 대표적인 버전 관리 시스템인 서브버전(Subversion), 바자(Bazaar), 깃(Git), 머큐리얼(Mercurial)에 대한 간단하면서

---

[1] 파이썬 C 확장을 빌드하고 싶다면, "C나 C++로 파이썬 확장하기"(*https://docs.python.org/3/extending/extending.html*)를 읽어 보자. 보다 자세한 내용은 *Python Cookbook*의 15장(*http://bit.ly/python-cookbook*)을 참고하자.

도 유용한 비교를 하고 있다.

　마지막으로 배포에 대한 각종 경우의 수를 염두에 두고, 여러 인터프리터 환경을 관리하는 방법을 간략히 알아보겠다.

텍스트 편집기

어떤 도구든지 텍스트를 편집할 수 있다면 해당 도구에서 파이썬 코드를 작성할 수 있다. 그러나 여러 기능이 포함된 좋은 편집기는 코딩 효율을 높여준다. 여기에 나열된 모든 텍스트 편집기는 구문 강조 기능을 제공한다. 또한, 플러그인 설치를 통해 정적(static) 코드 검사 도구(linter)와 디버깅 도구도 사용할 수 있다.

　표 3-1에 인기 있는 텍스트 편집기를 선호도순으로 각각의 특징과 함께 나열하였다. 이후 각 편집기를 차례로 살펴볼 것이다. 편집기가 제공하거나 제공하지 않는 기능을 상세히 비교한 자료가 궁금하면 위키피디아(*https://en.wikipedia.org/wiki/Comparison_of_text_editors*)를 참고하자.

표 3-1 한 눈에 보는 텍스트 편집기

편집기	가용성	사용해야 하는 이유
서브라임 텍스트 (Sublime Text)	• 오픈 API/무료 체험판 • 맥, 리눅스, 윈도우	• 빠르며, 풋프린트가 작음[2] • 큰 파일(2GB 이상)도 잘 다룸 • 확장이 파이썬으로 작성됨
Vim	• 오픈 소스/기부 • 맥, 리눅스, 윈도우, 유닉스	• 여러분은 이미 Vi/Vim을 사랑하고 있다 • 윈도우를 제외한 운영체제에 내장됨 　(또는 Vi가 내장) • 콘솔 애플리케이션도 가능
이맥스(Emacs)	• 오픈 소스/기부 • 맥, 리눅스, 윈도우, 유닉스	• 여러분은 이미 이맥스를 사랑하고 있다 • 확장이 리스프(Lisp)로 작성됨 • 콘솔 애플리케이션도 가능
텍스트메이트 (TextMate)	• 오픈 소스/라이선스 필요 • 맥 전용	• UI가 끝내줌 • 거의 모든 인터페이스(정적 코드 분석, 디버그, 　테스트)가 이미 설치되어 있음 • Apple용 도구(예: Xcode 번들을 사용한 　xcodeuild 인터페이스)로 좋음
아톰(Atom)	• 오픈 소스/무료 • 맥, 리눅스, 윈도우	• 확장이 자바스크립트/HTML/CSS로 작성됨 • 깃허브와 잘 연계되어 있음

---

2 (옮긴이) 풋프린트(footfrint)란 특정 하드웨어나 소프트웨어 단위가 차지하는 공간의 크기를 말한다. 메모리를 적게 차지하는 소프트웨어를 보고 '풋프린트가 작다'고 한다(*http://www.terms.co.kr/footprint.htm*).

| VS 코드(VSCode) | • 오픈 API/무료
• 맥, 리눅스, 윈도우(그러나 이에 대응하는 IDE인 비주얼 스튜디오는 윈도우에서만 작동함) | • 마이크로소프트의 비주얼 스튜디오에 적합한 IntelliSense(코드 완성)
• .NET, C#, F#을 사용하는 윈도우 개발자에게 좋음
• 경고: 아직 확장 불가능(앞으로 가능할 예정)[3] |

서브라임 텍스트

서브라임 텍스트(Sublime Text, *https://www.sublimetext.com/*)는 코드 편집기뿐 아니라 마크업, 편집기, 메모장으로도 좋다. 빠른 속도 덕에 유명해졌으며, 3,000개가 넘는 패키지도 한몫 했다.

서브라임 텍스트는 존 스키너(Jon Skinner)가 2008년에 처음으로 공개하였다. 이 도구는 파이썬으로 작성되었으며, 파이썬 코드를 수정하는 데 탁월한 능력을 발휘한다. 'Projects' 기능은 사용자가 파일이나 폴더를 추가하고 제거할 수 있도록 하며, 'Goto Anything' 함수를 사용하면 프로젝트의 파일 중 검색어가 포함된 곳을 찾을 수 있다.

서브라임 텍스트의 패키지 저장소에 접근하려면 PackageControl(*https://packagecontrol.io/installation*)이 필요하다. 유명한 패키지 중 SublimeLinter는 사용자가 설치한 정적 코드 검사 도구를 선택할 수 있는 인터페이스를 제공하며, Emmett는 웹 개발 스니펫[4]을 위한 패키지이다. Sublime SFTP는 FTP를 통한 원격 편집을 가능하게 한다.

2013년에 공개된 아나콘다(*http://damnwidget.github.io/anaconda/*, 같은 이름의 상용 파이썬 재배포판과 관련 없음)는 서브라임 텍스트의 형태를 거의 파이썬 개발용 IDE와 같이 바꿔준다. 아나콘다에는 정적 코드 검사기, 문서화 문자열(docstring) 검사, 테스트 실행 도구가 포함되어 있다. 또한 강조 표시된 객체가 정의되거나 사용된 위치를 탐색할 수도 있다.

Vim

Vim은 콘솔 기반 텍스트 편집기(GUI 옵션도 있음)로, 편집 메뉴나 아이콘 대신 키보드 단축키를 사용한다. 브람 물리나(Bram Moolenaar)가 1991년에 최초로

---

3 (옮긴이) 2017년 3월 현재 코드 마켓플레이스(*https://marketplace.visualstudio.com/search?target=vscode&sortBy=Downloads*)에 2,500개가 넘는 확장이 있다.

4 (옮긴이) 스니펫(snippet)이란 CSS 스타일, 클래스 정의와 같이 자주 쓰이는 코드 모음이며, 단축 이름과 탭 키를 통해 스니펫 코드가 자동완성되도록 설정할 수 있다.

공개했으며, 그의 조상격인 Vi는 빌 조이(Bill Joy)가 1976년에 발표했다.[5] 둘 다 C로 작성되었다.

간단한 스크립트 언어인 빔스크립트(vimscript)를 통해 Vim을 확장할 수 있다. Vim에는 파이썬을 포함한 각종 언어용 옵션이 있다. Vim에서 파이썬 스크립트를 작성하고 싶다면, C 소스 코드로부터 빌드할 때 빌드 구성에 관한 플래그를 설정해야 한다. --enable-pythoninterp 또는 --enable-python3interp를 사용하자. 파이썬과 파이썬 3 중 어느 인터프리터가 활성화되어 있는지 확인하려면 :echo has("python")과 :echo has("python3")를 입력하면 된다. 인터프리터가 활성 상태라면 "1", 아니면 "0"이 출력된다.

Vi(주로 Vim)는 윈도우를 제외한 거의 모든 시스템에 내장되어 있다. 윈도우에도 Vim을 설치할 수 있는 인스톨러가 있다(*http://www.vim.org/download.php#pc*). Vim의 학습 곡선(초기 진입 장벽이 높음)을 참고 견디면 매우 효율적인 작업이 가능하다. 대부분의 텍스트 편집기와 IDE의 구성 옵션에서 Vi의 기본 키 바인딩(key binding)을 사용할 수 있다.

 대기업의 IT 팀에서 일하고 싶다면 Vi의 기능을 잘 알아둬야 한다.[6] Vim은 Vi보다 많은 기능을 가지고 있는데, Vim과 Vi는 유사하므로 Vim 사용자라면 Vi를 무리 없이 다룰 수 있다.

Vim을 파이썬 전용 편집기로 사용한다면, Vim의 들여쓰기와 줄바꿈 스타일을 PEP 8(*https://www.python.org/dev/peps/pep-0008/*)에 맞춰 설정할 수 있다. 홈 디렉터리[7]에 *.vimrc*라는 이름의 파일을 만들어 다음의 내용을 추가하자.

```
set textwidth=79     " 줄이  79자 이상이면 쪼개짐
set shiftwidth=4     " 자동 들여쓰기 단위가  4로 설정됨
set tabstop=4        " 탭 단위를  4자로 설정
set expandtab        " 탭 입력 시 스페이스를 입력함
set softtabstop=4    " 탭/백스페이스 입력 시 각각  4자씩 들여쓰기/삭제
set shiftround       " 'shiftwidth'의 배수로 들여쓰기
set autoindent       " 새 줄의 들여쓰기 수준이 이전 줄의 들여쓰기 수준과 같음
```

이와 같이 설정하면, 79자마다 새 줄로 넘어가며, 탭 한 번에 4개의 공백으로 들여쓰게 된다. 만약 들여쓰기 도중 엔터를 입력하면, 방금 줄과 같은 수준으로 들

---

5 (옮긴이) Vim = Vi iMproved.
6 명령줄에 vi(혹은 vim)를 입력하고 엔터를 치면 바로 편집기로 연결된다. :help를 입력하고 엔터를 치면 튜토리얼을 볼 수 있다.
7 윈도우에서 홈 디렉터리를 확인하고 싶다면 Vim을 열어 :echo $HOME이라고 입력하자.

여써진 새 줄이 생긴다.

이 외에도 여러 플러그인이 있다. python.vim(*http://bit.ly/python-vim*)은 Vim 6.1의 구문 파일을 개선한 구문 플러그인이다. SuperTab(*http://bit.ly/supertab-vim*)은 탭이나 사용자 정의 키를 입력하여 코드를 완성시키는 작은 플러그인이다. 그리고 indent(*http://bit.ly/indent-vim*)는 파이썬 이외의 언어를 함께 사용할 때 파이썬 소스 파일의 들여쓰기 설정을 도와주는 가벼운 플러그인이다.

이러한 플러그인은 여러분의 파이썬 개발을 수월하게 해준다. 만약 +python 을 사용해 컴파일한 Vim(버전 7 이상의 Vim에서 기본 값)을 사용하고 있다면, vim-flake8 플러그인(*https://github.com/nvie/vim-flake8*)을 사용할 수 있다. 이 플러그인을 사용하면 편집기에서 정적 코드 검사를 수행할 수 있다. pep8(*https://pypi.python.org/pypi/pep8/*)과 Pyflakes(*https://pypi.python.org/pypi/pyflakes/*)를 실행하는 Flake8 함수도 사용할 수 있으며, 핫키를 매핑하거나 Vim에서 원하는 동작과 연결할 수 있다. 화면 아래에 오류를 띄워주고, 오류에 해당하는 코드줄로 바로 이동할 수 있도록 도와준다.

이 기능이 편리하다고 생각한다면 Vim에서 파이썬 파일을 저장할 때마다 Flake8을 호출하도록 설정해보자. 다음 내용을 *.vimrc* 파일에 추가하면 된다.

```
autocmd BufWritePost *.py call Flake8()
```

혹은 이미 syntastic(*https://github.com/vim-syntastic/syntastic*)을 사용하고 있다면, 코드 작성 중 Pyflakes를 실행하여 경고나 오류를 퀵픽스(quickfix) 창에 띄울 수 있다. 다음 코드는 상태표시줄에 상태/경고 메시지를 띄우기 위한 구성 예다.

```
set statusline+=%#warningmsg#
set statusline+=%{SyntasticStatuslineFlag()}
set statusline+=%*
let g:syntastic_auto_loc_list=1
let g:syntastic_loc_list_height=5
```

Python-mode

Python-mode(*https://github.com/python-mode/python-mode*)는 Vim에서 파이썬 코딩을 돕는 여러 라이브러리를 한데 모아둔 복잡한 플러그인이다. Python-mode 가 제공하는 다음 기능 중 원하는 기능이 있다면 사용하자(단, Vim 실행 속도가 조금 느려질 수 있다는 점을 염두에 둔다).

- 비동기 파이썬 코드 검사(pylint, pyflakes, pep8, mccabe)
- rope 라이브러리(*https://github.com/python-rope/rope*)를 사용한 코드 리팩터링 및 자동완성
- 빠른 파이썬 코드 접기(하위 들여쓰기 수준의 코드를 숨기거나 보일 수 있음)
- virtualenv 지원
- 파이썬 문서 검색 기능 및 파이썬 코드 실행 기능
- PEP8(*http://pypi.python.org/pypi/pep8/*) 오류 자동 수정

이맥스

이맥스(Emacs) 또한 강력한 텍스트 편집기다. 콘솔에서 실행할 수 있으며, GUI 버전도 제공한다. 설정이나 플러그인을 리스프(Lisp) 코드로 작성하며, 약간의 작업만으로 이맥스를 파이썬 IDE로 만들 수 있다. 마조히스트 성향의 프로그래머들과 레이몬드 헤팅거(Raymond Hettinger)[8]가 이맥스를 사용한다.

이맥스는 리스프로 작성되었으며 리처드 스톨만(Richard Stallman)과 가이 L. 스틸 주니어(Guy L. Steele, Jr)가 1976년에 최초로 공개하였다. (FTP를 통한) 원격 편집, 달력, 메일 전송/읽기 기능이 내장되어 있으며, 정신과 의사를 소환할 수도 있다(Esc, 그리고 x, 그리고 doctor). 유명한 플러그인으로는 맞춤형 코드 스니펫을 단축키와 매핑하는 YASnippet, 디버깅을 위한 Tramp가 있다. 이맥스는 리스프의 변종 언어인 elisp(Emacs Lisp)를 통해 확장할 수 있다.

이미 이맥스를 사용하고 있다면 EmacsWiki의 '이맥스를 사용한 파이썬 프로그래밍'(*https://www.emacswiki.org/emacs/PythonProgrammingInEmacs*)을 참고하자. 파이썬 패키지와 설정에 대한 최고의 조언이 담겨 있다. 이맥스 입문자는 공식 이맥스 튜토리얼(*http://bit.ly/gnu-emacs-tutorial*)을 참고하자.

이맥스를 위한 세 가지 주요 파이썬 모드를 소개한다.

- 파비안 에제키엘 갈리나(Fabián Ezeluiel Gallina)의 python.el은 버전 24.3 이상의 이맥스에 포함되어 있으며, 구문 강조, 들여쓰기, 이동, 셸 상호작용 뿐만 아니라 기타 일반적인 이맥스 편집 모드 기능(*https://github.com/fgallina/python.el#introduction*)을 제공한다.
- 요르겐 셰이퍼(Jorgen Schäfer)의 Elpy(*http://elpy.readthedocs.io/en/latest/*)는 이맥스에서 모든 기능을 갖춘 대화형 개발 환경을 제공하는 것을 목표로 한다.

---

8 우리 모두 레이몬드 헤팅거를 사랑한다. 모두가 그의 방식으로 코딩하면 더 나은 세상이 될 수 있다.

- 파이썬의 소스 코드 배포판(*https://www.python.org/downloads/source/*)의 *Misc/ python-mode.el* 폴더에는 대체 버전이 포함되어 있다. 별도의 파일로 다운 받으려면 런치패드(*https://launchpad.net/python-mode*)에 접속해보자. 음성 기반 프로그래밍, 추가 키스트로크 단축키 도구를 지원하며, 완전한 파이썬 IDE를 설정할 수 있도록 돕는다(*https://www.emacswiki.org/emacs/ProgrammingWithPy thonModeDotEl*).

텍스트메이트

텍스트메이트(TextMate, *http://macromates.com/*)는 맥에서만 작동하며, 이맥스에 뿌리를 둔 GUI 도구다. 필요한 명령을 최소한의 노력으로 바로 찾을 수 있게 도와주어 작업에 방해가 되지 않도록 하는, 애플 스타일 사용자 인터페이스를 제공한다.

텍스트메이트는 C++로 작성되었으며, 앨런 오드가드(Allan Odgaar)와 시아란 월시(Ciaran Walsh)가 2004년에 공개하였다. 서브라임 텍스트(27쪽 '서브라임 텍스트' 참고)에서도 텍스트메이트 스니펫을 직접 불러올 수 있으며, 마이크로소프트의 VS 코드(다음 쪽의 'VS 코드' 참고)에서도 텍스트메이트 구문 강조 기능을 직접 불러올 수 있다.

모든 언어의 스니펫을 번들 그룹에 추가할 수 있으며, 스니펫을 셸 스크립트로 확장할 수도 있다. 사용자 정의 텍스트를 강조할 수 있으며, Cmd+|(Cmd+파이프) 키 조합을 사용하여 해당 텍스트를 스크립트의 표준 입력으로 연결할 수 있다. 스크립트 출력은 강조된 텍스트를 대체한다.

텍스트메이트에는 Apple의 스위프트(Swift)와 오브젝티브-C(Objective-C)에 대한 구문 강조 표시 기능과 xcodebuild 인터페이스가 내장되어 있다. 베테랑 텍스트메이트 사용자라면 파이썬 코딩도 무리 없이 할 수 있을 것이다. 그러나 입문자라면 텍스트메이트 대신 이와 비슷한 기능을 제공하는, 보다 최신의 크로스 플랫폼 편집기를 사용하는 게 좋다.

아톰

깃허브에서 만든 아톰(Atom, *https://atom.io/*)은 '21세기의 해커블(hackable) 에디터'라고 불리기도 한다. 2014년에 최초로 공개되었으며, 커피스크립트(자바스크립트)와 Less(CSS)로 작성되었다. io.js와 크로미움(Chromium) 기반의 깃허브의 애플리케이션인 일렉트론(Electron, 과거의 아톰 셸)[9]을 토대로 만들어졌다.

아톰은 자바스크립트와 CSS를 통해 확장할 수 있으며, 사용자가 어떤 언어로든(텍스트메이트 스타일의 스니펫 정의 포함) 스니펫을 추가할 수 있다. 당연히 깃허브와의 궁합이 좋다. 그리고 내장 패키지 관리 도구와 2,000개가 넘는 패키지를 사용할 수 있다. 파이썬 개발을 위해서는 linterflake8(*https://github.com/AtomLinter/linter-flake8*)과 합쳐진 Linter(*https://github.com/steelbrain/linter*)를 추천한다. 웹 개발자라면 작은 HTTP 서버를 돌리고 HTML 미리보기를 띄워줄 수 있는 아톰 개발 서버(*https://atom.io/packages/atom-development-server*)를 좋아할 수도 있다.

VS 코드

마이크로소프트는 2015년에 VS 코드(VS Code)를 발표했다. 비주얼 스튜디오 계열의 클로즈드 소스 무료 텍스트 편집기다. 깃허브의 일렉트론을 기반으로 작동한다. 텍스트메이트처럼 키 바인딩 기능이 있으며, 크로스 플랫폼 도구이다.

VS 코드는 확장 API(*https://code.visualstudio.com/Docs/extensions/overview*)를 제공한다. VS 코드 확장 마켓플레이스에 등록된 확장을 살펴보자(*https://code.visualstudio.com/docs/editor/extension-gallery*). 텍스트메이트와 아톰에서 사랑 받는 기능을 구현하였다.[10] 비주얼 스튜디오 수준의 인텔리센스(IntelliSense, 코드 완성) 기능이 있고, .Net, C#, F#을 잘 지원한다.

VS 코드는 크로스 플랫폼이나, (자매격인) 비주얼스튜디오는 여전히 윈도우에서만 작동한다.

통합 개발 환경

많은 개발자가 텍스트 편집기와 통합 개발 환경(integrated development environment, IDE)을 함께 사용한다. IDE는 크고 복잡한 협업 프로젝트에서 주로 사용한다. 표 3-2에 인기 있는 IDE와 서로 구별되는 특징을 요약하였다. 이후, 각 IDE를 차례로 살펴볼 예정이다.

---

9 일렉트론은 HTML, CSS, 자바스크립트를 사용하여 크로스 플랫폼 데스크톱 애플리케이션을 작성하는 도구다.

10 (옮긴이) 옮긴이는 2016년 중반에 서브라임 텍스트에서 VS 코드로 갈아탔다. 참고로, 번역 작업도 VS 코드로 진행했다.

표 3-2 한눈에 보는 IDE

IDE	가용성	사용해야 하는 이유
파이참/인텔리제이 아이디어(PyCharm IntelliJ IDEA)	• 오픈 API/유료의 프로페셔널 에디션 • 오픈 소스/무료 커뮤니티 에디션 • 맥, 리눅스, 윈도우	• 거의 완벽한 코드 완성 • 가상 환경 지원이 좋음 • 웹 프레임워크를 지원이 좋음(유료 버전에 한함)
앱타나 스튜디오 3 / 이클립스 + 리클립스 + 파이데브(Aptana Studio3/Eclipse + LiClipse + PyDev)	• 오픈 소스/무료 • 맥, 리눅스, 윈도우	• 여러분은 이미 이클립스를 사랑한다 • 자바 지원(LiClipse/Eclipse)
윙 IDE(Wing IDE)	• 오픈 API/무료 체험판 • 맥, 리눅스, 윈도우	• 나열된 IDE 중 훌륭한 디버거(웹)를 제공 • 파이썬을 통해 확장 가능
스파이더(Spider)	• 오픈 소스/무료 • 맥, 리눅스, 윈도우	• 데이터과학에 적합(IPython이 통합되어 있으며, Numpy, SciPy, matplotlib과 함께 제공됨) • 아나콘다, 파이썬(x, y), 윈파이썬(WinPython)과 같이 유명한 과학용 파이썬 배포판의 기본 IDE
닌자 IDE(Ninja IDE)	• 오픈 소스/기부 • 맥, 리눅스, 윈도우	• 가벼움 • 파이썬 중심의 IDE
코모도 IDE (Komodo IDE)	• 오픈 API/텍스트 편집기 (Komodo Edit)는 오픈 소스 • 맥, 리눅스, 윈도우	• 파이썬, PHP, Perl, 루비, Node • 확장은 Mozilla 애드온 기반임
에릭(Eric)	• 오픈 소스/기부 • 맥, 리눅스, 윈도우	• 루비 + 파이썬 • 훌륭한 디버거 제공(스레드가 진행되는 중에 다른 스레드에서 디버그 가능)
비주얼 스튜디오 (커뮤니티) (Visual Studio (community))	• 오픈 API/ 무료 커뮤니티 에디션 • 유료의 프로페셔널 혹은 엔터프라이즈 에디션 • 윈도우 전용	• 마이크로소프트 기반의 도구나 언어와의 궁합이 좋음 • IntelliSense(코드 완성)이 끝내줌 • 엔터프라이즈 에디션의 스프린트 계획 도구와 매니페스트 템플릿을 포함하여 프로젝트 관리와 배포 지원 • 주의: (가장 비싼) 엔터프라이즈 버전을 제외하면 가상 환경을 사용할 수 없음

그런데 코드 완성이나 디버깅 도구만으로도 충분한데 왜 IDE를 사용해야 할까? 흔히 언급되는 이유 중 하나는 파이썬 인터프리터를 빠르게 바꿀 수 있는 점이

다(예: 파이썬 2에서 파이썬 3, 그리고 아이언파이썬으로). 표 3-2에 나열된 모든
무료 버전의 IDE에서는 이 기능을 제공한다. 비주얼 스튜디오도 이제 모든 수준
에서 이 기능을 제공한다.[11]

티켓팅 시스템과 인터페이스하는 도구, 배포 도구(예: 헤로쿠(Heroku)나 구
글 앱 엔진), 협업 도구, 원격 디버깅, 웹 개발 프레임워크(예: 장고(Django))를
위한 부가 기능은 유료일 수도 있다.

파이참/인텔리제이 아이디어

파이참(PyCharm, *http://www.jetbrains.com/pycharm/*)은 가장 사랑 받는 파이썬
IDE다. 파이참의 코드 완성 도구는 거의 완벽하고, 웹 개발 도구 역시 훌륭하
다. 과학 커뮤니티에서는 (웹 개발 도구가 포함되지 않은) 파이참 무료 에디션도
충분하다고 권하는 사람들이 있다. 그러나 과학용으로는 파이참보다 스파이더
(Spider, 36쪽의 '스파이더' 참고)를 많이 사용한다.

파이참은 Jetbrains가 개발했다. Jetbrains는 이클립스와 경쟁하는 자바 IDE인
인텔리제이 아이디어(IntelliJ IDEA)로도 유명하다. (2010년에 처음 공개된) 파
이참과 (2001에 처음 공개된) 인텔리제이 아이디어는 동일한 코드 기반을 공유
하며, 파이참의 기능 대부분은 무료 파이썬 플러그인(*http://bit.ly/intellij-python*)
을 사용하여 인텔리제이로 가져올 수 있다.

젯브레인(Jetbrain)에서는 파이썬 IDE로 파이참을 추천하지만, 자바와 결부된
작업, 예를 들어 자바와 파이썬 API를 통틀어 탐색을 수행하거나 자바에서 파이
썬으로 포팅하는 용도로는 인텔리제이 아이디어를 추천한다(파이참에서 자이썬
을 인터프리터로 선택하여 작업할 수는 있으나, 인트로스펙션[12] 도구는 제공하
지 않는다). 이 둘은 라이선스가 다르므로 구입하기 전에 신중히 선택하자.

인텔리제이와 파이참의 커뮤니티 에디션은 오픈 소스(아파치 2.0 라이선스)
이며, 무료다.

앱타나 스튜디오 3/이클립스 + 리클립스 + 파이데브

이클립스(Eclipse)는 2001년에 IBM에서 개방형 다목적 자바 IDE로 출시하였으
며, 자바로 작성되었다. 파이데브(PyDev, *http://www.pydev.org/*)는 파이썬 개발

---

11 *https://github.com/Microsoft/PTVS/wiki/Features-Matrix*
12 (옮긴이) 인트로스펙션이란 클래스, 함수, 키워드 등을 살펴보는 기능으로, `help()`, `dir()` 등이 그 예다.

을 위한 이클립스 플러그인이며, 2003년에 알렉스 토틱(Aleks Totic)이 공개했다. 이후 파비오 자드로즈니(Fabio Zadrozuy)가 유지관리하고 있다. 파이썬 개발용으로 가장 유명한 이클립스 플러그인이다.

온라인 포럼에서 인텔리제이 옹호자가 이클립스와 인텔리제이를 비교하면, 이클립스 옹호자들은 조용하다. 그러나 이클립스는 여전히 가장 많이 사용되는 자바 IDE다. 이클립스는 자바로 작성된 도구를 사용하는 파이썬 개발자에게 적합하다. 하둡, 스파크는 이러한 도구의 대표적인 예시이며, 이클립스 개발을 위한 지침과 플러그인을 함께 제공한다.

파이데브의 포크 중 하나가 앱타나 스튜디오 3(Aptana Studio 3, *http://www.aptana.com/products/studio3.html*)다. 앱타나 스튜디오 3는 이클립스와 함께 제공되는 오픈 소스 플러그인 슈트다. 파이썬(그리고 Django), 루비(그리고 레일스), HTML, CSS, PHP용 IDE를 제공한다.

앱타나 스튜디오를 소유한 앱셀러레이터(Appcelerator)는 앱셀러레이터 스튜디오(Appcelerator Studio)를 주력으로 한다. 앱셀러레이터 스튜디오는 HTML, CSS, 자바스크립트를 위한 독자적 모바일 플랫폼이며, 월 단위 라이선스 비용이 든다. 일반적인 수준의 파이데브와 파이썬 지원을 제공하지만, 우선순위는 아니다. 즉, 이클립스를 좋아하고 모바일 앱을 만드는 자바스크립트 개발자 중 가끔 파이썬을 다룬다면, 특히 직장에서 앱셀러레이터를 사용하는 경우라면 앱타나 스튜디오 3가 좋은 선택이다.

리클립스(LiClipse)는 이클립스에서 여러 언어에 대한 사용자 경험을 향상시키기 위해 만들어졌다. 완전히 어두운 테마(예: 텍스트 배경뿐 아니라 메뉴와 테두리까지 어두움)도 쉽게 적용할 수 있다. 리클립스는 파이데브를 유지 관리하는 파비오 자드로즈니(Fabio Zadrozuy)가 관련 이클립스 플러그인을 모아서 만든 에디터이다. 따라서 라이선스 비용(선택 사항)의 일부는 파이데브와 오픈 소스(이클립스와 동일한 EPL 라이선스)를 무료로 유지하는 데 사용된다. 파이데브와 함께 제공되므로 파이썬 사용자는 리클립스를 따로 설치할 필요가 없다.

윙 IDE

윙 IDE(WingIDE, *http://wingware.com/*)는 파이썬 전용 IDE이며, 파이참 다음으로 유명하다. 리눅스, 윈도우, 맥에서 사용할 수 있다.

윙 IDE는 좋은 디버깅 도구를 제공하며, Django 템플릿 디버깅 도구도 포함한다. 윙 IDE 사용자가 꼽는 장점은 디버거, 빠른 학습 곡선, 가벼운 풋프린트이다. Wingware가 2000년에 발표했고, 파이썬과 C, C++로 작성되었다. 확장을 지원하지만 아직 플러그인 저장소는 없기 때문에 패키지를 찾으려면 블로그나 깃허브 계정을 살펴야 한다.

스파이더

스파이더(Spyder, 과학 파이썬 개발 환경이란 뜻인 Scientific PYthon Development EnviRonment의 줄임말, *https://github.com/spyder-ide/spyder*)는 특히 과학 계열 파이썬 라이브러리 작업을 위해 개발된 IDE다.

카를로스 코르도바(Carlos Córdoba)가 파이썬으로 작성했으며 오픈 소스 (MIT 라이선스)다. 코드 완성, 구문 강조, 클래스와 함수 탐색기, 객체 검사 기능을 제공한다. 그 외의 기능은 커뮤니티 플러그인을 통해 사용할 수 있다.

스파이더는 pyflakes(*https://pypi.python.org/pypi/pyflakes/*), pylint(*https://www.pylint.org/*), rope(*https://github.com/python-rope/rope*)와 통합되어 있고, Numpy, Scipy, IPython, Matplotlib와 함께 제공된다. 유명한 과학 파이썬 배포판인 아나콘다, 파이썬(x, y), 윈파이썬(WinPython)에 포함되어 있기도 하다.

닌자 IDE

닌자 IDE(NINJA-IDE(Ninja-IDE Is Not Just Another IDE의 재귀적 줄임말), *http://www.ninja-ide.org/*)는 파이썬 애플리케이션 제작을 위한 크로스 플랫폼 IDE이다. 리눅스/X11, 맥, 윈도우에서 작동하며, 설치 파일을 닌자 IDE 웹사이트에서 다운 받을 수 있다.

닌자 IDE는 파이썬과 Qt로 개발된 오픈 소스(GPLv3 라이선스)로, 가볍다. 사용자들이 가장 좋아하는 기능은 정적 코드 검사나 디버거를 실행할 때 문제가 되는 코드 부분을 표시하는 기능, 브라우저에서 웹페이지를 미리 볼 수 있는 기능이다. 파이썬을 통해 확장할 수 있고, 플러그인 저장소가 있어 필요한 도구만 추가할 수 있다.

개발 속도가 느려지긴 했지만, 새로운 닌자 IDE v3가 2016년에 공개될 계획[13]이며, NINJA IDE 리스트서브(*http://bit.ly/ninja-ide-listserv*)에서 여전히 활발한 커뮤니케이션이 이루어지고 있다. 커뮤니티에는 핵심 개발팀을 포함하여 스페인 사람이 매우 많다.

---

13 (옮긴이) 2017년 3월 공식 웹페이지에서 다운 받을 수 있는 최신 버전은 2.3이다.

코모도 IDE

코모도 IDE(Komodo IDE, *https://www.activestate.com/komodo-ide*)는 ActiveState가 개발한 상용 IDE이며, 윈도우, 맥, 리눅스에서 사용할 수 있다. IDE의 텍스트 편집기인 KomodoEdit(*https://github.com/Komodo/KomodoEdit*)는 오픈 소스(모질라 공개 라이선스) 대안이다.

ActiveState가 2000년에 처음으로 발표했으며, 모질라와 신틸라(Scintilla)의 코드를 기반으로 한다. 모질라 애드온을 통해 확장할 수 있다. 파이썬, 펄, 루비, PHP, Tcl, SQL, Smarty, CSS, HTML, XML을 지원한다. 코모도 에디터에는 디버거가 없기 때문에 플러그인을 따로 설치해야 한다. 그리고 가상환경을 지원하지 않지만, 사용자가 원하는 파이썬 인터프리터를 선택할 수 있다. Django 지원은 윙IDE, 파이참, 이클립스+파이데브보다 약하다.

에릭

에릭(Eric Python IDE, *http://eric-ide.python-projects.org/*)은 오픈 소스(GPLv3 라이선스)로, 10년 넘게 활발히 개발되고 있다. 파이썬으로 작성되었으며 Qt GUI 툴킷을 기반으로 신틸라 편집기 관리 도구를 통합한다. 몬티 파이썬(Monty Python)[14] 단원 중 한 명인 에릭 아이들(Eric Idle)의 이름을 땄으며, 파이썬 배포판과 함께 제공되는 IDLE IDE의 오마주이다.

소스 코드 자동완성, 구문 강조, 버전 관리 시스템 지원, 파이썬 3 지원, 통합 웹 브라우저, 파이썬 셸, 통합 디버거, 유연한 플러그인 시스템 기능을 제공한다. 웹 프레임워크를 위한 추가 도구는 없다.

닌자 IDE나 코모도 IDE와 같이 가볍게 설계되었다. 에릭 지지자들은 디버깅에 관해서는 에릭이 최고라고 말하는데, 한 스레드가 실행되는 동안 다른 스레드를 중지하고 디버깅할 수 있는 기능이 그 이유 중 하나다. 대화형 시각화를 위해 Matplotlib을 사용하고 싶다면 다음과 같이 Qt4 백엔드를 실행해야 한다.

---

14 (옮긴이) 70년대의 전세계를 풍미한 영국의 코미디 그룹으로, 영미권 코미디계의 비틀즈로 알려져 있다. 『은하수를 여행하는 히치하이커를 위한 안내서』의 작가인 더글러스 애덤스도 몬티 파이썬의 각본가로 잠깐 활동했다고 한다(*https://namu.wiki/w/몬티%20파이썬*).

```
# 다음 두 줄을 먼저 입력하자.
import matplotlib
matplotlib.use('Qt4Agg')

# 그러면 pyplot이 Qt4 백엔드를 사용한다.
import matplotlib.pyplot as plt
```

에릭 IDE의 최근 문서(*http://eric-ide.python-projects.org/eric-documentation.html*)도 읽어보자. 에릭 IDE의 웹페이지에 긍정적인 의견을 남기는 사용자는 대부분 과학 계산(예: 날씨 모델, 전산 유체 역학) 커뮤니티 일원이다.

비주얼 스튜디오

주로 마이크로소프트 제품을 사용하는 전문 프로그래머는 비주얼 스튜디오(Visual Studio, *https://www.visualstudio.com/ko/products/*)를 선호한다. C++과 C#으로 작성되었고, 1995년에 첫 버전이 발표되었다. 2014년 후반에 첫 비주얼 스튜디오 커뮤니티 에디션이 영리를 목적으로 하지 않는 개발자에게 무료로 제공되었다.

주로 엔터프라이즈 소프트웨어와 함께 작업하고 C#이나 F#과 같은 마이크로소프트 제품을 사용한다면 비주얼 스튜디오가 제격이다.

사용자 지정 설치 옵션 목록에서 비주얼 스튜디오를 위한 파이썬 도구(Python Tools for Visual Studio, *https://www.visualstudio.com/ko/vs/python/*)를 사용하도록 체크하고 설치해야 한다(체크 해제된 상태가 기본). PTVS 위키 페이지(*https://github.com/Microsoft/PTVS/wiki/PTVS-Installation*)에서 비주얼 스튜디오와 함께 설치하거나 나중에 따로 설치하는 방법을 확인할 수 있다.

기능이 강화된 대화형 도구

여기에 나열된 도구는 대화형 셸 경험을 향상시킨다. IDLE은 실제로는 IDE지만, 이전 섹션에 포함되지 않았다. 대부분의 사람들이 대화형 도구가 (기업 프로젝트의 경우) IDE만큼 강력하지 않다고 여기기 때문이다. 대신, 교육용으로는 최적이다. IPython은 스파이더 IED와 통합되어 있으며 다른 IDE에 통합될 수도 있다. 대화형 도구는 파이썬 인터프리터를 대체하는 대신, 사용자가 선택한 인터프리터 셸을 추가 도구와 기능으로 보강한다.

IDLE

IDLE(*https://docs.python.org/3/library/idle.html#idle*)은 통합 개발 학습 환경 (Integrated Development and Learning Environment)의 약자다(몬티 파이썬 단원인 에릭 아이들(Eric Idle)의 성이기도 하다). 파이썬 표준 라이브러리의 일부이며 파이썬과 함께 배포된다.

IDLE은 (파이썬의 BDFL, 즉, 자비로운 종신 독재자인) 귀도 반 로섬(Guido Van Rossum)이 파이썬으로 작성했고, Tkinter GUI 툴킷이 쓰였다. 파이썬을 사용한 개발 작업에는 적합하지 않지만, 파이썬의 여러 기능과 작은 스니펫을 시험해보기 좋다.

IDLE은 다음 기능을 제공한다.

- 파이썬 셸 창(인터프리터)
- 코드에 색을 입힌 여러 창의 텍스트 편집기
- 최소한의 디버깅 능력

IPython

Ipython(*http://ipython.org/*)은 파이썬 상호작용을 돕기 위한 풍부한 툴킷을 제공한다. 주요 구성 요소는 다음과 같다.

- 강력한 파이썬 셸(터미널과 Qt 기반)
- 터미널 셸과 동일한 핵심 기능을 가진 웹 기반 노트북, 그리고 풍부한 미디어, 텍스트, 코드, 수식 표현, 화면 내 데이터 시각화를 지원
- 대화형 데이터 시각화를 지원(예: 설정을 통해 Matplotlib 시각화 결과를 화면에 바로 띄울 수 있음)
- 유연하며 임베딩이 가능한 인터프리터를 여러분의 프로젝트에 불러올 수 있음
- 하이레벨의 대화형 병렬 컴퓨팅 도구

Ipython을 설치하고 싶다면 터미널 셸이나 파워셸에 다음과 같이 입력하자.[15]

```
$ pip install ipython
```

---

15 (옮긴이) Ipython 프로젝트는 2014년부터 Jupyter 프로젝트(*http://jupyter.org*)로 발전하여 모든 프로그래밍 언어를 위한 대화형 과학 컴퓨팅을 지원하기 위한 오픈 소스 프로젝트로 확장되었다.

bpython

bpython(*https://bpython-interpreter.org/*)은 유닉스 계열 운영체제에서 파이썬 인터프리터를 대체하기 위한 인터페이스이며, 다음 기능이 지원된다.

- 인라인(inline) 구문 강조
- 자동 들여쓰기 및 자동 완성
- 모든 파이썬 함수에 대한 예상 파라미터 목록
- 메모리에서 마지막 줄의 코드를 꺼내 재평가하는 '되감기' 기능
- 입력된 코드를 (온라인에 공유하기 위해) pastebin에 보내는 기능
- 입력된 코드를 파일에 저장하는 기능

bpython을 설치하려면 터미널 셸에 다음과 같이 입력하자.

```
$ pip install bpython
```

격리 도구

이번에는 가장 널리 사용되는 격리 도구(isolation tool)를 소개한다. 파이썬 환경 간 격리 도구인 virtualenv부터, 시스템 전체를 가상화하는 도커(Docker)까지 차근차근 살펴보자.

격리 도구는 실행 중인 애플리케이션과 호스트 환경을 원하는 수준으로 격리할 수 있도록 돕는다. 격리를 통해 다양한 파이썬 버전과 라이브러리 의존성 환경에서 코드를 테스트하고 디버그할 수 있으며, 일관된 개발 환경을 유지할 수 있다.

가상환경

파이썬 가상환경은 서로 다른 프로젝트가 필요로 하는 의존성을 각자가 원하는 위치에 분리해준다. 여러 파이썬 환경을 설치하더라도, 전역 *site-packages* 디렉터리(사용자가 설치한 파이썬 패키지가 저장되는 곳)를 깨끗하게 관리할 수 있다. 따라서 Django 1.3을 필요로 하는 프로젝트와 Django 1.0을 필요로 하는 프로젝트의 작업을 동시에 진행할 수 있다.

virtualenv 명령어는 별도의 폴더를 만들어 파이썬 실행 파일에 대한 심벌릭 링크, pip의 복사본, 파이썬 라이브러리를 담아 위에 설명한 작업을 가능하게 한

다. 가상환경을 활성화하면 현재 가상환경의 위치가 PATH의 맨 앞에 추가되고, 가상환경을 비활성화하면 PATH가 원래 상태로 돌아간다. 명령줄 옵션을 통해 시스템에 설치된 파이썬과 라이브러리를 사용할 수도 있다.

 생성된 가상환경은 다른 위치로 옮길 수 없다. 가상환경의 *bin/* 디렉터리에 담겨 있는 인터프리터의 절대경로가 실행 파일에 하드코딩된다.

가상환경 생성하고 활성화하기

파이썬 가상환경을 설치하고 활성화하는 방법은 운영체제마다 조금씩 다르다.

맥과 리눅스

--python 인자를 사용하여 파이썬 버전을 특정 지을 수 있다. activate 명령어를 사용하면 PATH를 설정하여 가상환경을 활성화한다.

```
$ cd my-project-folder
$ virtualenv --python python3 my-venv
$ source my-venv/bin/activate
```

윈도우

먼저 시스템 실행 정책을 설정하여 로컬에서 작성한 스크립트를 실행[16]할 수 있도록 하자. 이를 위해 파워셸을 관리자 권한으로 열어 다음과 같이 입력한다.

```
PS C:\> Set-ExecutionPolicy RemoteSigned
```

질문이 나타나면 Y라고 답한 뒤 exit를 입력하자. 이제 일반 권한의 파워셸에서 다음과 같이 입력하여 가상환경을 만들 수 있다.

```
PS C:\> cd my-project-folder
PS C:\> virtualenv --python python3 my-venv
PS C:\> .\my-venv\Scripts\activate
```

---

16 혹은, 선호에 따라 Set-ExecutionPolicy AllSigned를 대신 사용해도 좋다.

가상환경에 라이브러리 추가하기

가상환경을 활성화하면 *my-venv* 폴더에 있는 pip 실행 파일을 사용하도록 경로가 수정되며, 아래 폴더에 라이브러리를 설치한다.

- *my-venv/lib/python3.4/site-packages/* (POSIX[17] 시스템의 경우)
- *my-venv\Lib\site-packages* (윈도우의 경우)

다른 사람에게 제공할 패키지나 프로젝트를 빌드하고 싶으면 가상환경이 활성화된 상태에서 다음 명령어를 사용하자.

```
$ pip freeze > requirements.txt
```

그러면 가상환경에 설치된 (아마도 프로젝터의 의존성이기도 한) 모든 패키지 목록이 *requirements.txt* 파일에 기록된다. 따라서 협업하는 사람은 이를 건네 받아 모든 의존성을 본인에 가상환경에 바로 설치할 수 있다.

```
$ pip install -r requirements.txt
```

pip는 *requirements.txt*에 나열된 모든 의존성을 설치하며, 충돌이 발생하면 하위 패키지의 의존성을 덮어쓴다. *requirements.txt*에 정리된 의존성은 파이썬 환경 전체를 설정하기 위해 사용된다. 라이브러리를 배포할 때 의존성을 설정하고 싶다면, *setup.py* 파일의 setup() 함수에 install_requires 키워드 인자를 사용하는게 좋다.

 pip install -r requirements.txt를 가상환경 밖에서 설치하지 않도록 주의하자. 만약 컴퓨터에 설치된 버전과 *requirements.txt*에 명시된 버전이 다르다면, pip가 기존 라이브러리 버전을 *requirements.txt*에 쓰여진 버전으로 덮어쓴다.

가상환경 비활성화하기

원래의 시스템 설정으로 돌아오고 싶다면, 다음과 같이 입력하자.

---

17 POSIX는 Portable Operating System Interface(이식 가능한 운영체제 인터페이스)의 줄임말이며, 운영체제 동작 방식(예: 기본 셸 명령, I/O, 스레딩, 기타 서비스와 유틸리티에 대한 동작과 인터페이스)에 대한 IEEE 표준 모음이다. 대부분의 리눅스와 유닉스 배포판은 POSIX 호환이라 봐도 무방하다. 다윈(Darwin, 맥과 iOS에 사용되는 운영체제)에서도 레퍼드(Leopard, 10.5) 버전부터 호환되기 시작했다. POSIX 호환 시스템을 'POSIX 시스템'이라 부른다.

```
$ deactivate
```

더 자세한 정보는 가상환경에 대한 문서(*http://bit.ly/virtualenv-guide*), 공식 virtualenv 문서(*https://virtualenv.pypa.io/en/latest/userguide.html*), 혹은 공식 파이썬 패키징 가이드(*https://packaging.python.org/*)를 참고하자. pyvenv 패키지가 파이썬 3.3에서부터 파이썬 표준 라이브러리에 포함되었으나, virtualenv를 대체하는 도구가 될 수는 없다(사실 virtualenv의 의존성이기도 하다). virtualenv는 모든 버전의 파이썬에서 작동한다.

pyenv

pyenv(*https://github.com/pyenv/pyenv*)는 여러 버전의 파이썬 인터프리터를 동시에 사용할 수 있도록 관리하는 도구이며, 여러 프로젝트가 서로 다른 파이썬 버전을 필요로 하는 문제 상황을 해결한다. 예를 들어, 파이썬 3.5를 기본 인터프리터로 사용하되, 필요에 따라 프로젝트의 호환성을 위해 파이썬 2.7을 설치할 수 있다. 그러나 프로젝트끼리 의존성 충돌이 있다면(예: 다른 Django 버전을 필요로 함) 가상환경을 사용해야 한다. pyenv는 C파이썬에 국한되지 않으며, 파이파이, 아나콘다, 미니콘다, 스택리스, 자이썬, 아이언파이썬도 설치할 수 있다.

Pyenv는 shims 디렉터리에 심(shim) 버전 파이썬 인터프리터와 실행 파일(예: pip, 2to3)을 채운다. shims 디렉터리 경로를 $PATH 환경변수 앞부분에 추가하면, shims 디렉터리에 담긴 실행 파일을 탐색한다. 심은 현재 상황을 해석하고 원하는 작업을 수행하는 데 가장 적합한 기능을 선택하는 가교 역할을 한다. 예를 들어, 시스템에서 python이란 이름의 프로그램을 찾는다면, shims 디렉터리를 먼저 살펴보고 심 버전을 사용하여 pyenv에 명령을 전달한다. 그러면 pyenv가 환경변수, .python-version 파일과 전역 기본 값을 기반으로 어떤 버전의 파이썬을 실행해야 할지 고른다.

가상환경을 위한 pyenv-virtualenv 플러그인(*https://github.com/pyenv/pyenv-virtualenv*)을 사용하면 서로 다른 환경을 만드는 작업을 자동화할 수 있고 기존 pyenv 도구를 사용하여 다른 환경으로 전환할 수도 있다.

Autoenv

Autoenv(*https://github.com/kennethreitz/autoenv*)는 virtualenv의 범위를 벗어난 다양한 환경 설정을 관리할 수 있는 경량 옵션을 제공한다. Autoenv를 설치하

면 셸 명령어 cd를 덮어써서, .env 파일이 포함된 디렉터리로 이동했을 때 가상
환경이 자동으로 활성화된다. 다시 cd를 사용하여 디렉터리 밖으로 나오면 원상
복구된다. 윈도우 파워셸에서는 작동하지 않는다.

맥에서는 brew를 사용하여 설치할 수 있다.

```
$ brew install autoenv
```

리눅스에서는 다음과 같이 설치하자.

```
$ git clone git://github.com/kennethreitz/autoenv.git ~/.autoenv
$ echo 'source ~/.autoenv/activate.sh' >> ~/.bashrc
```

그리고 새 터미널 셸을 연다.

virtualenvwrapper

virtualenvwrapper(*http://bit.ly/virtualenvwrapper-docs*)는 파이썬 가상환경을 보
다 잘 활용할 수 있도록 도와주는 명령 모음이며, 환경 제어와 관리가 수월해지
도록 돕는다. 모든 가상환경이 하나의 디렉터리에 담긴다. 환경을 생성하고 활
성화하기 전후에 실행되는 빈 후크[18]를 제공한다. 예를 들어, 후크를 통해 디렉
터리 내 .env 파일을 소싱(sourcing)하여 환경변수를 설정할 수 있다.

다만 사용자가 다른 시스템의 환경을 완전히 복제하는 데 사용할 스크립트를
직접 구성해야 한다. 공유 개발 서버에서는 공유 폴더에 위치한 모든 환경을 여
러 사용자가 사용할 수 있어 유용하다.

virtualenvwrapper 설치 지침(*http://bit.ly/virtualenvwrapper-install*)을 읽기 귀
찮다면, 먼저 virtualenv 설치 여부를 확인하고, 맥이나 리눅스 터미널에서 다음
명령어를 실행하자.

```
$ pip install virtualenvwrapper
```

파이썬 2를 사용한다면 pip install virtualenvwrapper을 실행한 뒤 다음 내용
을 ~/.profile에 추가한다.

---

18 (옮긴이) 후크(hook)는 특정 상황에서 호출되는 코드 부분이다.

```
export VIRTUALENVWRAPPER_PYTHON=/usr/local/bin/python3
```

이제 다음 내용을 ~/.bash_profile이나 사용 중인 셸의 프로필에 추가한다.

```
source /usr/local/bin/virtualenvwrapper.sh
```

마지막으로 현재 실행 중인 터미널 창을 종료하고, 새 창을 열어 새 프로필을 활성화하면 virtualenvwrapper를 사용할 수 있다.

윈도우 사용자라면 virtualenvwrapper 대신 virtualenvwrapper-win(*http://bit.ly/virtualenvwrapper-win*)을 사용하자. virtualenv가 설치되어 있다면, 다음 명령어를 입력하여 virtualenvwrapper-win을 설치할 수 있다.

```
PS C:\> pip install virtualenvwrapper-win
```

이번에는 많이 사용되는 명령어를 살펴보자.

mkvirtualenv *my_venv*

~/.virtualenv/my_venv 폴더에 가상환경을 만든다. 윈도우에서는 명령줄에 %USERPRO FILE%\Envs를 입력하면 뜨는 디렉터리 내에 *my_venv*가 생성된다. $WORKON_HOME 환경변수를 통해 가상환경 위치를 원하는 대로 지정할 수 있다.

workon *my_venv*

주어진 가상환경을 활성화하거나, *my_venv*라는 이름의 가상환경을 활성화한다. 현재 활성화된 가상환경이 있다면, 현재의 가상환경에서 *my_venv*로 전환한다.

deactivate

가상환경을 비활성화한다.

rmvirtualenav *my_venv*

가상환경을 삭제한다.

virtualenvwrapper에서는 탭 키를 사용하여 가상환경의 이름을 자동완성할 수 있으며, 환경이 매우 많아 이름을 일일이 기억하기 어려운 상황에서 도움이 될 수 있다. 이 외에도 편리한 함수가 매우 많으며, virtualenvwrapper 명령어 목록 문서(*http://bit.ly/virtualenvwrapper-command*)에 잘 정리되어 있다.

Buildout

Buildout(*http://www.buildout.org/en/latest/*)은 레시피를 만들고 작성할 수 있는 파이썬 프레임워크다. 레시피란 임의의 코드를 포함하는 파이썬 모듈이며, 대체로 디렉터리를 만들거나, 소스 코드를 체크아웃하고 빌드하고, 프로젝트에 파이썬이 아닌 파트(예: 데이터베이스, 웹 서버)를 추가하는 시스템 호출을 수행하는 코드를 담고 있다. pip를 사용해 설치해보자.

```
$ pip install zc.buildout
```

Buildout을 사용하는 프로젝트에는 zc.buildout과 *requirement.txt*에 필요한 레시피가 포함되거나, 소스 코드와 함께 사용자 정의 레시피가 직접 포함된다. 최상위 디렉터리에는 *buildout.cfg*라는 구성 파일과 *bootstrap.py* 스크립트도 포함된다. 만약 python bootstrap.py를 입력하여 스크립트를 실행하면 구성 파일을 읽어 어떤 레시피를 사용할지를 결정하고, 각 레시피의 구성 옵션(예: 특정 컴파일러 플래그 및 라이브러리 연결 플래그)을 확인한다.

Buildout은 파이썬 프로젝트에서 파이썬이 아닌 부분을 쉽게 이식할 수 있도록 하여 다른 사용자가 동일한 환경을 재구성할 수 있게 한다. 이는 가상환경을 다시 만들기 위해 *requirement.txt* 파일과 함께 복사하여 전송해야 하는 virtualenvwrapper의 스크립트 후크와는 다르다.

여기에는 에그(egg)[19]를 설치하는 부분도 포함되어 있다. 이 부분은 휠(wheel)을 대신 사용하는 새 버전의 파이썬을 사용하는 경우 건너뛸 수 있다. 자세한 내용은 Buildout 튜토리얼(*http://www.buildout.org/en/latest/docs/tutorial.html*)을 참고하자.

---

19 에그는 배포 내용이 포함된 특정 구조의 ZIP 파일이다. 에그는 PEP 427(*https://www.python.org/dev/peps/pep-0427/*)에 나온 바와 같이 휠에 의해 대체되었다. 또 에그는 매우 유명한 패키징 라이브러리인 Setuptools에 의해 소개된 바 있다(Setuptools는 파이썬 표준 라이브러리 distutils(*https://docs.python.org/3/library/distutils.html*)에 유용한 인터페이스를 제공한다). 파이썬 패키징 사용자 가이드의 'Wheel vs Egg'(*https://packaging.python.org/wheel_egg/*)에서 두 형식의 차이점에 대해 자세히 살펴볼 수 있다.

Conda

Conda는 pip, virtualenv, Buildout을 모아 놓은 것과 같다. 파이썬 Anaconda 배포판과 함께 제공되며 Anaconda의 기본 패키지 관리 도구이다. `pip`를 사용하여 설치할 수 있다.

```
$ pip install conda
```

conda를 사용해서 pip를 설치할 수도 있다.

conda와 pip의 패키지 저장소는 서로 다르다(pip는 *http://pypi.python.org*로부터, conda는 *https://repo.continuum.io/*에서 가져옴). 다른 형식을 사용하므로 두 도구는 서로 바꿔 사용할 수 없다.

 아나콘다를 만든 컨티넘 애널리틱스에서 작성한 표(*https://conda.io/docs/_downloads/conda-pip-virtualenv-translator.html*)에서 conda, pip, virtualenv를 나란히 비교하고 있다.

컨티넘(Continum Analytics)의 Buildout과 유사한 conda-build는 다음과 같이 입력하여 설치할 수 있다.

```
conda install conda-build
```

Buildout과 마찬가지로, conda-build 구성 파일 형식은 '레시피'라고 하는데, 레시피는 파이썬 도구를 사용하는 데 국한되지 않는다. Buildout과 달리 코드가 파이썬이 아닌 셸 스크립트에 지정되며, 구성 또한 파이썬의 ConfigParser 형식(*https://docs.python.org/3/library/configparser.html*)이 아닌 YAML[20] 형식으로 지정된다.

pip와 virtualenv와 비교했을 때 conda의 주 장점은 윈도우 사용자에게 있다. C 확장으로 빌드된 파이썬 라이브러리의 휠은 존재하지 않을 수도 있다. 그러나 아나콘다의 패키지 색인(*https://docs.continuum.io/anaconda/pkg-docs*)에는 거의 존재하는 편이다. conda에서 사용 가능하지 않은 패키지를 설치하고 싶다면, pip를 설치하여 PyPI(*https://pypi.python.org/pypi*)에 호스된 패키지를 설치할 수 있다.

---

20 YAML(*https://en.wikipedia.org/wiki/YAML*)은 YAML Ain't Markup Language(YAML은 마크업 언어가 아니다)의 약자이며, 인간과 기계 모두 읽을 수 있도록 설계된 마크업 언어다.

도커

도커(*Docker, https://www.docker.com/*)는 virtualenv, conda, Buildout과 같이 환경 격리를 도와주지만 가상환경을 제공하는 대신 도커 컨테이너(Docker container)를 제공한다. 컨테이너는 가상환경보다 높은 수준의 격리를 제공한다. 예를 들자면, 컨테이너마다 다른 네트워크 인터페이스와 방화벽 규칙, 다른 호스트 이름을 사용할 수 있다. 이렇게 실행되는 컨테이너들은 운영체제로의 액세스를 조정하는 별도의 유틸리티인 도커 엔진(*https://docs.docker.com/engine/*)을 사용해 관리한다. 맥이나 윈도우, 혹은 원격 호스트에서 도커 컨테이너를 실행한다면, 가상 머신(들)[21]과 인터페이스하는 도커 머신(Docker Machine, *https://docs.docker.com/machine/*)이 필요하다.

도커 컨테이너는 셸 명령어 chroot(*https://en.wikipedia.org/wiki/Chroot*)와 관련이 있는 리눅스 컨테이너를 기반으로 만들어졌다. chroot는 virtualenv 명령의 시스템 수준 버전이며, 루트 디렉터리(/)가 실제 루트가 아닌 사용자 지정 경로에 있는 것처럼 보이게 하여 완전히 다른 사용자 공간(*https://en.wikipedia.org/wiki/User_space*)을 제공한다.

도커는 chroot를 사용하지 않으며, 리눅스 컨테이너도 사용하지 않는다(따라서 시트릭스(citrix) 및 솔라리스 시스템에 도커 이미지를 포함시킬 수 있다). 그럼에도 불구하고 도커 컨테이너는 거의 같은 작업을 수행한다. 도커의 구성 파일은 Dockerfile(*https://docs.docker.com/engine/reference/builder/*)이라 불리며, 도커 이미지(*https://docs.docker.com/get-started/*)를 빌드한다. 도커 이미지는 (PyPI와 같은) 도커 패키지 저장소인 Docker Hub(*https://docs.docker.com/docker-hub/*)에 호스팅할 수 있다.

도커 이미지를 올바르게 구성하면 Buildout 또는 conda를 사용하여 만든 환경보다 공간을 적게 차지한다. 도커가 이미지 전체를 저장하는 대신 이미지의 'diff'만 저장하는 AUFS(*https://docs.docker.com/engine/userguide/storagedriver/aufs-driver/*) 결합 파일 시스템을 사용하기 때문이다. 예를 들어, 내가 만든 패키지를 빌드하고 테스트하기 위해 특정 의존성 라이브러리의 버전별로 환경을 구성한다고 가정해보자. 이를 위해서는 먼저 해당 라이브러리를 제외한 나머지 의존성

---

[21] 가상머신은 원하는 하드웨어를 모방하고 호스트 컴퓨터에 원하는 운영체제를 제공하여 컴퓨터 시스템을 에뮬레이션하는 애플리케이션이다.

을 하나의 가상환경[22](혹은 Buildout 환경, 혹은 conda 환경)에 담아 베이스 도커 이미지를 만든다. 그 후 베이스 도커 이미지를 상속하여 테스트할 라이브러리의 버전 개수만큼의 이미지를 만든다. 마지막으로는 만들어진 이미지마다 마지막 레이어에 테스트할 라이브러리를 버전만 달리하여 추가해준다. 이렇게 파생되어 만들어진 컨테이너는 새로 추가된 라이브러리 하나를 제외한 나머지 내용이 모두 같다. 이에 대해 더 자세히 알고 싶다면 도커 문서(*https://docs.docker.com/*)를 읽어 보자.

---

22 도커 컨테이너 안에 포함된 가상환경은 운영체제의 내장 파이썬과 격리된 별도의 파이썬 환경이다. 따라서 우리의 조언대로 시스템 파이썬 디렉터리에 pip(또는 이와 비슷한 도구)를 사용해 무언가를 설치하는 일이 없게 되며, 운영체제 내에서 내장 파이썬에 의존하는 유틸리티가 문제없이 작동할 수 있다.

Part 2
실전 돌입하기

이제 파이썬 인터프리터, 가상환경, 편집기 혹은 IDE를 모두 갖췄으니, 실전을 위한 준비가 되었다[*]. 파이썬 언어를 배우려면 앞으로 나올 '파이썬 배우기'에 나열된 훌륭한 자료 목록을 참고하면 된다. 손꼽히는 베테랑 파이썬 개발자들의 기교를 배워 제대로 된 파이썬 내부자가 되어보자. 2부는 3개의 장으로 구성되었있다.

---

[*] (옮긴이) 글쓴이는 우주를 여행하며 대접받는 히치하이커와 같이 수건을 갖춘 상태라고 표현하였다.

Part 2

4장 훌륭한 코드 작성하기
베테랑 파이썬 개발자가 되고 싶은 여러분에게 도움이 되는
코드 스타일, 컨벤션, 관용구, 갓차를 다룬다.

5장 훌륭한 코드 읽어보기
파이썬 커뮤니티에서 선호하는 파이썬 라이브러리 코드의 일부를
함께 읽어나가면, 파이썬 코드를 스스로 읽을 수 있는 용기를 얻게
될 것이다.

6장 훌륭한 코드 배포하기
PyPA(Python Packaging Authority)에 대해 간단히 소개한 뒤
PyPI에서 라이브러리 불러오는 법, 실행 파일을 빌드하고 제공하
는 몇 가지 방법을 다룬다.

훌륭한 코드 작성하기

이번 장에서는 훌륭한 파이썬 코드를 작성하기 위한 모범 사례를 소개하겠다. 4장에서는 5장에서 자세히 다룰 예정인 코드 스타일 컨벤션(convention)을 간략히 살펴보고, 제대로 로그를 기록(logging)하는 방법을 간단히 다룰 것이다. 또한 사용할 수 있는 오픈 소스 라이선스들의 몇 가지 차이점을 살펴볼 것이다. 이모든 내용은 여러분이 작성한 코드가 사용하기 쉽거나 확장하기 쉬운 코드가 되도록 도울 것이다.

코드 스타일

파이썬 코드는, 프로그래밍을 한번도 해보지 않은 사람조차도 소스 코드만 보고 프로그램이 어떤 일을 하는지 이해할 수 있을 정도로 접근하기 쉽고, 이는 파이써니스타(Pythonista, 베테랑 파이썬 개발자)의 자랑이다. 가독성(readability)은 파이썬 디자인의 핵심이며, 코드 작성자가 코드를 작성하는 데 소요하는 시간보다 수많은 사람이 코드를 읽는 데 소요하는 시간이 훨씬 길다는 인식이 바탕에 깔려있다.

　파이썬 코드가 쉽게 이해되는 것은 비교적 완전한 코드 스타일 가이드라인 모음집(PEP 20과 PEP8이라는 두 파이썬 개선 제안, 잠시 후에 소개할 예정)과 '파이썬스럽다(Pythonic)'라는 관용어 때문이다. 파이써니스타가 코드의 일부분을 가리키며 '파이썬스럽지' 않다고 한다면, 그 부분은 일반적으로 통용되는 가이드라인에 따라 작성되지 않았으며, 가독성을 고려한 코드 작성에 실패했음을 의미한다. 물론 "멍청한 일관성의 고집은 소인배의 발상(a foolish consistency is the hobgoblin of little minds)[1]이긴 하다.

PEP8

PEP8(*https://www.python.org/dev/peps/pep-0008/*)은 파이썬을 위한 코드 스타일 가이드이며 작명 컨벤션, 코드 레이아웃, 공백(탭 vs 스페이스), 그 외 유사 스타일 주제를 다룬다.

필자는 여러분이 PEP8을 정독했으면 한다. 파이썬 커뮤니티 사용자들은 앞으로 소개될 내용인 PEP8을 준수하고자 최선을 다하고 있다. 다만 상황에 따라 몇몇 프로젝트는 PEP8을 준수하지 않기도 하고, 내용을 수정하기도 한다(예: 케네스 레이츠(Kenneth Reitz)의 Code Style™(*http://bit.ly/reitz-code-style*)).

대체로 파이썬 코드를 작성할 때에는 PEP8을 준수하는 것이 좋다. 코드 스타일이 통일되면 한 프로젝트 안에서 여러 개발자가 코드의 일관성을 유지하며 개발할 수 있는 밑거름이 된다. PEP8 가이드라인은 기준이 명료하기 때문에 준수 여부를 기계적으로 체크할 수 있다. 여러분의 파이썬 코드가 PEP8을 잘 따르고 있는지 확인하고 싶다면 pep8(*https://github.com/jcrocholl/pep8*)이라는 명령줄 프로그램을 사용해보자. pep8은 터미널에 다음과 같이 입력하여 설치할 수 있다.

```
$ pip3 install pep8
```

pep8을 실행한 예는 다음과 같다.

```
$ pep8 optparse.py
optparse.py:69:11: E401 multiple imports on one line
optparse.py:77:1: E302 expected 2 blank lines, found 1
optparse.py:88:5: E301 expected 1 blank line, found 0
optparse.py:222:34: W602 deprecated form of raising exception
optparse.py:347:31: E211 whitespace before '('
optparse.py:357:17: E201 whitespace after '{'
optparse.py:472:29: E221 multiple spaces before operator
optparse.py:544:21: W601 .has_key() is deprecated, use 'in'
```

위 실행 결과에 나온 8개의 수정 권고사항들은 모두 이해하기 쉬우며, 실제로 PEP8에 명시되어 있는 사항들이다. 원래의 PEP8을 약간 수정한 Requests 패키

---

1 시인 랠프 월도 에머슨(Ralph Waldo Emerson)이 자기신뢰(Self-Reliance)라는 에세이에서 최초로 언급한 문장으로, 스타일 가이드보다 코더의 현명한 판단이 훨씬 중요하다는 점을 강조하기 위해 PEP8에 인용되었다. 예를 들어, PEP8과의 일관성을 유지하는 것보다 주변 코드와 기존 컨벤션을 따르는 것이 더 중요하다.

지를 위한 코드 스타일 가이드(*http://bit.ly/reitz-code-style*)에는 좋은 코드 예제와
나쁜 코드 예제가 소개되어 있다.

26쪽의 '텍스트 편집기'에서 언급한 파이썬용 린터[2]는 대체로 pep8을 사용하
며, 여러분이 주로 사용하는 에디터나 IDE에도 설치하여 사용할 수 있다. 또는
auto pep8 프로그램을 사용하여 주어진 코드를 PEP8 스타일에 맞게 자동으로
수정할 수도 있다. auto pep8은 다음과 같은 명령어를 통해 설치할 수 있다.

```
$ pip3 install autopep8
```

그리고 --in-place 옵션을 사용하여 코드 스타일 수정 사항이 반영된 새 파일을
원래의 파일에 덮어쓸 수 있다.

```
$ autopep8 --in-place optparse.py
```

만약 앞의 실행문에서 --in-place 플래그가 없으면 수정된 코드를 그대로 콘솔
에 출력한다(혹은 다른 파일에 저장한다). auto pep8은 기본적으로 공백 수준의
수정만 이루어지도록 안전하게 설정되어 있다. 보다 적극적인 수정이 가능하도
록 설정해주려면 --aggressive 플래그를 사용하면 된다. 이 플래그를 여러 번 붙
여 사용하면 그 효과가 더욱 커진다.

PEP 20(파이썬 계명)

PEP20(*https://www.python.org/dev/peps/pep-0020/*)은 파이썬 코드를 작성할 때 겪
는 의사 결정에 도움을 주는 원리 모음이다. 파이썬 셸에서 import this를 입력
하면 전문을 볼 수 있다. 이름과는 달리 20개가 아닌 19개의 경구만 포함되어 있
다(마지막 경구는 아직 작성되지 않았다).[3]

파이썬 계명에 대한 생생한 역사는 배리 바르소(Barry Warsaw)의 블로그 게
시글 'import this and the Zen of Python'(*http://bit.ly/import-this-zen-python*)에서
확인할 수 있다.

---

2 (옮긴이) 작성한 코드가 코딩 컨벤션을 따르고 있는지 체크하는 도구.
3 (옮긴이) 여러분이 "import this"를 작성하는 순간 완성된다!

> **팀 피터스, 파이썬 계명**[4]
>
> 아름다움이 추함보다 좋다.
>
> 명시가 암시보다 좋다.
>
> 단순함이 복잡함보다 좋다.
>
> 복잡함이 꼬인 것보다 좋다.
>
> 수평이 계층보다 좋다.
>
> 여유로운 것이 밀집한 것보다 좋다.
>
> 가독성은 중요하다.
>
> 특별한 경우라는 것은 규칙을 어겨야 할 정도로 특별한 것이 아니다.
>
> 허나 실용성은 순수성에 우선한다.
>
> 오류 앞에서 절대 침묵하지 말지어다.
>
> 명시적으로 오류를 감추려는 의도가 아니라면,
>
> 모호함을 앞에 두고, 이를 유추하겠다는 유혹을 버려라.
>
> 어떤 일에든 명확하고 바람직한 단 하나의 방법이 존재한다.
>
> 비록 그대가 우둔하여 그 방법이 처음에는 명확해 보이지 않을지라도,
>
> 지금 하는 게 아예 안 하는 것보다 낫다.
>
> 아예 안하는 것이 지금 당장보다 나을 때도 있지만,
>
> 구현 결과를 설명하기 어렵다면, 그 아이디어는 나쁘다.
>
> 구현 결과를 설명하기 쉽다면, 그 아이디어는 좋은 아이디어일 수 있다.
>
> 네임스페이스는 대박 좋은 아이디어다 -- 마구 남용해라!

파이썬 계명을 실제로 적용한 사례를 보고 싶다면, 헌터 블랭크(Hunter Blank)의 프레젠테이션 'PEP 20 (The Zen of Python) by Example'(*http://artifex.org/~hblanks/talks/2011/pep20_by_example.pdf*)을 참고하자. 레이몬드 헤팅거(Raymond Hetinger) 또한 기가 막힌 예시들을 'Beyond PEP 8: Best Practices for Beautiful, Intelligible Code'(*http://bit.ly/beyond-pep-8*)라는 강연에서 소개한 바 있다.

일반적인 조언

이번에는 파이썬 스타일 철학을 소개한다. 이는 받아들이기 매우 쉬우며 파이썬 이외의 언어에도 적용될 수 있다. 일부는 파이썬 계명에 명시된 내용이고, 일부는 그저 상식적인 수준의 내용이다. 앞으로 소개되는 스타일 가이드라인은 파이썬 코드

---

4 팀 피터스(Tim Peters)는 오랜 파이썬 사용자로, 현재까지 왕성하게 활동하고 있는 핵심 개발자이며(파이썬의 정렬 알고리즘인 Timsort(*https://en.wikipedia.org/wiki/Timsort*)를 개발), 인터넷에 자주 출몰한다. 한때 그의 정체가 리처드 스톨만이 개발한 AI 프로그램 stallman.el의 파이썬 버전이라는 우스갯소리도 있었다. 그우스갯소리의 최초 근원지는 1990년대 후반에 주고받은 리스트서브(*https://www.python.org/doc/humor/#the-other-origin-of-the-great-timbot-conspiracy-theory*)였다.
(옮긴이) 번역문 출처는 PEP 한글 번역 프로젝트(*http://sk8erchoi.bitbucket.org/peps-korean/*)이다. 파이썬 계명이외의 다른 개선 제안 내용도 있으니 관심이 있으면 읽어 보자.

를 작성하며 고민하는 선택지 중 자명한 해답이 무엇인지 알려줄 것이다.

명시가 암시보다 좋다

파이썬과 함께라면 어떠한 마법도 가능하지만, 그럼에도 불구하고 가장 간단하고 명시적인 방법으로 코드를 작성하는 것이 좋다. 다음은 두 개의 값을 입력 받아 이들로 구성된 딕셔너리 형태의 결과를 출력하는 코드의 예다.

나쁨	좋음
```python\ndef make_dict(*args):\n x, y = args\n return dict(**locals())\n```	```python\ndef make_dict(x, y):\n return {'x': x, 'y': y}\n```

좋음 예시 코드에서는 함수에 x와 y가 명시적으로 입력되어 이들로 구성된 딕셔너리가 명시적으로 출력된다. 다른 개발자들이 함수 코드 첫 줄과 마지막 줄만 읽고도 무슨 함수인지 이해할 수 있도록 코드를 작성해야 한다. 나쁨 예시 코드에서는 입력 값과 출력 값, 그리고 함수의 내용을 한눈에 이해하기 어렵다(물론, 함수가 두 줄뿐이라면 쉽긴 하다).

여유로운 것이 밀집한 것보다 좋다

한 줄에 하나의 구문만 작성하자. 간혹 리스트 컴프리헨션(list comprehension)과 같은 일부 복합 구문은 간결성과 표현성이 뛰어나기에 여러 개의 줄이 되어도 괜찮다. 그러나 서로 다른 구문은 여러 개의 줄로 구분하는 게 좋다. 이는 코드의 diff[5] 결과의 가독성을 높이기도 한다. 그럼 두 가지 예를 비교해보자.

나쁨	좋음
```python\nprint('one'); print('two')\n```	```python\nprint('one')\nprint('two')\n```
```python\nif x == 1: print('one')\n```	```python\nif x == 1:\n print('one')\n```
```python\nif (<복잡한 표현 1> and\n <복잡한 표현 2>):\n # 원하는 작업 수행\n```	```python\ncond1 = <복잡한 표현 1>\ncond2 = <복잡한 표현 2>\nif cond1 and cond2:\n # 원하는 작업 수행\n```

---

5 diff는 서로 다른 두 파일 간의 줄 단위 코드 비교 결과를 보여주는 셸 유틸리티이다.

파이써니스타들은 코드가 길어지더라도 한 줄에 한 구문씩 작성하고, 긴 조건문을 여러 줄로 나누어 작성한다. 가독성을 위해서라면 파일 크기가 몇 바이트 증가하거나 계산 시간이 수 마이크로초 증가하는 것쯤은 기꺼이 감수한다. 가독성이 뛰어난 오픈 소스 코드는 최초로 작성된 버전부터 지금까지의 변동 내역을 쉽게 이해할 수 있다. 한 줄의 변동 사항은 한 가지 수정 사항을 의미하기 때문이다. 따라서 새 기여자도 코드 내용을 쉽게 파악할 수 있다.

오류 앞에서 절대 침묵하지 말지어다

파이썬에서는 try문을 사용하여 오류를 처리한다. 다음 내용은 벤자민 글라이츠만(Benjamin Gleizman)의 HowDoI 패키지 코드 중 일부이며, 오류 앞에서 침묵해도 되는 상황이 언제인지 알 수 있다.

```python
def format_output(code, args):
    if not args['color']:
        return code
    lexer = None

    # 스택오버플로 태그에서 렉서를 찾거나
    # 쿼리 문자열로부터 렉서를 찾으려 시도
    for keyword in args['query'].split() + args['tags']:
        try:
            lexer = get_lexer_by_name(keyword)
            break
        except ClassNotFound:
            pass

    # 위에서 렉서를 찾지 못하면 렉서 추정 도구(guess_lexor)를 사용함
    if not lexer:
        lexer = guess_lexer(code)

    return highlight(code,
                     lexer,
                     TerminalFormatter(bg='dark'))
```

HowDoI는 명령줄에서 코드 작성에 관한 질문을 던지면 그 해답을 인터넷(스택오버플로가 기본 값임)에서 검색하여 화면에 보여주는 패키지다. format_output() 함수는 화면에 출력될 코드의 구문을 강조하기 위한 함수이다. 먼저, 질문에 사용된 단어와 해답 문서의 태그로부터 언어를 나타내는 키워드(예: "python", "java", "bash")를 찾는다. 이 키워드는 렉서(코드를 작은 단위로 나누어 색을 입히는 도구)를 특정 짓는 데 사용된다. 만약 찾지 못하면 해답 문서의 코드 내용으로부터 언어를 추정한다. 프로그램이 try문에 도달했을 때 세 가지 진행 방향이 있다.

- try 구문(try와 except 사이에 작성된 코드줄)이 실행되고, 렉서가 성공적으로 파악되면, 반복문을 빠져나간 뒤, 선택된 렉서에 의해 강조된 코드가 함수에서 반환된다.
- 주어진 키워드로 렉서를 파악하는 데 실패하면 ClassNotFound 오류가 발생한다. 예외처리에 의해 해당 오류가 잡히지만 아무것도 실행되지 않고 다음 키워드로 넘어간다. 이후 렉서를 찾을 때까지 반복문을 실행하거나, 렉서를 찾지 못한 채 반복문이 종료된다.
- 그 외의 예외처리되지 않은 오류(예를 들어, KeyboardInterrupt)가 발생하면, 해당 오류를 상위 레벨로 올려 보내고 코드 진행을 멈춘다.

'침묵하지 말지어다'라는 말은 오류처리를 남용하라는 의미가 아니다. 다음 예시 코드를 새 터미널 창에서 실행해보면, 그 의미를 좀 더 쉽게 이해할 수 있을 것이다.

```
>>> while True:
...     try:
...         print("nyah", end=" ")
...     except:
...         pass
```

군이 위 코드를 실행하지는 말자.[6] except 구문에 예외 종류를 명시하지 않으면 KeyboardInterrupt(POSIX 터미널에서의 Ctrl+C 단축키 입력)를 포함한 모든 오류를 무시(pass)한다. 따라서 코드 실행을 멈추기 위한 각종 시도가 통하지 않는다. 예외를 처리하지 않은 except 구문은 프로그램의 버그를 감추기도 한다. 그러면 향후에 문제가 발생할 가능성이 높고 디버깅하기도 어렵다. 반복하자면, 오류 앞에서 침묵하지 말자. 잡아서 처리하고자 하는 예외만 except문에 명시하자. 단순히 로그를 남기고 싶다거나, 아래 스니펫과 같이 예외가 발생했음을 알린 뒤 예외를 강제로 다시 발생(Re-raise)시킨다면 상관없다. 오류는 꼭 예외처리하거나 재발생 처리하여 그대로 묻히는 일이 없도록 하자.

6　(옮긴이) 예상할 수 있듯이 'nyah'가 끊임없이 반복 출력되는데, 코드 실행을 중지하는 방법은 단 하나, 터미널 창을 종료하는 방법뿐이다.

```
>>> while True:
...     try:
...         print("ni", end="-")
...     except:
...         print("An exception happened. Raising.")
...         raise
```

함수 인자는 사용하기에 직관적이어야 한다

API 디자인에 따라 함수를 통해 소통하는 다운스트림 개발자의 경험이 달라진다. 인자는 다음과 같은 네 가지 방법으로 함수에 전달될 수 있다.

❶   ❷   ❸   ❹

```
def func(positional, keyword=value, *args, **kwargs):
    pass
```

❶ 위치 인자는 필수이며 기본 값을 가지지 않는다.

❷ 키워드 인자는 선택 사항이며 기본 값을 가진다.

❸ 가변 인자 리스트는 선택 사항이며 기본 값을 가지지 않는다.

❹ 가변 키워드 인자 딕셔너리는 선택 사항이며 기본 값을 가지지 않는다.

지금부터는 각 인자 전달 방식의 사용 방법에 관한 팁을 소개한다.

위치 인자

함수의 인자 개수가 많지 않고, 그들의 순서가 자연스레 함수의 의미를 설명할 때 사용하자. 예를 들면, send(message, recipient)나 point(x, y)는 인자가 두 개이며 그 순서를 외우기 쉽다.

함수를 호출할 때 위치 인자의 이름을 사용하거나 위치 인자의 순서를 바꾸지 말자. 예를 들어 send(recipient="World", message="The answer is 42.")나 point(y=2, x=1)은 가독성이 낮고 불필요하게 장황하다. send("The answer is 42", "World")나 point(1, 2)와 같은 직관적인 형태로 함수를 호출하자.

키워드 인자

함수가 두 개 혹은 세 개 이상의 위치 인자를 가진다면 함수의 시그니처를 기억하기 어려워지므로, 기본 값을 가지는 키워드 인자를 추가적으로 사용하는 것이 좋다. 예를 들어, 보다 완벽한 형태의 send 함수는 send(message, to, cc=None, bcc=None)와 같은 함수 시그니처(signature)를 가질 것이다. 여기서 cc와 bcc는 선택 입력 가능한 키워드 인자이며, 입력되지 않는 경우 None으로 처리된다.

키워드 인자를 사용하는 나쁜 예를 살펴보자. 때로는 인자의 순서를 따르되, 인자의 이름을 명시적으로 표기하지 않을 수 있다. 예를 들어, "Trillian"에게 숨은 참조를 하여 메시지를 발신하고 싶을 때, send("42", "Frankie", "Benjy", "Trillian")과 같이 표기할 수 있다. 또한, send("42", "Frankie", bcc="Trillian", cc="Benjy")와 같이 인자의 이름은 표기하되 그 순서를 바꾸어 함수를 호출할 수도 있다. 그렇게 하지 말아야 하는 강력한 이유는 없지만, 원래 정의된 순서에 맞춰 send("42", "Frankie", cc="Benjy", bcc="Trillian")과 같이 함수를 호출하는 것이 좋다.

 아예 안 하는 것이 지금 당장하는 것보다 나을 때가 있다. 함수를 설계할 때 만약의 경우를 위해 선택적으로 사용할 수 있는 인자(와 이를 포함한 함수 내 로직)를 포함시키는 경우가 있다. 이러한 인자는 사용될 가능성이 희박한 데다 나중에 따로 분리하여 제거하기 골치 아프다. 차라리 선택 인자가 필요해질 때마다 추가하는 편을 택하자.

가변 인자 리스트

함수를 설계할 때 위치 인자의 개수를 미리 정해 두기 애매하다면 *args로 정의되는 가변 인자 리스트를 사용해보자. 사용자가 원하는 개수의 위치 인자를 함수에 전달하면 이들은 함수 바디 내에서 args라는 튜플로 존재하게 된다. 예를 들어, 함수 send(message, *args)는 미리 정해지지 않은 인원의 수신인 명단을 인자로 받기 위해 *args를 사용하였다. send("42", "Frankie", "Benjy", "Trillian")과 같이 함수를 호출하면 함수 바디로 args=("Frankie", "Benjy", "Trillian")이라는 튜플이 전달된다. print 함수는 이러한 방식으로 인자를 전달 받는 대표적인 예다.[7]

---

7 (옮긴이) print는 파이썬 3에서 print(*objects, sep=' ', end='\n', file=sys.stdout, flush=False)와 같은 함수이다. 파이썬 2에서는 print가 함수가 아닌 명령문 형태이지만 from __future__ import print_function을 통해 파이썬 3에서의 함수 형태 출력문을 사용할 수 있다. 함수로 바뀐 이유가 궁금하다면 'PEP 3105 -- Make print a function'(*https://www.python.org/dev/peps/pep-3105/*)을 살펴보자.

> ❗ 같은 속성의 인자들로 구성된 리스트를 함수에 전달하고 싶다면, 가변 인자 리스트를 사용하기보다 리스트로 묶어서 한번에 전달하자. 위의 send 함수는 여러 명의 수신인을 인자로 받는 함수의 시그니처를 그대로 살려 send(message, recipients)로 정의할 수 있다. 그렇게 되면 send("42", ["Benjy", "Frankie", "Trillian"])와 같이 이해하기 명확한 형태로 함수를 호출할 수 있다.

가변 키워드 인자 딕셔너리

가변 키워드 인자 딕셔너리는 가변 위치 인자 리스트와 비슷한 맥락으로 이해할 수 있으며, **kwargs를 사용하여 정의할 수 있다. 이를 통해 사용자는 함수 안에 명시되지 않은 키워드 인자를 개수의 제약 없이 자유롭게 정의하여 함수에 전달할 수 있다. 이렇게 입력된 키워드 인자들은 함수 안에서 kwargs 딕셔너리로 존재한다. 가변 키워드 인자 딕셔너리는 로그를 남길 때 기본 메시지 외에 추가 정보를 함께 남기는 데 유용하다. 사용자가 미리 포매터에 지정해준 대로 로그 종류에 관계 없이 필요한 정보가 추출되고 기록된다.

> ❗ **kwargs는 매우 강력한 기법이므로 *args의 경우와 마찬가지로 주의하여 사용해야 한다. **kwargs가 꼭 필요하다고 검증된 경우에만 사용하자. 보다 간단하고 명확한 구조로도 함수의 의도를 충분히 표현할 수 있다면 굳이 가변 키워드 인자 딕셔너리를 사용하지 말자.

> ✅ *args와 **kwargs은 컨벤션에 따라 정해진 변수명이다. 이를 그대로 사용하는 것도 좋지만, 함수에서의 역할을 잘 보여 주는 변수명을 사용하자.

함수에 인자를 전달하는 방식은 전적으로 함수를 작성하는 프로그래머가 결정한다. 필수 여부에 따라 위치 인자나 키워드 인자로 지정할 수도 있고, 보다 고급 기법인 가변 인자 전달 방식을 사용할 수도 있다. 결국 이러한 의사 결정을 위한 명확한 기준이 필요하다. 아래 기준에 부합하는 함수는 사용하기에 좋다.

- 읽기 쉽다. 즉, 이름과 인자들에 대한 부연 설명이 필요 없다.
- 바꾸기 쉽다. 즉, 새로운 키워드 인자를 추가해도 코드의 나머지 부분들이 망가지지 않는다.

구현 결과를 설명하기 어렵다면, 그 아이디어는 나쁘다

파이썬은 해커를 위한 강력한 도구이며, 어떠한 종류의 까다로운 작업도 가능하게 하는 후크와 도구를 풍부하게 보유하고 있다. 예를 들어 파이썬에서는 다음 작업이 가능하다.

- 객체를 생성하고 인스턴스화하는 방법을 변경
- 파이썬 인터프리터가 모듈을 불러오는 방법을 변경
- C 루틴을 파이썬에 임베딩

이러한 기법에는 몇 가지 단점이 있는데, 그중 가독성 저하가 가장 큰 단점이다. 목적을 달성하기 위한 방법 중 가장 직관적인 방법을 선택하는 것이 좋다. 앞의 방법은 가독성 포기를 상쇄할 만큼의 효과가 있을 때만 사용하자. pylint나 pyflakes와 같은 코드 분석 도구는 앞에 나열된 '마법'과도 같은 일을 수행하는 코드를 이해하지 못할 것이다.

파이썬의 후크와 도구가 갖는 무한한 가능성은 어떠한 문제도 풀 수 있다는 자신감을 심어준다. 그러나 이들을 어떻게 사용하고, 특히 언제 사용하지 말아야 하는지 아는 것은 대단히 중요하다.

쿵푸의 고수처럼, 파이써니스타는 복잡한 방법으로 문제를 해결할 줄도 알아야 하지만 그 문제를 우회하는 방법도 알아야 한다.

우리는 모두 책임 있는 사용자다

앞서 소개한 바와 같이 파이썬에서 사용할 수 있는 트릭 중 일부는 잠재적으로 위험하다. 한 가지 예를 들어보자. 파이썬에는 '프라이빗' 키워드가 없기 때문에 클라이언트 코드가 객체의 속성과 메서드를 덮어쓸 수 있다. 이는 자바와 같은 방어적 성격의 프로그래밍 언어와 매우 다른 철학을 보여주는 사례이다. 자바에는 사용자가 안전한 방식으로 코드를 작성할 수 있도록 보호하는 장치가 내장되어 있지만, 파이썬은 그렇지 않다. 따라서 파이썬 사용자는 모두 책임감을 가져야 한다.

파이썬에서 객체가 가지는 정보를 외부로부터 보호할 방법이 아예 없다는 것이 아니다. 다만, 파이썬 커뮤니티에서는 개발자가 서로의 코드 사이에 콘크리트 벽과 같은 보안을 세우는 방식보다 구성 요소에 직접 접근하는 것을 방지하는 컨벤션 모음을 따르길 선호한다.

프라이빗 속성에 관한 주요 컨벤션과 이를 구현하기 위한 세부 사항에서는 내부 요소 앞에 밑줄(예: `sys._getframe`)을 붙이도록 명시하고 있다. 만약 클라이언트 코드가 이러한 규칙을 어기고 해당 구성 요소에 접근한다면, 코드가 수정되었을 때 발생하는 이상 행동이나 문제 상황에 대한 책임이 전적으로 클라이언트 코드에 있다.

따라서 컨벤션을 적극적으로 활용하자. 메서드나 프로퍼티가 클라이언트 코드에서 사용되는 것을 원하지 않는다면 앞에 밑줄 표시를 붙이자. 이를 통해 서로의 의무가 명확해지고 기존 코드를 수정하는 것이 용이해진다. 프라이빗 프로퍼티를 퍼블릭으로 바꾸는 것은 언제든 가능하지만 퍼블릭 프로퍼티를 프라이빗하게 바꾸는 것은 훨씬 어렵다.

함수의 결과 값은 한 곳에서만 반환하자

함수가 복잡할수록 반환문의 개수가 증가하기 쉽다. 그러나 의도를 명확히 하고 가독성을 유지하려면 의미 있는 결과 값을 최대한 적은 위치에서 반환하는 게 좋다.

함수 실행이 종료되는 경우는 두 가지다. 하나는 오류가 발생하여 종료되는 경우이고, 나머지 하나는 함수가 정상적으로 실행되어 결과 값을 반환한 뒤 종료되는 경우이다. 함수 실행 중 오류가 발생하면 None이나 False를 반환하는 것이 적절하다. 이때 함수에서 오류와 관련된 문맥이 파악되자마자 결과 값을 반환하도록 하여 함수 구조를 수평적으로 만드는 것이 좋다. 만약 오류가 발생하지 않는다면, 그 다음 코드가 실행되기 위한 조건이 충족된 것이며, 함수 실행이 멈추지 않고 지속된다. 가끔은 여러 개의 반환문을 사용하는 것도 필요하다.

하지만 가능한 한 하나의 종료 지점만을 설정하자. 종료 지점이 여러 개라면 함수의 최종 결과 값이 어디서 반환되었는지 파악하기 힘들어져 함수를 디버깅하기 어렵다. 이에 반해 단 하나의 종료 지점을 가지도록 하면 코드 진행 경로를 파악하기 쉬워진다. 여러 개의 종료 지점은 코드 리팩터링(refactoring)에 대한 힌트가 되기도 한다. 다음 코드는 썩 나쁘진 않지만, 주석에 설명한 바와 같이 좀 더 명확히 작성할 수 있다.

```python
def select_ad(third_party_ads, user_preferences):
    if not third_party_ads:
        return None # 예외를 발생시키는 편이 더 나음
    if not user_preferences:
        return None # 예외를 발생시키는 편이 더 나음
    # 주어진 ad와 개별 설정 중 best_ad를 선택하는
    # 복잡한 코드 부분...
    # 여기서 best_ad가 결정되더라도 바로 반환하지 말자...
    if not best_ad:
        # best_ad의 플랜 B
    return best_ad # 하나의 종료 지점에서 결과 값을 반환하면
                   # 코드를 유지 관리하기 편해진다
```

컨벤션

컨벤션은 모두에게 수긍이 가는 방식이지만 유일한 선택지는 아니다. 여기서 살펴볼 컨벤션은 일반적으로 널리 사용되며, 코드의 가독성을 높이는 데 도움이 된다.

같음을 확인하기 위한 대안

주어진 값을 True나 None, 0과 명시적으로 비교할 필요가 없다면 다음 예시를 참고하여 if문에 그 값만 써도 좋다(거짓으로 여겨지는 객체 목록을 살펴보려면 'Truth Value Testing'(*https://docs.python.org/3/library/stdtypes.html#truth-value-testing*) 참고).

나쁨	좋음

`if attr == True:`
`    print 'True!'`
	`# 값이 존재하는지 확인`
	`if attr:`
	`    print 'attr is truthy!'`
	
	`# 값이 존재하지 않는지 확인`
	`if not attr:`
	`    print 'attr is falsey!'`
	
	`# 값이 'True'인지 확인`
	`if attr is True:`
	`    print 'attr is True'`

`if attr == None:`
`    print 'attr is None!'`
	`# 값이 'None'인지 확인`
	`if attr is None:`
	`    print 'attr is None!'`

딕셔너리 요소에 접근하기

`dict.has_key` 메서드 대신 `x in d` 구문을 사용하거나 `dict.get()`에 기본 인자를 전달하자.

나쁨	좋음

```>>> d = {'hello': 'world'}```
```>>>```
```>>> if d.has_key('hello'):```
```...   print(d['hello']) # 'world' 출력```
```... else:```
```...   print('default_value')```
```world```
	```>>> d = {'hello': 'world'}```
	```>>>```
	```>>> print (d.get('hello', 'default_value')```
	```world```
	```>>> print (d.get('howdy', 'default_value')```
	```default_value```
	```>>>```
	```>>> # 아니면,```
	```... if 'hello' in d:```
	```... print(d['hello])```
	```...```
	```world```

리스트 다루기

리스트 컴프리헨션은 리스트 자료형을 다루는 명확하고 강력한 도구다(자세한 내용은 파이썬 튜토리얼 도입부(*https://docs.python.org/3/tutorial/datastructures.html#list-comprehensions*) 참고). 또한, map()과 filter() 함수는 다음 예시에서 볼 수 있듯이 리스트 컴프리헨션과 조금 다르지만, 보다 명확한 연산이 가능하다.

일반 반복문	리스트 컴프리헨션

```# 4보다 큰 성분만 남기기```
```a = [3, 4, 5]```
```b = []```
```for i in a:```
```   if i > 4:```
```   b.append(i)```
 	
```# 모든 리스트 성분에 3씩 더하기```
```a = [3, 4, 5]```
```for i in range(len(a)):```
```   a[i] += 3```
	```# 리스트 컴프리헨션이 좀 더 깔끔하다```
	```a = [3, 4, 5]```
	```b = [i for i in a if i > 4]```
	
	```# 아니면 다음과 같이 사용해보자```
	```b = filter(lambda x: x > 4, a)```
	
	```# 여기도 마찬가지로 깔끔하다```
	```a = [3, 4, 5]```
	```a = [i + 3 for i in a]```
	
	```# 람다 표현식을 사용할 수도 있다```
	```a = map(lambda i: i + 3, a)```

enumerate() 함수를 사용하면 리스트 성분별 위치 값을 인덱싱하여 활용할 수 있다. counter를 수동으로 생성하는 코드보다 가독성이 좋고 이터레이터에 최적화되어 있다.

```
>>> a = ["icky", "icky", "icky", "p-tang"]
>>> for i, item in enumerate(a):
...     print("{i}: {item}".format(i=i, item=item))
...
0: icky
1: icky
2: icky
3: p-tang
```

매우 긴 한 줄의 코드를 여러 줄로 나누기

한 줄의 코드가 정해진 길이[8]보다 길면 여러 줄로 나누자. 코드 줄의 마지막에 백슬래시(\)를 쓰면 파이썬 인터프리터가 그다음 줄 코드를 한 줄로 이어서 인식한다. 그러나 백슬래시 뒤에 무심코 공백 문자가 들어가면 예상치 못한 오류가 발생할 수 있어 더 나은 방법이 필요하다.

백슬래시를 사용하는 대신 구성 요소를 괄호로 감싸는 방법을 사용해보자. 파이썬 인터프리터는 괄호가 닫히지 않은 코드 줄이 나타나면 괄호가 닫힐 때까지 나타나는 모든 코드 줄을 한 줄로 이어 처리한다. 소괄호(())와 대괄호([]) 구분 없이 사용할 수 있다.

나쁨	좋음

`french_insult = \`
`"Your mother was a hamster, and \`
` your father smelt of elderberries!"`
	`french_insult = (`
	`    "Your mother was a hamster, and "`
	`    "your father smelt of elderberries!"`
	`)`

`from some.deep.module.in.a.module \`
`    import a_nice_function, \`
`        another_nice_function, \`
`        yet_another_nice_function`
	`from some.deep.module.in.a.module import`
	`(`
	`    a_nice_function,`
	`    another_nice_function,`
	`    yet_another_nice_function`
	`)`

흔히 매우 긴 코드 줄은 한번에 너무 많은 것을 하려고 한다는 신호이기도 하다. 그리고 가독성이 떨어질 수도 있다.

---

8   PEP에는 한 줄당 최대 길이가 80자로 명시되어 있다. 100자로 설정하여 사용하는 이들도 많다. 상사가 뭐라든 간에 이러한 컨벤션을 따르는 게 좋다. 아마 랙 옆에서 터미널로 디버깅을 해야 한다면 최대 80자 제한에 감사하게 될 것이다. 터미널에서 코드가 줄바꿈되지 않을 테니 말이다. Vi에서 줄 번호 표시 옵션을 사용하는 사람들은 75-77자를 선호한다.

관용구

어떤 일이든 명확하고 바람직한 단 하나의 방법이 존재한다고는 하나, 입문 단계에서는 (네덜란드인[9]이 아닌 이상) 파이썬스러운 코드를 작성하는 방법이 막연하게 느껴질 수 있다. 의식적으로 파이썬스러운 관용구에 익숙해지려 노력해보자.

언패킹

리스트나 튜플의 길이를 알면, 각 성분 값을 여러 개의 변수에 지정할 수 있다. 다음 예시를 살펴보자. split()이나 rsplit() 메서드를 사용하면 문자열을 몇 번 쪼갤지 정할 수 있다. 등호의 오른편에서 한 번만 쪼개도록 지정하면(예: 파일명과 확장자), 등호의 왼편에는 쪼갠 값을 저장할 두 변수를 차례로 나열하면 된다.

```
>>> filename, ext = "my_photo.orig.png".rsplit(".", 1)
>>> print(filename, "is a", ext, "file.")
my_photo.orig is a png file.
```

두 변수의 값을 서로 치환하기 위해서 사용할 수도 있다.

```
a, b = b, a
```

다음과 같이 중첩 언패킹(nested unpacking)도 가능하다.

```
a, (b, c) = 1, (2, 3)
```

파이썬 3에서는 확장 언패킹(extended unpacking)이 새롭게 등장하였는데, 이는 PEP 3132(*https://www.python.org/dev/peps/pep-3132/*)에 소개되어 있다.

```
a, *rest = [1, 2, 3]
# a = 1, rest = [2, 3]

a, *middle, c = [1, 2, 3, 4]
# a = 1, middle = [2, 3], c = 4
```

---

9 파이썬 계명 14번 경구를 보면 파이썬의 창시자이자 우리의 자비로운 종신독재자(BDFL)*인 귀도는 우연히도 네덜란드인이다.

  * (옮긴이) 자비로운 종신독재자(BDFL, Benevolent Dictator for Life)란 소수의 오픈 소스 소프트웨어 개발 리더에게 부여되는 칭호이다. 주로 커뮤니티 내에서 논쟁이 있을 때 최종적으로 결론을 내려줄 수 있는, 프로젝트 창시자인 경우가 많다(*https://ko.wikipedia.org/wiki/자비로운_종신독재자*).

값 무시하기

언패킹해야 할 값 중 무시하고 싶은, 즉 변수로 지정하고 싶지 않은 값이 있다면 이중 밑줄(__)을 사용하자.

```
filename = 'foobar.txt'
basename, __, ext = filename.rpartition('.')
```

 많은 파이썬 스타일 가이드에서는 일회용 변수에 (여기서 권장하는) 밑줄 두 개(__)가 아닌 단일 밑줄(_)을 사용하길 권장한다. 문제는 단일 밑줄이 대체로 gettext.gettext() 함수의 별칭으로 사용되며 대화형 프롬프트에서 마지막 작업 값을 유지하는 데 사용된다는 것이다. 밑줄 두 개를 사용하면 명확하면서도 대부분의 경우 편리하며, 단일 밑줄 변수를 우연히 덮어쓰는 위험 요소가 사라진다.

같은 값으로 채워진 길이가 N인 리스트 만들기

리스트에 * 연산자를 사용하면 모든 성분이 동일한 불변 값으로 채워진 리스트를 만들 수 있다.

```
>>> four_nones = [None] * 4
>>> print(four_nones)
[None, None, None, None]
```

그러나 리스트는 변경 가능한 객체임을 유의하자. * 연산자를 사용하면 같은 리스트를 가리키는 N개의 참조가 생긴다. 이러한 결과를 원하지 않는다면 리스트 컴프리헨션을 사용하자.

나쁨	좋음

```>>> four_lists = [[]] * 4```
```>>> four_lists[0].append("Ni")```
```>>> print(four_lists)```
```[['Ni'], ['Ni'], ['Ni'], ['Ni']]```
	```>>> four_lists = [[] for __ in range(4)]```
	```>>> four_lists[0].append("Ni")```
	```>>> print(four_lists)```
	```[['Ni'], [], [], []]```

문자열을 만들 때는 빈 문자열에 str.join()을 사용하는 것이 일반적이다. 이는 다음과 같이 리스트와 튜플에 적용할 수 있다.

```
>>> letters = ['s', 'p', 'a', 'm']
>>> word = ''.join(letters)
>>> print(word)
spam
```

때로는 리스트나 집합과 같이 여러 값을 모아 놓은 객체에서 어떤 값을 찾아야할 때가 있다.

다음 예시를 살펴보자.

```
>>> x = list(('foo', 'foo', 'bar', 'baz'))
>>> y = set(('foo', 'foo', 'bar', 'baz'))
>>>
>>> print(x)
['foo', 'foo', 'bar', 'baz']
>>> print(y)
{'foo', 'bar', 'baz'}
>>>
>>> 'foo' in x
True
>>> 'foo' in y
True
```

앞의 리스트와 집합에 대한 두 참거짓 테스트가 같아 보일지라도 실은 다르다. foo in y는 집합이 (딕셔너리와 함께) 해시테이블[10]이라는 사실을 이용한 것이다. 두 테스트의 실행 속도는 서로 다르다. 리스트 예시에서는 모든 아이템을 한 번씩 체크해야 하므로 시간이 많이 소요된다(리스트 크기가 매우 커지면 비효율적). 그러나 집합에서는 해시 함수를 사용하여 원하는 아이템을 한번에 찾을 수 있기에 탐색 속도가 빠르다. 또한 집합과 딕셔너리는 중복된 아이템을 자동으로 제거한다. 이는 딕셔너리가 두 개 이상의 같은 키를 가질 수 없는 이유이기도 하다. 리스트와 딕셔너리를 비교하는 스택오버플로 페이지(*http://stackoverflow. com/questions/513882/python-list-vs-dict-for-look-up-table*)를 참고하자.

예외로부터 안전한 문맥

파일이나 스레드 잠금과 같은 자원을 관리할 때, 예외 상황에 대처하기 위해 try/finally 구문을 사용하는 것이 일반적이다. PEP 343(*https://www.python.org/ dev/peps/pep-0343/*)에 소개된 바와 같이 with문과 컨텍스트 매니저 프로토콜

---

10 해시 가능한 객체만 집합의 원소나 딕셔너리의 키가 될 수 있다. 해시 가능한 객체를 만들고 싶다면, 정수를 반환하는 object.__hash__(self)라는 멤버 함수를 정의하자. 같은 객체는 같은 해시 값을 가져야 한다. 자세한 내용은 파이썬 문서(*https://docs.python.org/3/reference/datamodel.html#object.__hash__*)에서 확인하자.

이 파이썬(버전 2.5 이상)에 도입됐다. 이들은 try/finally 구문을 보다 읽기 쉬운 코드로 대체하는 관용구이다. 이 프로토콜은 __enter__()와 __exit__()라는 두 메서드로 구성되어 있으며, 다음과 같이 with문을 통해 객체에 적용할 수 있다.

```
>>> import threading
>>> some_lock = threading.Lock()
>>>
>>> with some_lock:
...     # 지구 마크 1호를 만들고, 천만년 동안 가동시킬 것...[11]
...     print(
...         "Look at me: I design coastlines.\n"
...         "I got an award for Norway."
...     )
...
```

이전에는 다음과 같이 작성해야만 했다.

```
>>> import threading
>>> some_lock = threading.Lock()
>>>
>>> some_lock.acquire()
>>> try:
...     # 지구 마크 1호를 만들고, 천만년 동안 가동시킬 것...
...     print(
...         "Look at me: I design coastlines.\n"
...         "I got an award for Norway."
...     )
... finally:
...     some_lock.release()
```

표준 라이브러리 모듈인 contextlib(*https://docs.python.org/3/library/contextlib.html*)은 함수를 컨텍스트 매니저로 변환하는 부가 도구를 제공한다. 이 도구는 close() 메서드의 호출을 강제하고, 예외를 억제하며(파이썬 3.4 이상), 표준 출력과 오류 스트림을 리디렉션(파이썬 3.4 이상)한다. 다음은 contextlib.closing() 사용 예다.

---

11 (옮긴이) 소설에는 행성 공장이 있다. 주인공인 아서는 여기에서 슬라티바트패스트라는 사람을 만난다. 이 사람은 자신이 지구(마크 1호)를 만들었으며, 피요르드 덕분에 상을 탔다고 말한다. 마그라테아 행성 공장에는 지구의 백업본인 지구 마크 2호가 있으며, 보곤에 의해 파괴된 지구를 대체하기 위해 만들어졌다.

```
>>> from contextlib import closing
>>> with closing(open("outfile.txt", "w")) as output:
...     output.write("Well, he's...he's, ah...probably pining for the
fjords.")
...
56
```

그러나 __enter__()와 __exit__() 메서드는 파일 I/O를 처리하는 객체를 위해 정의되었기 때문에[12], closing 없이 with문을 직접 사용할 수 있다.

```
>>> with open("outfile.txt", "w") as output:
    output.write(
        "PININ' for the FJORDS?!?!?!? "
        "What kind of talk is that?, look, why did he fall "
        "flat on his back the moment I got 'im home?\n"
    )
...
123
```

일반적인 갓차[13]

파이썬은 깔끔하고 일관된 언어를 지향하지만, 초보자에게 혼동을 주는 몇 가지가 있다.

몇몇은 의도적으로 설계된 것이지만 여러분에게 놀라움을 느끼게 할 수 있다. 또 일부는 사마귀[14]라고 불리며 논쟁의 여지가 있다. 이후 소개되는 내용들은 일반적으로 까다롭다고 여겨지는 요소이지만, 깜짝 놀랄 만한 실행 결과가 나오게 된 근본 원인을 알면 여러분은 이 결과를 수긍하게 될 것이다.

변경 가능한 기본 인자

함수 정의에서 변경 가능한 기본인자가 처리되는 방식은 대부분의 파이썬 입문 프로그래머에게 혼란을 준다.

---

12 이 경우, __exit__() 메서드는 파일 설명자(descripter)를 끄기 위해 I/O 래퍼(wrapper)의 close() 메서드를 부를 뿐이다. 대부분의 시스템은 열 수 있는 파일 지시자의 최대 개수를 제한하고 있으므로, 파일을 사용한 뒤 닫아주는 습관을 들이자.

13 (옮긴이) 문서화가 되어 있지만 사용자가 느끼기에 직관적이지 않아 실수를 유발하는 프로그래밍 구성 요소 (*https://en.wikipedia.org/wiki/Gotcha_(programming)*)

14 (옮긴이) 프로그래밍 언어에서 일반적인 규칙에 대한 특이한 예외상황이나 눈에 띄고 거슬리는 요소를 지칭할 때 언어 사마귀(language wart)라는 단어를 사용한다(*http://toykeeper.net/warts/*).

여러분이 작성한 코드

```python
def append_to(element, to=[]):
    to.append(element)
    return to
```

여러분이 예상했던 내용

```python
my_list = append_to(12)
print(my_list)

my_other_list = append_to(42)
print(my_other_list)
```

두 번째 인자가 입력되지 않으면 매번 함수가 호출될 때마다 새 리스트가 생성되므로 결과가 다음과 같이 나올 것이라 생각할 것이다.

```
[12]
[42]
```

실제로 벌어지는 일

```
[12]
[12, 42]
```

함수가 정의될 때 새 리스트가 생성되고, 함수가 호출될 때마다 같은 리스트가 사용된다. 파이썬의 기본 인자는 (루비 언어와 같이) 함수가 호출될 때마다 만들어지지 않고, 함수가 정의될 때만 한 번 만들어진다. 변경 가능한 기본 인자를 사용하면, 매 호출마다 같은 객체를 사용하게 된다.

대신 이렇게 하자

함수를 호출할 때마다 새 객체가 만들어지도록, 인자가 제공되지 않았음을 알리는 기본 인자를 사용하자(대체로 None을 선택하는 게 좋다).

```python
def append_to(element, to=None):
    if to is None:
        to = []
    to.append(element)
    return to
```

이 갓차가 '갓차'가 아닌 경우

경우에 따라 이 행동을 악용(즉, 의도한 대로 사용)하여 함수 호출 사이의 상태를 유지할 수 있다. 다음과 같이 (인메모리에 결과를 저장하는) 캐싱 함수를 작성할 때 종종 사용된다.

```
def time_consuming_function(x, y, cache={}):
    args = (x, y)
    if args in cache:
        return cache[args]
    # args가 cache에 없는 경우, 이 부분이 실행된다.
    # 시간이 소요되는(time_consuming) 작업을 수행하자
    cache[args] = result
    return result
```

게으른 바인딩 클로저

또 다른 혼동 요소는 파이썬이 클로저(closure, 혹은 주변 전역 스코프) 안에서 변수를 바인딩[15]하는 방식이다.

여러분이 작성한 코드

```
def create_multipliers():
    return [lambda x : i * x for i in range(5)]
```

여러분이 예상한 결과

```
for multiplier in create_multipliers():
    print(multiplier(2), end=" ... ")
print()
```

리스트에는 5개의 함수가 담겨 있으며, 각 함수마다 내부 변수 i가 존재하여 인수(여기서는 2)와 곱하는 데 사용되어 다음과 같은 결과를 낼 것이다.

```
0 ... 2 ... 4 ... 6 ... 8 ...
```

실제로 벌어지는 일

```
8 ... 8 ... 8 ... 8 ... 8 ...
```

---

15 (옮긴이) 바인딩(binding)이란 변수가 실제 데이터가 존재하는 위치를 가리키는 것을 말한다.

다섯 개 함수가 만들어졌지만, 모두 x에 4가 곱해진 결과를 반환한다. 왜일까? 파이썬의 클로저는 게으른 바인딩(late binding)이다. 이는 클로저에서 사용되는 변수의 값을 가져오는 때가 클로저 내부 함수가 호출될 때라는 의미이다.

이 예시에서, 각 반환 함수가 호출될 때마다 주변 범위에서 i의 값을 확인한다. 반복이 끝나면 i의 최종 값은 4가 된다.

이 갓차는 파이썬의 람다 표현식(*https://docs.python.org/3/tutorial/controlflow.html#lambda-expressions*)과 관련이 있는 것으로 잘못 알려져 있기 때문에 특히 불쾌하다. 람다 표현식으로 만든 함수는 결코 특별하지 않으며, 보통의 def로 만든 함수와 완전히 같은 행동을 보인다.

```python
def create_multipliers():
    multipliers = []

    for i in range(5):
        def multiplier(x):
            return i * x
        multipliers.append(multiplier)

    return multipliers
```

대신 이렇게 하자

일반적인 해답을 위해서는 어쩔 수 없이 약간의 핵(hack)이 필요하다. 파이썬이 함수의 기본 인자를 다루는 방식(72쪽 '변경 가능한 기본 인자' 참고)을 고려하여, 기본 인자를 사용하여 즉시 바인딩하는 클로저를 만들 수 있다.

```python
def create_multipliers():
    return [lambda x, i=i : i * x for i in range(5)]
```

아니면 functools.partial() 함수를 사용할 수도 있다.

```python
from functools import partial
from operator import mul

def create_multipliers():
    return [partial(mul, i) for i in range(5)]
```

이 갓차가 '갓차'가 아닌 경우

때로는 클로저가 위와 같이 행동하길 원할 수도 있다. 게으른 바인딩은 많은
상황(예: 131쪽 Diamond 프로젝트에서 '클로저를 사용하는 예시(갓차가 갓
차가 아닌 경우)' 참고)에서 유용하다. 참고로 반복문에서 서로 다른 함수를
생성하는 일은 불행히도 딸꾹질을 일으킬 수도 있다.

프로젝트 구조화하기

프로젝트가 목표로 하는 바에 가장 잘 도달할 수 있도록 고민하고 의사결정하는
과정을 **구조화**라고 한다. 구조화의 목표는 파이썬의 기능을 최대한 활용하여 깔
끔하고 효과적인 코드를 작성하는 것이다. 좀 더 실질적으로 말하자면 프로젝트
를 구조화함으로써 코드 그리고 파일과 폴더 구조 모두의 논리와 의존성이 명확
해진다.

어떤 함수가 어떤 모듈에 들어가야 할까? 프로젝트 내 데이터 흐름은 어떻게
되어야 할까? 어떤 기능과 어떤 함수가 함께 묶이고 분리되어야 할까? 이러한 질
문에 답을 하는 과정 속에서 프로젝트가 완성되었을 때의 대략적인 모습을 설계
할 수 있다.

*Python Cookbook*에 모듈과 패키지(*http://bit.ly/python-cookbook-ch10*)와 관련된
내용이 담겨 있으며, __import__문과 패키징이 어떻게 작동하는지 자세히 설명
되어 있다. 이번 절에서는 파이썬의 모듈과 임포트 시스템을 개괄적으로 소개
하고자 한다. 이들은 프로젝트 구조를 강화하는 중심축이 될 것이다. 그런 다음,
안정적으로 확장하고 테스트할 수 있는 코드를 작성하는 방법에 대해 다양한 관
점에서 논의하겠다.

파이썬에서 프로젝트를 구조화하는 작업은 파이썬이 모듈과 임포트를 처리하
는 방식 덕분에 상대적으로 쉽다. 제약이 거의 없으며 모듈 임포트 체계를 이해
하기 쉽다. 따라서 우리가 할 일은 그저 프로젝트의 각 부분을 만들고 연결하는
순수 아키텍처 작업뿐이다.

모듈

파이썬의 주요 추상화 계층 중 아마도 가장 자연스러운 게 모듈일 것이다. 추상
화 계층은 데이터와 기능에 따라 프로그래머가 코드를 쪼갤 수 있도록 돕는다.

예를 들어, 프로젝트의 한 계층이 사용자 인터페이스를 다루고, 다른 계층에

서는 로우레벨 데이터 처리를 다룬다고 하자. 이때 이 둘을 분리하는 가장 자연스러운 방법은 인터페이스 기능을 한 파일에 모으고, 모든 로우레벨 연산을 다른 파일에 모으는 것이다. 그러면 두 개의 분리된 모듈이 생기고, 인터페이스 파일에서 로우레벨 파일을 import *module*이나 from *module* import *attribute*를 통해 불러올 수 있다.

import문을 사용하면 모듈도 사용하게 된다. 내장 모듈(예: os와 sys)이나 서드파티 패키지(예: Requests나 Numpy)뿐만 아니라 여러분의 프로젝트 내부 모듈도 마찬가지다. 다음 코드는 import문 사용 예시이며, 불러온 모듈이 고유의 자료형이 있는 파이썬 객체임을 보여준다.

```
>>> import sys # 내장 모듈
>>> import matplotlib.pyplot as plt # 서드파티 모듈
>>>
>>> import mymodule as mod # 프로젝트 내부 모듈
>>>
>>> print(type(sys), type(plt), type(mod))
<class 'module'> <class 'module'> <class 'module'>
```

파이썬 스타일 가이드(*https://www.python.org/dev/peps/pep-0008/*)를 따르고 싶다면 모듈 이름을 짧게 하고 소문자를 쓰자. 또한 마침표(.)나 물음표(?)와 같은 특수기호를 사용하지 말자. 파이썬은 그러한 이름의 모듈을 찾지 못할 수 있다. 따라서 *my.spam.py*[16]와 같은 파일 명은 피해야 한다. import my.spam문을 실행하면 파이썬은 my라는 폴더에서 *spam.py*를 찾을 것이다. 마침표 기호에 대해 자세히 알아보고 싶다면 파이썬 문서(*https://docs.python.org/3/tutorial/modules.html#packages*)를 참고하자.

모듈 불러오기

이름 짓기와 관련된 몇 가지 제약을 제외하면, 파이썬 파일을 모듈로 사용하기 위해 특별히 필요한 건 없다. 그러나 임포트 메커니즘을 이해하면 도움이 된다. 먼저 import modu문은 *modu.py*라는 파일이 호출자(caller)와 같은 디렉터리에 있다면 그 파일에서 modu의 정의를 찾을 것이다. 만약 파일이 없다면 파이썬 인터프리터가 파이썬의 탐색 경로(*https://docs.python.org/2/library/sys.html#sys.path*)에서 *modu.py*를 재귀적으로 검색한다. 그래도 못 찾으면 ImportError 예외를 발생

---

16 *my_spam.py*가 대안이 될 수는 있지만, 모듈 이름에 밑줄은 자주 쓰이지 않는다(밑줄은 변수 명이라는 인상을 준다).

시킨다. 검색 경로 값은 플랫폼에 따라 다르며 환경변수 $PYTHONPATH(윈도우에서는 %PYTHONPATH%)에 정의된 사용자 정의 혹은 시스템 정의 디렉터리를 포함한다. 다음 내용처럼 파이썬 세션에서 조작하거나 검사할 수도 있다.

```
import sys
>>> sys.path
[ '', '/current/absolute/path', 'etc']
# 실제 리스트에는 탐색된 모든 경로가 담겨 있다.
# 이 경로는 파이썬 라이브러리를 임포트하는 데 사용된다.
# 임포트 순서는 탐색되는 순이다.
```

*modu.py*를 찾으면 파이썬 인터프리터가 호출자 범위 밖에서 모듈을 실행하고, *modu.py*의 최상위 명령문이 실행된다(다른 import문이 있다면 함께 불러옴). 함수와 클래스 정의는 모듈의 딕셔너리에 저장된다.

모듈 내의 변수, 함수, 클래스를 호출자에서 사용하려면 모듈의 네임스페이스를 통해야 한다. 네임스페이스는 프로그래밍의 중심 콘셉트로, 파이썬에서 특히 강력하고 유용하다. 네임스페이스는 이름이 있는 속성을 포함하는 범위를 제공하는데, 네임스페이스 안의 이름이 있는 속성은 네임스페이스 밖에서 살펴볼 수 있어도 직접 접근할 수는 없다.

여타 다른 많은 프로그래밍 언어에서는 include 파일 지시문을 사용하면 해당 파일의 코드를 복사하여 호출자 코드에 붙여 넣는다. 이와 달리 파이썬에서는 불러온 코드가 모듈의 네임스페이스와 격리되어 있다. import modu문이 실행되면 modu라는 이름의 모듈 객체가 전역 네임스페이스에 생기고, 모듈 안에 정의된 속성은 마침표 기호를 통해 사용할 수 있다. 예를 들어, modu.sqrt는 *modu.py*에 정의된 sqrt 객체이다. 따라서 불러온 코드가 예측하지 못한 결과(예: 같은 이름의 함수가 덮어 쓰여지는 경우)를 만들지 않으니 걱정할 필요가 없다.

네임스페이스 도구

dir(), globals(), locals() 함수는 네임스페이스 내부를 살펴보는 데 유용하다.

• dir(object)는 객체를 통해 접근할 수 있는 속성 목록을 반환한다.
• globals()은 전역 네임스페이스 안의 속성과 값을 딕셔너리로 반환한다.
• locals()은 지역 네임스페이스(예: 함수 내부) 안의 속성과 값을 딕셔너리로 반환한다.

더 알고 싶다면 파이썬 공식 문서의 'Data model'(*https://docs.python.org/3/reference/datamodel.html*)을 읽어보자.

---

import문의 특별한 구문인 `from modu import *`문을 사용하면 위의 경우를 피해 보다 안정적으로 import문을 사용할 수 있다. 그러나 이 방법은 그리 좋은 방법이 아니다. `import *`를 사용하면 코드 가독성이 떨어지고 의존성이 뒤섞인다. 게다가 불러온 모듈 안의 새 정의가 기존 객체를 덮어쓸 수 있다.

`from modu import func`는 전역 네임스페이스에서 원하는 속성만 불러오는 방법이다. 필요한 것만 명시적으로 불러오기 때문에 `from modu import *`보다 위험이 덜하다. `import modu`와 비교하면 코드를 작성하는 수고를 조금이나마 덜어준다는 게 유일한 장점이다.

표 4-1 모듈로부터 정의를 불러오는 방법

매우 나쁨 (읽는 사람이 헷갈림)	그나마 나음(새로운 이름이 전역 네임스페이스에서 명료함)	최고(어디에 속한 속성인지 바로 알 수 있음)
`from modu import *`	`from modu import sqrt`	`import modu`
`x = sqrt(4)`	`x = sqrt(4)`	`x = modu.sqrt(4)`
sqrt가 modu의 일부인지, 내장함수인지, 앞에서 정의되었는지 불분명함	sqrt가 modu의 일부인지, 코드 안에서 수정되었는지 불분명함	이제 sqrt가 modu라는 네임스페이스의 일부라는 것이 명확하게 드러남

53쪽 '코드 스타일'에서 언급했듯이, 가독성은 파이썬의 장점 중 하나다. 읽기 쉬운 코드엔 쓸데없는 상용구가 없고, 어수선하지 않다. 그러나 무리하게 코드를 간결화하지 말자. 하나의 파일로 구성된 단순한 프로젝트를 제외하면, `modu.func()`와 같이 클래스나 함수가 어디에 속해 있는지 잘 보이는 데서 명료함이 생기며, 코드의 가독성과 이해도가 크게 향상된다.

구조가 핵심이다

여러분은 원하는 대로 프로젝트 구조를 잡을 수 있다. 그러나 다음과 같은 구조는 피하자.

여러 개의 지저분한 순환 의존성

Table과 Chair라는 클래스를 가진 *furn.py*가 *workers.py*의 Carpenter라는 클래스를 불러와 `table.is_done_by()`와 같은 질문에 답해야 한다고 가정하자. 이와 동시에 *workers.py*의 Carpenter에서 *furn.py*의 Table과 Chair를 불러와 `carpenter.what_do()`에 답해야 한다. 여기에는 *furn.py*와 *worker.py*가 서로를 불러오는 순환 의존성 문제가 있다. 이 경우 ImportError가 발생하지 않도록 메서드 내에서 import문을 사용하는 등의 취약한 핵(hack)에 의존해야 한다.

숨겨진 연결

매번 Table의 구현을 바꿀 때마다 Table의 테스트 케이스가 아닌 Carpenter의 테스트 케이스에서 실패한다면, 이는 Table의 변경사항을 Carpenter 코드에 반영하기 매우 까다롭다는 뜻이다. 그리고 Carpenter 코드에 Table에 대한 가정이 너무 많음을 의미하기도 한다.

전역 상태나 문맥의 남용

Table과 Carpenter가 (높이, 너비, 유형, 나무)를 명시적으로 서로에게 전달하는 대신, 다른 에이전트에서 즉석으로 수정되는 전역 변수에 의존한다고 가정하자. 그렇다면 직사각형의 탁자가 왜 사각형인지 이해하기 위해 이 전역 변수에 대한 모든 접근을 면밀히 조사해야 한다. 이를 통해 원격 템플릿 코드가 이 문맥을 수정하고 있으며, 탁자의 모양을 삼각형이나 오각형으로 망가뜨리고 있었음을 알게 될 것이다.

스파게티 코드

여러 페이지에 걸쳐 늘어놓은 중첩 if문, 복사와 붙여넣기로 만들어진 수많은 프로시저 코드, 적절히 분할되지 않은 for 반복문이 있는 코드를 스파게티 코드라고 한다. 파이썬으로 작성된 스파게티 코드는 파이썬의 (가장 논쟁적인 기능 중 하나인) 들여쓰기 방식 때문에 가독성이 떨어지고 유지보수가 어렵다. 따라서 파이썬에서는 스파게티 코드를 볼 일이 많지 않을 것이다.

라비올리 코드

파이썬에는 스파게티 코드보다 라비올리 코드가 많다. 라비올리 코드는 적절한 구조가 없는 수백 개의 유사 논리 조각(종종 클래스나 객체)으로 구성된다. 만약 FurnitureTable, AssetTable 또는 Table 중 무엇을 사용해야 하는지, 심지어 작업을 위한 TableNew를 사용해야 하는지 기억이 나지 않는다면 라비올리 코드 속에서 헤매고 있다는 증거다. (다음 장에서 소개할) Diamond, Requests, Werkzerg에서는 유용하지만 서로 관련 없는 논리 조각을 *utils.py* 모듈이나 *utils* 패키지에 모아 프로젝트 전체에 걸쳐 가져다 사용하는 방식으로 라비올리 코드를 피했다.

패키지

파이썬은 모듈 메커니즘을 디렉터리로 확장하여 매우 직관적인 패키징 시스템을 제공한다.

*__init__.py*가 포함된 폴더는 파이썬 패키지로 간주되고, *__init__.py*가 포함된 최상위 디렉터리는 루트 패키지가 된다.[17] 패키지 안의 서로 다른 모듈은 평범한 모듈과 비슷한 방식으로 불러올 수 있지만, *__init__.py* 파일은 패키지 전반에 걸쳐 정의를 모으는 데 사용되기 때문에 특수하게 작동한다.

pack/ 디렉터리의 *modu.py*는 import pack.modu문을 사용해 불러올 수 있다. 인

---

17 파이썬 3.3에 구현된 PEP 420(*https://www.python.org/dev/peps/pep-0420/*) 덕분에 루트 패키지의 대안인 네임스페이스 패키지가 생겼다. 네임스페이스 패키지에는 *__init__.py*가 없어야 하며 sys.path의 여러 디렉터리에 분산될 수 있다. 파이썬은 모든 조각을 하나의 패키지로 모아 사용자에게 보여준다.

터프리터는 pack에서 __init__.py 파일을 찾아 모든 최상위 명령문을 실행한다. 이러한 작업 후에는 *modu.py* 안의 변수, 함수, 클래스를 pack.modu 네임스페이스에서 사용할 수 있다.

혼히 발생하는 문제 중 하나는 __init__.py 파일에 너무 많은 코드를 작성하는 것이다. 프로젝트가 복잡해지면 하위 패키지, 더 나아가 디렉터리 구조가 깊어지고 하위-하위 패키지도 있을 수 있다. 하위-하위 패키지에서 한 아이템을 불러오기 위해서는 트리를 탐색하면서 __init__.py 파일을 모두 실행해야 한다.

패키지 모듈과 하위 패키지가 코드를 공유할 필요가 없다면 __init__.py를 비워 두는 것이 좋다. 다음 장에서 소개할 HowDoI와 Diamond 프로젝트 모두 __init__.py 파일에 버전 정보밖에 쓰어 있지 않다. Tablib, Requests 그리고 Flask 프로젝트는 최상위 문서 문자열과 각 프로젝트에 대해 의도된 API를 표시하는 import문이 포함되어 있다. Werkzeug 프로젝트 역시 최상위 API를 드러내지만, 지연 로딩(lazy loading)을 사용한다(네임스페이스가 사용될 때 코드를 덧붙이며, 초기 임포트 속도를 향상시킴).

마지막으로 import very.deep.module as mod와 같은 구문은 깊게 중첩된 패키지를 편리하게 사용할 수 있게 해준다. 여러분은 very.deep.module을 사용하고 싶은 자리에 mod를 사용하면 된다.

객체지향 프로그래밍

파이썬은 때때로 객체지향 프로그래밍 언어라 표현된다. 이는 오해의 소지가 있으니 명확히 짚고 넘어가자. 파이썬에서는 모든 게 객체이며, 객체처럼 처리될 수 있다. 이는 함수도 일급 객체(first-class object)라는 의미이기도 하다. 파이썬에서는 함수, 클래스, 문자열, 심지어 타입까지 모두 객체다. 이들 모두 타입이 있고, 함수의 인자로 전달될 수 있으며, 메서드와 속성을 가질 수 있다. 이러한 의미에서 파이썬은 객체지향 언어다.

그러나 파이썬의 주 패러다임은 자바와 달리 객체지향 프로그래밍이 아니다. 파이썬 프로젝트를 객체지향적이지 않도록 설계하는 것이 가능하다. 클래스 정의, 클래스 상속, 또는 객체지향 프로그래밍 관련 모든 메커니즘을 (거의 혹은 아예) 사용하지 않을 수 있다. 이러한 방식은 우리와 같은 파이써니스타에게 유용할 수 있지만 의무는 아니다. 게다가 76쪽에서 설명한 '모듈'에서 볼 수 있듯이, 파이썬이 모듈과 네임스페이스를 다루는 방식을 통해, 클래스를 사용하지 않고도 (객체지향 방식을 사용하는 주 이유이기도 한) 추상화 계층을 직관적으로 캡슐화하고 분리할 수 있다.

함수형 프로그래밍(할당 연산자와 부수 효과가 없고, 기본적으로 함수를 사슬처럼 묶어 작업을 수행하는 가장 순수한 형태의 패러다임)의 지지자는 함수가 시스템 외부 상태에 따라 다른 기능을 수행하면 버그가 발생하고 혼동스럽다고 말한다(예: 사용자 로그인 여부를 나타내는 전역 변수). 파이썬은 순수하게 함수형 언어는 아니지만, 함수형 프로그래밍을 가능하게 하는 도구(*http://bit.ly/functional-programming-python*)가 있어서 상태와 기능을 함께 붙여 쓰고 싶은 상황에서 사용자 정의 클래스를 제한적으로 사용할 수 있다.

일반적으로 웹 애플리케이션과 같은 일부 아키텍처에서는 동시에 발생할 수 있는 외부 요청에 응답하기 위해 여러 인스턴스의 파이썬 프로세스가 생성된다. 이 경우, 현재 상태(예: 쇼핑몰 재고 현황)에 대한 일부 정적 정보가 객체 인스턴스에 담기게 되면 경쟁 조건(race condition)이 발생하기 쉽다. 경쟁 조건이란 객체의 상태를 초기화하는 시점과 객체의 상태를 실제로 사용하는 시점 사이에 어딘가에서 객체를 둘러싼 주변 상태 정보가 변화하는 경우를 말한다.

예를 들어, 한 사용자가 아이템을 장바구니에 추가한다면 메모리에 아이템을 로드하여 사용자에 장바구니에 추가한 것으로 표시할 수 있다. 이와 동시에 다른 사용자가 그 아이템을 구매한다면 첫 번째 세션에서 아이템이 로드된 이후이기 때문에 이미 팔렸다고 표시된 아이템이 판매될 것이다. 이 문제를 포함한 여러 문제 때문에 상태가 없는 함수를 선호한다.

대부분의 웹 애플리케이션이 그러하듯, 일부 반복 문맥이나 전역 상태에 의존하는 코드를 작성할 때는 함수나 프로시저에 암시적 문맥과 부수 효과를 최대한 사용하지 말자. 함수의 암시적 문맥은 전역 변수, 혹은 함수 내에서 접근 가능한 퍼시스턴스(persistence) 계층의 아이템으로 만들어진다. 함수가 암시적 문맥을 변경하는 것, 즉 함수가 전역 변수나 퍼시스턴스 계층의 데이터를 저장하거나 삭제하면 부작용이 있다고 본다.

파이썬의 사용자 정의 클래스는 논리가 있는 함수(순수 함수)에서 문맥과 부수 효과가 있는 함수를 신중하게 분리하는 데 사용해야 한다. 순수 함수는 결정적이다. 즉, 고정된 입력에 대해 늘 같은 값이 반환된다. 이는 순수 함수가 문맥에 의존하지 않고 부수 효과가 없기 때문이다. 예를 들어, print() 함수는 반환값이 없기 때문에 비순수 함수이며, 표준 출력 값을 쓰는 부수 효과가 있다. 아래는 순수 함수가 분리되었을 때의 이점이다.

- 순수 함수는 리팩터링이나 최적화를 위한 변경과 대체가 훨씬 쉽다.
- 순수 함수는 유닛 단위 테스트가 더 쉽다. 복잡한 문맥 설정과 데이터 정리가 덜 필요하다.
- 순수 함수는 작업하기 편하고, (곧 소개할) 데코레이터를 사용하기 쉽고, 전달이 쉽다.

요약하자면, 일부 아키텍처에서는 순수 함수가 클래스와 객체보다 효율적인 빌딩 블록(building block)이 된다. 문맥이나 부작용이 없기 때문이다. 예를 들어, Tablib 라이브러리에서 파일 형식별 I/O 함수(*tablib/formats/*.py*, 다음 장에서 살펴볼 예정)는 순수한 함수이며 클래스의 일부가 아니다. 이들은 모두 데이터를 읽어 별도의 **Dataset** 객체를 만들거나, **Dataset**의 내용을 파일에 쓴다. 그러나 Request 라이브러리(마찬가지로 다음 장에 등장할 예정)의 **Session** 객체는 클래스다. HTTP 세션에서 교환되는 쿠키와 인증 정보를 유지해야 하기 때문이다.

 객체지향은 유용하고, 많은 경우에 필요하다. 예를 들어, 그래픽 데스크톱 애플리케이션이나 게임과 같이, 조작되는 대상(창, 버튼, 아바타, 차량)이 메모리에서 비교적 오래 남아있는 경우가 그러하다. 이는 316쪽 '데이터베이스 라이브러리'에서 설명하겠지만, 데이터베이스의 행을 코드의 객체에 매핑하는 객체 관계 매핑(object-relational mapping)의 숨겨진 동기 중 하나이기도 하다.

데코레이터

데코레이터(decorator)는 파이썬 버전 2.4에서부터 추가되었고, PEP 318 (*https://www.python.org/dev/peps/pep-0318/*)에 그 정의와 내용이 소개되어 있다. 데코레이터는 다른 함수나 메서드를 감싸는 (혹은 장식하는) 함수 혹은 클래스 메서드이다. 장식에 사용된 함수나 메서드는 원래의 함수나 메서드를 바꾼다. 함수는 파이썬에서 일급 객체이기 때문에 일일이 바꿔주는 것도 가능하지만, @decorator 구문을 사용하는 게 보다 명확하고 선호하는 방식이다. 다음은 데코레이터를 사용하는 방법에 대한 예시다.

```
>>> def foo():
...     print("I am inside foo.")
...
...
...
```

```
>>> import logging
>>> logging.basicConfig()
>>>
>>> def logged(func, *args, **kwargs):
...     logger = logging.getLogger()
...     def new_func(*args, **kwargs):
...         logger.debug("calling {} with args {} and kwargs {}".format(
...                     func.__name__, args, kwargs))
...         return func9*args, **kwargs)
...     return new_func
...
>>>
>>>
... @logged
... def bar():
...     print("I am inside bar.")
...
>>> logging.getLogger().setLevel(logging.DEBUG)
>>> bar()
DEBUG:root:calling bar with args () and kwargs {}
I am inside bar.
>>> foo()
I am inside foo.
```

이 메커니즘은 함수나 메서드의 핵심 논리을 유지하는 데 유용하다. 데코레이터를 사용했을 때 좋은 경우에 대한 예는 메모이제이션(memoization)[18] 혹은 캐싱이다. 즉, 계산비용이 큰 함수 결과를 테이블에 저장하여 매번 계산하는 대신, 미리 계산한 결과를 반복적으로 가져다 사용하고 싶을 때 좋다. 이는 분명 함수 로직에 해당하지 않는다. PEP 3129(*https://www.python.org/dev/peps/pep-3129/*)에 따라 파이썬 3부터 데코레이터를 클래스에 적용할 수 있게 되었다.

동적 타이핑

파이썬은 변수의 타입이 고정되지 않은 동적 타입(dynamically typed) 언어다 (정적 타입(statically typed) 언어와는 반대). 변수가 객체에 대한 포인터로 구현되기 때문에, 변수 a에 42라는 값을 지정했다가 'thanks for all the fish'라는 값으로 지정하고, 다시 함수로 지정하는 일이 가능하다.

파이썬에서는 동적 타이핑이 약점으로 여겨지기도 한다. 디버깅하기 어려운 복잡한 코드를 야기하는 경우가 있기 때문이다. 만약 a라는 변수가 다양한 무언가에 할당된다면, 개발자나 관리자는 변수가 가리키는 대상이 서로 완전히 무관

---

18 (옮긴이) 컴퓨터 프로그램이 동일한 계산을 반복해야 할 때, 이전에 계산한 값을 메모리에 저장함으로써 동일한 계산의 반복 수행을 제거하여 프로그램 실행 속도를 빠르게 하는 기술이다. 동적 계획법의 핵심이 되는 기술이다. 메모아이제이션이라고도 한다(*https://ko.wikipedia.org/wiki/*메모이제이션).

한지 확인하기 위해 코드에서 a가 등장하는 모든 부분을 추적해야 한다. 변수 명에 관한 좋은 사례와 나쁜 사례를 표 4-2에 정리하였다.

표 4-2 서로 다른 대상에는 되도록 같은 변수명을 사용하지 말자

조언	나쁨	좋음

무관한 두 대상을 같은 변수에 지정하는 위험을 줄이기 위해 짧은 함수나 메서드를 사용하자.	`a = 1`
	`a = 'answer is {}'.format(a)`
		`def get_answer(a):`
		`    return 'answer is {}'.`
		`format(a)`
		
		`a = get_answer(1)`

서로 다른 타입의 연관된 대상에 다른 이름을 사용하자.	`# 문자열`
	`items = 'a b c d'`
	`# 문자열을 리스트로`
	`items = items.split(' ')`
	`#리스트를 집합으로`
	`items = set(items)`
		`items_string = 'a b c d'`
		`items_list = items.split(' ')`
		`items = set(items_list)`

같은 변수 명을 다시 사용해도 효율이 높아지지는 않는다. 이는 할당할 때마다 새로운 객체가 생성되기 때문이다. 오히려 코드 도처에 같은 변수를 사용하면 반복문 안팎, 더 나아가 깃허브 브랜치별로 변수 타입이 달라질 수 있어 나중에는 그 변수의 타입을 파악하기 어려워질 수 있다.

함수형 프로그래밍과 같은 일부 코딩 방식에서는 변수 재할당을 권장하지 않는다. 자바에서 final 키워드를 사용하여 변수 값을 할당하면 이후에 값을 바꾸는 일이 불가능하다. 하지만 파이썬에는 final 키워드가 없고, 변수 재할당이 파이썬 철학에 들어맞을 수도 있다. 그렇다고 해도 변수를 한 번만 선언하는 것은 좋은 방식일 수 있으며, 바로 다음에 이어지는 변경 가능/불가능한 자료형을 이해하는 데도 도움이 된다.

 만약 여러분이 한 개의 변수를 두 가지 타입으로 선언하면 Pylint(*https://www.pylint.org/*)가 경고할 것이다.

변경 가능/불가능한 자료형

파이썬의 자료형은 내장 자료형과 사용자 정의[19] 자료형으로 나뉜다.

---

[19] C 언어로 여러분만의 파이썬 자료형을 만들고 싶다면 파이썬 확장 문서에 소개된 방법을 참고하자(*https://docs.python.org/3/extending/newtypes.html*).

```
# 리스트는 변경 가능
my_list = [1, 2, 3]
my_list[0] = 4
print(my_list) # [4, 2, 3] <- 같은 리스트이며, 변경사항이 적용됨

# 정수는 변경 불가능
x=6
x = x + 1 # 메모리의 다른 위치에 새 x가 만들어짐
```

변경 가능한 자료형

객체 내용에 대한 제자리 연산[20]이 가능하다. 리스트와 딕셔너리가 그 예시이며, list.append()나 dict.pop()과 같은 메서드를 사용하면 제자리에서 값이 변경된다.

변경 불가능한 자료형

객체 내용을 바꾸는 메서드를 제공하지 않는다. 예를 들어, 변수 x에 정수 6이 할당되어 있다면 'increment' 메서드를 사용할 수 없다. 그래서 x + 1을 계산하려면 새 정수를 만들어 이름을 정해줘야 한다.

변경 가능 여부에 따른 결과 중 하나는 변경 가능한 자료형을 딕셔너리 키로 사용할 수 없다는 것이다. 딕셔너리는 키 저장을 위해서 해싱(hashing)[21]을 사용하는데, 값이 변경된다면 같은 값에 해시될 수 없기 때문에 해싱을 사용할 수 없다. 변경 불가능한 자료형 중 리스트 대신 사용할 수 있는 것은 튜플이다. 튜플은 (1,2)와 같이 소괄호로 만들 수 있는데, 제자리에서 값을 변경할 수 없기 때문에 딕셔너리 키로 사용할 수 있다.

값을 변경해도 좋을 자료에는 변경 가능한 자료형을 사용하고(예: my_list = [1, 2, 3]), 값이 고정되야 하는 자료에는 변경 불가능한 자료형을 사용하는 것(예: islington_phone = ("220", "7946", "0347"))이 다른 개발자들에게 코드의 의도를 명확하게 전달하는 방법이다.

파이썬을 처음 접하는 사람들이 놀라는 파이썬의 특징 중 하나는 문자열이 변경 불가능한 자료형이라는 사실이다. 값을 변경하려고 하면 타입 오류가 발생한다.

---

20 (옮긴이) 이전 값이 할당된 위치에 값이 그대로 업데이트되는 연산
21 간단한 해싱 알고리즘 예시에는 아이템의 바이트를 정수로 바꿔, 주어진 숫자로 나눈 나머지를 반환하는 알고리즘이 있다. 이는 멤캐시드(*https://memcached.org/*, 무료로 사용할 수 있는 오픈 소스의 분산 메모리 캐싱 시스템)가 여러 컴퓨터에 키를 배포하는 방법이기도 하다.

```
>>> s = "I'm not mutable"
>>> s[1:7] = " am"
Traceback (most recent call last):
  File "<stdin>", line 1, in <module>
TypeError: 'str' object does not support item assignment
```

따라서 문자열의 일부를 합쳐 문자열을 만들고 싶다면, 각 부분을 리스트에 저장해 놓았다가 필요할 때마다 각 부분을 합쳐 전체 문자열을 만드는 게 훨씬 효과적이다. 또한, 파이썬의 **리스트 컴프리헨션**은 반복 입력으로부터 리스트를 생성하기 위한 단축형 구문인데, 반복문 안에서 append()를 호출하여 리스트를 만드는 것보다 더 낫고 빠른 방법이다. 표 4-3은 순회 가능(iterable)한 자료로부터 문자열을 만드는 여러 방법을 보여준다.

표 4-3 여러 문자열을 하나로 합치는 방법 예시

나쁨	좋음	최적
`>>> s = ""`	`>>> s = []`	`>>> r = (97, 98, 99)`
`>>> for c in (97, 98, 98):`	`>>> for c in (97, 98, 99):`	`>>> s = [unichr(c) for c in r]`
`...        s += unichr(c)`	`...        s.append(unichr(c))`	`>>> print("".join(s))`
`...`	`...`	`abc`
`>>> print(s)`	`>>> print("".join(s))`	
`abc`	`abc`	

파이썬 공식 홈페이지에 이런 최적화에 대한 좋은 자료(*https://www.python.org/doc/essays/list2str/*)가 있다.

마지막으로 연결하려는 대상의 개수를 안다면 이들로 구성된 리스트를 만들어 "".join()을 하는 것보다 순수 문자열 덧셈을 하는 게 가장 빠르다(더 직관적이기도 하다). 다음에 나오는 cheese를 정의하는 모든 포매팅 옵션의 결과는 동일하다.[22]

```
>>> adj = "Red"
>>> noun = "Leicester"
>>>
>>> cheese = "%s %s" % (adj, noun) # 지양되는 스타일(PEP 3101 참고)
>>> cheese = "{} {}".format(adj, noun) # 파이썬 3.1에서부터 가능한 스타일
```

[22] PEP 3101(*https://www.python.org/dev/peps/pep-3101/*)에서 퍼센트 기호를 사용한 포매팅 (%s, %d, %f)을 사용하지 말자고 권장한 지 십 년 이상이 지났지만, 파이썬을 오래 다룬 사람들은 여전히 사용하고 있다. 이와 비슷하게 bytes나 bytearray를 포매팅하는 방법은 PEP 460(*https://www.python.org/dev/peps/pep-0460/*)에서 소개하고 있다.

```
>>> cheese = "{0} {1}".format(adj, noun) # 숫자는 재사용할 수 있음
>>> cheese = "{adj} {noun}".format(adj=adj, noun=noun) # 이 중 가장 나은 스타일
>>> print(cheese)
Red Leicester
```

의존성 벤더화

의존성을 벤더화한 패키지는 외부 의존성(서드파티 라이브러리)을 소스 코드에 포함하고 있다. 이 소스 코드는 *vendor*나 *packages*라는 폴더 안에 들어 있다. 패키지 소유자가 의존성을 벤더화하는 주요 이유(기본적으로 여러 의존성 문제를 피하기 위함)와 이에 대한 대안을 아주 잘 설명한 블로그 게시물(*http://bit.ly/on-vendorizing*)를 읽어 보자.

대부분의 경우에는 의존성을 별도로 분리하는 게 좋다는 것이 중론이다. 그렇지 않으면 코드 저장소에 불필요한 내용(종종 메가바이트의 추가 코드)이 늘어나기 때문이다. *setup.py*(특히 패키지가 라이브러리일 때 선호됨)나 *requirements.txt*(충돌이 일어나면 *setup.py* 안의 의존성을 덮어씀)와 함께 가상환경을 사용하면 필요한 버전의 의존성만 사용할 수 있게 된다.

이로써도 충분하지 않다면, 여러분이 의존하는 패키지의 소유자에게 패키지 업데이트를 요청하여 문제를 해결할 수도 있다(예: 업데이트될 패키지를 사용하거나, 새로 추가될 특정 기능만 사용). 이렇게 업데이트되는 내용은 전체 커뮤니티에 도움이 될 수 있다. 주의해야 할 점은, 만약 여러분이 커다란 변경사항에 대한 풀리퀘스트(pull request)를 제출하면, 다른 사용자의 추가 제안이나 요청을 수렴하여 유지 관리를 해야 할 수도 있다는 것이다. 이러한 이유로 Tablib과 Requests는 일부 의존성을 벤더화하였다. 커뮤니티 전체가 파이썬 3를 채택하게 되면 의존성 관련 문제가 많이 줄어들 것이다.

코드 테스트

코드 테스트는 매우 중요하다. 프로젝트가 잘 작동하지 않으면 사람들이 사용하지 않을 것이다.

2001년에 발표된 파이썬 2.1부터는 doctest와 unittest를 포함하였고, 테스트 주도 개발(Test-driven development, TDD)을 채택하였다. TDD란 함수를 구현하기 이전에 함수의 주 연산과 예외 사례를 정의한 테스트 케이스를 작성하고, 이를 통과하도록 함수 코드를 작성하는 방식이다. 이후로 TDD는 비즈니스 및

오픈 소스 프로젝트에 널리 받아들여지고 채택되었다. 테스트 코드와 실행 코드를 병렬로 작성하는 것은 매우 현명한 방법이며, 코드의 의도를 정확하게 정의하고 모듈식 아키텍처를 사용할 수 있도록 돕는다.

테스트를 위한 팁

테스트는 히치하이커가 작성할 수 있는 가장 유용한 코드일 것이다. 여기에 몇 가지 팁을 요약하였다.

한 번에 하나씩 테스트

기능의 작은 단위에 초점을 맞춰 테스트해야 해 당 기능이 제대로 작동하는지 증명할 수 있다.

독립은 필수

각 테스트 유닛은 서로 독립적이어야 한다. 각자 실행 가능해야 하고, 테스트 슈트로도 실행 가능해야 하며, 호출 순서에 관계없이 한꺼번에 실행이 가능해야 한다. 이 규칙은 각 테스트가 실행될 때 새로운 데이터세트를 불러와야 하며, 종료될 때 실행 결과를 삭제해야 함을 의미한다. 보통 setUp()과 tearDown() 메서드를 사용하여 처리한다.

함수 이름은 길고 정확하게

테스트 함수 이름에 테스트 내용이 포함되도록 긴 이름을 사용하자. 이는 코드 실행에서 짧은 이름이 선호되는 것과는 조금 다른 지침인데, 테스트 함수가 명시적으로 호출되는 일이 없기 때문이다. 함수 실행하는 이름에는 square()나 이보다 더 짧은 sqr()도 괜찮지만, 코드 테스트에서는 test_square_of_number_2()나 test_square_negative_number()와 같은 이름을 사용해야 한다. 이러한 함수 이름은 테스트가 실패하면 화면에 표시되므로 가능한 한 서술적이어야 한다.

속도가 중요하다

빠른 테스트를 위해 열심히 노력하자. 한 번의 테스트가 실행될 때 수 밀리 초 이상이 소요되면 개발 속도가 느려지거나, 테스트가 원하는 만큼 자주 실행되지 않는다. 경우에 따라 복잡한 데이터 구조 때문에 테스트마다 데이터 구조를 로딩하느라 느려지기도 한다. 이렇게 무거운 테스트는 별도의 테스트 슈트로 분리하여 스케줄 작업을 걸어 두고, 나머지 테스트를 필요한 만큼 자주 수행하자.

매뉴얼을 읽자[23]

사용하는 도구가 개별 테스트나 테스트 케이스를 어떻게 수행하는지 익혀야 한다. 모듈 내 함수를 개발할 때는 함수 테스트를 자주 해야 하고, 가능하다면 코드가 저장될 때마다 자동으로 수행해야 한다.

코딩 시작 전과 후에 모든 테스트를 수행하자

코딩 시작 전에 테스트 슈트 전체를 돌리고, 코딩이 끝나고 다시 한 번 돌려야 한다. 그래야 코드 작성 부분 이외의 나머지 부분이 깨지지 않았다고 확신할 수 있다.

버전 관리 자동화 후크는 매혹적이다

공유 저장소에 코드를 보내기 전에는 모든 테스트를 수행하는 후크를 구현하는 것이 좋다. 버전 관리 시스템에 직접 후크를 추가할 수도 있고, 개발환경에서 이를 쉽게 수행할 수 있는 방법을 제공하는 IDE도 있다. 다음은 이를 위한 단계별 방법을 소개하는 인기 있는 시스템 문서 링크이다.

- GitHub(*https://developer.github.com/webhooks/*)
- Mercurial(*http://bit.ly/mercurial-handling-repo*)
- Subversion(*http://bit.ly/svn-repo-hook*)

쉬고 싶을 때는 고장 난 테스트를 작성하자

개발 도중 작업을 멈춰야 할 때, 그다음 개발해야 할 부분에 고장 난 단위 테스트를 작성하는 것이 좋다. 다시 작업하러 돌아왔을 때 해당 지점에서부터 다시 시작할 수 있으며 기존 작업 내용을 빠르게 파악할 수 있다.

테스트를 사용하여 디버깅하자

디버깅의 시작은 버그를 찾아내는 테스트를 작성하는 것이다. 매번 테스트를 작성하는 게 번거로울 수도 있다. 그러나 버그를 찾아내는 테스트 코드는 여러분의 프로젝트 코드 중 가장 가치 있는 부분 중 하나일 것이다.

공동 작업자가 이해하기 쉬운 테스트를 작성하자

무언가 잘못됐거나 고쳐야 할 때 코드에 좋은 테스트 모음이 있다면, 여러분이나 다른 유지 관리자가 문제를 수정하거나 특정 동작을 수정하기 위해 테스트

---

23 (옮긴이) RTMF(Read the manual, friend!)

슈트에 전적으로 의지할 것이다. 따라서 여러분은 테스트 코드를 실행 코드와 비슷한 수준 혹은 그 이상으로 많이 읽게 될 것이다. 이때 의도가 불분명한 단위 테스트는 별 도움이 되지 않는다.

설명하기 쉬운 테스트가 좋다

테스트 코드는 새로 합류한 개발자들을 위한 안내의 용도로도 사용된다. 새로 합류한 개발자가 이미 만들어진 코드에서 작업해야 할 때는 테스트 코드를 돌려보고 읽어보는 게 최선의 방법일 때가 많다. 그렇게 하면, 코드 중 문제가 있는 부분이나 예외가 발생하는 부분이 어디인지 발견할 수 있다. 새 기능을 추가해야 하는 경우 첫 번째 단계는 이 기능이 아직 인터페이스에 추가되지 않았고 앞으로 작업해야 함을 나타내는 새 테스트를 추가하는 것이다.

무엇보다, 혼란에 빠지지 말자

오픈 소스의 세계에서 여러분은 혼자가 아니다.

테스트를 위한 기본

이번 절에서는 테스트의 기본을 나열한다. 구체적으로는 어떠한 선택지가 있는지 살펴보고, 5장에서 다루는 파이썬 프로젝트에서 가져온 몇 가지 예시를 제공한다. 파이썬 TDD에 대한 책은 이미 있으니, 이에 대한 설명은 생략하겠다. 궁금하다면 *Test-Driven Development with Python*(O'Reilly)를 참고하자.

unittest

unittest는 건전지[24]가 포함된 테스트 모듈로, 파이썬 표준 라이브러리에 포함되어 있다. 자바의 JUnit이나 닷넷의 nUnit, C/C++의 CppUnit과 같은 도구를 사용해봤다면 unittest의 API가 익숙할 것이다.

테스트 케이스를 만들려면 unittest.TestCase를 상속하는 서브 클래스를 만들어야 한다. 다음 코드에서는 새로운 테스트 함수를 MyTest의 메서드로 정의하였다.

```
# test_example.py
import unittest

def fun(x):
```

---

[24] (옮긴이) 프로그래머가 바로 사용할 수 있는 라이브러리와 통합 환경을 제공한다는 파이썬의 기본 개념.

```
        return x + 1

    class MyTest(unittest.TestCase):
        def test_that_fun_adds_one(self):
            self.assertEqual(fun(3), 4)

    class MySecondTest(unittest.TestCase):
        def test_that_fun_fails_when_not_adding_number(self):
            self.assertRaises(TypeError, fun, "multiply six by nine")
```

 테스트 메서드는 test 문자열로 시작해야 한다. 그렇지 않으면 실행되지 않는다. 그리고 테스트 모듈(파일)은 기본적으로 test*.py 패턴과 일치해야 한다. 명령줄에서 --pattern 키워드 인자로 주어지는 임의의 패턴과 일치시킬 수도 있다.

TestClass에 포함된 테스트를 모두 실행하려면, 터미널 셸을 열어 해당 파일이 있는 폴더로 이동하고, 명령줄에서 다음과 같이 파이썬 unittest 모듈을 호출한다.

```
$ python -m unittest test_example.MyTest
.
----------------------------------------------------------------------
Ran 1 test in 0.000s
OK
```

파일에 포함된 테스트를 모두 실행하려면, 파일 이름만 넣어주면 된다.

```
$ python -m unittest test_example
.
----------------------------------------------------------------------
Ran 2 tests in 0.000s
OK
```

Mock (unittest.mock)

파이썬 3.3부터 unittest.mock(*https://docs.python.org/dev/library/unittest.mock*)이 표준 라이브러리에서 제공된다. mock을 사용하면 테스트 중인 시스템의 일부를 mock 객체로 바꿔 어떻게 사용되고 있는지 알 수 있다.

예를 들어, 다음 코드와 같이 메서드를 **몽키 패치(monkey patch)**를 할 수 있다 (몽키 패치란 런타임 중에 기존 코드를 수정하거나 대체하는 코드다). 이 코드에서 Production Class.method라는 이름의 기존 메서드(새로 만든 인스턴스인

instance의 메서드)는 MagicMock이라는 새 객체로 대체된다. MagicMock은 호출될 때마다 항상 3을 반환하며 호출 수를 세고, 호출한 시그니처를 기록하고, 테스트 목적의 단정 메서드를 가진다.

```
from unittest.mock import MagicMock

instance = ProductionClass()
instance.method = MagicMock(return_value=3)
instance.method(3, 4, 5, key='value')

instance.method.assert_called_with(3, 4, 5, key='value')
```

테스트 중인 모듈에서 mock 클래스나 mock 객체를 만들고 싶다면, patch 데코레이터를 사용하자. 다음 코드에서는 외부 검색 시스템을 mock으로 대체하며, mock은 매번 같은 결과를 반환한다(이 패치는 테스트 중에만 유효함).

```
import unittest.mock as mock

def mock_search(self):
    class MockSearchQuerySet(SearchQuerySet):
        def __iter__(self):
            return iter(["foo", "bar", "baz"])
    return MockSearchQuerySet()

# 다음에 나오는 SearchForm은 myapp.SearchForm 클래스를 불러와 수정한 것이다.
# 최초로 SearchForm 클래스가 정의된 코드를 수정하는 대신,
# 인스턴스를 수정한다.
@mock.patch('myapp.SearchForm.search', mock_search)
def test_new_watchlist_activities(self):
    # get_search_results는 결과를 순회하며 검색을 수행한다
    self.assertEqual(len(myapp.get_search_results(q="fish")), 3)
```

이 외에도 mock을 구성하고 작동 방식을 제어하는 다양한 방법이 있다. 자세한 내용은 unittest.mock(*https://docs.python.org/dev/library/unittest.mock*) 문서에서 확인할 수 있다.

doctest

doctest 모듈은 문서화 문자열 안에 대화형 파이썬 세션처럼 보이는 텍스트가 있는지 검색하고, 해당 세션을 실행하여 쓰여진 대로 정확히 동작하는지 확인한다.

　doctest는 다른 단위 테스트와는 사용법이 다르다. 이는 대체로 상세하지 않고, 특이 케이스나 모호한 회귀 버그[25]를 잡지 못한다. 대신에 각 모듈과 그 컴포넌트(happy path 예시 참고, *https://en.wikipedia.org/wiki/Happy_path*)의 주된 사용법을 잘 설명하는 문서로 유용하다. doctest는 전체 테스트 슈트를 실행할 때마다 자동으로 실행되어야 한다.

다음은 함수에 대한 간단한 doctest 예시이다.

```
def square(x):
    """x를 제곱함.

    >>> square(2)
    4
    >>> square(-2)
    4
    """

    return x * x

if __name__ == '__main__':
    import doctest
    doctest.testmod()
```

명령줄에서 해당 모듈을 실행하면(예: `python module.py`) doctest가 작동하면서, 문서화 문자열에 기술된 대로 동작하지 않으면 경고한다.

예시

이번에는 괜찮은 테스트 사례를 소개하기 위해 실제 패키지에서 발췌한 코드를 살펴보겠다. 테스트 슈트를 실행하려면 패키지에 포함되지 않은 별도의 라이브러리가 필요하다(예: Requests에서는 모의 HTTP 서버를 구축하기 위해 Flask 패키지를 사용함). 해당 라이브러리는 *requirements.txt*에 명시되어 있다.

각 예시마다 가장 처음으로 해야 할 일은 다음과 같이 터미널 셸을 열고 작업할 폴더로 이동한 뒤 오픈 소스 프로젝트 저장소를 복제하고, 복제한 폴더에서 가상환경을 설정하는 것이다.

```
$ git clone https://github.com/username/projectname.git
$ cd projectname
$ virtualenv -p python3 venv
$ source venv/bin/activate
(venv)$ pip install -r requirements.txt
```

---

25 (옮긴이) 이전에 제대로 작동하던 기능에 문제가 생기는 것.

예시: Tablib에서의 테스트

Tablib는 테스트를 위해 파이썬 표준 라이브러리의 unittest 모듈을 사용한다.
테스트 슈트는 패키지에 포함되어 있지 않으므로 깃허브 저장소에서 파일을 복
제해야 한다. 다음은 테스트 코드의 일부로, 주요 부분에 주석이 달려 있는 코
드다.

```python
#!/usr/bin/env python
# -*- coding: utf-8 -*-
"""Tests for Tablib."""

import json
import unittest
import sys
import os
import tablib
from tablib.compat import markup, unicode, is_py3
from tablib.core import Row

class TablibTestCase(unittest.TestCase): ❶
    """Tablib test cases."""

    def setUp(self): ❷
        """Create simple data set with headers."""

        global data, book

        data = tablib.Dataset()
        book = tablib.Databook()

        #
        #  ... 여기서 사용하지 않는 구성 생략 ...
        #

    def tearDown(self): ❸
        """Teardown."""
        pass

    def test_empty_append(self): ❹
        """Verify append() correctly adds tuple with no headers."""
        new_row = (1, 2, 3)
        data.append(new_row)

        # Verify width/data
        self.assertTrue(data.width == len(new_row))
        self.assertTrue(data[0] == new_row)

    def test_empty_append_with_headers(self): ❺
        """Verify append() correctly detects mismatch of number of
        headers and data.
        """
```

```
data.headers = ['first', 'second']
new_row = (1, 2, 3, 4)

self.assertRaises(tablib.InvalidDimensions, data.append, new_row)
```

❶ unittest를 사용하기 위해서는 unittest.TestCase를 상속받는 서브 클래스를 만들고, test로 시작하는 이름의 테스트 메서드를 작성한다. TestCase는 단정 메서드를 제공하며, 같음, 참거짓, 데이터 타입, 집합 포함 여부, 예외 발생 여부 등을 확인한다(더 자세한 내용은 *http://bit.ly/unittest-testcase*를 참고).

❷ TestCase.setUp()은 TestCase의 매 테스트 메서드가 실행되기 전에 실행된다.

❸ TestCase.tearDown()은 TestCase의 매 테스트 메서드가 실행되고 난 후에 실행된다.[26]

❹ 모든 테스트 메서드의 이름은 test로 시작해야 하며, 그렇지 않으면 실행되지 않는다.

❺ 하나의 TestCase 안에 여러 개의 테스트가 있을 수 있으나, 각각 하나의 내용만 테스트해야 한다.

Tablib에 기여하고 싶은 사람은 Tablib의 깃허브 저장소를 복제(clone)한 뒤, 다음과 같이 테스트 슈트를 실행하여 아무것도 깨지지 않음을 확인해야 한다.[27]

```
(venv)$ ### inside the top-level directory, tablib/
(venv)$ python -m unittest test_tablib.py
.............................................................
-------------------------------------------------------------
Ran 62 tests in 0.289s

OK
```

파이썬 버전 2.7부터는 unittest에 자체 테스트 검색 메커니즘이 포함되었는데, 이는 다음과 같이 명령줄에서 discover 옵션을 통해 사용할 수 있다.

---

26 코드에 오류가 발생하면 unittest.TestCase.tearDown이 실행되지 않는다. 코드의 실제 동작을 대체하는 unittest.mock을 사용하던 사람들에게는 놀라운 점일 수 있다. 참고로 파이썬 3.1에서는 unittest.TestCase.addCleanup() 메서드가 추가되었다. 이는 스택에 cleanup 함수와 인자를 밀어 넣는데, 스택은 unittest.TestCase.tearDown() 이후에 하나씩 호출되거나 tearDown() 호출 여부에 관계없이 호출된다. 더 자세한 내용은 unittest.TestCase.addCleanup()에 대한 문서(*https://docs.python.org/3/library/unittest.html#unittest.TestCase.addCleanup*)를 참고하자.

27 (옮긴이) 기여를 위해 수정사항을 반영하고 난 뒤 테스트 슈트가 깨진다면 수정한 부분을 다시 살펴봐야 할 것이다.

```
(venv)$ ### *above* the top-level directory, tablib/
(venv)$ python -m unittest discover tablib/
..............................................................
--------------------------------------------------------------------
Ran 62 tests in 0.234s

OK
```

모든 테스트가 성공하면 이제 두 가지 방향으로 진행할 수 있다. (a) 변경할 부분과 관련된 테스트 케이스를 찾아 코드 수정 중에 종종 실행하거나, (b) 새로 추가할 기능이나 추적 중인 버그에 대한 새 테스트 케이스를 작성하고 코드를 수정하는 중에 종종 실행하는 것이다.

```
(venv)$ ### inside the top-level directory, tablib/
(venv)$ python -m unittest test_tablib.TablibTestCase.test_empty_append
.
--------------------------------------------------------------------
Ran 1 test in 0.001s

OK
```

코드가 잘 작동하면, 저장소에 푸시하기 전에 꼭 테스트 슈트 전체를 돌려보자. 아무래도 테스트를 자주 실행해야 하니 테스트 속도가 가능한 한 빠른 게 좋다. 보다 자세한 내용은 표준 라이브러리의 unittest 문서(*http://bit.ly/unittest-library*)에서 확인할 수 있다.

예시: 리퀘스트에서의 테스트

Requests에서는 **py.test**를 사용한다. 실제로 테스트를 돌려보려면 터미널 셸을 열고 임시 폴더를 만든 뒤, 다음과 같이 Requests를 복제하고 의존 라이브러리를 설치한 후 **py.test**를 실행하자.

```
$ git clone -q https://github.com/kennethreitz/requests.git
$
$ virtualenv venv -q -p python3 # -q 옵션을 'quiet'의 줄임말
$ source venv/bin/activate
(venv)$
(venv)$ pip install -q -r requests/requirements.txt # 'quiet' 옵션을 또 사용함...
(venv)$ cd requests
(venv)$ py.test
========================= test session starts =========================
platform darwin -- Python 3.4.3, pytest-2.8.1, py-1.4.30, pluggy-0.3.1
rootdir: /tmp/requests, inifile:
```

```
plugins: cov-2.1.0, httpbin-0.0.7
collected 219 items

tests/test_requests.py ...................................................
.
X......................................
tests/test_utils.py ..s...............................................
========= 217 passed, 1 skipped, 1 xpassed in 25.75 seconds ================
```

그 외 인기 있는 도구들

다음에 나열된 테스트 도구들은 앞서 나열된 도구들보다 사용 빈도가 낮지만, 나름 인기가 있는 것들이다.

pytest

pytest(*https://docs.pytest.org/en/latest/*)는 파이썬 표준인 unittest 모듈에 대한 비표준 대안이다. 즉, 테스트 클래스의 스캐폴딩[28]이 필요 없으며, setup이나 teardown 메서드 또한 필요하지 않을 수 있다. 만약 여러분이 설치하고 싶다면 늘 그렇듯 pip를 사용하면 된다.

```
$ pip install pytest
```

모든 기능을 갖추지도 않았고 확장 가능한 테스트 도구도 아니지만 단순한 문법은 가히 자랑할 만하다. 테스트 슈트를 만드는 데는 함수 몇 개로 구성된 모듈만 작성하면 될 정도로 쉽다.

```
# content of test_sample.py
def func(x):
    return x + 1

def test_answer():
    assert func(3) == 5
```

py.test 명령을 실행하는 것도 unittest 모듈보다 훨씬 수월하다. 훨씬 적은 작업만으로 동일한 기능을 수행할 수 있다.

---

28 (옮긴이) 스캐폴딩(scaffolding)이란 빠르고 간단하게 프로젝트나 소프트웨어 코드의 구조를 짜는 것을 의미한다. 단어의 의미 그대로 건물을 세울 때의 골조를 상상해보자. 스캐폴딩 부분은 최종 코드에서 제거된다. 자세한 내용은 다음 링크를 참고하자.
https://linuxgeekoid.wordpress.com/2011/06/18/programming-tips-incremental-development/

```
$ py.test
========================= test session starts =========================
platform darwin — Python 2.7.1 — pytest-2.2.1
collecting ... collected 1 items

test_sample.py F

=============================== FAILURES ===============================
_____ test_answer _____

    def test_answer():
>       assert func(3) == 5
E       assert 4 == 5
E        +  where 4 = func(3)
======================= 1 failed in 0.02 seconds ======================
```

Nose

Nose(*http://readthedocs.org/docs/nose/en/latest/*)는 테스트를 보다 쉽게 할 수 있도록 unittest를 확장한 것이다.

```
$ pip install nose
```

Nose는 자동으로 테스트를 발견하며, 수작업으로 테스트 슈트를 만드는 수고를 덜어준다. 또한 xUnit 호환 테스트 결과, 커버리지 보고서, 테스트 선택과 같이 다양한 기능의 플러그인도 제공한다.

tox

tox(*http://testrun.org/tox/latest/*)는 테스트 환경 관리를 자동화하고, 다중 인터프리터 구성에서 테스트하기 위한 도구다.

```
$ pip install tox
```

tox는 간단한 ini 스타일의 설정 파일을 통해 복잡한 다중 파라미터 테스트 행렬을 컴파일할 수 있도록 돕는다.

이전 버전의 파이썬을 위한 선택지

앞서 나열된 도구가 지원하지 않는 파이썬 버전을 사용해야 한다면, 다른 추가적인 도구들을 살펴보자.

unittest2: 파이썬 2.7의 unittest 모듈은 파이썬 2.7 이전 버전의 unittest 모듈보다 나은 API와 단정문을 가진다. unittest2(*https://pypi.python.org/pypi/unittest2*)는

이에 대한 백포팅(backport) 버전이다.

파이썬 2.6이나 그 이하 버전을 사용한다면(즉, 대형 은행이나 포춘 500대 기업에서 일한다면) pip를 사용하여 설치할 수 있다.

```
$ pip install unittest2
```

여러분이 unittest라는 이름으로 모듈을 불러오되, 나중에 새 버전의 모듈로 쉽게 포팅하려면 다음과 같은 임포트문을 사용하자.

```
import unittest2 as unittest

class MyTest(unittest.TestCase):
...
```

이렇게 하면 향후 새 버전의 파이썬으로 바꾸거나 unittest2 모듈이 필요하지 않게 되더라도, 코드 전체를 수정할 필요 없이 import 부분만 수정하면 된다.

Mock.: 만약 Mock(unittest.Mock)을 사용하고 싶은데 파이썬 버전이 3.3 미만이라면 unittest.mock 대신 별도의 라이브러리를 불러와 사용할 수 있다. 다음과 같이 설치하자.

```
$ pip install mock
```

fixture.: fixture(*http://farmdev.com/projects/fixture/*)는 테스트를 위해 데이터베이스 백엔드를 쉽게 설정하고 분리할 수 있는 도구를 제공한다. SQLAlchemy, SQLObject, Google Datastore, Django ORM, Storm에서 사용할 수 있는 mock 데이터도 불러올 수도 있다. 새 배포판이 있지만, 아직 파이썬 2.4에서 2.6 버전까지만 테스트되었다.[29]

Lettuce와 Behave

Lettuce와 Behave는 파이썬 행동 주도 개발(Behavior-driven development, 이하 BDD)을 위한 패키지이다. BDD는 2000년대 초 테스트 주도 개발(TDD)[30]

---

29 (옮긴이) 2017년 2월 현재 파이썬 2.6 이상, 3.3 이상에서 돌아간다.

30 (옮긴이) 원서에 'Obey the testing goat!(테스트 염소에게 복종하라!)'란 표현이 사용되었다. 파이썬 테스트 커뮤니티에서 Testing Goat는 TDD의 비공식 마스코트다. 테스트 전에는 아무것도 하지 말아라!

에서 파생한 개발 프로세스이며, TDD에서 '테스트'란 단어를 '행동'으로 대체하여 초보자가 TDD를 어려워하는 문제를 극복하고자 하였다. BDD는 단 노스(Dan North)가 2003년에 처음 사용한 용어이며, 2006년에 JBehave라는 자바용 도구와 함께 그의 블로그 게시물인 'Introducing BDD'(*https://dannorth.net/introducing-bdd/*)가 Better Software라는 잡지에 수록되어 세상에 알려졌다.

BDD는 2011년에 루비용 Behave 패키지를 문서화한 *The Cucumber Book* (*http://shop.oreilly.com/product/9781934356807.do*)[31]이 출간된 이후부터 매우 유명해졌다. 이는 가브리엘 팔코(Gabriel Falco)의 Lettuce(*http://lettuce.it/*)와 피터 파렌테(Peter Parente)의 Behave(*http://pythonhosted.org/behave/*)에 영감을 주었다.

Gherkin[32] 구문을 사용하면 소프트웨어의 행동을 쉽게 서술할 수 있다. Gherkin은 사람이 읽고 기계가 처리할 수 있는 언어다. 다음 튜토리얼들을 읽어보면 도움이 될 것이다.

- Gherkin 튜토리얼(*https://github.com/cucumber/cucumber/wiki/Gherkin*)
- Lettuce 튜토리얼(*http://lettuce.it/tutorial/simple.html*)
- Behave 튜토리얼(*http://tott-meetup.readthedocs.io/en/latest/sessions/behave.html*)

문서

파이썬 개발자에게는 프로젝트의 가독성 뿐만 아니라 문서 가독성도 중요하다. 다음에 소개된 모범 사례는 개발자와 사용자 모두의 시간을 절약해준다.

프로젝트 문서

프로젝트 문서에는 프로젝트 사용자를 위한 API 문서가 있고, 기여자를 위한 별도의 문서가 있다. 여기서는 후자를 다룬다.

최상위 디렉터리의 *README* 파일은 프로젝트 사용자와 관리자 모두에게 필요한 정보를 제공하며, 텍스트 또는 마크업 언어로 작성해야 한다. 마크업 언어

---

31 (옮긴이) 아즈락 헬레소이(Aslak Hellesóy)가 오슬로에서 리소르로 향하는 버스 안에서 BDD를 위한 도구를 개발하던 도중, 약혼자에게 어떤 이름을 붙이는 게 좋을지 물어보자 "오이!"라고 답했다고 한다. 일단 오이라고 이름을 짓고 나중에 바꿔야겠다고 생각했지만, 그 상태로 벌써 8년(2016년 기준)이 지났다고 한다(*https://www.quora.com/Why-is-the-Cucumber-tool-for-BDD-named-as-such*).
32 (옮긴이) 오이 피클.

로는 reStructuredText(PyPI에서 지원하는 유일한[33] 형식이므로 권장됨)나 마크다운(*https://help.github.com/articles/basic-writing-and-formatting-syntax/*)이 있다. 프로젝트나 라이브러리의 목적을 (사용자가 아무것도 모른다고 가정하고) 설명해야 하며, 소프트웨어의 주요 소스 URL과 기본 크레딧 정보가 포함되어야 한다. *README* 파일은 코드 독자에게 주요 시작점이 된다.

파이썬에서 *INSTALL* 파일은 덜 중요하다(그러나 GPL과 같은 라이선스 요구 사항을 준수하는 데는 도움이 될 수 있다). 설치 지침은 `pip install module` 또는 `python setup.py install`과 같이 하나의 명령으로 축소되고 *README* 파일에 추가되는 경우가 많다.

참고로 *LICENSE* 파일은 꼭 있어야 하므로, 어떤 라이선스로 소프트웨어를 공개할지 선택하자(107쪽 '라이선스 선택' 참고).

TODO 파일, 혹은 *README*의 *TODO* 부분에는 코드 개발 계획을 나열해야 한다. 그리고 *CHANGELOG* 파일 또는 *README*의 *CHANGELOG* 부분에는 코드의 변경 이력을 간략히 나열해야 한다.

프로젝트 공개

문서에는 프로젝트에 따라 아래 구성 요소 전부 혹은 일부가 포함될 수 있다.

- 소개(introduction)에서는 프로젝트 기능을 한두 개 정도의 매우 간단한 용례로 소개해야 한다. 30초 가량의 프로젝트 홍보라고 생각하자.
- 튜토리얼(tutorial)에서는 주요 용례를 보다 자세히 설명해야 한다. 독자가 프로토타입을 구성할 수 있을 정도로 단계별로 설명하자.
- API 레퍼런스(API reference)는 코드로부터 만들어지는 게 전형적이며(다음 쪽 '문서화 문자열 vs. 블록 주석' 참고), 공개적으로 사용 가능한 인터페이스, 파라미터, 반환 값을 나열한다.
- 개발자 문서(Developer documentation)는 미래의 기여자를 위해 작성되며, 코드 컨벤션이나 프로젝트의 일반 디자인 전략이 포함될 수 있다.

---

[33] 관심 있는 사람은 PyPI README 파일에 마크다운 지원을 추가하자는 논의(*https://bitbucket.org/pypa/pypi/issues/148/support-markdown-for-readmes*)를 읽어 보자.

스핑크스

Sphinx(스핑크스, *http://sphinx.pocoo.org*)는 가장 널리 사용되는[34] 파이썬 문서화 도구다. 가져다 쓰자. reStructuredText 마크업 언어를 HTML, LaTeX(출력 가능한 PDF 버전용), 매뉴얼 페이지 그리고 일반 텍스트와 같은 다양한 형식으로 변환한다.

스핑크스를 사용하면 리드 더 닥스(*http://readthedocs.org*)라는 **위대한 무료** 호스팅을 사용할 수 있으니, 이 또한 마음껏 쓰자. 소스 저장소에 대한 커밋 후크(commit hook)를 통해 문서가 자동으로 다시 빌드되도록 설정할 수 있다.

 Sphinx는 API 문서화로 유명하지만, 일반 프로젝트 문서에서도 잘 작동한다. 이 책의 온라인 원본(*http://docs.python-guide.org/*) 또한 Sphinx로 만들어졌으며, 리드 더 닥스에 호스팅되고 있다.

reStructuredText

스핑크스는 reStructuredText(*http://docutils.sourceforge.net/rst.html*)를 사용한다. 사실 거의 모든 파이썬 문서가 reStructuredText로 작성된다고 보면 된다. `setuptools.setup()`에 입력할 인자인 `long_description`의 내용이 reStructuredText로 작성되면, PyPI에서 HTML로 렌더링된다. 나머지 형식은 일반 텍스트로 표시된다. 마크다운과 마찬가지로 모든 확장 기능 옵션이 내장되어 있다. 구문을 익히는 데 도움이 될 자료를 소개한다.

- reStructuredText Primer(*http://www.sphinx-doc.org/en/stable/rest.html*)
- reStructuredText Quick Reference(*http://bit.ly/restructured-text*)

아니면 여러분이 가장 좋아하는 패키지의 문서를 읽고 기여하면서 배우자.

문서화 문자열 vs. 블록 주석

문서화 문자열(docstring)과 블록 주석(block comment)은 서로를 대체할 수 없고, 둘 다 함수나 클래스에 사용될 수 있다. 예시를 살펴보자.

---

34 그밖의 도구로는 Pycco, Ronn, Epydoc(현재 중단됨), MkDocs가 있으나 거의 모든 사람이 스핑크스를 사용한다.

```
# This function slows down program execution for some reason. ❶
def square_and_rooter(x):
    """Return the square root of self times self.""" ❷
    ...
```

❶ 맨 앞 주석은 개발자의 메모다.

❷ 문서화 문자열은 함수나 클래스가 **수행하는 내용**을 설명한다. 사용자가 대화형 파이썬 세션에서 help(square_and_rooter)라고 입력하면 이 내용이 표시된다.

help()를 사용하면 모듈의 시작 부분이나 __init__.py의 윗부분에 위치한 문서화 문자열 내용이 나타난다. 스핑크스의 autodoc 기능은 적절한 형식을 갖춘 문서화 문자열을 사용해 자동으로 문서를 생성한다. 자세한 방법은 스핑크스 튜토리얼(*http://www.sphinx-doc.org/en/stable/tutorial.html#autodoc*)에서 확인하자. 문서화 문자열에 대해 더 알고 싶다면 PEP 257(*https://www.python.org/dev/peps/pep-0257/*)을 읽어 보자.

로그

logging 모듈은 파이썬 버전 2.3부터 파이썬 표준 라이브러리의 일부가 되었다. PEP 282(*https://www.python.org/dev/peps/pep-0282/*)에 간략히 설명되어 있는데, 이는 읽기 어려운 문서로 유명하다. 그나마 'basic logging tutorial' 문서(*https://docs.python.org/3/howto/logging.html#logging-basic-tutorial*)는 읽기 쉽다.

대체로 로그를 남기는 데에는 두 가지 목적이 있다.

진단용 로그

진단용 로그는 애플리케이션 작동에 관한 이벤트 기록이다. 예를 들어, 사용자가 오류 보고서를 남기면 로그에서 해당 오류의 문맥을 파악할 수 있다.

감시용 로그

감시용 로그는 비즈니스 분석에 사용되는 이벤트 기록이다. 사용자의 거래(예: 클릭스트림)를 추출하여 다른 세부 정보(예: 최종 구매)와 결합하여 보고서를 작성하거나 업무를 최적화할 수 있다.

> ### 로그 vs. 출력
>
> 출력이 로그보다 더 좋은 경우는 명령줄 애플리케이션에 대한 도움말을 표시할 때뿐이다. 로그가 출력보다 더 나은 이유를 살펴보자.
>
> - 로그 레코드(*https://docs.python.org/3/library/logging.html#logrecord-attributes*)는 로그를 남기는 이벤트마다 생성되며, 해당 이벤트의 파일 이름, 전체 경로, 함수, 코드 줄 번호와 같이 진단에 도움이 되는 정보가 포함된다.
> - 내장 모듈에서 발생한 이벤트도 로그가 남는데, 이 로그들을 (필터링하지만 않으면) 루트 로그 기록기를 통해 애플리케이션의 로그 스트림으로 자동으로 보낼 수 있다.
> - logging.Logger.setLevel()를 사용해 로그를 선택적으로 남길 수 있다. 로그 기록을 중지하려면 logging.Logger.disabled를 True로 설정한다.

라이브러리에서 로그 남기기

라이브러리 로그 기록기를 구성하려면 로그 남기기 튜토리얼(*http://bit.ly/configuring-logging*)을 참고하자. 5장에 소개할 라이브러리에서의 로그 남기기 예시 또한 좋은 참고 자료이다. 로그 기록 이벤트가 발생했을 때 무슨 일인지 알아내는 주체는 라이브러리가 아닌 사용자다. 따라서 다음 경고는 아무리 반복해도 지나치지 않다.

> NullHandler 이외의 핸들러는 라이브러리의 로그 기록기에 추가하지 않는 게 좋다.

NullHandler는 이름 그대로 아무것도 하지 않으며 사용자가 원하지 않는 경우에 로그 기록을 명시적으로 해제해야 한다.

라이브러리에서 로그 기록기를 인스턴스화하는 가장 좋은 방법은 __name__ 전역 변수를 사용하는 방법 밖에 없다. logging 모듈은 .을 사용하여 로그 기록기의 계층 구조를 생성하므로 __name__을 사용해야 이름 충돌을 방지할 수 있다.

Request 패키지의 소스 코드(*https://github.com/kennethreitz/requests*)에서 가져온 모범 사례를 소개하겠다. 다음 코드를 여러분의 프로젝트 루트 폴더의 *__init__.py*에 포함시키자.

```
# "No handler found" 경고를 피하기 위해 기본 로그 기록 핸들러 설정
import logging
try: # 파이썬 2.7+
    from logging import NullHandler
```

```
except ImportError:
    class NullHandler(logging.Handler):
        def emit(self, record):
            pass

logging.getLogger(__name__).addHandler(NullHandler())
```

애플리케이션에서 로그 남기기

멋진 앱을 만드는 12가지 요소(Twelve-Factor App, *http://12factor.net/*)는 애플리케이션 개발에 도움이 되는 권위 있는 참고 자료다. 여기에는 로그 기록을 남기는 최선의 방법(*https://12factor.net/logs*)이 포함되어 있는데, 로그 이벤트를 이벤트 스트림으로 처리하고 이벤트 스트림을 표준 결과 값으로 보내 애플리케이션 환경에서 처리해야 한다고 강조한다.

로그 기록기를 구성하는 방법은 최소한 세 가지다.

방법	장점	단점
INI 형식의 파일 사용	logging.config.listen() 함수를 사용하면, 코드 실행 도중에도 구성을 업데이트하고 소켓의 변경사항을 가져올 수 있다.	코드에서 로그를 구성하는 것보다 제어력이 낮다(예: 맞춤형 서브 클래스 필터나 로그).
딕셔너리나 JSON 형식 파일 사용	실행 중 업데이트할 수 있을 뿐만 아니라, json 모듈(파이썬 2.6부터 표준 라이브러리에 포함됨)을 사용해 파일로부터 구성을 불러올 수도 있다.	코드에서 로그를 구성하는 것보다 제어력이 낮다.
코드 사용	모든 구성을 완벽히 제어할 수 있다.	구성을 수정하려면 소스 코드를 변경해야 한다.

INI 파일을 사용한 구성 예시

INI 파일 형식에 대한 자세한 사항은 로그 남기기 튜토리얼의 로그 구성 부분(*https://docs.python.org/3/howto/logging.html#configuring-logging*)을 참고하자. 최소한의 구성 파일은 다음과 같다.

```
[loggers]
keys=root

[handlers]
keys=stream_handler

[formatters]
keys=formatter
```

```
[logger_root]
level=DEBUG
handlers=stream_handler

[handler_stream_handler]
class=StreamHandler
level=DEBUG
formatter=formatter
args=(sys.stderr,)

[formatter_formatter]
format=%(asctime)s %(name)-12s %(levelname)-8s %(message)s
```

asctime, name, levelname, message는 모두 로그 라이브러리에서 사용할 수 있는 선택적 속성이다. 선택적 속성 전체 목록과 그 정의를 파이썬 문서(*http://bit.ly/logrecord-attributes*)에서 확인할 수 있다. 로그 기록용 구성 파일명이 logging_config.ini이라 가정해보자. 코드에서 해당 파일의 구성 내용을 바탕으로 로그 기록기를 구성하려면 다음과 같이 logging.config.fileConfig()를 사용하면 된다.

```
import logging
from logging.config import fileConfig
fileConfig('logging_config.ini')
logger = logging.getLogger()
logger.debug('often makes a very good meal of %s', 'visiting tourists')
```

딕셔너리를 사용한 구성 예시

파이썬 2.7버전부터 구성 내용을 담은 딕셔너리를 사용할 수 있다. PEP 391에는 구성 딕셔너리에 포함되어야 할 필수 요소와 선택적 요소의 목록이 나와 있다.

다음은 최소한의 구현 예시다.

```
import logging
from logging.config import dictConfig

logging_config = dict(
    version = 1,
    formatters = {
        'f': {'format':
            '%(asctime)s %(name)-12s %(levelname)-8s %(message)s'}
    },
    handlers = {
        'h': {'class': 'logging.StreamHandler',
            'formatter': 'f',
            'level': logging.DEBUG}
    },
```

```
        loggers = {
            'root': {'handlers': ['h'],
                    'level': logging.DEBUG}
        }
)
dictConfig(logging_config)

logger = logging.getLogger()
logger.debug('often makes a very good meal of %s', 'visiting tourists')
```

코드에 직접 구성 예시

이번에는 코드에 직접 구성하는 최소한의 구현 예시를 살펴보자.

```
import logging

logger = logging.getLogger()
handler = logging.StreamHandler()
formatter = logging.Formatter(
        '%(asctime)s %(name)-12s %(levelname)-8s %(message)s')
handler.setFormatter(formatter)
logger.addHandler(handler)
logger.setLevel(logging.DEBUG)

logger.debug('often makes a very good meal of %s', 'visiting tourists')
```

라이선스 선택

미국에서는 소스 코드를 배포할 때 라이선스를 명시하지 않으면, 법적으로 사용자는 이를 다운로드/수정/배포하지 못한다. 또한 사람들에게 규칙을 알려주지 않으면 아무도 프로젝트에 기여하지 못한다. 따라서 라이선스가 필요하다.

업스트림[35] 라이선스

다른 프로젝트에서 파생된 결과물이라면 업스트림(upstream) 라이선스에 따라 라이선스가 정해진다. 예를 들어, 파이썬 소프트웨어 재단(Python Software Foundation, PSF)에서는 파이썬 소스 코드에 기여한 모든 참여자에게 해당 코드가 파이썬 소프트웨어 재단에 공식적으로 귀속된다는 내용(본인의 저작권은 유지됨)의 동의 서명을 요청한다. 참고로 기여자는 두 가지 라이선스 중 선택할

---

35 (옮긴이) 배포된 코드를 수정하는 기여자에게, 해당 소스 코드의 원작자 혹은 유지보수자는 업스트림에 해당한다(*https://en.wikipedia.org/wiki/Upstream_(software_development)*).

수 있다.[36]

두 라이선스 모두 사용자로 하여금 다른 조건으로 서브 라이선스할 수 있도록 허용한다. 따라서 파이썬 소프트웨어 재단은 자체 라이선스인 파이썬 소프트웨어 재단 라이선스로 파이썬을 자유롭게 배포할 수 있다. 파이썬 소프트웨어 재단 라이선스 FAQ(*https://wiki.python.org/moin/PythonSoftwareFoundationLicenseFaq*)에서는 (법적 용어가 아닌) 일상 용어를 사용하여 사용자가 할 수 있는 것과 할 수 없는 것에 대해 자세하게 서술하고 있으며, 파이썬 소프트웨어 재단이 배포하는 파이썬의 라이선스 범위를 넘어서서 사용하지 않도록 주의시키고 있다.

선택 사항

여러분이 선택할 수 있는 라이선스는 무수히 많지만, 파이썬 소프트웨어 재단에서는 OSI(Open Source Institute)에서 승인한 라이선스(*http://opensource.org/licenses*) 중에서 고르길 추천한다. 만약 자신의 코드를 파이썬 소프트웨어 재단에 기여하고 싶다면, 기여자를 위한 페이지(*https://www.python.org/psf/contrib/*)에 명시된 라이선스 중 선택하자. 프로세스가 훨씬 간편해진다.

> ☑ 라이선스에 본인의 정보를 반영하려면 템플릿 텍스트를 변경해야 한다는 사실을 잊지 말자. 예를 들어, MIT 라이선스 템플릿의 둘째 줄에는 Copyright (c) <year> <copyright holders>가 있다. 다만 아파치 2.0 라이선스는 템플릿 수정이 필요 없다.

오픈 소스 라이선스는 대체로 다음의 두 카테고리 중 하나에 속한다.[37]

허용 라이선스

허용 라이선스(permissive license)는 종종 BSD(Berkeley Software Distribution, 버클리 소프트웨어 배포) 스타일 라이선스로 불리며, 사용자가 자유롭게 원하는 대로 소프트웨어를 사용하는 데에 초점을 둔다. 다음은 그 예다.

- 아파치 라이선스: 현재 버전은 2.0(*https://opensource.org/licenses/Apache-2.0*)이며, 다음과 같이 수정되었다. 라이선스 내용을 수정하지 않은 채로 어떤

---

36 2017년 2월 기준으로, 아카데믹 프리 라이선스(Academic Free License) 버전 2.1 또는 아파치 2.0 라이선스가 있다. 라이선스 전문은 파이썬 소프트웨어 재단의 기여자 동의 페이지(https://www.python.org/psf/contrib/)에서 확인할 수 있다.

37 여기에 나열된 라이선스는 모두 OSI 승인 라이선스이며, OSI 라이선스 페이지(*https://opensource.org/licenses*)에서 더 자세한 내용을 확인할 수 있다.

프로젝트에든 포함시킬 수 있다. 모든 파일에 라이선스를 열거하는 대신 언급만 해도 충분하다. 아파치 라이선스 2.0 이하의 코드를 GPLv3(GNU General Public License version 3.0)과 함께 사용할 수 있다.

- BSD 2절, 3절 라이선스: 3절 라이선스(*https://opensource.org/licenses/BSD-3-Clause*)는 2절 라이선스에 발행자의 상표 사용에 대한 추가 제약을 더한 라이선스다.

- 메사추세츠 공과대학(MIT) 라이선스(*https://opensource.org/licenses/MIT*): Expat 버전과 X11 버전 라이선스는 각 라이선스를 사용하는 인기 있는 제품의 이름을 따서 명명되었다.

- 인터넷 소프트웨어 컨소시엄(ISC) 라이선스(*https://opensource.org/licenses/ISC*): MIT 라이선스와 거의 동일하며, 불필요하다고 여겨지는 몇 줄이 제거되었다.

카피레프트 라이선스

카피레프트(copyleft) 라이선스는 덜 허용적인 라이선스(less permissive license)라고도 불리며, 소스 코드가 그 자체로 사용 가능하도록 하는 데 중점을 둔다(소스코드에 추가되는 변경사항 포함). GPL 라이선스가 가장 잘 알려져 있다. 현재 버전은 GPLv3(*https://opensource.org/licenses/GPL-3.0*)이다.

 GPLv2 라이선스는 아파치 2.0 라이선스와 호환되지 않는다. 따라서, GPLv2 라이선스 코드는 아파치 2.0 라이선스 프로젝트와 함께 섞일 수 없다. 그러나 GPLv3 프로젝트와는 함께 사용될 수 있다.

OSI 기준을 만족하는 라이선스는 모두 상업적 사용, 수정, 다운스트림 배포가 가능하며, 각자 제한 사항이나 요구사항이 약간씩은 다르다. 표 4-4에 나열된 라이선스는 발행자의 책임을 한정한다. 또한 사용자가 다운스트림 배포 시 원본 저작권과 라이선스를 유지하도록 요구한다.

표 4-4 잘 알려진 라이선스의 특징 요약

라이선스 분류	제약 사항	허용 사항	요구사항
BSD 라이선스	발행자의 트레이드마크 보호 (BSD 3절)	보증 허용(BSD 2절과 3절)	-
MIT (X11 또는 Expat), ISC	발행자의 상표 보호 (ISC와 MIT/X11)	다른 라이선스와의 서브 라이선싱 가능	-
아파치 2.0 라이선스	발행자의 트레이드마크 보호	서브 라이선싱 가능, 특허에 사용할 수 있음	소스에 대한 변경 사항 명시 필수
GPL	다른 라이선스와의 서브 라이선싱 금지	소스에 대한 변경사항 명시, 소스 코드 포함 필수	

라이선스 관련 자료

반 린드버그(Van Lindverg)의 *Intellectual Property and Open Source*(O'Reilly)[38]는 오픈 소스 소프트웨어의 법적 측면을 이해하는 데 훌륭한 자료이다. 라이선스뿐만 아니라 지적 재산권에 대한 법적 주제, 예를 들면 상표권, 특허, 저작권에 대해서도 이해할 수 있도록 돕는다. 법적인 주제에 관심이 없지만 그래도 빠르게 훑어보고 싶다면 아래 나열된 사이트가 도움이 될 것이다.

- 깃허브에서 몇 문장으로 라이선스를 요약하고 비교하는 유용한 가이드 (*https://choosealicense.com/*)를 제공한다.
- TLDRLegal(*https://tldrlegal.com/*)[39]에는 각 라이선스에서 가능하거나 가능하지 않은 내용, 필수 사항이 목록으로 나열되어 있어 빠르게 살펴볼 수 있다.
- OSI가 승인한 라이선스 목록(*https://opensource.org/licenses*)에 포함된 라이선스의 전문을 살펴볼 수 있다. 이들 모두 라이선스 검토 절차를 통과하였으며, 오픈 소스 라이선스 정의(소프트웨어를 자유롭게 사용하고 수정하여 공유할 수 있음)를 준수한다.

---

38 (옮긴이) 번역서로는 『지적재산권 관점에서 소프트웨어 오픈 소스 바라보기』(서울경제경영, 2012년)가 있다.
39 *tl;dr*은 '너무 길어서 읽지 않았음(Too long;didn't read)'를 의미하며, 인터넷이 대중화되기 전부터 긴 글을 요약하는 편집자의 역할을 담당해온 용어다.

훌륭한 코드 읽어 보기

프로그래머는 수많은 코드를 읽어야 한다. 능수능란한 프로그래머가 되는 비결은 탁월한 코드를 읽고, 이해하고, 따라잡는 데 있다. 훌륭한 코드 스타일은 53쪽 '코드 스타일'에 설명된 가이드라인에서 살펴볼 수 있다.

코드의 가독성은 파이썬 디자인의 핵심 중 하나이기도 하다. 그래서 이번 장에서는 4장에서 다뤘던 내용들이 구현된, 매우 읽기 쉬운 파이썬 프로젝트의 코드를 소개한다. 이와 동시에 코드를 잘 읽는 기술도 공유할 예정이다.[1]

다음은 이번 장에서 소개할 프로젝트 목록으로, 나열된 순서대로 소개한다.

* HowDoI(*https://github.com/gleitz/howdoi*)는 파이썬으로 작성한 콘솔 애플리케이션이며, 코딩 질문에 대한 대답을 인터넷으로 검색한다.
* Diamond(*https://github.com/python-diamond/Diamond*)는 수치를 수집하여 graphite나 그 이외의 백엔드에 전달하는 파이썬 데몬(Daemon)[2]이다. CPU, 메모리, 네트워크, I/O 정보를 수집하거나, 디스크 관련 수치를 불러올 수 있다. 또한, 대부분의 소스로부터 필요한 수치를 수집하는 맞춤형 콜렉터를 구현하기 위한 API를 제공한다.
* Tablib(*https://github.com/kennethreitz/tablib*)은 테이블 형태의 데이터를 위한 라이브러리이며, 데이터 형식에 구애 받지 않는다.

---

1 코드를 읽고 리팩터링하는 수십 년의 경험이 녹아 있는 책으로 세르주 드메이어(Serge Demayer), 스테판 뒤카스(Stéphane Ducasse) 그리고 오스카 니어슈트라츠(Oscar Nierstrasz)가 저술한 *Object Oriented Reengineering Patterns*(Square Bracket Associates, *http://scg.unibe.ch/download/oorp/index.html*)을 추천한다.
2 데몬(Daemon)은 백그라운드 프로세스로 실행되는 컴퓨터 프로그램이다.

- Requests(*https://github.com/kennethreitz/requests*)는 사람을 위한 하이퍼텍스트 전송 프로토콜(HyperText Transfer Protocol, HTTP) 라이브러리이다(HTTP 클라이언트를 원하는 이의 90%는 자동으로 암호 인증을 처리하고, 한 번의 함수 호출로 다중 파일 업로드와 같은 작업을 수행할 수 있는 표준(*https://www.w3.org/Protocols/*)을 준수하는 HTTP 클라이언트를 원한다).

- Werkzeug(*https://github.com/pallets/werkzeug*)는 웹 서비스 게이트웨이 인터페이스(Web Service Gateway Interface, WSGI) 애플리케이션용 유틸리티를 간략히 모아놓은 형태로 시작하여, 현재 가장 진보된 WSGI 유틸리티 모듈 중 하나가 되었다.

- Flask(*https://github.com/pallets/flask*)는 Werkzeug와 Jinja2 기반으로 작성된 파이썬용 웹 마이크로프레임워크이며, 간단하게 웹페이지를 완성하는 데 유용하다.

이번 장에서 언급하는 내용은 프로젝트 전체 내용에 비하면 극히 일부에 불과하다. 그러므로 이번 장을 모두 읽은 뒤, 프로젝트 중 한두 개라도 다운 받아 더욱 집중적으로 읽어 보자(배운 점을 주변 사람들과 공유하면 더욱 좋다).

프로젝트의 공통 특성

우리가 살펴볼 프로젝트에는 공통된 특성이 있다. 함수의 길이가 평균적으로 매우 짧고(주석과 빈 줄을 제외하고 20줄 미만), 빈 줄 비율이 높다. 크고 복잡한 프로젝트는 문서화 문자열이나 주석(혹은 둘 다)을 사용하며 대체로 코드의 5분의 1 이상이 문서 내용이다. HowDoI 패키지와 같이 코드가 직관적이라면 주석이 필요하지 않다(HowDoI는 대화형 패키지가 아니므로 문서화 문자열이 없음). 살펴볼 프로젝트의 공통 특성을 표 5-1에 정리하였다.

이제부터는 프로젝트마다 서로 다른 방법으로 코드를 읽으면서 프로젝트에 대해 알아보겠다. 그리고 이 책에서 언급한 아이디어가 반영된 부분을 발췌하여 소개할 것이다(발췌하지 않은 부분에는 아이디어가 반영되지 않았다고 오해하지 않기를 바란다. 필자는 그저 훌륭한 코드를 작성하는 아이디어를 예시를 통해 잘 설명하고 싶을 뿐이다). 해당 예시 코드를 통해 좋은 코드를 만드는 요소가 무엇인지 알아보고, 여러분의 코드에 도입할 만한 아이디어를 찾아보자. 이 장을 다 살펴보고 나면 파이썬 코드를 읽는 데 더욱 자신감이 생길 것이다.

표 5-1 예시 프로젝트가 지닌 공통 특성

패키지	라이선스	전체 길이(줄)	문서화 문자열 비율	주석 비율	빈 줄 비율	함수의 평균 길이
HowDoI	MIT 라이선스	262줄	0%	6%	20%	13줄
Diamond	MIT 라이선스	6,021줄	21%	9%	16%	11줄
Tablib	MIT 라이선스	1,802줄	19%	4%	27%	8줄
Requests	아파치 2.0 라이선스	4,072줄	23%	8%	19%	10줄
Flask	BSD 3절 라이선스	10,163줄	7%	12%	11%	13줄
Werkzeug	BSD 3절 라이선스	25,822줄	25%	3%	13%	9줄

HowDoI

벤자민 글라이츠만(Benjamin Gleitzman)의 HowDoI 프로젝트는 코드 전체가 300줄이 채 안 되며, 이번 코드 읽기 여정을 시작하기에 제격이다.

단일 파일 스크립트 읽기

스크립트는 대체로 명료한 시작점, 명료한 옵션, 명료한 종료점이 있으며, API나 프레임워크를 제공하는 라이브러리보다 이해하기 쉽다.

먼저 HowDoI 모듈을 깃허브에서 다운 받자.[3]

```
$ git clone https://github.com/gleitz/howdoi.git
$ virtualenv -p python3 venv # mkvirtualenv도 사용 가능
$ source venv/bin/activate
(venv)$ cd howdoi/
(venv)$ pip install --editable .
(venv)$ python test_howdoi.py # 단위 테스트 실행
```

위 과정을 모두 끝마쳤다면 *venv/bin*에 howdoi가 실행 가능한 형태로 설치가 되었을 것이다(확인해 보고 싶다면 명령줄에 cat 'which howdoi'를 입력하자). 이 내용은 pip install을 실행할 때 자동으로 생성된다.

---

3 만약 lxml과 관련하여 최신 libxml2 공유 라이브러리가 필요하다는 문제가 발생하면, pip uninstall lxml;pip install lxml==3.5.0을 입력하여 이전 버전의 lxml을 설치하자. 문제가 해결될 것이다.

HowDoI의 문서 읽기

HowDoI의 문서는 HowDoI의 깃허브 저장소(*https://github.com/gleitz/howdoi*)의 *README.rst* 파일에서 확인할 수 있다. HowDoI는 프로그래밍에 관한 질문의 답을 인터넷에서 찾도록 돕는 조그마한 명령줄 애플리케이션이다.

터미널 셸의 명령줄에서 howdoi --help라고 입력하면 사용법을 확인할 수 있다.

```
(venv)$ howdoi --help
usage: howdoi [-h] [-p POS] [-a] [-l] [-c] [-n NUM_ANSWERS] [-C] [-v]
              [QUERY [QUERY ...]]

instant coding answers via the command line

positional arguments:
  QUERY                   the question to answer

optional arguments:
  -h, --help              show this help message and exit
  -p POS, --pos POS       select answer in specified position (default: 1)
  -a, --all               display the full text of the answer
  -l, --link              display only the answer link
  -c, --color             enable colorized output
  -n NUM_ANSWERS, --num-answers NUM_ANSWERS
                          number of answers to return
  -C, --clear-cache       clear the cache
  -v, --version           displays the current version of howdoi
```

끝이다. 문서를 통해 HowDoI가 프로그래밍에 관한 질문의 답을 인터넷에서 찾는다는 것을 알았다. 이를 통해 여러분은 특정 위치의 답을 선택할 수 있고, 결과에 색을 입히고, 여러 답을 가져올 수 있는 방법을 학습했다. 또한 지울 수 있는 캐시를 유지한다는 사실도 알았다.

HowDoI 사용하기

실제로 사용해보면 HowDoI가 어떤 일을 하는지 확실히 이해할 수 있다. 다음은 HowDoI 사용 방법이다.

```
(venv)$ howdoi --num-answers 2 python lambda function list comprehension
--- Answer 1 ---
[(lambda x: x*x)(x) for x in range(10)]

--- Answer 2 ---
[x() for x in [lambda m=m: m for m in [1,2,3]]]
# [1, 2, 3]
```

지금까지 여러분은 HowDoI를 설치하고, 문서를 읽고, 사용해보았다. 이제 실제 코드를 살펴보자!

HowDoI의 코드 읽기

howdoi 폴더에는 두 가지 파일이 들어 있다. 여기서 *__init__.py*는 패키지 버전을 한 줄로 설명한다. 우리가 살펴볼 코드는 *howdoi.py* 파일에 담겨 있다.

참고로 *howdoi.py*를 훑어보면 각 함수가 그 다음 함수에서 사용되는 것을 알 수 있어 흐름을 이해하기 쉽다. 또한 함수 이름만 봐도 알 수 있듯이, 함수별로 단 하나의 작업이 주어져 있다. 메인 함수인 command_line_runner()는 howdoi.py 파일의 마지막 부분에 있다.

HowDoI의 코드를 책에 옮기는 대신, 그림 5-1과 같이 파이썬 호출 그래프 (Python Call Graph, *https://pycallgraph.readthedocs.io*)를 사용하여 함수 호출 그래프를 그려 보았다. 파이썬 호출 그래프는 파이썬 스크립트를 실행할 때 호출되는 함수 흐름을 시각화하는 도구다. 명령줄 애플리케이션은 시작점이 하나로, 코드 간 연결 개수가 적어 보기 좋다(보다 간결하게 표현하고자 HowDoI 프로젝트에 포함되지 않은 함수는 삭제하고 형식을 약간 수정하였다).

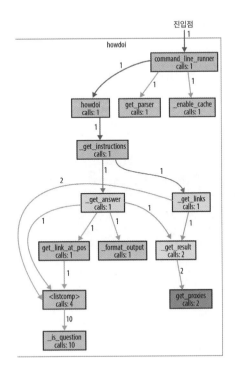

그림 5-1 howdoi 호출 그래프의 명료한 흐름과 함수명

이때 직관적인 이름의 함수를 사용하여 코드를 의도적으로 구조화하면, 스파게티 면처럼 꼬인 거대한 코드 더미가 되는 일을 피할 수 있다. 그림 5-1에 그려진 실행 흐름을 간략히 설명해보면, command_line_runner()에서는 입력을 사용자 플래그와 쿼리로 쪼개 howdoi()로 전달하고, howdoi()는 _get_instructions()을 try/except문으로 감싸 연결 오류를 잡은 뒤 오류 메시지를 출력한다(애플리케이션 코드는 예외 상황에서 종료되지 않아야 한다).

_get_instructions()의 주요 기능은 _get_links()를 호출하여 쿼리에 부합하는 스택오버플로 링크를 구글 검색 결과에서 가져오고, _get_answer()를 링크당 한 번씩 호출하는 것이다(HowDoI의 기본 설정은 하나의 결과를 보여주는 것이다. 명령줄 옵션에서 원하는 결과 개수를 지정할 수 있다).

_get_answer() 함수는 스택오버플로 링크의 답변에서 코드 부분을 추출하고 색을 입혀 _get_instructions()에 전달한다. _get_instructions()은 모든 결과를 하나의 문자열로 합쳐 반환한다. _get_links()는 구글 검색을 위해, _get_answer()은 구글 쿼리로부터 결과 링크를 얻기 위해 _get_result()를 호출하여 HTTP 요청을 한다.

_get_result()는 오류 처리를 위해 requests.get()을 try/except문으로 감쌌다. 이제 SSL 오류가 발생하면 오류 메시지를 출력한 뒤 예외를 재발생시킨다. 그러면 상위레벨 try/except문이 이를 파악하여 실행을 종료한다. 애플리케이션 프로그램에서는 모든 예외를 프로그램이 종료되기 전에 잡는 것이 최선이다.

HowDoI의 패키징

howdoi/ 폴더에 있는 setup.py는 설치 모듈의 좋은 예시이다. 일반 패키지뿐만 아니라, 실행 파일도 설치하기 때문이다(명령줄 유틸리티를 만들때 참고해보자). setuptools.setup() 함수는 키워드 인자를 통해 모든 구성 옵션을 정의한다. 실행 파일을 정의한 부분은 entry_points라는 키워드 인자와 연관되어 있다.

```
setup(
    name='howdoi',
    ##~ ... 통상적인 구성 옵션 생략 ...
    entry_points={
        'console_scripts': [ ❶
            'howdoi = howdoi.howdoi:command_line_runner', ❷
        ]
    },
    ## ~ ... 의존성 목록 생략 ...
)
```

❶ console_scripts는 콘솔 스크립트로 나열하기 위한 키워드다.
❷ 여기서는 howdoi라는 이름의 실행 파일을 통해 howdoi.howdoi.command_line_runner() 함수가 실행될 것임을 선언한다. 여기서 command_line_runner()가 전체 프로그램을 실행하기 위한 시작점이 된다는 사실을 알 수 있다.

HowDoI의 구조 예시

HowDoI는 작은 라이브러리이기 때문에 구조에 대해 짚고 넘어갈 점이 별로 없다(코드 구조에 관한 내용은 다른 패키지에서 자세히 소개한다).

하나의 함수는 하나의 일만 하도록 하자

HowDoI의 함수는 각자 하나의 일만 처리하도록 분리되어 있다. 이게 얼마나 유익한지는 아무리 강조해도 모자르다. 심지어 다른 함수의 try/except문을 위해서만 존재하는 함수도 있다(_format_output()는 예외인데, try/except를 통해 예외처리를 하는 게 아니라, 구문 강조에 사용할 코딩 언어를 식별한다).

시스템에서 사용할 수 있는 데이터 활용

HowDoI는 관련 시스템 값을 확인하고 사용한다. 프락시 서버를 처리하기 위한 urllib.request.getproxies()가 하나의 예다(학교와 같은 기관에서 중간 서버를 통해 인터넷 연결 중 일부를 제한하는 경우). 다른 예시로 다음 스니펫처럼 환경변수를 가져올 수 있다.

```
XDG_CACHE_DIR = os.environ.get(
    'XDG_CACHE_HOME',
    os.path.join(os.path.expanduser('~'), '.cache')
)
```

이런 변수가 존재하는지 어떻게 알 수 있을까? requests.get()의 선택 인자를 보면 urllib.request.getproxies()가 필요함이 분명해진다. 호출하는 라이브러리의 API를 이해하면 필요한 정보가 무엇인지 유추할 수 있다. 종종 유틸리티에 따라 환경변수가 다르므로, 라이브러리가 특정 데이터베이스나 자매 애플리케이션에서 사용되도록 설계된 경우에는 해당 애플리케이션의 문서에 나열된 환경변수 정보를 활용하자. 일반 POSIX 시스템용 환경변수가 궁금하면 우분투 환경변수 목록(*https://help.ubuntu.com/community/EnvironmentVariables*)을 참고하면 좋다. POSIX 문서의 기본 환경변수 목록(*http://bit.ly/posix-env-variables*)은 다양한 시스템의 환경변수 목록과 연결된다.

HowDoI의 스타일 예시

HowDoI는 대체로 PEP 8을 따르지만, 가독성이 떨어진다면 따르지 않는다. 예를 들어, import문은 파일의 맨 위에 위치하지만 표준 라이브러리와 외부 모듈이 뒤섞여 있다. USER_AGENTS 내 문자열은 80자를 훨씬 넘지만, 이를 쪼개기에 마땅한 위치가 없어 손대지 않았다.

다음은 4장에서 소개한 코딩 스타일 중 HowDoI에 반영된 내용이다.

밑줄이 앞에 붙은 함수 이름(우리는 모두 책임 있는 사용자다)

HowDoI의 거의 모든 함수명 앞에 밑줄이 붙어 있다. 이는 패키지의 내부에서만 사용되는 함수임을 의미한다. 밑줄이 앞에 붙은 함수를 호출하면 예외가 발생할 수 있다. _get_result()를 호출하는 모든 함수가 그러한데, howdoi() 함수가 실행되지 않는 한 예외가 잡히지 않는다. 나머지 내부 함수(_format_output(), _is_question(), _enable_cache(), _clear_cache())도 마찬가지로 패키지 밖에서 쓰이지 않음을 나타낸다. 테스트용 스크립트인 _howdoi/test_howdoi.py_는 밑줄이 붙지 않은 함수만 호출하며, 색을 입히는 용도의 명령줄 인자를 howdoi.howdoi()에 전달하여 포매터가 잘 작동하는지 확인한다(코드를 howdoi._format_output()에 직접 전달하지 않음).

호환성은 한 곳에서만 처리(가독성은 중요하다)

메인 코드가 실행되기 전에 의존성 버전 차이를 처리한다. 이는 코드 독자에게 의존성 문제가 없을 거란 확신을 주고, 버전 확인 코드가 도처에 남용되지 않도록 막는다. 이 점은 HowDoI가 명령줄 도구이므로 장점이다. 명령줄 도구를 사용하려고 파이썬 인터프리터 버전을 바꾸려는 사람은 거의 없을 것이기 때문이다. 다음 코드는 해당 부분 스니펫이다.

```
try:
    from urllib.parse import quote as url_quote
except ImportError:
    from urllib import quote as url_quote

try:
    from urllib import getproxies
except ImportError:
    from urllib.request import getproxies
```

그리고 아래 스니펫은 유니코드 처리 방식에 대한 파이썬 2와 3의 차이를 단 7줄로 해결하였다. u(x)라는 함수를 만들어 파이썬 3에서는 아무 처리를 하지 않고, 파이썬 2에서는 파이썬 3를 에뮬레이트한다. 참고로 웹페이지를 인용할 때는 스택오버플로의 새 인용 가이드라인(*https://meta.stackexchange.com/questions/271080/the-mit-license-clarity-on-using-code-on-stack-overflow-and-stack-exchange*)을 따랐다.

```
# Handle Unicode between Python 2 and 3
# http://stackoverflow.com/a/6633040/305414
if sys.version < '3':
    import codecs
    def u(x):
        return codecs.unicode_escape_decode(x)[0]
else:
    def u(x):
        return x
```

파이썬스러운 선택(아름다움이 추함보다 좋다)

아래 스니펫은 howdoi.py에서 가져왔으며, 파이썬스럽고 사려 깊은 선택이 뭔지 보여 준다. get_link_at_pos() 함수는 결과가 없으면 False를 반환하고, 아니면 결과 링크 중 스택오버플로 링크를 판별하여 적절한 위치의 링크(링크가 충분하지 않으면 마지막 위치의 링크)를 반환한다.

```
def _is_question(link): ❶
    return re.search('questions/\d+/', link)

# [ ... 기타 함수 생략 ... ]

def get_link_at_pos(links, position):
    links = [link for link in links if _is_question(link)] ❷
    if not links:
        return False ❸

    if len(links) >= position:
        link = links[position-1] ❹
    else:
        link = links[-1] ❺
    return link ❻
```

❶ _is_question()은 한 줄짜리 함수이며, 불명확한 정규 표현식 검색에 명확한 의미를 부여한다.

❷ 리스트 컴프리헨션이 문장처럼 읽힌다. 이는 _is_question()을 따로 분리해 정의하고, 의미 있는 변수명을 사용한 덕분이다.

❸ 이른 반환문은 보다 수평적인 구조의 코드를 만들어준다.

❹ link 변수에 값을 지정해주는 추가 단계다.

❺ 여기에선 새로운 변수 선언 없이 두 개의 서로 다른 return문을 사용하는 대신, 명확한 변수명의 link를 사용하여 get_link_at_pos()의 목적을 확실하게 드러냈다. 그 결과 코드 자체가 문서처럼 쉽게 읽힌다.

❻ 최상위 들여쓰기 수준에 위치한 하나의 반환문은 각종 코드 경로가 이곳에서 종료됨을 명시적으로 보여준다. 코드의 첫 줄과 마지막 줄만 읽으면 함수가 무슨 일을 하는지 알 수 있다는 단순한 규칙이 여기에도 적용된다(_get_link_at_pos()는 여러 링크 중 주어진 위치의 링크 하나만 반환한다).

Diamond

Diamond는 시스템 수치를 수집하여 다운스트림 프로그램에 전달하는 데몬(백 그라운드 프로세스 상태로 계속 실행되는 애플리케이션)이다. 다운스트림 프로그램으로는 MySQL, Graphite(Orbitz가 2008년 공개한 오픈 소스 플랫폼이며, 수치형 시계열 데이터를 저장하고 불러오거나 그래프를 그릴 수 있음, *http://graphite.readthedocs.org/*) 등이 있다. Diamond는 HowDoI보다 훨씬 크고 파일도 많으므로 패키지 구조의 좋은 예가 될 것이다.

보다 큰 애플리케이션 코드 읽기

Diamond는 HowDoI와 같은 명령줄 애플리케이션이다. 코드 파일이 여러 개임에도 여전히 시작점과 실행 경로가 명료하다. 그럼 깃허브에서 Diamond를 받아보자(문서에는 CentOS나 우분투에서만 작동한다고 쓰여 있으나, *setup.py* 코드를 보면 모든 플랫폼에서 동작하는 것으로 보인다. 단, 메모리나 디스크 공간 같은 수치를 모니터링하는 기본 콜렉터 명령어는 윈도우에서 작동하지 않는다). 이 책을 작성하는 시점인 2016년 기준에는 파이썬 2.7에서 사용 가능하다.[4]

```
$ git clone https://github.com/python-diamond/Diamond.git
$ virtualenv -p python2 venv # 아직 파이썬 3와 호환되지 않음...
$ source venv/bin/activate
```

---

4 (옮긴이) 2017년 5월 현재 파이썬 2와 3에서 모두 사용이 가능하다.

```
(venv)$ cd Diamond/
(venv)$ pip install --editable .
(venv)$ pip install mock docker-py # 테스트를 위한 의존성 설치
(venv)$ python test.py # 단위 테스트 실행
```

HowDoI 라이브러리가 그러했듯이, Diamond의 설치 스크립트 또한 실행 파일을 설치한다. *venv/bin/* 안에 diamond와 diamond-setup 파일이 생겼을 것이다. 다만, 이들은 HowDoI 때와는 달리 자동으로 생성된 파일이 아니며, *Diamond/bin/*에 미리 작성되어 있던 스크립트이다. 문서에 따르면, diamond는 서버를 구동시키는 도구이며, diamond-setup은 구성 파일의 콜렉터 설정을 대화식으로 수정할 수 있도록 돕는 선택적 도구다.

설치되는 수많은 폴더 중 diamond 패키지는 *Diamond/src*에 위치한다. 우리가 살펴볼 코드는 *Diamond/src*(메인 코드), *Diamond/bin*(실행 가능한 diamond), *Diamond/conf*(예시 구성 파일) 디렉터리에 위치한다. 나머지 디렉터리와 파일은 여기서 다루지 않지만, 나중에 비슷한 애플리케이션을 배포할 생각이라면 참고해도 좋다.

Diamond 문서 읽기

Diamond의 온라인 문서(*http://diamond.readthedocs.io*)를 훑어보면 Diamond가 어떤 프로젝트이며 무슨 일을 하는지 감이 올 것이다. Diamond는 컴퓨터 클러스터에서 시스템 수치를 수집하는 일을 쉽게 할 수 있도록 돕는 도구다. 브라이트코브(BrightCove, Inc.)가 2011년에 배포하기 시작한 Diamond에는 현재 200명이 넘는 기여자가 있다.

문서에서는 역사와 목적을 소개한 뒤, 설치법과 실행법을 소개한다. 예로 든 구성 파일(*conf/diamond.conf.example*)을 수정하여 기본 경로(*/etc/diamond/diamond.conf*)에 담으면 끝이다. 기본 경로가 아닌 다른 경로에 구성 파일을 두고 싶다면, 향후 명령줄에서 실행할 때 원하는 구성 파일 경로를 명시해 주면 된다. 더 자세히 알고 싶다면 Diamond 위키 페이지(*https://github.com/BrightcoveOS/Diamond/wiki/Configuration*)에 구성 방법에 대한 내용이 있으니 도움을 받도록 하자.

이번에는 명령줄에서 diamond --help를 입력하여 사용법을 살펴보자.

```
(venv)$ diamond --help
Usage: diamond [options]
Options:
```

```
-h, --help              show this help message and exit
-c CONFIGFILE, --configfile=CONFIGFILE
                        config file
-f, --foreground        run in foreground
-l, --log-stdout        log to stdout
-p PIDFILE, --pidfile=PIDFILE
                        pid file
-r COLLECTOR, --run=COLLECTOR
                        run a given collector once and exit
-v, --version           display the version and exit
--skip-pidfile          Skip creating PID file
-u USER, --user=USER  Change to specified unprivileged user
-g GROUP, --group=GROUP
                        Change to specified unprivileged group
--skip-change-user      Skip changing to an unprivileged user
--skip-fork             Skip forking (damonizing) process
```

사용법을 읽어보면 여러 사실을 알 수 있다. Diamond는 구성 파일을 사용한
다. 따로 명시하지 않으면 백그라운드에서 실행된다. 로그를 남길 수 있으며,
PID(프로세스 ID) 파일을 지정할 수 있다. 또한 콜렉터 테스트를 할 수 있으며
프로세스 사용자와 그룹을 변경할 수 있다. 따로 명시하지 않으면 프로세스를
데몬화(포크)[5]한다.

Diamond 사용하기

Diamond를 실행해보면 Diamond를 더 잘 이해할 수 있다. 먼저 *Diamond/tmp*
폴더를 만들어 수정된 구성 파일을 해당 위치로 옮겨 보자. 폴더 생성은 *Diamond*
폴더에서 다음과 같이 입력하면 된다.

```
(venv)$ mkdir tmp
(venv)$ cp conf/diamond.conf.example tmp/diamond.conf
```

그리고 *tmp/diamond.conf* 파일을 다음과 같이 수정하자.

---

5 프로세스를 데몬화하려면, 해당 프로세스를 포크((옮긴이) 프로세스가 자기 자신을 복제하는 동작)하고, 세
   션 ID를 분리한 다음, 다시 포크한다. 그러면 실행 중인 터미널로부터 해당 프로세스가 완전히 분리된다
   (프로그램을 데몬화하지 않으면, 터미널을 종료할 때 함께 종료된다. '이 터미널을 종료하시겠습니까? 만
   약 종료하면 아래의 프로세스가 종료됩니다.'라는 경고 메시지를 본 적이 있을 것이다). 데몬 프로세스는 터
   미널 창이 종료돼도 계속 실행된다. 데몬이란 이름은 맥스웰의 도깨비(*https://en.wikipedia.org/wiki/Daemon_
   (computing)#Terminology*)에서 영감을 받아 명명되었다.((옮긴이) '맥스웰의 도깨비(악마)'는 맥스웰이라는
   19세기 과학자의 열역학 가상 실험에 등장하며, 보이지 않는 곳에서 분자들을 골라주는 일을 한다. 데몬 프
   로세스는 다른 작업을 모니터하고 그 결과에 따라 정해진 작업을 수행하는데, 이게 맥스웰의 도깨비가 분자
   를 지켜보고 있는 것을 연상시킨다 하여 데몬이라 이름을 지었다고 한다(*https://english.stackexchange.com/
   questions/31430/what-is-the-origin-of-daemon-with-regards-to-computing*)).

```
### Options for the server
[server]
# Handlers for published metrics. ❶
handlers = diamond.handler.archive.ArchiveHandler
user = ❷
group =
# Directory to load collector modules from ❸
collectors_path = src/collectors/

### Options for handlers ❹
[handlers]
[[default]]

[[ArchiveHandler]]
log_file = /dev/stdout

### Options for collectors
[collectors]
[[default]]
# Default Poll Interval (seconds)
interval = 20

### Default enabled collectors
[[CPUCollector]]
enabled = True

[[MemoryCollector]]
enabled = True
```

위 구성 파일로부터 다음 내용을 알 수 있다.

❶ 여러 핸들러가 있고, 클래스 이름을 사용해 선택할 수 있다.

❷ 데몬을 실행할 사용자와 그룹을 제어할 수 있다(비워 두면 현재 사용자와 그룹으로 설정됨).

❸ 콜렉터 모듈을 찾을 경로를 지정할 수 있다. 구성 파일에 경로를 명시하지 않으면 *Diamond*는 사용자가 만든 Collector 서브 클래스를 찾지 못한다.

❹ 구성 핸들러를 개별로 저장할 수 있다.

다음으로 Diamond를 다양한 옵션과 함께 실행해보자. 가능한 옵션으로는 */dev/stdout*에 로그 남기기(기본 포매팅 구성), 포그라운드에 실행하기, PID 파일 작성하지 않기, 사용자 정의 구성 파일 사용하기 등이 있다. 방금 나열한 네 가지 옵션을 다음과 같이 적용해보자.

```
(venv)$ diamond -l -f --skip-pidfile --configfile=tmp/diamond.conf
```

프로세스를 종료하려면 명령 프롬프트가 다시 나타날 때까지 Ctrl+C를 입력하면 된다. 로그 결과는 콜렉터와 핸들러가 수행한 작업을 보여준다. 콜렉터는 여러 수치를 수집하며(예: MemoryCollector는 총 메모리, 가용 메모리, 스왑 메모리 크기를 수집), 핸들러는 이 수치들을 다듬어 Graphite, MySQL과 같은 다양한 애플리케이션에 전달한다. 앞의 예시에서는 수집 결과를 /dev/stdout에 로그 메시지로 저장한다.

Diamond 코드 읽기

큰 프로젝트의 코드를 읽을 때는 IDE가 유용하다. 소스 코드에서 함수와 클래스가 정의된 위치를 빠르게 찾을 수 있고, 주어진 정의가 사용된 모든 위치를 찾을 수도 있다. 이러한 기능을 사용하기 위해 가상환경의 파이썬 인터프리터를 IDE의 인터프리터로 지정해주자.[6]

HowDoI에서는 함수의 흐름에 따라 코드를 살펴봤는데, 이번에는 그림 5-2와 같이 import문을 따라가기로 하자. 다이어그램은 어떤 모듈이 어떤 모듈을 임포트하는지를 보여 준다. 모듈 임포트 흐름을 그려보면 큰 프로젝트를 개략적으로 파악하는 데 도움이 되며, 나무 대신 숲을 볼 수 있다. 왼쪽 위의 diamond 실행 파일에서 시작하여 Diamond 프로젝트의 임포트 흐름을 따라가보자. 그림에서 diamond 실행 파일을 제외한 모든 네모 상자는 src/diamond 디렉터리의 파일(모듈)이나 폴더(패키지)를 나타낸다.

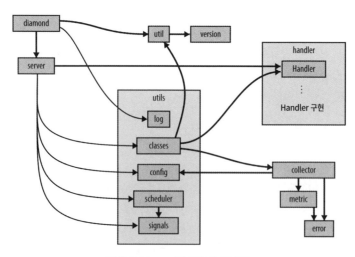

그림 5-2 Diamond의 모듈 임포트 구조

---

6 파이참에서 메뉴 막대의 설정 → 프로젝트:Diamond → 프로젝트 인터프리터 순으로 선택한 뒤, 파이썬 인터프리터의 위치를 현재 가상환경의 위치로 지정해주면 된다.

Diamond의 알기 쉬운 모듈 이름과 잘 정리된 구조 덕분에, 다이어그램만 보고도 각 모듈이 어떠한 역할을 하는지 알 수 있다. diamond는 util로부터 버전 정보를 얻고, utils.log를 사용해 로그 기록 설정을 하고, server를 통해 서버를 가동한다. server는 utils 패키지의 거의 모든 모듈을 불러온다. utils.classes를 통해 handler.Handler와 collector에 접근하고, utils.config를 통해 구성 파일에서 콜렉터 설정을 불러온다. 그리고 utils.schedular를 통해 콜렉터가 수치를 계산하기 위한 폴링 간격을 설정하고, utils.signals을 통해 핸들러를 구성하고 시작한다. 핸들러는 다양한 목적지로 전달할 수치 큐(queue)를 처리한다.

*convertor.py*와 *gmetric.py*는 헬퍼 모듈이며, 다이어그램에 포함되어 있지 않다. 이들은 특정 콜렉터에서 사용되거나 handler 하위 패키지에 포함된 20개가 넘는 핸들러 구현에서 사용된다. 또는 *Diamond/src/collectors/* 디렉터리에 포함된 100개가 넘는 콜렉터 구현에서 사용된다(이러한 콜렉터 구현은 우리가 소스로부터 설치한 것과 달리 PyPI나 리눅스 패키지 배포로 설치하면 다른 디렉터리에 위치할 수 있음). 이들은 diamond.classes.load_dynamic_class()를 통해 임포트되며, diamond.util.load_class_from_name() 함수를 통해 구성 파일에 명시된 문자열과 같은 이름의 클래스를 불러온다. 헬퍼 모듈을 불러오는 데에는 import문을 사용하지 않는다.

utils 패키지와 util 모듈이 둘 다 존재하는 이유를 이해하려면, 실제 코드를 파헤쳐봐야 한다. util 모듈은 Diamond 패키징 관련 함수를 제공하는 데 초점이 맞춰져 있으며, 세 가지 함수로 구성된다. 한 가지 함수는 version.__VERSION__을 통해 버전을 확인하고, 나머지 두 함수는 모듈이나 클래스를 특정 짓는 문자열을 파싱하여 이들을 불러온다.

Diamond의 로그 기록

데몬을 시작할 때, diamond 실행 파일의 main() 함수에서 diamond.utils.log.setup_logging() 함수를 호출한다(해당 함수는 *src/diamond/utils/log.py*에 포함되어 있음).

```
# Initialize logging
log = setup_logging(options.configfile, options.log_stdout)
```

options.log_stdout이 True라면, setup_logging()은 기본 형식의 로그 기록기를 구성하며, DEBUG 수준의 표준 출력 로그를 남긴다. 다음은 이를 수행하는 코드 부분이다.

```
##~ ... 관련 없는 코드 생략 ...

def setup_logging(configfile, stdout=False):
    log = logging.getLogger('diamond')

    if stdout:
        log.setLevel(logging.DEBUG)
        streamHandler = logging.StreamHandler(sys.stdout)
        streamHandler.setFormatter(DebugFormatter())
        streamHandler.setLevel(logging.DEBUG)
        log.addHandler(streamHandler)
    else:
        ##~ ... 생략 ...
```

options.log_stdout이 False라면, 파이썬 표준 라이브러리의 logging.config.file. fileConfig()를 사용하여 구성 파일을 파싱한다. 다음은 함수 호출 코드이며, try/except 블록 내의 if/else 문 안에 작성되어 있어 들여쓰기 되어 있다.

```
logging.config.fileConfig(configfile,
                          disable_existing_loggers=False)
```

구성 파일에서 로그 기록과 무관한 키워드는 무시한다. 따라서 Diamond는 하나의 구성 파일만 으로 본래의 기능과 로그 기록 모두를 관리할 수 있다. *Diamond/conf/diamond.conf.example*에 위치한 예시 구성 파일에는 로그 기록 핸들러가 명시되어 있다.

```
### Options for handlers
[handlers]

# daemon logging handler(s)
keys = rotated_file
```

구성 파일 하단의 "Options for logging" 헤더 부분에 예시 로그 기록기가 정의되어 있다. 자세한 내용은 로그 기록 구성 파일에 관한 문서(*http://bit.ly/config-file-format*)를 참고하자.

Diamond의 구조 예시

Diamond는 실행 가능한 애플리케이션이면서 맞춤형 콜렉터를 만들고 사용할 수 있는 방법을 제공하는 라이브러리이기도 하다. 이번에는 Diamond 패키지 구조에서 주목할 만한 점을 살펴보고, 어떻게 애플리케이션 밖에서 정의한 콜렉터를 불러와 사용할 수 있는지 자세히 알아보자.

서로 다른 기능을 네임스페이스로 분리하자(네임스페이스는 대박 좋은 아이디어다)

그림 5-2의 다이어그램에서 server 모듈이 diamond.handler, diamond.collector 그리고 diamond.utils라는 세 가지 모듈과 상호작용함을 보았다. 사실 *utils* 하위 패키지에 포함된 모든 클래스와 함수를 모두 *util.py* 모듈에 모아 하나의 거대한 파일로 만들 수 있지만, Diamond 개발팀은 네임스페이스를 사용하여 기능별로 코드를 분리했다. 대박!

핸들러는 모두 *diamond/handler* 디렉터리 안에 구현되어 있다(상식적으로 당연하다). 그러나 콜렉터는 다르다. 폴더 대신 *diamond/collector.py* 모듈 하나뿐이며, 이 모듈에는 Collector와 ProcessCollector 베이스 클래스만 정의되어 있다. 대신, 콜렉터는 모두 *Diamond/src/collectors/*에 구현되어 있다. 만약 Diamond를 깃허브 소스로 설치하지 않고 PyPI로 설치했다면, 가상환경 내 경로인 *venv/share/diamond/collectors*에 설치된다(우리는 깃허브로 설치했지만, PyPI로 설치하는 것도 좋다). 모든 콜렉터를 같은 위치에 두었기 때문에 애플리케이션이 콜렉터를 쉽게 찾을 수 있다. 또한, 라이브러리 사용자는 기존 콜렉터 구현 예시를 참고하여 원하는 콜렉터를 보다 쉽게 구현할 수 있다.

마지막으로, 콜렉터는 *Diamond/src/collectors*에 폴더별로 구현되어 있기 때문에 콜렉터마다 개별로 테스트를 수행할 수 있다. 역시 대박!

사용자가 확장할 수 있는 사용자 정의 클래스(복잡함이 꼬인 것보다 낫다)

새 콜렉터를 구현하는 작업은 쉽다. 그저 diamond.collector.Collector 추상 베이스 클래스[7]를 상속하여 Collector.collect() 메서드를 구현한 뒤, 구현 결과를 폴더에 담아 *venv/src/collectors/*에 넣어 주면 된다.

구현이 복잡하더라도 사용자는 이를 보지 못한다. 이번에는 Diamond의 단순한 콜렉터 API와 이런 사용자 인터페이스를 가능하게 하는 복잡한 코드를 함께 살펴본다.

복잡함 대 꼬임 복잡한 코드는 스위스 시계와 같다. 사용자는 별다른 노력 없이 잘 작동하는 스위스 시계를 사용하겠지만, 시계 내부에서는 정교하게 만들어진 수많은 작은 조각들이 놀랄 정도로 정밀하게 상호작용하고 있다. 반면 꼬인 코드

---

[7] 파이썬의 추상 베이스 클래스는 일부 메서드를 정의하지 않은 클래스다. 개발자는 추상 베이스 클래스를 상속하여 필요에 따라 정의하여 사용하면 된다. 추상 베이스 클래스의 메서드를 그대로 사용하면 NotImplementedError가 발생한다. 보다 최신 대안으로 추상 베이스 클래스를 위한 모듈인 abc(*https://docs.python.org/3/library/abc.html*)가 있다. abc는 파이썬 2.6 이상에서 사용할 수 있으며, 클래스의 미구현 메서드에 접근할 때 오류를 발생시키는 대신, 불완전한 클래스를 만들었을 때 오류를 발생시킨다. 추상 베이스 클래스 상세는 PEP 3119에 정의되어 있다.

는 비행기와 같다. 사용자는 비행기 조종사가 되어, 충돌과 화상[8]을 피하기 위해 지금 뭘 하고 있는지 제대로 알고 있어야 한다. 비행기 없는 세계에 살고 싶지는 않지만, 로켓 과학자가 되느니 시계 과학자가 되는 게 낫다. 사용자 인터페이스는 가능한 한 단순한 게 좋다.

단순한 사용자 인터페이스 맞춤형 데이터 콜렉터를 만들고 싶다면, 추상 클래스인 Collecdtor를 상속하여 새 콜렉터를 만들고, 새 콜렉터의 경로를 구성 파일에 추가해야 한다. 다음 내용은 *Diamond/src/collectors/cpu/cpu.py*에서 가져온 새 콜렉터 정의이다. 만약 새 콜렉터인 CPUCollector를 정의하면서 collect() 메서드를 작성하지 않으면 부모 클래스인 diamond.collector.Collector의 collect() 메서드를 기본으로 사용한다. 이 메서드가 실행되면 NotImplementedError가 발생한다.

아래는 최소한의 콜렉터 구현 코드이다.

```
# coding=utf-8
import diamond.collector
import psutil
class CPUCollector(diamond.collector.Collector):

    def collect(self):
        # Collector에는 raise(NotImplementedError)만 포함되어 있음
        metric_name = "cpu.percent"
        metric_value = psutil.cpu_percent()
        self.publish(metric_name, metric_value)
```

구현된 콜렉터를 저장할 기본 위치는 *venv/share/diamond/collectors/*이다. 그러나 다른 경로도 가능하다. 구성 파일의 collectors_path에 해당 경로를 명시해주기만 하면 된다. CPUCollector란 클래스 이름은 이미 예시 구성 파일에 나열되어 있다. 다음 예시처럼 hostname이나 hostname_method 설정 값을 전체 기본 값이나 개별 콜렉터 오버라이드에 추가해주는 작업을 제외하면, 별다른 작업이 필요 없다(문서에 가능한 콜렉터 설정 옵션이 나열되어 있다, *http://bit.ly/optional-collector-settings*).

```
[[CPUCollector]]
enabled = True
hostname_method = smart
```

8 이는 스탠포드 대학의 명예 교수인 래리 쿠반(Larry Cuban)의 위대한 블로그 게시글인 '꼬인 문제와 복잡한 문제의 차이'(*http://bit.ly/complicated-vs-complex*)에 나온 표현이다.

보다 복잡한 내부 코드 보이지 않는 곳에서 Server는 collectors_path에 명시된 경로를 사용해 utils.load_collectors()를 호출한다. 다음은 해당 함수의 코드로, 불필요한 부분은 생략하였다.

```python
def load_collectors(paths=None, filter=None):
    """Scan for collectors to load from path"""
    # Initialize return value
    collectors = {}
    log = logging.getLogger('diamond')

    if paths is None:
        return

    if isinstance(paths, basestring):  ❶
        paths = paths.split(',')
        paths = map(str.strip, paths)

    load_include_path(paths)  ❷

    for path in paths:
        ##∿ 'path'가 존재하는지 확인하는 코드 생략

        for f in os.listdir(path):

            # Are we a directory? If so, process down the tree
            fpath = os.path.join(path, f)
            if os.path.isdir(fpath):
                subcollectors = load_collectors([fpath])  ❸
                for key in subcollectors:  ❹
                    collectors[key] = subcollectors[key]

            # Ignore anything that isn't a .py file
            elif (os.path.isfile(fpath)
                    ##∿ ... fpath가 파이썬 모듈인지 확인하는 테스트 생략 ...
                    ):
                ##∿ ... 걸러진 경로를 무시하는 부분 생략 ...
                modname = f[:-3]

                try:
                    # Import the module
                    mod = __import__(modname, globals(), locals(), ['*'])  ❺
                except (KeyboardInterrupt, SystemExit), err:
                    ##∿ ... 예외를 로그에 기록하고 종료 ...
                except:
                    ##∿ ... 예외를 로그에 기록하고 계속 진행 ...

                # Find all classes defined in the module
                for attrname in dir(mod):
                    attr = getattr(mod, attrname)  ❻
                    # Only attempt to load classes that are subclasses
                    # of Collectors but are not the base Collector class
```

```
                    if (inspect.isclass(attr)
                            and issubclass(attr, Collector)
                            and attr != Collector):
                        if attrname.startswith('parent_'):
                            continue
                        # Get class name
                        fqcn = '.'.join([modname, attrname])
                        try:
                            # Load Collector class
                            cls = load_dynamic_class(fqcn, Collector) ❼
                            # Add Collector class collectors[cls.__name__] = cls ❽
                        except Exception:
                            ##⌒ 예외를 로그에 기록하고 계속 진행 ...

        # Return Collector classes
        return collectors
```

❶ 먼저 문자열을 쪼갠다. paths는 문자열 리스트이며, 각 문자열은 사용자가 만든 Collector 서브 클래스 가 정의된 경로이다.

❷ 주어진 모든 경로를 sys.path에 추가한다. 따라서 맞춤형 콜렉터를 임포트할 수 있게 된다.

❸ 재귀 부분이다. load_collectors()가 스스로를 호출한다.[9]

❹ 하위 폴더의 콜렉터를 불러와 사용자 정의 콜렉터 딕셔너리에 추가한다.

❺ 모듈 이름 문자열로부터 모듈을 프로그램스럽게[10] 임포트한다. 파이썬 3.1에서부터 표준 라이브러리에 포함된 importlib 모듈을 사용하면 보다 우아하게 처리할 수 있다(importlib.import_module을 사용하면 된다. importlib.import_module의 일부는 파이썬 2.7에도 백포팅되었다).

❻ 속성 이름 문자열만 가지고 모듈 속성에 접근하는 프로그램스러운 방법이다.

❼ 사실, load_dynamic_class는 굳이 필요하지 않다. 클래스 모듈을 다시 불러와 클래스 여부와 콜렉터 여부를 검사한 뒤 반환한다. 오픈 소스에 기여자가 많아지면 코드에 중복이 생기기도 한다.

❽ 나중에 클래스 이름 문자열만 가지고 구성 파일 옵션을 적용할 때, 이렇게 클래스 명을 얻는 방법을 사용한다.

---

9 파이썬에는 재귀 호출 한계치(함수가 스스로를 호출하는 최대 횟수)가 존재하며, 과도한 재귀 호출을 막기 위해 비교적 작은 기본 값이 설정되어 있다. import sys;sys.getrecursionlimit()를 입력하여 해당 값을 확인할 수 있다.

10 (옮긴이) 이 책에서는 '프로그램스럽다'라는 표현이 자주 나오는데, 이 표현은 번거로운 작업(단순 반복 등)을 도구(함수, 코드 구조 등)를 사용하여 세련되고 수월하게 처리하는 것을 의미한다. 예를 들어, 100을 100번 출력하기 위해 100을 100번 직접 입력하지 않고 반복문을 사용하는 코드를 작성하는 것은 프로그램스럽다.

Diamond 스타일 예시

Diamond에는 클로저를 사용하는 훌륭한 예시가 있다. 73쪽의 '게으른 바인딩 클로저'에서 게으른 바인딩 클로저가 때로는 바람직하다고 언급했는데, 다음 예시를 보면 알 수 있다.

클로저 사용 예시(갓차가 갓차가 아닌 경우)

클로저는 지역 변수를 사용하는 함수이며, 해당 지역 변수가 정의된 함수가 호출되지 않는 한 클로저 함수를 사용할 수 없다. 다른 언어에서는 클로저를 구현하거나 이해하기 어려울 수 있지만, 파이썬에서는 그렇지 않다. 파이썬은 함수를 여타 객체[11]처럼 다루기 때문이다. 예를 들어, 파이썬의 함수는 다른 함수의 인자 혹은 반환 값이 될 수 있다.

다음은 diamond 실행 파일의 코드 일부이며, 파이썬에서 클로저를 구현하는 방법을 보여준다.

```
##〰  ... 임포트 구문 생략 ... ❶

def main():
    try:
        ##〰  ... 명령줄 파서 구현 생략 ...

        # Parse command-line Args
        (options, args) = parser.parse_args()

        ##〰  ... 구성 파일을 파싱하는 코드 생략 ...
        ##〰  ... 로그를 구성하는 코드 생략 ...

    # Pass the exit upstream rather then handle it as an general exception
    except SystemExit, e:
        raise SystemExit

    ##〰  ... 구성에 관한 기타 예외 처리 코드 생략 ...

    try:
        # PID MANAGEMENT ❷
        if not options.skip_pidfile:
            # Initialize PID file
            if not options.pidfile:
                options.pidfile = str(config['server']['pid_file'])

            ##〰  ... PID 파일이 존재하면 이를 불러온 뒤, ...
```

---

11 이게 가능한 프로그래밍 언어를 두고 일급 함수를 가진다고 한다. 일급 함수는 다른 모든 객체와 같이 일급 시민*이다.

* (옮긴이) 일급 시민이란 변수에 담을 수 있고, 파라미터로 전달할 수 있으며 반환 값으로 전달할 수 있는 것들을 의미한다.

```
##∿   ... 해당 PID의 프로세스가 없다면 파일을 삭제하고 ...
##∿   ... 해당 PID의 프로세스가 실행 중이라면 종료하는 코드 생략 ...


##∿   ... 그룹과 사용자 ID를 설정하는 코드와 ...
##∿   ... PID 파일 권한을 변경하는 코드 생략 ...


##∿   ... 데몬 여부를 확인한 뒤, ...
##∿   ... 만약 그렇다면 프로세스를 분리하는 코드 생략 ...


# PID MANAGEMENT ❸
if not options.skip_pidfile:
    # Finish initializing PID file
    if not options.foreground and not options.collector:
        # Write PID file
        pid = str(os.getpid())
        try:
            pf = file(options.pidfile, 'w+')
        except IOError, e:
            log.error("Failed to write child PID file: %s" % (e))
            sys.exit(1)
        pf.write("%s\n" % pid)
        pf.close()
        # Log
        log.debug("Wrote child PID file: %s" % (options.pidfile))

# Initialize server
server = Server(configfile=options.configfile)

def sigint_handler(signum, frame): ❹
    log.info("Signal Received: %d" % (signum))
    # Delete PID file
    if not options.skip_pidfile and os.path.exists(options.pidfile): ❺
        os.remove(options.pidfile)
        # Log
        log.debug("Removed PID file: %s" % (options.pidfile))
    sys.exit(0)

# Set the signal handlers
signal.signal(signal.SIGINT, sigint_handler) ❻
signal.signal(signal.SIGTERM, sigint_handler)

server.run()

# Pass the exit upstream rather then handle it as a general exception
except SystemExit, e:
    raise SystemExit


##∿ ... 기타 예외 처리 코드 생략 ...
##∿ ... 나머지 코드 생략
```

❶ 이 책에서 코드를 건너뛸 때는, 건너뛴 부분을 요약하여 물결 기호 두 개를 주
석으로 표시한다(##∿ 요약내용).

❷ PID[12] 파일을 통해 데몬이 고유한지(즉, 실수로 두 번 시작되지 않았는지) 확인하고, 관련 프로세스 ID를 다른 스크립트에 신속히 전달한다. 그리고 비정상 종료 발생여부를 분명히 한다(스크립트의 PID 파일은 정상 종료 시 삭제됨).

❸ 이 부분은 클로저까지 이어지는 문맥을 제공하고자 남겼다. 이제 프로세스가 데몬화되어 이전과 다른 PID를 가진다. 이미 PID 파일에 올바른 PID를 작성했다면, 이 부분의 코드는 실행되지 않는다.

❹ sigint_handler() 함수는 클로저다. 최상위 수준이 아닌 main() 함수 안에 정의되어 있다. 이는 sigint_handler()가 PID 파일 탐색 여부와 그 위치를 알아야 하기 때문이다.

❺ 명령줄 옵션으로부터 조건문에 사용되는 정보를 얻는다. 이 정보는 main() 함수가 실행되기 전까지는 얻을 수 없다. 즉, PID 파일에 관한 모든 옵션은 main 네임스페이스의 지역 변수이다.

❻ 클로저(signal_handler() 함수)가 신호 핸들러에 전달되어 SIGINT와 SIGTERM을 처리하는 데 사용된다.

Tablib

Tablib은 데이터 형식을 바꾸거나, Dataset 객체에 데이터를 저장하거나, Databook에 여러 Dataset을 저장하는 파이썬 라이브러리다. Dataset은 JSON, YAML, DBF, CSV 파일 형식으로부터 불러올 수 있고, XLSX, XLS, ODS, JSON, YAML, DBF, CSV, TSV, HTML 형태로 내보낼 수 있다. Tablib은 케네스 레이츠 (Kennets Reitz)가 2010년에 처음으로 배포하였으며, 그의 프로젝트가 늘 그렇듯이 API 디자인이 직관적이다.

작은 라이브러리 읽기

Tablib은 애플리케이션이 아닌 라이브러리다. 따라서 HowDoI나 Diamond와 달리 진입점이 여러 개이다. 먼저 깃허브에서 Tablib을 받자.

```
$ git clone https://github.com/kennethreitz/tablib.git
$ virtualenv -p python3 venv
```

12 PID는 process identifier(프로세스 식별자)의 줄임말이다. 모든 프로세스는 고유 ID가 있다. 표준 라이브러리의 os 모듈을 사용하면 PID를 알 수 있다. os.getpid()를 사용해보자.

```
$ source venv/bin/activate
(venv)$ cd tablib
(venv)$ pip install --editable .
(venv)$ python test_tablib.py # 단위 테스트 실행
```

Tablib 문서 읽기

Tablib의 문서(*http://docs.python-tablib.org/en/latest/*)는 라이브러리 사용 예로 시작하여, 행과 헤더와 열을 가지는 Dataset 객체에 대해 설명한다. 다양한 파일 형식의 데이터를 불러오거나 저장하는 기능부터 행에 태그를 추가하거나 다른 열을 조합하여 새 열을 생성하는 고급 기능도 소개한다.

Tablib 사용하기

Tablib은 실행 파일을 제공하는 HowDoI나 Diamond와는 달리 라이브러리다. 따라서 파이썬 대화형 세션에서 help() 함수를 사용하여 API를 탐색할 수 있다. 다음은 tablib.Dataset 클래스를 사용해 여러 형식의 데이터를 불러오거나 저장하는 코드다.

```
>>> import tablib
>>> data = tablib.Dataset()
>>> names = ('Black Knight', 'Killer Rabbit')
>>>
>>> for name in names:
...     fname, lname = name.split()
...     data.append((fname, lname))
...
>>> data.dict
[['Black', 'Knight'], ['Killer', 'Rabbit']]
>>>
>>> print(data.csv)
Black,Knight
Killer,Rabbit

>>> data.headers=('First name', 'Last name')
>>> print(data.yaml)
- {First name: Black, Last name: Knight}
- {First name: Killer, Last name: Rabbit}

>>> with open('tmp.csv', 'w') as outfile:
...     outfile.write(data.csv)
...
64
>>> newdata = tablib.Dataset()
>>> newdata.csv = open('tmp.csv').read()
>>> print(newdata.yaml)
- {First name: Black, Last name: Knight}
```

```
- {First name: Killer, Last name: Rabbit}
```

Tablib 코드 읽기

tablib/ 폴더 안의 파일 구조는 다음과 같다.

```
tablib
|--- __init__.py
|--- compat.py
|--- core.py
|--- formats/
|--- packages/
```

두 폴더 *tablib/formats/*와 *tablib/packages/*는 나중에 더욱 자세히 살펴볼 예정이다.

파이썬은 함수, 클래스 혹은 클래스의 메서드에 대한 문서화 문자열을 지원할 뿐만 아니라, 모듈 수준의 문서화 문자열까지 지원한다. 모듈을 문서화하는 방법에 대한 스택오버플로의 조언(*http://stackoverflow.com/a/2557196*)을 참고하자. 그럼 이번에는 모듈의 문서화 문자열을 통해 기존과 다른 방식으로 소스 코드를 둘러보자. 참고로 다음과 같이 터미널 셸에서 패키지의 최상위 디렉터리로 이동한 뒤 head *.py를 입력하면, 모든 모듈의 문서화 문자열을 한꺼번에 볼 수 있다.

```
(venv)$ cd tablib
(venv)$ head *.py
==> __init__.py <== ❶
""" Tablib. """

from tablib.core import (
    Databook, Dataset, detect, import_set, import_book,
    InvalidDatasetType, InvalidDimensions, UnsupportedFormat,
    __version__
)


==> compat.py <== ❷
# -*- coding: utf-8 -*-


"""

tablib.compat
~~~~~~~~~~~~~
Tablib compatiblity module.
"""
```

```
==> core.py <== ❸
# -*- coding: utf-8 -*-
"""
    tablib.core
    ~~~~~~~~~~~

    This module implements the central Tablib objects.

    :copyright: (c) 2014 by Kenneth Reitz.
    :license: MIT, see LICENSE for more details.
"""
```

여기서는 다음과 같은 내용을 알 수 있다.

❶ 최상위 수준 API에는 딱 아홉 개의 진입점이 있다(__init__.py의 내용은 import tablib문 이후에 tablib을 통해 접근할 수 있음). 먼저 Dataset과 Databook 클래스는 문서에 언급되어 있다. 일단 detect는 형식을 식별하는 것처럼 보이고, import_set과 import_book은 데이터를 불러올 게 분명하다. 그리고 나머지 세 클래스 InvalidDataType, InvalidDataDimensions, UnsupportedFormat는 예외처럼 보인다(PEP8을 따르는 코드에서는 객체 이름의 대소문자 규칙을 통해 클래스 여부를 알 수 있다).

❷ *tablib/compat.py*는 호환성 모듈이다. 해당 모듈의 코드를 훑어보면, 파이썬 2와 3의 호환 문제를 처리하기 위해 *tablib/core.py*에서 사용하는 모듈의 위치나 이름 차이를 해결한다는 점을 쉽게 알 수 있다. 이는 HowDoI와 비슷한 해결법이다.

❸ *tablib/core.py*에는 모듈 이름에서 알 수 있듯 Dataset과 Databook과 같은 핵심 Tablib 객체가 구현되어 있다.

> ### Tablib의 Sphinx 문서
>
> Tablib는 작은 라이브러리이기 때문에 Sphinx를 사용한 문서화의 좋은 예시다(*http://www.sphinx-doc.org/en/stable/tutorial.html*). Sphinx의 다양한 확장(*http://www.sphinx-doc.org/en/stable/extensions.html*)이 적용되기도 했다.
> 현재 Sphinx 빌드 버전을 Tablib의 문서 페이지에서 확인할 수 있다. 스스로 문서를 빌드해보고 싶다면 다음과 같이 입력하자(윈도우 사용자는 별도의 make 명령 도구가 필요하다. *http://gnuwin32.sourceforge.net/packages/make.htm*는 오래된 도구지만 잘 작동한다).
>
> ```
> (venv)$ pip install sphinx
> (venv)$ cd docs
> (venv)$ make html
> (venv)$ open _build/html/index.html # 결과 html 파일 보기
> ```

Sphinx는 다양한 테마 옵션(*http://docs.python-tablib.org/en/latest/*)을 제공하며, 기본 레이아웃 템플릿과 CSS 테마도 들어 있다. Tablib 문서의 왼쪽 사이드바에 있는 두 가지 메모에 사용된 템플릿은 *docs/_templates/*에서 확인할 수 있다. 이 이름은 임의로 정해지는 게 아니라, Sphinx의 테마 폴더 안에 *basic/layout.html*에서 확인할 수 있다. 명령줄에 다음과 같이 입력하면 Sphinx 테마가 저장된 디렉터리를 확인할 수 있다.

```
(venv)$ python -c 'import sphinx.themes;print(sphinx.themes.__path__)'
```

여러분이 고급 사용자라면 기본 레이아웃을 확장한 맞춤형 테마인 *docs/_themes/kr/*도 살펴보자. 이 테마를 사용하려면 *_themes/* 폴더를 시스템 경로에 추가하고, *docs/conf.py*의 내용에 `html_theme = 'kr'`와 `html_theme_path = ['_themes']`를 반영하면 된다.
그리고 코드의 문서화 문자열을 사용해 자동으로 생성된 API 문서를 포함하려면 `auto class::`를 사용하자. 단, Tablib에 문서화 문자열 포매팅을 복사해야 한다.

```
.. autoclass:: Dataset
   :inherited-members:
```

이 기능을 사용하려면, 새 Sphinx 프로젝트를 만드는 `sphinx-quickstart`를 실행했을 때 "autodoc" Sphinx 확장 포함 여부를 묻는 질문에 "yes"라고 답해야 한다. `:inherited-members:` 지시자를 사용하면, 부모 클래스로부터 상속된 속성도 문서화할 수 있다.

Tablib의 구조 예시

Tablib에서 가장 주목할 점은 *tablib/formats/* 안의 모듈에 클래스가 없다는 것이다. 이는 클래스를 남용하지 않는 완벽한 예시이다. 또한 Tablib가 데코레이터 구문과 프로퍼티 클래스(*https://docs.python.org/3/library/functions.html#property*)를 사용해 데이터 높이/너비와 같은 파생된 속성을 도출하는 방법을 알아본다. 각종 데이터 형식(CSV, YAML 등)에 대한 코드를 중복으로 작성하지 않기 위해 파일 형식을 동적으로 등록하는 노하우도 배워보자.

마지막 두 가지 하위 섹션은 약간 애매하다. Tablib이 종속성을 제공하는 방법을 살펴본 다음 새로운 클래스 객체의 `__slot__` 프로퍼티에 대해 논의한다. 이 부분은 건너뛰어도 충분히 행복하고 파이썬스러운 삶을 누릴 수 있다.

형식적으로 불필요한 객체지향 코드는 필요 없다(함수 그룹화를 위해 네임스페이스를 사용하자)

formats 폴더에는 데이터 입출력에 사용되는 모든 형식이 담겨 있다. 모듈 이름은 *_csv.py*, *_tsv.py*, *_json.py*, *_yaml.py*, *_xls.py*, *_xlsx.py*, *_ods.py*와 같이 밑줄이 앞

에 붙어 있다. 라이브러리 사용자는 앞에 밑줄이 붙은 모듈을 직접적으로 사용하지 말아야 한다. *formats* 폴더로 이동하여 클래스와 함수를 검색해보자. grep ^class formats/*.py를 사용하면 클래스 정의가 없음을 확인할 수 있다. grep ^def formats/*.py를 사용하면 각 모듈이 다음 함수 중 일부 혹은 전부를 담고 있음을 알 수 있다.

- detect(stream)은 스트림 내용에 기반하여 파일 형식을 유추한다.
- dset_sheet(dataset, ws)는 엑셀 스프레드시트 셀의 서식을 지정한다.
- export_set(dataset)은 Dataset을 주어진 형식으로 내보내며, 형식이 갖춰진 문자열을 반환한다.
- import_set(dset, in_stream, headers=True)는 Dataset의 내용을 입력 스트림 내용으로 바꾼다.
- export_set(dset, in_stream, headers=True)는 Databook 안의 Datasheet를 주어진 형식으로 내보내며, 문자열이나 bytes 객체를 반환한다.
- import_book(dbook, in_stream, headers=True) Databook의 내용을 입력 스트림 내용으로 바꾼다.

이는 모듈을 네임스페이스로 사용하여 함수를 분리한 예다(결국, 네임스페이스는 대박 좋은 아이디어다). 각 함수의 목적은 이름에서 명확히 전달된다. 예를 들어, formats._csv.import_set(), formats._tsv.import_set(), formats._json.import_set()은 각각 CSV, TSV, JSON 형식 파일로부터 데이터를 불러오는 함수다. 그리고 나머지 함수들은 데이터를 내보내고, 파일 형식을 탐지하여 Tablib에서 지원하는 형식인지 확인한다.

설명자와 프로퍼티 데코레이터(인간공학적 API)

Tablib는 이 책에서 파이썬 데코레이터 구문(83쪽 '데코레이터' 참고)을 사용하는 최초의 라이브러리다. 데코레이터 구문을 사용하려면, @ 기호를 함수명 앞에 붙이고 다른 함수 바로 앞에 위치시킨다. 데코레이터는 바로 밑에 있는 함수를 수정(혹은 장식)한다. 다음 코드에서는 property가 Dataset.height와 Dataset.width를 설명자로 바꾼다. 설명자(descriptor)란 적어도 __get__(), __set__(), __delete__()(각각 getter, setter, deleter) 중 하나의 메서드가 정의된 클래스다. 예를 들어, Dataset.height는 이를 사용하는 문맥에 따라 getter, setter, detete 함수를 실행한다. 이러한 작동 방식은 잠시 후에 설명할 뉴 스타일 클래스에서만 가능하다.

더 알고 싶다면 설명자에 대한 유용한 튜토리얼(*https://docs.python.org/3/howto/descriptor.html*)을 참고하자.

```python
class Dataset(object):
    #
    # ... 클래스 정의의 나머지 부분 생략
    #

    @property ❶
    def height(self):
        """The number of rows currently in the :class:`Dataset`.
           Cannot be directly modified. ❷
        """
        return len(self._data)


    @property
    def width(self):
        """The number of columns currently in the :class:`Dataset`.
           Cannot be directly modified.
        """
        try:
            return len(self._data[0])
        except IndexError:
            try:
                return len(self.headers)
            except TypeError:
                return 0
```

❶ 데코레이터를 사용하는 방법이다. 여기서는 property가 Dataset.height를 수정하여 바인딩 메서드가 아닌 프로퍼티처럼 행동하도록 만든다. 이는 오직 클래스 메서드에서만 작동한다.

❷ 데코레이터로 property를 사용하여, Dataset의 높이를 height 속성을 통해 가져올 수 있다. 그러나 Dataset의 높이를 Dataset.height에 직접 지정하는 것은 불가능하다.

다음 예시에서는 height와 width 속성이 어떻게 사용되고 보여지는지 알 수 있다.

```python
>>> import tablib
>>> data = tablib.Dataset()
>>> data.header = ("amount", "ingredient")
>>> data.append(("2 cubes", "Arcturan Mega-gin"))
>>> data.width
2
```

```
>>> data.height
1
>>>
>>> data.height = 3
Traceback (most recent call last):
  File "<stdin>", line 1, in <module>
AttributeError: can't set attribute
```

즉, dataset.height는 불러올 수는 있지만 사용자가 설정할 수는 없는 속성이며, 데이터로부터 계산되므로 늘 최신의 값을 나타낸다. 이는 인간공학(ergonomic) 적인 API 디자인이다. data.height는 data.get_height()보다 입력하기 쉽고 의미가 명확하다. 또한 데이터로부터 계산되기 때문에 속성 값과 데이터의 싱크가 어긋날 위험이 없다(사용자가 설정할 수 없으며, getter 함수만 정의되어 있다).

property 데코레이터는 클래스 속성에만 적용될 수 있으며, 베이스 객체인 object에서 파생된 클래스에도 적용할 수 있다(예를 들어, MyClass()가 아닌 MyClass(object)가 베이스 객체에서 파생된 클래스이다. 파이썬 3에서는 object 상속이 기본 값이다).

Tablib의 데이터 불러오기/내보내기 API에도 이와 같은 방식이 적용되었다. Tablib은 CSV, JSON, YAML과 같은 여러 형식의 출력용 문자열을 따로 저장해 두지 않는다. csv, json, yaml 모두 Dataset.width이나 Dataset.height와 같이 Dataset의 속성이며, 저장된 데이터로부터 출력용 문자열 결과를 생성하거나 입력 데이터 형식을 파싱하여 기존 데이터를 대체한다. 새로운 Dataset이 계속 생성되는 게 아니라, 하나의 Dataset 안에서 모든 게 처리된다.

data.csv가 등호 왼쪽에 있으면 프로퍼티의 "setter" 함수가 호출되어 CSV 형식의 데이터를 파싱한다. data.yaml이 등호 오른쪽에 있거나 홀로 있으면, "getter" 함수가 호출되어 내부 데이터로부터 YAML 형식의 문자열을 생성한다. 다음은 예제를 보자.

```
>>> import tablib
>>> data = tablib.Dataset()
>>>
>>> data.csv = "\n".join(( ❶
...     "amount,ingredient",
...     "1 bottle,Ol' Janx Spirit",
...     "1 measure,Santraginus V seawater",
...     "2 cubes,Arcturan Mega-gin",
...     "4 litres,Fallian marsh gas",
...     "1 measure,Qalactin Hypermint extract",
...     "1 tooth,Algolian Suntiger",
```

```
...       "a sprinkle,Zamphuor",
...       "1 whole,olive"))
>>>
>>> data[2:4]
[('2 cubes', 'Arcturan Mega-gin'), ('4 litres', 'Fallian marsh gas')]
>>>
>>> print(data.yaml) ❷
- {amount: 1 bottle, ingredient: Ol Janx Spirit}
- {amount: 1 measure, ingredient: Santraginus V seawater}
- {amount: 2 cubes, ingredient: Arcturan Mega-gin}
- {amount: 4 litres, ingredient: Fallian marsh gas}
- {amount: 1 measure, ingredient: Qalactin Hypermint extract}
- {amount: 1 tooth, ingredient: Algolian Suntiger}
- {amount: a sprinkle, ingredient: Zamphuor}
- {amount: 1 whole, ingredient: olive}
```

❶ 할당 연산자인 등호 왼편에 쓰인 data.csv는 formats.csv.import_set()를 호출한다. 호출 함수의 첫 번째 인자는 data이며, 두 번째 인자는 가글 블래스터[13] 재료로 사용될 문자열이다.

❷ data.yaml 홀로 사용되어 formats.yaml.export_set()을 호출하며, data를 인자로 받아 YAML 형식의 문자열을 내보내고, print() 함수에 의해 출력된다.

property 함수를 사용하면 getter, setter, deleter 함수를 단일 속성에 바인딩할 수 있다. property 함수의 시그니처는 property(fget=None, fset=None, fdel=None, doc=None)이다. fget은 getter 함수 (formats.csv.import_set())를, fset 함수는 setter 함수를(formats.csv.export_set()) 나타낸다. fdel 함수는 deleter 함수를 나타내며 None으로 설정된다. 다음에는 포매팅 속성을 프로그램스럽게 설정하는 코드를 살펴볼 것이다.

프로그램스럽게 등록된 파일 형식(반복을 피하자)

Tablib은 모든 파일 형식 루틴을 *formats* 하위 패키지에 모아놨다. 이러한 구조 선택으로 주 모듈인 *core.py*가 깔끔해졌고, 패키지 전체가 모듈화되어 새로운 파일 형식을 등록하는 일이 쉬워졌다. formats 내의 파일 형식별 데이터 불러오기/내보내기 수행 코드를 core.py로 불러오려면 어떻게 해야 할까? 파일 형식 개수만큼의 복사-붙여넣기식 코드를 만들어 불러올 수 있지만, Tablib은 보다 **프로그램스러운 방식**을 선택했다. Dataset 클래스는 파일 형식마다 파일 형식과 같은 이

---

13 (옮긴이) 소설에서 '팬 갈랙틱 가글 블래스터(Pan Galactic Gargle Blaster)'는 현존 최고의 술로 묘사된다. 이를 마셨을 때의 효과는 레몬 한 조각으로 감싼 커다란 황금 벽돌로 머리를 한 대 강타당하는 것과 같다. 제조법에 관심이 있다면 소설을 읽어보자. 자세하고 생생하게 소개되어 있다.

름의 클래스 속성에 코드를 불러와 담는다.

다음은 *formats/__init__.py* 코드인데, 길지 않기 때문에 코드 전체를 가져왔다. `formats.available`이 정의된 곳을 살펴보자.

```
# -*- coding: utf-8 -*- ❶

""" Tablib - formats
"""

from . import _csv as csv
from . import _json as json
from . import _xls as xls
from . import _yaml as yaml
from . import _tsv as tsv
from . import _html as html
from . import _xlsx as xlsx
from . import _ods as ods

available = (json, xls, yaml, csv, tsv, html, xlsx, ods) ❷
```

❶ 파이썬 인터프리터에게 파일 인코딩이 UTF-8임을 명시적으로 알리는 코드이
 다.[14]

❷ *formats/__init.__.py*에서 `formats.available`가 정의된 부분이다. `dir(tablib.formats)`를 사용해도 되지만, 이렇게 명시적으로 나열해서 이해하기 쉽게 만들었다.

*core.py*에서는 이십여 개의 (못생기고 유지하기 어려운) 형식 함수 정의를 반복하지 않는다. 대신 Dataset의 `__init__()` 메서드의 마지막 부분에 위치한 `self._register_formats()`가 각 파일 형식을 프로그램스럽게 불러온다.

```
class Dataset(object):
    #
    # ... 문서와 일부 정의 생략...
    #

    @classmethod ❶
    def _register_formats(cls):
        """Adds format properties."""
        for fmt in formats.available: ❷
            try:
```

---

14 파이썬 2에서는 ASCII가 기본 인코딩이지만, 파이썬 3에서는 UTF-8이 기본 인코딩이다. 인코딩을 지정하는 방식은 여러 가지이며, PEP 263(*https://www.python.org/dev/peps/pep-0263/*)에 모두 나열되어 있다. 여러분의 텍스트 편집기에서 잘 작동하는 방법을 선택하면 된다.

```
            try:
                setattr(cls, fmt.title,
                    property(fmt.export_set, fmt.import_set)) ❸
            except AttributeError: ❹
                setattr(cls, fmt.title, property(fmt.export_set)) ❺
        except AttributeError:
            pass ❻


    #
    # ... 중간에 위치한 정의 생략...
    #

    @property ❼
    def tsv():
        """A TSV representation of the :class:`Dataset` object. The top
        row will contain headers, if they have been set. Otherwise, the
        top row will contain the first row of the dataset.

        A dataset object can also be imported by setting
        the :class:Dataset.tsv attribute. ::

            data = tablib.Dataset()
            data.tsv = 'age\tfirst_name\tlast_name\n90\tJohn\tAdams' ❽

        Import assumes (for now) that headers exist.
        """
        pass
```

❶ @classmethod 기호는 데코레이터이며, 83쪽 '데코레이터'에 자세히 소개되어 있다. 데코레이터를 사용하여 _register_formats() 메서드를 수정하며, 첫 인자로 객체 인스턴스(self)를 받는 대신 객체의 클래스(Dataset)를 받게 된다.

❷ formats.available은 *formats/__init__.py*에 정의되어 있으며, 가능한 포매팅 옵션이 모두 담겨 있다.

❸ setattr를 통해 fmt.title(예: Dataset.csv나 Dataset.xls) 속성 값을 지정한다.

❹ 만약 fmt.import_set이 정의되어 있지 않다면 AttributeError가 발생한다.

❺ 불러오기 함수가 없다면 내보내기 행동을 할당하려 시도한다.

❻ 내보내기나 불러오기를 위해 지정할 함수가 없다면, 아무것도 지정하지 않는다.

❼ 각 파일 형식이 설명자 문서화 문자열과 함께 프로퍼티로 정의된다. 이 문서화 문자열은 위 코드의 3번 혹은 5번 부분에서 property()가 호출되면 부가적인 동작을 할당하기 위해 유지된다.

❽ \t와 \n은 각각 탭과 새 줄을 나타내는 문자열 이스케이프 시퀀스(escape

sequence)다. 자세한 내용은 파이썬 문자열 리터럴 문서(*https://docs.python.org/3/reference/lexical_analysis.html#index-18*)에서 확인할 수 있다.

> **그러나 우리는 모두 책임 있는 사용자다**
>
> 앞의 @property 데코레이터 사용 예시는 자바의 비슷한 도구들이 사용자의 데이터 접근을 제어하는 것과 **다른** 방식이다. 파이썬은 자바와는 달리 **우리는 모두 책임 있는 사용자**라는 철학을 가진다. @property는 속성보기 함수로부터 데이터(예: 높이, 너비, 다양한 파일 형식 등)를 분리하기 위해 사용되는데, 만약 getter나 setter 함수의 전처리나 후처리가 필요 없다면, 데이터를 일반 속성에 할당하고 사용자와 상호작용하도록 하는 방식이 보다 파이썬스럽다.

의존성을 패키지에 벤더화하기(벤더화 방법 예시)

Tablib의 의존성은 벤더화되어 있다(벤더화란 의존성이 코드와 함께 제공되는 것을 의미한다. Tablib의 의존성은 *packages* 폴더에 포함되어 있다). Tablib은 서드파티 패키지와의 호환성을 위해 이들을 모두 *packages* 폴더에 담았다. 이 외에도 *setup.py*에 의존성 버전을 명시하여 Tablib이 설치될 때 함께 설치되도록 설정하는 방법도 있다(87쪽 '의존성 벤더화' 참고). 그러나 Tablib은 전자의 방법을 선택하여 사용자가 다운 받는 의존성 개수를 줄였으며, 파이썬 2와 3에서 필요한 서로 다른 패키지를 모두 포함시켰다(인터프리터에 따라 적절한 패키지를 임포트하고, 패키지의 함수 이름을 *tablib/compat.py*에 나열된 함수명과 매핑한다). 따라서 Tablib은 하나의 코드베이스만으로 여러 파이썬 버전에 대응할 수 있다. 의존성마다 자체 라이선스가 있기 때문에, 프로젝트의 최상위 디렉터리에 *NOTICE* 문서를 추가하여 의존성의 라이선스를 나열하였다.

__slots__를 사용한 메모리 절약(현명한 최적화)

파이썬은 속도보다 가독성을 선호한다. ABC와 같은 교육용 언어에서 영감을 받아 만들어진 파이썬(*http://bit.ly/abc-to-python*)은 성능보다 사용자 편의성을 우선하도록 설계되었으며, 이러한 철학은 파이썬 계명에도 드러난다(그렇지만 261쪽 '속도'에서는 성능 최적화에 대해 다룰 예정이다).

Tablib에서 최적화가 필요할 때는 __slots__을 사용한다. 이 기능은 뉴 스타일 클래스(조금 뒤에 설명)에서만 사용할 수 있으며, 잘 알려져 있지 않다. 아주 작은 객체가 매우 많을 때 특히 유용한데, 개별 클래스 인스턴스의 메모리 사용량을 딕셔너리 하나 크기로 줄여 메모리를 최적화한다(커다란 객체, 혹은 적은 수의 객체에는 이러한 작은 절약이 무의미할 것이다). 다음은 __slots__ 문서(*http://bit.ly/__slots__-doc*)에서 발췌한 내용이다.

기본적으로 클래스 인스턴스에는 속성을 저장하기 위한 딕셔너리가 있다. 만약 인스턴스 변수가 거의 없으면 공간이 낭비된다. 반대로 인스턴스를 매우 많이 만들면 공간이 부족해질 수 있다. 그런 의미에서 클래스에 __slots__를 정의하여 기본값을 덮어쓸 수 있다. __slots__ 선언은 일련의 입력된 인스턴스에 대한 공간을 예약한다. __dict__를 매 인스턴스마다 선언하지 않기 때문에 공간이 절약된다.

대체로 이 정도로 주의해야 할 필요는 없다. 그러나 수천 줄의 데이터가 있는 상황이라면 좋은 아이디어가 된다. __slots__이 Dataset이나 Databook 클래스가 아닌 Row 클래스에만 등장하는 점에 주목하자. Row 클래스는 Dataset을 위한 헬퍼 클래스이며, *tablib/__init__.py*에 명시되지 않았다. 다음은 Row 클래스 정의의 시작 부분이다.

```python
class Row(object):
    """Internal Row object. Mainly used for filtering."""

    __slots__ = ['_row', 'tags']

    def __init__(self, row=list(), tags=list()):
        self._row = list(row)
        self.tags = list(tags)

    #
    # ... 생략 ...
    #
```

여기서는 Row 인스턴스에 더 이상 __dict__ 속성이 없다는 사실이 문제가 된다. pickle.dump() 함수(객체 직렬화에 사용됨)는 __getstate__() 메서드가 정의되어 있지 않다면 __dict__를 사용하여 객체를 직렬화한다. 마찬가지로, 언피클링(unpickling, 직렬화된 바이트를 읽고 메모리의 객체를 재구성하는 프로세스) 중에 __setstate__()가 정의되어 있지 않으면, pickle.load()가 객체의 __dict__ 속성을 로드한다. 따라서 이 문제를 해결하기 위해 다음과 같이 __getstate__()와 __setstate__()를 정의하였다.

```python
class Row(object):
    #
    #  ... 나머지 정의 생략 ...
    #

    def __getstate__(self):

        slots = dict()
```

```
        for slot in self.__slots__:
            attribute = getattr(self, slot)
            slots[slot] = attribute
        return slots

    def __setstate__(self, state):
        for (k, v) in list(state.items()):
            setattr(self, k, v)
```

__getstate__()와 __setstate__(), 피클링에 대해 더 자세히 알아보고 싶다면 __getstate__ 문서(*http://bit.ly/__getstate__-doc*)를 읽어 보자.

Tablib의 스타일 예시

Tablib의 스타일 예시를 통해 파이썬의 데이터 모델에 대해 더 자세히 알아보자. 예시는 연산자 오버로딩을 하는 코드다. 클래스의 동작을 커스터마이징하면 API 사용자가 코드를 아름답게 작성할 수 있다.

연산자 오버로딩(아름다움이 추함보다 좋다)

Tablib은 파이썬의 연산자 오버로딩을 사용하여 Dataset의 행 단위/열 단위 연산을 가능하게 했다. 다음 예시 코드에서는 수치 인덱스나 열 이름에 해당하는 데이터에 접근하기 위해 대괄호 연산자([])를 사용했다.

```
>>> data[-1] ❶
('1 whole', 'olive')
>>>
>>> data[-1] = ['2 whole', 'olives'] ❷
>>>
>>> data[-1]
('2 whole', 'olives') ❸
>>>
>>> del data[2:7] ❹
>>>
>>> print(data.csv)
amount,ingredient ❺
1 bottle,Ol' Janx Spirit
1 measure,Santraginus V seawater
2 whole,olives

>>> data['ingredient'] ❻
["Ol' Janx Spirit", 'Santraginus V seawater', 'olives']
```

❶ 대괄호 연산자([])와 숫자를 함께 사용하면, 특정 위치의 행 데이터에 접근할 수 있다.

❷ 중괄호 연산자를 사용해 값을 할당할 수 있다.

❸ 그리고 원래의 값이 바뀐 것을 확인할 수 있다.

❹ 슬라이스(slice)를 사용해 값을 삭제했다. 2:7은 2,3,4,5,6을 가리키며, 7은 포함되지 않는다.

❺ 데이터가 csv 형식으로 바뀌었다.

❻ 열 이름을 통해 열 데이터에 접근할 수도 있다.

다음은 Dataset 코드의 일부이며, 대괄호 연산자가 어떻게 동작해야 하는지 정의되어 있다. 또한 열 이름과 행 숫자를 통해 데이터로 접근하는 방식도 나와 있다.

```python
class Dataset(object):
    #
    #  ... 나머지 정의 생략 ...
    #

    def __getitem__(self, key):
        if isinstance(key, str) or isinstance(key, unicode): ❶
            if key in self.headers: ❷
                pos = self.headers.index(key) # get 'key' index from each data
                return [row[pos] for row in self._data]
            else: ❸
                raise KeyError
        else:
            _results = self._data[key]
            if isinstance(_results, Row): ❹
                return _results.tuple
            else:
                return [result.tuple for result in _results] ❺


    def __setitem__(self, key, value): ❻
        self._validate(value)
        self._data[key] = Row(value)


    def __delitem__(self, key):
        if isinstance(key, str) or isinstance(key, unicode): ❼
            if key in self.headers:
                pos = self.headers.index(key)
                del self.headers[pos]

                for row in self._data:
                    del row[pos]
            else:
                raise KeyError
        else:
            del self._data[key]
```

❶ 먼저, 행을 찾고 있는지 열을 찾고 있는지 확인한다(key가 문자열인지, 혹은 정수나 슬라이스인지 판별).

❷ key가 self.headers에 포함되는지 확인한다.

❸ 그 다음에는 명시적으로 KeyError를 일으켜, 열 이름을 사용한 접근이 딕셔너리가 기대하는 것과 같이 동작하도록 한다. if/else 쌍 전체는 함수 연산을 위해서는 필요하지 않다. 만약 else가 생략된다면, key가 self.headers에 없을 때 self.headers.index(key)에 의해 ValueError가 발생할 것이다. 이 검사의 유일한 목적은 라이브러리 사용자에게 보다 유익한 오류를 제공하는 것이다.

❹ key가 숫자인지 슬라이스(예: 2:7)인지 확인하는 부분이다. 숫자라면 Row 한 개가 반환되고, 슬라이스라면 Row 여러 개가 담긴 리스트가 반환된다.

❺ 슬라이스가 처리되는 부분이다. 각 행은 튜플 형식으로 반환된다. 따라서 실제 값이 변경 불가능하도록 복사되어 반환되며, (리스트에 저장된) 데이터세트 값이 향후 할당에 의해 사고로 망가지는 일이 없다.

❻ __setitem__() 메서드는 단일 행만 변경할 수 있으며, 열은 변경할 수 없다. 이는 의도적으로 이렇게 설계되었으며, 열 내용 전체를 변경하는 방법을 제공하지 않는다. 데이터 무결성 측면에서 보면 나쁜 선택이 아니다. 별도로, insert_col(), lpush_col(), rpush_col() 메서드를 사용하면 기존 열 내용을 변경한 새로운 열을 원하는 위치에 넣을 수 있다.

❼ __delitem__() 메서드는 열이나 행을 삭제할 수 있으며, __getitem__()과 같은 논리를 사용한다.

연산자 오버로딩을 포함한 특수 메서드에 대해 더 자세히 알고 싶다면, 특수 메서드에 대한 파이썬 문서(*http://bit.ly/special-method-names*)를 참고하자.

Requests

2011년 발렌타인데이에 케네스 레이츠(Kenneth Reitz)는 파이썬 커뮤니티에 대한 애정을 담아 Requests 라이브러리를 공개했다. Requests 라이브러리의 (API 문서를 읽을 필요가 없을 정도로) 직관적인 API 디자인은 파이썬 커뮤니티의 마음을 단숨에 사로잡았다.

보다 큰 라이브러리 읽기

Requests는 Tablib보다 많은 모듈을 보유한 큰 라이브러리지만, 우리는 기존의 방식대로 코드를 읽을 것이다. 즉, 문서를 살펴보고 코드와 함께 API를 따라갈 것이다. 우선 깃허브에서 Requests를 다운 받자.

```
$ git clone https://github.com/kennethreitz/requests.git
$ virtualenv -p python3 venv
$ source venv/bin/activate
(venv)$ cd requests
(venv)$ pip install --editable .
(venv)$ pip install -r requirements.txt # 단위 테스트에 필요함15
(venv)$ py.test tests # 단위 테스트 실행
```

여기서 일부 테스트는 실패할 수 있다. 예를 들어, 여러분의 서비스 제공자가 광고 페이지를 보여주기 위해 404 오류를 가로채면 ConnectionError가 생기지 않게 된다.

Requests 문서 읽기

Requests는 Tablib보다 큰 패키지이므로, 문서(*http://docs.python-requests.org*)에서 제목을 훑어보며 시작하자. Requests는 HTTP 요청을 수행하기 위해 파이썬 표준 라이브러리인 urllib과 httplib을 확장했다. 국제 도메인, URL, 자동 압축해제, 내용 자동 디코딩, 브라우저 스타일 SSL 검증, HTTP(S) 프락시 등 여러 기능을 지원한다. 이들은 모두 7230번부터 7235번까지의 RFC 문서[16]에 나오는 HTTP 기능에 대한 IETF(Internet Engineering Task Force) 표준에 따라 정의된 기능이다.[17]

Requests는 몇 가지 함수와 특색 있는 클래스, 키워드 인자 뭉치만을 사용하여 IETF의 모든 HTTP 기준을 맞추고자 노력하였다.

---

15 (옮긴이) 2017년 4월 기준으로 깃허브에서 Requests를 받으면 *requirements.txt*가 없다. 따라서 이 줄은 무시해도 된다.

16 (옮긴이) RFC란 requests for comment의 약자로, 비평을 기다리는 문서라는 의미이다. 컴퓨터 네트워크 공학 등에서 인터넷 기술에 적용 가능한 새로운 연구, 혁신, 기법 등을 아우르는 메모이다. 수정이 불가능하기 때문에 번호순으로 나열한 일련의 RFC는 인터넷 표준의 역사를 그대로 보여 준다(*https://ko.wikipedia.org/wiki/RFC*).

17 낯설 수도 있으니 소개하자면, RFC 7231은 HTTP 시맨틱 문서(*http://bit.ly/http-semantics*)이다. 목차를 훑어보고 도입부를 읽어보면, 여러분이 찾고자 하는 정의가 포함되는지, 어디에 나오는지 알 수 있다.

Requests 사용하기

Tablib과 마찬가지로 Requests 또한 문서화 문자열이 잘 정리되어 있어 온라인 문서를 군이 읽지 않아도 무리가 없다. 다음은 간략한 상호작용 예시이다.

```
>>> import requests
>>> help(requests) # 사용법 설명문을 보면 requests.api를 살펴보라고 설명되어 있다.
>>> help(requests.api) # 자세한 API 설명을 보여준다.
>>>
>>> result = requests.get('https://pypi.python.org/pypi/requests/json')
>>> result.status_code
200
>>> result.ok
True
>>> result.text[:42]
'{\n    "info": {\n
>>>
>>> result.json().keys()
dict_keys(['info', 'releases', 'urls'])
>>>
>>> result.json()['info']['summary']
'Python HTTP for Humans.'
```

Requests 코드 읽기

여기서는 Requests 패키지의 내용을 소개한다.

```
$ ls
__init__.py      cacert.pem ❶    exceptions.py    sessions.py
adapters.py      certs.py        hooks.py         status_codes.py
api.py           compat.py       models.py        structures.py
auth.py          cookies.py      packages/ ❷      utils.py
```

❶ *cacert.pem*은 기본 인증서 번들이며, SSL 인증서 검사에 사용된다.

❷ Requests의 패키지 구조는 수평적이지만, chardet과 urllib3를 벤더화한 *packages* 폴더는 예외이다(벤더화란 외부 라이브러리를 포함하는 것을 의미함). 의존성이 requests.packages.chardet과 requests.packages.urllib3과 같이 임포트된다. 이와 별개로 표준 라이브러리의 chardet과 urllib3 또한 여전히 임포트할 수 있다.

모듈 이름이 잘 정해진 덕분에 웬만하면 무슨 일이 일어나는지 알아낼 수 있지만, 좀 더 많은 정보를 알아내고 싶다면 최상위 디렉터리에서 head *.py라고 입력하여 모듈의 문서화 문자열을 들여다볼 수 있다. 다음 목록에서는 모듈별로 문서화 문자열에서 알아낸 내용을 보여 준다(*compat.py*는 보이지 않는다. 케네스 레이츠(kenneth Reitz)의 Tablib 라이브러리에서와 같은 식의 이름이며, 이름에서 알 수 있듯이 파이썬 2와 3 간의 호환성을 다룬다).

api.py

    Requests API를 구현함

hooks.py

    Requests 후크 시스템을 위한 기능을 제공함

models.py

    Requests가 작동할 수 있도록 돕는 기본 객체를 포함함

sessions.py

    요청(쿠키, 인증, 프락시)에 대한 설정을 관리하고 유지하는 Session 객체를 제공함

auth.py

    Requests를 위한 인증 핸들러를 포함함

status_codes.py

    상태 제목과 상태 코드를 매핑하기 위한 조회용 테이블

cookies.py

    요청과 함께 `cookielib.CookieJar` 사용할 수 있는 호환성 코드

adapters.py

    Requests가 연결을 정의하고 유지하는 데 사용하는 전송 어댑터를 포함함

exceptions.py

    Requests의 모든 예외

structures.py

    Requests에서 사용하는 자료구조

certs.py

    선호되는 기본 CA 인증서 번들을 반환하며, 번들에는 신뢰할 수 있는 SSL 인증서가 나열되어 있음

utils.py

> Requests뿐만 아니라 외부에서도 유용하게 사용할 수 있는 유틸리티 기능을 제공함

문서화 문자열의 앞부분을 읽고 알 수 있는 사실은 다음과 같다.

- 사용자가 Requests의 작동 방식을 수정할 수 있음을 암시하는 후크 시스템 (*hooks.py*)이 있음(여기서는 자세히 설명하지 않음)
- 매인 모듈은 *models.py*이며, 말 그대로 'Requests가 작동할 수 있도록 하는 기본 객체'를 포함함
- session.Session은 여러 요청에 대한 쿠키를 유지하기 위해 존재함
- 실제 HTTP 연결은 *adapter.py*의 객체를 통해 이뤄짐
- 나머지는 자명한데, 인증을 위한 *auth.py*, 상태 코드를 위한 *status_codes.py*, 쿠키 추가와 삭제를 위한 *cookies.py*, 예외를 담은 *exceptions.py*, 자료구조(예: 대소문자를 구분하지 않는 딕셔너리)를 담는 *structures.py*, 기능 함수를 담은 *utils.py*가 있음

통신에 관한 코드를 *adapters.py*에 따로 분리한 아이디어는 (적어도 필자에게는) 혁신적이다. 이는 models.Request, models.PreparedRequest, models.Response가 아무것도 하지 않음을 의미한다. 이들은 그저 데이터를 저장하며, 가끔 데이터를 보여주거나 피클링하거나 인코딩을 하기 위해 데이터를 약간 가공할 뿐이다. 인증이나 통신과 같은 작업은 별도의 클래스가 수행한다. 모든 클래스는 단 하나의 기능을 수행하며, 각 모듈은 비슷한 기능의 클래스를 가진다. 이 방식은 파이썬스럽고, 이미 우리가 잘 아는 방식이기도 하다.

Requests의 Shpinx 호환 문서화 문자열

여러분의 새 프로젝트 문서를 자동으로 생성하기 위해 Sphinx의 자동 문서화 확장을 사용한다면, Sphinx가 파싱할 수 있도록 문서화 문자열의 형식을 맞춰야 한다. 문서화 문자열 형식을 맞추기 위해 어떤 키워드를 어디에 배치할지 알아내려면 Sphinx 문서에서 검색을 해야 하는데, 이게 항상 쉽지만은 않다. 문서화 문자열의 형식을 올바르게 맞추고 싶다면, Sphinx 문서를 검색하기보다는 Requests의 문서화 문자열을 복사해서 사용하자. 다음 예는 *requests/api.py*의 delete() 함수 정의이다.

```
def delete(url, **kwargs):
    """Sends a DELETE request.
```

```
    :param url: URL for the new :class:`Request` object.
    :param \*\*kwargs: Optional arguments that ``Request`` takes.
    :return: :class:`Response <Response>` object
    :rtype: requests.Response
    """

    return request('delete', url, **kwargs)
```

앞의 함수 정의를 Sphinx가 자동으로 문서로 렌더링한 결과는 온라인 API 문서(*http://docs. python-requests.org/en/master/api/#requests.delete*)에서 확인할 수 있다.

Requests의 구조 예시

모든 이가 Requests의 API를 사랑한다. 이는 기억하기 쉬운 API 덕분에 Request 를 사용한 코드는 간단하고 아름답기 때문이다. 이번에는 먼저 이해하기 쉬운 오류 메시지와 기억하기 쉬운 API에 대한 기본 설계 방식에 대해 논의한다. 이 러한 방식은 requests.api 모듈에 반영되어 있다. 그리고, requests.Request와 urllib.request.Request 객체의 차이점을 살펴본다. 이로부터 requests.Request 가 존재하는 이유를 알 수 있다.

최상위 API(명확하고 바람직한 단 하나의 방법)

*api.py*에 정의된 함수는 HTTP 요청 메서드[18] 이후에 이름이 정해진다(request() 제외). 각 요청 메서드는 메서드의 이름과 키워드 파라미터를 제외하면 같다. 따 라서 *requests/api.py*에서 get() 함수 이후의 코드를 발췌했다.

```
# -*- coding: utf-8 -*-

"""

requests.api
~~~~~~~~~~~~

This module implements the Requests API.
:copyright: (c) 2012 by Kenneth Reitz.
:license: Apache2, see LICENSE for more details.

"""

from . import sessions
```

---

18 하이퍼텍스트 전송 프로토콜 문서의 섹션 4.3(*http://bit.ly/http-method-def*)에 HTTP 요청 메서드가 정의되어 있다.

```
def request(method, url, **kwargs):  ❶
    """Constructs and sends a :class:`Request <Request>`.

    :param method: method for the new :class:`Request` object.
    :param url: URL for the new :class:`Request` object.
    :param params: (optional) Dictionary or bytes to be sent in the query string
                   for the :class:`Request`.

    ... 나머지 키워드 인자에 대한 문서는 생략 ...  ❷

    :return: :class:`Response <Response>` object
    :rtype: requests.Response

    Usage::
        >>> import requests
        >>> req = requests.request('GET', 'http://httpbin.org/get')
        <Response [200]>

    """
    # By using the 'with' statement, we are sure the session is closed, thus we
    # avoid leaving sockets open which can trigger a ResourceWarning in some
    # cases, and look like a memory leak in others.
    with sessions.Session() as session:  ❸
        return session.request(method=method, url=url, **kwargs)


def get(url, params=None, **kwargs):  ❹
    """Sends a GET request.

    :param url: URL for the new :class:`Request` object.
    :param params: (optional) Dictionary or bytes to be sent in the query string
                   for the :class:`Request`.
    :param \*\*kwargs: Optional arguments that ``request`` takes.
    :return: :class:`Response <Response>` object
    :rtype: requests.Response
    """
    kwargs.setdefault('allow_redirects', True)  ❺
    return request('get', url, params=params, **kwargs)  ❻
```

❶ request() 함수 시그니처는 **kwargs를 가진다. 따라서 여분의 키워드 인자가 있어도 오류가 발생하지 않으며, 사용자가 지정한 옵션을 따로 담는다.

❷ 연관된 동작을 수행하는 모든 키워드 인자에 대해 설명하는 부분이며, 여기서는 해당 내용을 생략하였다. 함수 시그니처에 **kwargs를 사용하는 것은 사용자가 코드를 직접 보지 않고도 **kwargs에 어떤 내용을 넣어줘야 할지 알 수 있도록 돕는 유일한 방법이기도 하다.

❸ with문은 파이썬이 런타임 문맥을 지원하는 방식이며, __enter__()와 __exit__() 메서드가 정의된 모든 객체에 적용할 수 있다. with문에 진입할 때

__enter__()가 호출되며, 빠져나올 때(정상적으로 빠져나오든 예외에 의해 빠져나오든) __exit__()가 호출된다.

❹ get() 함수는 params=None 키워드를 추출하여 기본 값을 None으로 적용한다. params 키워드 인자는 HTTP 쿼리 문자열에 사용되므로 get과 관련이 있다. 선택된 키워드 인자를 공개하면 고급 사용자에게 (**kwargs를 통해) 융통성을 부여할 수 있는 한편 고급 옵션이 필요하지 않은 99%의 사람에게 사용법을 명확하게 알릴 수 있다.

❺ request() 함수는 기본적으로 리디렉션을 허용하지 않는다. 따라서 사용자가 지정하지 않았다면 True로 설정한다.

❻ 이후로는 단순하다. get() 함수는 request() 함수를 호출하며, 첫 파라미터는 "get"이다. get을 함수로 만들면, request("get", ...)과 같이 문자열 인자를 받는 방식과 비교해 두 가지 장점을 가진다. 첫째로 문서가 없어도 될 정도로 명확한 HTTP 메서드를 제공하는 API가 된다. 둘째로 사용자가 메서드 이름에 오타를 입력한 경우 NameError를 미리 발생시켜, 코드 오류가 어디에서 발생했는지 확인하지 않아도 될 정도로 명확한 오류 메시지를 제공할 수 있다.

*requests/api.py*에 새로운 기능이 추가된 건 아니지만, 사용자에게 친숙한 API를 제공한다. 이에 더하여, 문자열 HTTP 메서드를 직접 함수 이름의 형태로 API에 넣기 때문에, 메서드 이름의 오탈자 오류를 미연에 잡을 수 있다. 다음 코드를 보자.

```
>>> requests.foo('http://www.python.org')
Traceback (most recent call last):
  File "<stdin>", line 1, in <module>
AttributeError: 'module' object has no attribute 'foo'
>>>
>>> requests.request('foo', 'http://www.python.org')
<Response [403]>
```

Request와 PreparedRequest 객체(우리는 모두 책임 있는 사용자다)

*__init__.py*는 메인 API의 일부이며, *models.py*로부터 Request와 Prepared Request, Response를 가져와 노출시킨다. models.Request는 왜 존재할까? 이미 표준 라이브러리에 urllib.requests.Request가 있다. 또한 *cookies.py*에는 models.Request를 감싸는 MockRequest 객체가 별도로 존재하며, http.cookiejar

를 위한 urllib.Requests.Request처럼 동작한다.[19] 이는 requests.Request가 쿠키 라이브러리와 인터페이스하는 데 필요한 모든 메서드가 의도적으로 별도 분리되었음을 의미한다. 이 모든 추가적인 작업의 요점은 무엇일까?

MockRequest의 추가 메서드는 쿠키 라이브러리에 대한 urllib.request.Request를 에뮬레이트하기 위해 존재하며, 쿠키 라이브러리가 쿠키를 관리하는 데 사용된다. get_type() 함수(Requests를 사용할 때 "http"나 "https"를 반환하는 함수)와 unverifiable 프로퍼티(우리의 경우 True)를 제외한 나머지는 모두 다음과 같이 URL이나 요청 헤더와 관련 있다.

헤더와 관련 있는 메서드

add_unredirected_header()

헤더에 새 키/값 쌍을 추가한다.

get_header()

헤더 딕셔너리로부터 특정 이름을 얻는다.

get_new_headers()

(cookielib에 의해 추가된) 새 헤더를 포함하는 딕셔너리를 얻는다.

has_header()

헤더 딕셔너리에 이름이 존재하는지 확인한다.

URL과 관련 있는 메서드와 속성

get_full_url()

이름 그대로 url 전체를 얻는다.

host와 origin_req_host

각각 get_host()와 get_origin_req_host() 메서드를 호출하면 설정되는 속성이다.

get_host()

URL로부터 호스트를 추출한다(예: *https:// www.python.org/dev/peps/pep-0008/* 에서 *www.python.org*를 추출).

---

19 파이썬 2에서 http.cookiejar 모듈은 cookielib이고, urllib.requests.Request는 urllib2.Request이다.

```
get_origin_req_host()
```

get_host()를 호출[20]한다.

이들은 MockRequest.add_unredirected_header()를 제외하고 모두 접근 기능을 제공한다. MockRequest 문서화 문자열에는 '요청 객체는 원래 읽기만 가능하다' 고 쓰여 있다.

requests.Request에는 데이터 속성이 직접 공개되어 있어, 접근용 함수가 필요 없다. 헤더를 얻거나 설정하려면 request-instance.headers라는 딕셔너리에 접근해야 한다. 마찬가지로 사용자는 URL 문자열을 얻거나 변경하기 위해 request-instance.url에 접근해야 한다.

PreparedRequest 객체는 빈 상태로 초기화되며, prepared-request-instance. prepare()를 호출해야 관련 데이터(대체로 Request 객체)로 채워진다. 이때 대소문자 조정과 인코딩 적용과 같은 작업이 이뤄진다. 객체의 내용이 준비되면 서버에 전송될 수 있으나, 모든 속성이 여전히 직접 노출되어 있다. 심지어 PreparedRequest._cookies도 노출되어 있는데, 앞에 붙은 밑줄은 이 속성이 클래스 밖에서 사용되지 않는 속성임을 상기시켜 주지만 접근할 수는 있다 (우리는 모두 책임 있는 사용자임을 잊지 말자). 이런 선택은 객체를 사용자가 수정할 수 있는 상태로 노출시키지만, 훨씬 읽기 쉬운 코드를 만든다. 또한 PreparedRequest 내부의 약간의 추가 작업을 통해 대소문자 문제를 수정하고, CookieJar 대신 딕셔너리도 사용할 수 있게 되었다(다음 코드에서 if isinstance()/else문을 살펴보자).

```
#
# ... models.py에서 가져온 코드 ...
#
class PreparedRequest():
    #

    # ... 나머지 코드 생략 ...
    #

    def prepare_cookies(self, cookies):
        """Prepares the given HTTP cookie data.

        This function eventually generates a ``Cookie`` header from the
```

---

20 get_host() 메서드는 크로스-오리진 요청(Cross-Origin Request, COR)을 다룰 수 있게 한다(서드파티 사이트에 올라온 자바스크립트 라이브러리를 얻는 것과 같음). IETF RFC 2965 문서(*http://bit.ly/http-state-management*)에 정의된 바와 같이, 요청의 원래 호스트를 반환한다.

```
given cookies using cookielib. Due to cookielib's design, the header
will not be regenerated if it already exists, meaning this function
can only be called once for the life of the
:class:`PreparedRequest <PreparedRequest>` object. Any subsequent calls
to ``prepare_cookies`` will have no actual effect, unless the "Cookie"
header is removed beforehand."""

if isinstance(cookies, cookielib.CookieJar):
    self._cookies = cookies
else:
    self._cookies = cookiejar_from_dict(cookies)

cookie_header = get_cookie_header(self._cookies, self)
if cookie_header is not None:
    self.headers['Cookie'] = cookie_header
```

별게 아닌 것처럼 보일 수 있지만, 작은 선택이 모여 직관적인 API를 만든다.

Requests 스타일 예시

Requests의 스타일은 집합을 사용하는 방법에 대한 좋은 예다(대개 집합은 자주 사용되지 않는다!). requests.status_code 모듈은 전반적인 코드 스타일을 단순화하기 위해 존재하며, 이 모듈로 인해 HTTP 상태 코드가 필요할 때마다 일일히 코드를 나열하지 않아도 된다.

집합과 집합 연산(파이썬스럽고 멋진 관용구)

아직까지 파이썬의 집합의 사용 예시를 살펴본 적이 없는데 지금부터 설명하겠다. 파이썬 집합은 수학에서의 집합과 같으며 차집합, 합집합(or 연산자), 교집합(and 연산자)과 같은 연산이 가능하다.

```
>>> s1 = set((7,6))
>>> s2 = set((8,7))
>>> s1
{6, 7}
>>> s2
{8, 7}
>>> s1 - s2 # 차집합
{6}
>>> s1 | s2 # 합집합
{8, 6, 7}
>>> s1 & s2 # 교집합
{7}
```

다음은 *cookies.py*에서 가져온 코드다. 함수 끝부분(❷번 태그)에서 집합 연산을 확인할 수 있다.

```python
#
# ... cookies.py에서 가져온 코드 ...
#

def create_cookie(`name`, `value`, **kwargs): ❶
    """Make a cookie from underspecified parameters.

    By default, the pair of name and value will be set for the domain ''
    and sent on every request (this is sometimes called a "supercookie").
    """
    result = dict(
        version=0,
        name=name,
        value=value,
        port=None,
        domain='',
        path='/',
        secure=False,
        expires=None,
        discard=True,
        comment=None,
        comment_url=None,
        rest={'HttpOnly': None},
        rfc2109=False,)

    badargs = set(kwargs) - set(result) ❷
    if badargs:
        err = 'create_cookie() got unexpected keyword arguments: %s'
        raise TypeError(err % list(badargs)) ❸

    result.update(kwargs) ❹
    result['port_specified'] = bool(result['port']) ❺
    result['domain_specified'] = bool(result['domain'])
    result['domain_initial_dot'] = result['domain'].startswith('.')
    result['path_specified'] = bool(result['path'])

    return cookielib.Cookie(**result) ❻
```

❶ **kwargs를 사용하여 사용자가 쿠키에 대한 키워드 인자를 자유로이 넘기거나 넘기지 않을 수 있게 한다.

❷ 집합 연산이다! 파이썬스럽고 단순하다. 표준 라이브러리에 있다. 딕셔너리에 set()을 적용하면 키로 구성된 집합이 된다.

❸ 긴 줄의 코드를 짧은 두 줄로 쪼갠 훌륭한 예다. err 변수가 추가됐지만 별 영향은 없다.

❹ result.update(kwargs)는 result 딕셔너리를 kwargs 딕셔너리의 키/값 쌍으로 업데이트하며, 기존 쌍이 존재하면 값을 업데이트하고 그렇지 않으면 새로 만든다.

❺ bool()을 호출하여 객체가 의미 있으면 True를 반환한다(여기서는 result['port']가 None이 아니거나 비어 있지 않으면 bool(result['port'])가 True로 계산된다).

❻ cookielib.Cookie를 초기화하려면 시그니처상 18개의 위치 인자와 1개의 키워드 인자(rfc2109는 기본 값이 False)가 필요하다. 이를 제대로 기억하고 사용할 수 있는 사람은 거의 없을 것이다. 따라서 Requests는 위치 인자를 키워드 인자처럼 사용할 수 있도록 딕셔너리 형태로 전달한다.

상태 코드(가독성은 중요하다)

*status_codes.py*은 상태 코드를 속성처럼 탐색할 수 있는 객체를 만들기 위해 존재한다. 먼저 *status_codes.py*에서 탐색용 딕셔너리를 정의한 부분을 살펴보고, *sessions.py*에서 상태 코드를 탐색하는 부분을 살펴볼 것이다.

```
#
# ... requests/status_codes.py에서 가져온 코드 ...
#

_codes = {

    # Informational.
    100: ('continue',),
    101: ('switching_protocols',),
    102: ('processing',),
    103: ('checkpoint',),
    122: ('uri_too_long', 'request_uri_too_long'),
    200: ('ok', 'okay', 'all_ok', 'all_okay', 'all_good', '\\o/', '✔'), ❶
    201: ('created',),
    202: ('accepted',),
    #
    # ... 생략 ...
    #

    # Redirection.
    300: ('multiple_choices',),
    301: ('moved_permanently', 'moved', '\\o-'),
    302: ('found',),
    303: ('see_other', 'other'),
    304: ('not_modified',),
    305: ('use_proxy',),
    306: ('switch_proxy',),
    307: ('temporary_redirect', 'temporary_moved', 'temporary'),
```

```
    308: ('permanent_redirect',
        'resume_incomplete', 'resume',), # These 2 to be removed in 3.0 ❷

    #
    #  ... 나머지 생략 ...
    #
}

codes = LookupDict(name='status_codes') ❸

for code, titles in _codes.items():
    for title in titles:
        setattr(codes, title, code) ❹
        if not title.startswith('\\'):
            setattr(codes, title.upper(), code) ❺
```

❶ 나열된 모든 옵션이 OK 상태를 나타내며, 탐색용 딕셔너리의 키가 된다. 행복한 사람(\\o/)과 확인 표시(✔)는 예외다.

❷ 사라질 값은 별도의 행으로 구분했다. 나중에 삭제하더라도 버전 관리 측면에서 깔끔하고 명확하다.

❸ LookupDict는 다음 4번에서와 같이 마침표(.)를 사용해 요소에 접근할 수 있게 한다.

❹ codes.ok == 200과 codes.okay == 200과 같이 속성을 지정한다.

❺ 마찬가지로 codes.OK == 200과 codes.OKAY == 200과 같이 속성을 지정한다.

상태 코드에 관한 모든 작업은 탐색용 딕셔너리 코드를 작성하기 위함이다. 왜 이런 작업이 필요할까? 코드 전반에 걸쳐 오타가 발생하기 쉬운 정수형 상태 코드를 사용하는 대신, 모든 숫자가 한 파일에 모여 있어 읽기 쉬워지기 때문이다. 상태 코드가 키로 나열된 딕셔너리를 사용하므로, 각 상태 코드를 나타내는 숫자는 한 번만 쓰여진다. 또한, 네임스페이스에 직접 전역 변수 뭉치로 넣어주는 것과 비교하여 오타가 발생할 가능성이 훨씬 줄어든다.

또한 딕셔너리의 키를 속성 형태로 바꿔주면 딕셔너리에 문자열로 사용해 접근하는 방식과 비교하여 오타의 위험이 줄어든다. 다음은 *session.py*의 예시로, 숫자보다 단어가 훨씬 읽기 쉬움을 보여준다.

```
#
# ... sessions.py에서 가져온 코드 ...
# 관련 없는 코드는 생략함
#
from .status_codes import codes ❶
```

```
class SessionRedirectMixin(object): ❷
    def resolve_redirects(self, resp, req, stream=False, timeout=None,
                          verify=True, cert=None, proxies=None,
                          **adapter_kwargs):
        """Receives a Response. Returns a generator of Responses."""

        i=0
        hist = [] # keep track of history

        while resp.is_redirect: ❸
            prepared_request = req.copy()

            if i > 0:
                # Update history and keep track of redirects.
                hist.append(resp)
                new_hist = list(hist)
                resp.history = new_hist
            try:
                resp.content # Consume socket so it can be released
            except (ChunkedEncodingError, ContentDecodingError, RuntimeError):
                resp.raw.read(decode_content=False)

            if i >= self.max_redirects:
                raise TooManyRedirects(
                        'Exceeded %s redirects.' % self.max_redirects
                )

            # Release the connection back into the pool.
            resp.close()

            #
            #  ... 중간 생략 ...
            #

            # http://tools.ietf.org/html/rfc7231#section-6.4.4
            if (resp.status_code == codes.see_other and ❹
                    method != 'HEAD'):
                method = 'GET'

            # Do what the browsers do, despite standards...
            # First, turn 302s into GETs.
            if resp.status_code == codes.found and method != 'HEAD': ❺
                method = 'GET'

            # Second, if a POST is responded to with a 301, turn it into a GET.
            # This bizarre behavior is explained in Issue 1704.
            if resp.status_code == codes.moved and method == 'POST': ❻
                method = 'GET'

            #
            #  ... 이하 내용 생략 ...
            #
```

❶ 상태 코드 탐색용 코드가 임포트된 부분이다.

❷ 178쪽 '믹스인(Mixin, 네임스페이스 못지 않게 대박 좋은 아이디어다)'에서 믹스인 클래스에 대해 알아볼 예정이다. 믹스인 클래스는 메인 Session 클래스를 위한 리디렉션 메서드를 제공한다(Session 클래스는 같은 파일에 정의되어 있으며, 앞의 코드에는 나와 있지 않다).

❸ 원하는 내용을 얻기 위해 리디렉션을 따라가는 반복문에 진입했다. 간결성을 위해 전체 반복문 논리는 위의 코드에서 생략되었다.

❹ 텍스트 형태의 상태 코드는 기억하기 어려운 숫자 코드보다 훨씬 읽기 쉽다. 예를 들어, codes.see_other가 303보다 읽기 쉽다.

❺ 마찬가지로 codes.found는 302, codes.moved는 301이다. 따라서 코드 스스로 문서와 같은 설명력을 가진다. 변수명으로부터 의미를 알 수 있고, 마침표를 사용(예: codes["found"] 대신 codes.found)하여 코드에 오타가 생길 가능성이 줄어들었다.

Werkzeug[21]

Werkzeug 코드를 읽으려면 웹 서버가 애플리케이션과 통신하는 방법에 대해 조금 알아야 한다. 다음 문단에 최대한 간략하게 요약해보았다.

WSGI는 웹 애플리케이션과 서버 간 상호 작용을 위한 파이썬 인터페이스이며, 필립 J. 에비(Phillip J. Eby)가 2003년에 작성한 PEP 333에 정의되어 있다.[22] 웹 서버(예: 아파치)가 파이썬 애플리케이션이나 프레임워크와 통신하는 방법을 명시한다.

1. 서버는 HTTP 요청(예: "GET", "POST")을 받을 때마다 애플리케이션을 한 번 호출한다.

2. 애플리케이션은 서버가 HTTP 요청에 대한 응답으로 사용할 순회 가능한 바이트 문자열을 반환한다.

3. 문서에 따르면 애플리케이션은 두 개의 파라미터를 받는다. 예를 들면 *webapp*(environ, start_response)과 같다. environ 파라미터에는 요청

---

21 (옮긴이) 벡자이크라고 발음한다. Werkzeug는 망치, 펜치 따위의 공구, 기구를 말한다.

22 이후 PEP 333은 파이썬 3의 특정 세부사항인 PEP 3333(*https://www.python.org/dev/peps/pep-3333/*)을 포함하도록 업데이트되었다. 꼼꼼하고 읽기 쉬운 설명을 찾는다면 이안 비킹(Ian Bicking)의 WSGI 튜토리얼을 읽어 보자.

에 관한 모든 데이터가 담긴다. start_response 파라미터는 함수 또는 호출 가능한 객체이며, 헤더(예: ('Content-type', 'text/plain'))와 상태(예: 200 OK) 정보를 서버에 전달하는 데 사용된다.

이 내용은 약 6페이지 가량의 내용을 요약한 것이다. PEP 333의 중간에는 모듈식 웹 프레임워크를 가능하게 하는 새로운 표준에 대한 염원을 담은 부분이 있다. 다음은 그 내용을 발췌한 것이다.

> 미들웨어가 간단하고 견고하며, WSGI가 서버와 프레임워크에서 널리 사용할 수 있게 된다면, 이는 완전히 새로운 종류의 파이썬 웹 애플리케이션 프레임워크가 될 수 있다. 다시 말해 느슨하게 결합된 WSGI 미들웨어 컴포넌트로 구성해 만들어진 프레임워크가 될 수 있다는 의미다. 실제로 기존 프레임워크 작성자가 프레임워크의 기존 서비스를 이런 방식으로 제공하도록 리팩터링하면, WSGI와 함께 사용하는 라이브러리처럼 만들 수 있고, 획일적인 프레임워크에서 벗어날 수 있다. 그러면 애플리케이션 개발자는 단일 프레임워크의 모든 장점과 단점에 얽매이지 않고, 특정 기능에 대해 '동급 최강' 컴포넌트를 고를 수 있게 된다. 물론 이글을 쓰는 시점에서, 그런 날이 올 거라고 믿어 의심치 않는다. 그날이 오기 전까지, 모든 서버에서 모든 프레임워크를 사용할 수 있도록 만드는 것이 WSGI의 단기 목표다.

4년 뒤인 2007년에, 아르민 로나허(Armin Ronacher)는 WSGI 라이브러리에 대한 염원과 필요를 충족시켜줄 벡자이크(Werkzeug)를 배포했다. 벡자이크는 WSGI 애플리케이션과 미들웨어 컴포넌트를 만드는 데 사용할 수 있다.

Werkzeug는 우리가 읽어볼 패키지 중 가장 거대하다. 따라서 디자인 관련 선택 일부에 집중하여 코드를 읽어볼 예정이다.

툴킷 코드 읽기

소프트웨어 툴킷은 호환 가능한 유틸리티의 모음이다. Werkzeug의 경우, WSGI 애플리케이션과 연관된 모든 게 소프트웨어 툴킷이 된다. 서로 다른 유틸리티를 이해하고 용도를 파악하려면 단위 테스트를 살펴보는 게 좋다. 따라서 우리도 비슷한 방식으로 Werkzeug의 단위 테스트 코드를 읽으며 이해해 나갈 예정이다. 우선 깃허브에서 Werkzeug를 다운 받아 설치하자.

```
$ git clone https://github.com/pallets/werkzeug.git
$ virtualenv -p python3 venv
```

```
$ source venv/bin/activate
(venv)$ cd werkzeug
(venv)$ pip install --editable .
(venv)$ py.test tests # 단위 테스트 실행
```

Werkzeug 문서 읽기

Werkzeug 문서(*http://werkzeug.pocoo.org/*)에는 제공되는 기능이 나열되어 있다. 여기에는 WSGI 1.0(PEP 333, *https://www.python.org/dev/peps/pep-0333/*) 사양 구현, URL 라우팅 시스템, HTTP 헤더 구문 분석 및 덤프 기능, HTTP 요청과 응답을 나타내는 객체, 세션과 쿠키 지원, 파일 업로드 등 여러 유틸리티와 커뮤니티에서 기여한 애드온이 포함되어 있다. 모든 기능을 갖춘 디버거도 있다.

튜토리얼 내용도 좋지만, API 문서 위주로 라이브러리의 컴포넌트를 좀 더 살펴보는 것도 추천한다. 다음은 Werkzeug의 래퍼(*http://werkzeug.pocoo.org/docs/0.11/wrappers/*)와 라우팅 문서(*http://werkzeug.pocoo.org/docs/0.11/routing/*)에서 가져온 내용이다.

Werkzeug 사용하기

Werkzeug는 WSGI 애플리케이션을 위한 여러 유틸리티를 제공한다. 따라서 Werkzeug가 제공하는 기능을 배우기 위해 WSGI 애플리케이션과 함께 Werkzeug 유틸리티를 몇 가지 사용해보자. 아래 예제에서 첫 애플리케이션은 PEP 333 내용을 살짝 바꾼 버전이며, Werkzeug를 사용하지 않는다. 두 번째 애플리케이션은 첫 번째와 기능이 같지만 Werkzeug를 사용한다.

```
def wsgi_app(environ, start_response):
    headers = [('Content-type', 'text/plain'), ('charset', 'utf-8')]
    start_response('200 OK', headers)
    yield 'Hello world.'

# 아래 앱과 위의 앱은 동일한 작업을 수행한다
response_app = werkzeug.Response('Hello world!')
```

Wekaeug에는 위와 같은 일회용 테스트를 수행할 때 실제 웹 서버를 대신하기 위한 werkqeug.client 클래스가 구현되어 있다. 클라이언트의 응답은 response_wrapper 인자 타입을 가진다. 다음은 클라이언트를 생성하여 앞서 만든 WSGI 애플리케이션을 호출하는 데 사용하는 코드다. 먼저, Werkzeug를 적용하지 않은 일반 WSGI 애플리케이션(단, 응답은 werkzeug.Response로 파싱되어 있음)을 호출하는 코드다.

```
>>> import werkzeug
>>> client = werkzeug.Client(wsgi_app, response_wrapper=werkzeug.Response)
>>> resp = client.get("?answer=42")
>>> type(resp)
<class 'werkzeug.wrappers.Response'>
>>> resp.status
'200 OK'
>>> resp.content_type
'text/plain'
>>> print(resp.data.decode())
Hello world.
```

다음으로 werkzeug.Response WSGI 애플리케이션을 사용해 보자.

```
>>> client = werkzeug.Client(response_app, response_wrapper=werkzeug.Response)
>>> resp=client.get("?answer=42")
>>> print(resp.data.decode())
Hello world!
```

werkzeug.Request 클래스는 환경 딕셔너리(위의 wsgi_app()의 environ 인자)의 내용을 사용하기 쉬운 형태로 제공한다. 또한 데코레이터를 제공하여, werkzeug.Request를 받아 werkzeug.Response를 반환하는 함수를 WSGI 앱으로 변환한다.

```
>>> @werkzeug.Request.application
... def wsgi_app_using_request(request):
...     msg = "A WSGI app with:\n method: {}\n path: {}\n query: {}\n"
...     return werkzeug.Response(
...         msg.format(request.method, request.path, request.query_string))
...
```

이는 다음과 같이 사용할 수 있다.

```
>>> client = werkzeug.Client(
...     wsgi_app_using_request, response_wrapper=werkzeug.Response)
>>> resp=client.get("?answer=42")
>>> print(resp.data.decode())
A WSGI app with:
    method: GET
    path: /
    query: b'answer=42'
```

지금까지 werkzeug.Request와 werkzeug.Response 객체를 사용하는 방법을 알아

봤다. 문서에 나온 주요 기능 중 하나인 라우팅을 사용하는 예시 코드를 살펴보자. 다음 코드에서 패턴 규칙 혹은 패턴의 일치 여부에 관한 부분 위주로 번호를 표시하였다.

```
>>> import werkzeug
>>> from werkzeug.routing import Map, Rule
>>>
>>> url_map = Map([ ❶
...     Rule('/', endpoint='index'), ❷
...     Rule('/<any("Robin","Galahad","Arthur"):person>', endpoint='ask'), ❸
...     Rule('/<other>', endpoint='other') ❹
... ])
>>> env = werkzeug.create_environ(path='/shouldnt/match') ❺
>>> urls = url_map.bind_to_environ(env)
>>> urls.match()
Traceback (most recent call last):
  File "<stdin>", line 1, in <module>
  File "[...path...]/werkzeug/werkzeug/routing.py", line 1569, in match
    raise NotFound()
werkzeug.exceptions.NotFound: 404: Not Found
```

❶ werkzeug.Routing.Map은 주요 라우팅 함수를 제공한다. 규칙 매칭은 순서대로 수행되며, 첫 번째로 매칭되는 규칙이 선택된다.

❷ 규칙의 플레이스홀더(placeholder) 문자열에 꺽쇠를 사용하지 않으면, 정확히 일치하는 항목만 매칭한다. 따라서 다음 코드에서 urls.match()를 사용한 두 번째 결과는 빈 딕셔너리이다.

```
>>> env = werkzeug.create_environ(path='/')
>>> urls = url_map.bind_to_environ(env)
>>> urls.match()
('index', {})
```

❸ 규칙에 꺽쇠를 사용하면, 꺽쇠 안에 있는 용어와 이에 해당하는 값으로 구성된 딕셔너리가 반환된다. 예를 들어, 다음 코드의 결과에서 용어 'person'에 해당하는 값은 'Galahad'이다.

```
>>> env = werkzeug.create_environ(path='/Galahad?favorite+color')
>>> urls = url_map.bind_to_environ(env)
>>> urls.match()
('ask', {'person': 'Galahad'})
```

❹ 'Galahad'는 'other'라는 라우트와 매치될 수 있었다. 그러나 가장 먼저 일치하는 규칙이 선택되기 때문에 'other'에 매칭되지 않았다. 반면 'Lancelot'은 'other'에 매칭되었다.

```
>>> env = werkzeug.create_environ(path='/Lancelot')
>>> urls = url_map.bind_to_environ(env)
>>> urls.match()
('other', {'other': 'Lancelot'})
```

❺ 규칙 리스트에 매칭되는 결과가 없으면 다음과 같이 예외가 발생한다.

```
>>> env = werkzeug.test.create_environ(path='/shouldnt/match')
>>> urls = url_map.bind_to_environ(env)
>>> urls.match()
Traceback (most recent call last):
File "<stdin>", line 1, in <module>
File "[...path...]/werkzeug/werkzeug/routing.py", line 1569, in match
raise NotFound()
werkzeug.exceptions.NotFound: 404: Not Found
```

원하는 엔드포인트로 요청을 라우팅하려면 매핑을 사용할 것이다. 이를 위해 앞의 예시로부터 이어지는 코드를 살펴보자.

```
@werkzeug.Request.application
def send_to_endpoint(request):
    urls = url_map.bind_to_environ(request)
    try:
        endpoint, kwargs = urls.match()
        if endpoint == 'index':
            response = werkzeug.Response("You got the index.")
        elif endpoint == 'ask':
            questions = dict(
                Galahad='What is your favorite color?',
                Robin='What is the capital of Assyria?',
                Arthur='What is the air-speed velocity of an unladen swallow?')
            response = werkzeug.Response(questions[kwargs['person']])
        else:
            response = werkzeug.Response("Other: {other}".format(**kwargs))
    except (KeyboardInterrupt, SystemExit):
        raise
    except:
        response = werkzeug.Response(
            'You may not have gone where you intended to go,\n'
            'but I think you have ended up where you needed to be.',
            status=404
        )
    return response
```

이번에는 테스트를 위해 다시 werkzeug.Client를 사용해보자.

```
>>> client = werkzeug.Client(send_to_endpoint, response_wrapper=werkzeug.
Response)
>>> print(client.get("/").data.decode())
You got the index.
>>>
>>> print(client.get("Arthur").data.decode())
What is the air-speed velocity of an unladen swallow?
>>>
>>> print(client.get("42").data.decode())
Other: 42
>>>
>>> print(client.get("time/lunchtime").data.decode()) # 매칭 결과 없음
You may not have gone where you intended to go,
but I think you have ended up where you needed to be.
```

Werkzeug 코드 읽기

테스트 커버리지가 좋다면 단위 테스트만 보고도 라이브러리의 역할과 기능을 알 수 있다. 단위 테스트를 볼 때는 의식적으로 '숲'이 아닌 '나무'를 봐야 한다는 점을 주의하자. 모듈 간의 상호 연결을 살피기보다는, 코드가 깨지지 않음을 체크하기 위한 애매한 테스트 케이스를 살피자. Werkzeug와 같은 툴킷은 컴포넌트가 모듈화되어 느슨하게 결합되어 있기 때문에, 이런 식으로 코드를 읽어도 좋다.

앞서 라우팅과 요청/응답 래퍼가 작동하는 방법을 익혔으니 *werkzeug/test_routing.py*와 *werkzeug/test_wrappers.py*를 먼저 읽어 보자.

그럼 이제는 *werkzeug/test_routing.py*를 열어 임포트한 객체를 찾아보겠다. 이를 통해 모듈 간 상호 연결을 빠르게 살필 수 있다. 다음은 해당 파일의 import 문 전체 내용이다.

```
import pytest ❶

import uuid ❷

from tests import strict_eq ❸

from werkzeug import routing as r ❹
from werkzeug.wrappers import Response ❺
from werkzeug.datastructures import ImmutableDict, MultiDict ❻
from werkzeug.test import create_environ ❼
```

❶ 여기서는 테스트를 위해 pytest를 사용했다.

❷ uuid 모듈은 test_uuid_converter() 함수에서만 사용된다. 이 함수는 문자열을 uuid.UUID 객체로 변환하는 기능이 잘 작동하는지 테스트한다.

❸ strict_eq() 함수는 *werkzeug/tests/__init__.py*에 정의되어 있는 테스트용 함수이며, 자주 사용된다. 파이썬 2에는 유니코드와 바이트 문자열 간의 암시적 타입 변환이 있는데, 파이썬 3에서는 작동하지 않기 때문에 strict_eq() 함수가 필요하다.

❹ werkzeug.routing 모듈이 테스트 대상이다.

❺ Respond 객체는 test_dispatch() 함수에서만 사용된다. 이 함수는 werkzeug.routing.MapAdapter.dispatch()가 WSGI 애플리케이션에 정확한 정보를 전달하는지 테스트한다.

❻ 여기에서 불러온 딕셔너리 객체는 한 번씩만 사용된다. ImmutableDict는 werkzeug.routing.Map의 변경 불가능한 딕셔너리가 정말 변경할 수 없는지 확인하는 데 사용하며, MultiDict는 여러 키 값을 URL 빌드 도구에 제공했을 때 알맞은 URL을 빌드하는지 확인하는 데 사용한다.

❼ create_environ()는 테스트를 위한 함수이며, 실제 HTTP 요청을 사용하지 않고도 WSGI 환경을 만든다.

위 내용의 핵심은 모듈 간 상호 연결을 빠르게 훑는 것이다. 여기서 우리는 werkzeug.routing이 몇 가지 특수한 자료구조를 불러온다는 사실을 알게 되었다. 나머지 단위 테스트는 라우팅 모듈의 범위를 보여준다. 예를 들어, ASCII가 아닌 문자는 다음과 같이 사용된다.

```
def test_environ_nonascii_pathinfo():
    environ = create_environ(u'/лошадь')
    m = r.Map([
        r.Rule(u'/', endpoint='index'),
        r.Rule(u'/лошадь', endpoint='horse'),
    ])
    a = m.bind_to_environ(environ)
    strict_eq(a.match(u'/'), ('index', {}))
    strict_eq(a.match(u'/лошадь'), ('horse', {}))
    pytest.raises(r.NotFound, a.match, u'/барсук')
```

URL을 빌드하고 파싱하는 기능 테스트뿐만 아니라, 정확히 일치하는 검색 결과를 찾지 못했을 때 근사 매치를 찾는 기능 테스트도 있다. 경로와 URL 문자열의 타입 변환/파싱을 처리할 때, 별의별 기상천외한 맞춤 처리 작업도 가능하다.

```python
def test_converter_with_tuples():
    '''
    Regression test for https://github.com/pallets/werkzeug/issues/709
    '''
    class TwoValueConverter(r.BaseConverter):

        def __init__(self, *args, **kwargs):
            super(TwoValueConverter, self).__init__(*args, **kwargs)
            self.regex = r'(\w\w+)/(\w\w+)'

        def to_python(self, two_values):
            one, two = two_values.split('/')
            return one, two

        def to_url(self, values):
            return "%s/%s" % (values[0], values[1])

    map = r.Map([
        r.Rule('/<two:foo>/', endpoint='handler')
    ], converters={'two': TwoValueConverter})
    a = map.bind('example.org', '/')
    route, kwargs = a.match('/qwert/yuiop/')
    assert kwargs['foo'] == ('qwert', 'yuiop')
```

*werkzeug/test_wrapper.py*에는 임포트 모듈이 별로 없다. 테스트를 쭉 읽어보면 Request 객체에서 사용할 수 있는 기능의 예시를 알 수 있으며, 여기에는 쿠키, 인코딩, 인증, 보안, 캐시 타임아웃, 다국어 인코딩 등이 있다.

```python
def test_modified_url_encoding():
    class ModifiedRequest(wrappers.Request):
        url_charset = 'euc-kr'

    req = ModifiedRequest.from_values(u'/?foo=정상처리'.encode('euc-kr'))
    strict_eq(req.args['foo'], u'정상처리')
```

일반적으로 테스트를 읽어보면 라이브러리가 제공하는 기능을 상세하게 알 수 있다. 이제 Werkzeug에 대해 잘 알았으니, 다음 내용으로 넘어가자.

Werkzeug의 Tox

Tox(*https://tox.readthedocs.io/*)는 테스트 실행용 가상 환경을 사용하기 위한 파이썬 명령줄 도구이다. 파이썬 인터프리터가 설치된 상태라면 (명령줄에서 tox를 입력하여) 실행해볼 수도 있다. 깃허브와 통합되어 있으므로 저장소의 최상위에 *tox.ini* 파일이 있으면, Werkzeug처럼 모든 커밋마다 자동으로 테스트가 실행된다.
다음은 Werkzeug의 *tox.ini* 구성 파일 전체 내용이다.

```
[tox]
envlist = py{26,27,py,33,34,35}-normal, py{26,27,33,34,35}-uwsgi

[testenv]
passenv = LANG
deps=
# General
    pyopenssl
    greenlet
    pytest
    pytest-xprocess
    redis
    requests
    watchdog
    uwsgi: uwsgi

# Python 2
    py26: python-memcached
    py27: python-memcached
    pypy: python-memcached

# Python 3
    py33: python3-memcached
    py34: python3-memcached
    py35: python3-memcached

whitelist_externals=
    redis-server
    memcached
    uwsgi

commands=
    normal: py.test []
    uwsgi: uwsgi
            --pyrun {envbindir}/py.test
            --pyargv -kUWSGI --cache2=name=werkzeugtest,items=20 --master
```

Werkzeug 스타일 예시

우리는 앞서 소개한 프로젝트에서 4장에서 살펴본 대부분의 코드 스타일을 다뤘다. Werkzeug의 첫 스타일 예시는 문자열의 형식을 추측하는 우아한 방법이다. 두 번째 스타일 예시는 긴 정규 표현식을 정의할 때 VERBOSE 옵션을 사용하는 방법이다. 참고로 VERBOSE 옵션은 표현을 이해하는 데 소모하는 시간을 줄여준다.

자료형을 추측하는 우아한 방법(구현 결과를 설명하기 쉽다면, 그 아이디어는 좋은 아이디어일 수 있다)

텍스트 파일을 파싱하여 여러 자료형으로 변환해야 하는 작업은 자주 필요하다. 이에 대한 Werkzeug의 해답은 유독 파이썬스러우며, 스타일 예시로 소개하기 적절하다.

```python
_PYTHON_CONSTANTS = {
    'None':     None,
    'True':     True,
    'False':    False
}


def _pythonize(value):
    if value in _PYTHON_CONSTANTS: ❶
        return _PYTHON_CONSTANTS[value]
    for convert in int, float: ❷
        try: ❸
            return convert(value)
        except ValueError:
            pass
    if value[:1] == value[-1:] and value[0] in '"\'': ❹
        value = value[1:-1]
    return text_type(value) ❺
```

❶ 파이썬 딕셔너리는 키를 검색할 때 해시 함수를 집합처럼 사용한다. 파이썬에는 switch/case문이 없다(PEP 3103(*https://www.python.org/dev/peps/pep-3103/*)에서 제안되었으나 인기가 없어 채택되지 않았다). 대신, 파이썬 사용자는 if/elif/else를 사용하거나, 예시 코드처럼 딕셔너리 탐색을 사용한다.

❷ float보다 제한적인 자료형인 int를 먼저 변환하는 점에 주목하자.

❸ 자료형을 추론하기 위해 try/except문을 사용했다. 파이썬스럽다.

❹ 이 부분은 꼭 필요한 부분이다. 코드는 *werkzeug/routing.py*에 있고, 파싱되는 문자열은 URL의 일부이기 때문이다. 여기서는 따옴표나 쌍따옴표와 같은 인용 부호로 감싸져 있는 경우 이를 제거한다.

❺ text_type은 문자열을 유니코드로 변환한다. 이때, 파이썬 2와 3에서 모두 호환되는 방식으로 변환한다. 이 방식은 기본적으로 113쪽 'HowDoI'에서 소개한 u() 함수와 같다.

정규 표현식(가독성은 중요하다)

만약 여러분의 코드에 긴 정규 표현식이 있다면, 다음 *werkzeug/routing.py*의 스니펫과 같이 re.VERBOSE[23] 옵션을 사용하여 누가 봐도 이해할 수 있도록 만들어주자.

```
import re

_rule_re = re.compile(r'''
    (?P<static>[^<]*)                           # static rule data
    <
    (?:
        (?P<converter>[a-zA-Z_][a-zA-Z0-9_]*)   # converter name
        (?:\((?P<args>.*?)\))?                   # converter arguments
        \:                                      # variable delimiter
    )?
    (?P<variable>[a-zA-Z_][a-zA-Z0-9_]*)        # variable name
    >
''', re.VERBOSE)
```

Werkzeug 구조 예시

앞으로 나올 두 가지 예시는 동적 타이핑을 활용하는 파이썬스러운 방법을 보여준다. 84쪽에서 살펴본 '동적 타이핑'에서는 변수를 다른 자료형에 재할당하지 않도록 했지만, 이에 대한 장점을 소개하진 않았다. 이 방식의 장점 중 하나는 예상되는 방식대로 작동하는 객체라면 어떤 타입이든 활용할 수 있는 능력인 덕 타이핑(duck typing)이다. 덕 타이핑은 '오리[24]처럼 보이고 오리처럼 꽥꽥 우는 소리를 내면 오리다'라는 철학으로 자료형을 대하는 방식이다.

이 두 가지 예시에서는 객체가 함수가 아니어도 호출될 수 있도록 만드는 방법을 보여준다. cached_property.__init__()는 클래스 인스턴스를 초기화하여 일반 함수를 호출하듯 사용할 수 있게 만들고, Response.__call__()은 Responce 인스턴스가 스스로를 함수처럼 호출할 수 있게 만든다.

그리고 마지막 예시는 Werkzeug의 믹스인 클래스 구현을 사용한다(각 믹스인 클래스에는 Werkzeug의 Request 객체가 제공하는 기능의 부분집합이 정의되어 있다). 이를 통해 믹스인이 네임스페이스만큼이나 대박 좋은 아이디어인 이유를 알아보자.

---

23 re.VERBOSE를 사용하면 정규 표현식에서 공백 문자 처리 방법을 변경할 수 있고, 주석을 달 수 있으며, 읽기 쉬운 정규 표현식을 작성할 수 있다. 더 알아보고 싶다면 re 문서(*https://docs.python.org/3/library/re.html*)를 읽어보자.

24 호출 가능하거나 순회 가능하거나, 미리 올바르게 정의된 메서드가 있거나...

클래스 기반 데코레이터(동적 타이핑의 파이썬스러운 사용)

Werkzeug는 덕 타이핑을 사용하여 @cached_property 데코레이터를 만들었다. Tablib 프로젝트에서는 프로퍼티가 함수처럼 정의되었음을 떠올려보자. 대체로 데코레이터는 함수이다. 그러나 형식에 대한 제한이 없기 때문에, 호출 가능한 객체라면 얼마든지 데코레이터가 될 수 있다. 프로퍼티는 사실 클래스다(PEP8 에 클래스 이름은 대문자로 시작해야 한다고 명시되어 있으나 이를 따르지 않았으므로, 파이썬 프로퍼티가 함수처럼 사용되도록 설계되었음을 알 수 있다). 프로퍼티가 함수처럼 호출되면(예: property()), proterpy.__init__()이 호출되기 때문에, 프로퍼티 인스턴스가 초기화되어 반환된다. 프로퍼티 인스턴스는 클래스지만 __init__() 메서드가 잘 정의되어 있으면 호출 가능하다. 잭.

다음은 property 클래스의 서브 클래스인 cached_property를 정의한 부분의 전체 코드이다. 문서화 문자열을 보면 cached_property에 대해 잘 설명되어 있다. cached_property를 BaseRequest.form의 데코레이터로 사용한다면, instance.form은 cached_property 타입이 되며 딕셔너리처럼 작동한다. 이는 cached_property에 __get__()과 __set__() 메서드가 모두 정의되었기 때문이다. 최초로 BaseRequest.form에 접근할 때, (있는 경우) 양식 데이터를 먼저 읽은 뒤, 해당 데이터를 *instance*.form.__dict__에 저장하여 나중에 접근할 수 있도록 만든다. 코드를 살펴보자.

```
class cached_property(property):

    """A decorator that converts a function into a lazy property.  The
    function wrapped is called the first time to retrieve the result,
    and then that calculated result is used the next time you access
    the value::

        class Foo(object):

            @cached_property
            def foo(self):
                # calculate something important here
                return 42

    The class has to have a `__dict__` in order for this property to
    work.
    """

    # implementation detail: A subclass of Python's built-in property
    # decorator, we override __get__ to check for a cached value. If one
    # choses to invoke __get__ by hand, the property will still work as
    # expected because the lookup logic is replicated in __get__ for
```

```
# manual invocation.

def __init__(self, func, name=None, doc=None):
    self.__name__ = name or func.__name__
    self.__module__ = func.__module__
    self.__doc__ = doc or func.__doc__
    self.func = func

def __set__(self, obj, value):
    obj.__dict__[self.__name__] = value

def __get__(self, obj, type=None):
    if obj is None:
        return self
    value = obj.__dict__.get(self.__name__, _missing)
    if value is _missing:
        value = self.func(obj)
        obj.__dict__[self.__name__] = value
    return value
```

다음은 사용 예시이다.

```
>>> from werkzeug.utils import cached_property
>>>
>>> class Foo(object):
...     @cached_property
...     def foo(self):
...         print("You have just called Foo.foo()!")
...         return 42
...
>>> bar = Foo()
>>>
>>> bar.foo
You have just called Foo.foo()!
42
>>> bar.foo
42
>>> bar.foo # 더 이상 출력문이 작동하지 않음에 주목하자
42
```

Response.__call__

Requests 라이브러리와 마찬가지로, Response 클래스는 BaseResponse에 여러 기능을 더하여 만들어졌다. 우리는 Response 클래스의 사용자 인터페이스에 집중하여 사용법 위주로 둘러볼 예정이다. 따라서 BaseResponse의 실제 코드는 생략하고 문서화 문자열만 살펴볼 것이다.

```
class BaseResponse(object):
    """Base response class.  The most important fact about a response object
    is that it's a regular WSGI application.  It's initialized with a couple
    of response parameters (headers, body, status code, etc.) and will start a
    valid WSGI response when called with the environ and start response
    callable.

    Because it's a WSGI application itself, processing usually ends before the
    actual response is sent to the server.  This helps debugging systems
    because they can catch all the exceptions before responses are started.

    Here is a small example WSGI application that takes advantage of the
    response objects::

        from werkzeug.wrappers import BaseResponse as Response

        def index(): ❶
            return Response('Index page')

        def application(environ, start_response): ❷
            path = environ.get('PATH_INFO') or '/'
            if path == '/':
                response = index() ❸
            else:
                response = Response('Not Found', status=404) ❹
            return response(environ, start_response) ❺
    """
    # ... 이하 생략 ...
```

❶ 문서화 문자열 예시에서 index()는 HTTP 요청에 대한 응답으로 호출되는 함
수로, 응답은 "Index page" 문자열이다.

❷ 이러한 함수 시그니처는 PEP 333과 PEP 3333에 명시된 대로 WSGI 애플리
케이션에서 요구되는 시그니처이다.

❸ Response는 BaseResponse의 서브 클래스다. 따라서 response는 BaseResponse
의 인스턴스다.

❹ status 키워드가 설정되는 방식에 집중하자.

❺ 그리고 response 인스턴스 자체는 기본 값으로(또는 경로가 "/"가 아닌 경우
에는 무시) 설정된 헤더와 세부 사항을 모두 포함하여 호출할 수 있다.

그런데 여기서 클래스의 인스턴스는 어떻게 호출 가능할까? 이는 다음과 같이
BaseRequest.__call__ 메서드가 정의되어 있기 때문이다.

```
class BaseResponse(object):
    #
    # ... 나머지 코드 생략 ...
```

```
#
def __call__(self, environ, start_response):  ❶
    """Process this response as WSGI application.

    :param environ: the WSGI environment.
    :param start_response: the response callable provided by the WSGI
                            server.
    :return: an application iterator
    """
    app_iter, status, headers = self.get_wsgi_response(environ)
    start_response(status, headers)  ❷
    return app_iter  ❸
```

❶ BaseResponse 인스턴스가 호출 가능해지도록 만드는 시그니처이다.

❷ WSGI 애플리케이션의 start_response 함수 호출 요구사항이 충족되는 부분이다.

❸ 순회 가능한 바이트가 반환된다.

여기서의 교훈은 다음과 같다. 언어에서 사용할 수 있는 기능이라면 사용하지 않을 이유가 없다. 객체에 __call__() 메서드를 추가하면 호출 가능한 객체가 된다는 사실을 알았으니, 파이썬의 데이터 모델 문서(*https://docs.python.org/3/reference/datamodel.html*)를 다시 읽어 보는 것도 좋을 것이다.

믹스인(네임스페이스 못지 않게 대박 좋은 아이디어다)

파이썬의 믹스인은 클래스에 특정 기능(관련 속성)을 추가하기 위해 사용하는 클래스다. 파이썬은 자바와 달리, 다중 상속이 허용된다. 즉, 클래스를 만들 때 여러 개의 서로 다른 상위 클래스로부터 여러 가지 행동이나 특징을 상속받아 만들 수 있고, 여러 기능을 클래스별로 구분하여 모듈화 하는 게 가능해진다. 일종의 "네임스페이스"라 볼 수 있겠다. 이런 모듈화는 관련이 있거나 없는 기능을 사용자에게 알려주므로 Werkzeug와 같은 유틸리티 라이브러리에서 유용하다. 어떤 믹스인의 함수가 또 다른 믹스인의 속성을 변경하는 일은 없을 테니 개발자는 안심할 수 있다.

> ✓ 파이썬에서 믹스인을 분별하는 방법은 클래스 이름 맨 뒤에 Mixin을 붙이는 컨벤션 외에 별게 없기 때문에 주의해야 한다. 예를 들어, 서로 다른 믹스인이 같은 이름을 가지면 다중 상속을 할 때 한 메서드를 다른 메서드가 덮어쓰게 된다. 이러한 경우를 방지하려면 믹스인의 메서드는 여러 믹스인을 통틀어 고유한 이름을 가져야 한다.

때때로 Werkzeug의 믹스인 메서드에 특정 속성이 필요할 수 있다. 이러한 요구
사항은 대부분 믹스인 문서화 문자열에 설명되어 있다.

```python
# ... in werkzeug/wrappers.py

class UserAgentMixin(object):  ❶

    """Adds a `user_agent` attribute to the request object which contains
    the parsed user agent of the browser that triggered the request as a
    :class:`~werkzeug.useragents.UserAgent` object.
    """

    @cached_property
    def user_agent(self):
    """The current user agent."""
    from werkzeug.useragents import UserAgent
    return UserAgent(self.environ)  ❷

    class Request(BaseRequest, AcceptMixin, ETagRequestMixin,
                  UserAgentMixin, AuthorizationMixin,  ❸
                  CommonRequestDescriptorsMixin):

        """Full featured request object implementing the following mixins:

        - :class:`AcceptMixin` for accept header parsing
        - :class:`ETagRequestMixin` for etag and cache control handling
        - :class:`UserAgentMixin` for user agent introspection
        - :class:`AuthorizationMixin` for http auth handling
        - :class:`CommonRequestDescriptorsMixin` for common headers
        """
        ❹
```

❶ UserAgentMixin은 특별할 게 없다. 파이썬 3에서는 object를 상속하는 게 기본
값이지만, 파이썬 2와의 호환성을 위해 명시하였다. '명시가 암시보다 좋다.'

❷ UserAgentMixin.user_agent는 self.environ 속성이 있다고 가정한다.

❸ Request를 위한 베이스 클래스 목록에 믹스인이 포함되면, Request(environ).
user_agent를 통해 믹스인의 속성에 접근할 수 있다.

❹ 정말 별게 없다. Request를 정의한 코드는 여기서 끝난다. 모든 기능은 베이
스 클래스나 믹스인에서 제공된다. 모듈화가 잘 되어 있고, 쓰고 싶은 기능만
골라 사용할 수 있으며 포드 프리펙트만큼이나 프루디하다.[25]

---

[25] (옮긴이) 포드 프리펙트는 소설 『은하수를 여행하는 히치하이커를 위한 안내서』의 주인공이다. 1장에서 잠깐
언급했듯이, 수건을 늘 지니고 다니는 히치하이커는 침착하고 대접 받을 가치가 있는 사람으로 묘사되며, '후
피 프루드'라 불린다. 요약하자면 주인공 만큼이나 멋지다는 뜻이다.

뉴 스타일 클래스와 object

object는 베이스 클래스이며, 다른 내장 도구들이 의존하는 기본 속성이 정의되어 있다. object
를 상속하지 않는 클래스는 '올드 스타일 클래스' 혹은 '클래식 클래스'라 불리며, 파이썬 3에서는
사라졌다. 파이썬 3에서는 기본 값이 object를 상속한다. 즉, 파이썬 3의 모든 클래스는 '뉴 스타
일 클래스'다. 파이썬 2.7에서도 뉴 스타일 클래스를 사용할 수 있지만, 명시적으로 object를 상
속한다고 작성해야 한다. 호환성을 위해서라면 꼭 object를 상속한다고 명시적으로 작성하자.

더 자세한 내용은 뉴 스타일 클래스에 대한 파이썬 문서(*https://www.python.org/doc/newstyle/*)
에서 확인하자. 튜토리얼도 있으며, 탄생에 대한 역사도 확인할 수 있다. 뉴 스타일과 올드 스타
일 클래스의 몇 가지 차이점은 *http://tinyurl.com/history-new-style-classes*에서 확인할 수 있다
(당연히 파이썬 2.7에서의 차이다. 파이썬 3에서는 모든 클래스가 뉴 스타일이다).

```
>>> class A(object):
...     """뉴 스타일 클래스. object를 상속한다."""
...
>>> class B:
...     """올드 스타일 클래스."""
...
>>> dir(A)
['__class__', '__delattr__', '__dict__', '__doc__', '__format__',
    '__getattribute__', '__hash__', '__init__', '__module__', '__new__',
    '__reduce__', '__reduce_ex__', '__repr__', '__setattr__',
    '__sizeof__', '__str__', '__subclasshook__', '__weakref__']
>>>
>>> dir(B)
['__doc__', '__module__']
>>>
>>> type(A)
<type 'type'>
>>> type(B)
<type 'classobj'>
>>>
>>> import sys
>>> sys.getsizeof(A()) # 바이트 단위이다.
64
>>> sys.getsizeof(B())
72
```

Flask

Flask는 Werkzeug와 Jinja2를 결합한 웹 마이크로 프레임워크다(셋 다 아르민
로나허(Armin Ronacher)가 만들었다). 농담처럼 만들어져 2010년 만우절에 배
포되었지만, 금새 파이썬에서 가장 인기 있는 웹 프레임워크 중 하나가 되었다.
아르민 로나허는 Flask를 배포하기 몇 년 전인 2007년에 '파이썬 웹 개발을 위한

스위스 아미 나이프[26]'인 Werkzeug를 공개했었는데, 아마도 (추측하기로는) 커뮤니티의 채택이 더뎌 다소 좌절했을 것이다. Werkzeug의 아이디어는 WSGI를 다른 모든 것으로부터 분리하여 개발자 자신이 선택한 유틸리티를 연결할 수 있도록 하는 것이었다. 그는 사람들이 'Rails'[27]보다 Werkzeug에 조금 더 고마워한다는 것을 잘 알지 못하는 것 같다.

프레임워크 코드 읽기

소프트웨어 프레임워크는 물리적인 프레임워크와 같다. Flask는 WSG[28] 애플리케이션을 빌드하는 데 필요한 기반 구조를 제공하며, 라이브러리 사용자는 그 위에 Flask 애플리케이션이 작동하도록 컴포넌트를 쌓아 사용한다. 이번 코드의 읽기 목표는 프레임워크 구조를 이해하고 프레임워크가 제공하는 게 뭔지 정확히 이해하는 것이다.

이번에는 깃허브에서 Flask를 받자.

```
$ git clone https://github.com/pallets/flask.git
$ virtualenv venv # 파이썬 3를 사용할 수는 있으나 권장하지 않음
$ source venv/bin/activate
(venv)$ cd flask
(venv)$ pip install —editable .
(venv)$ pip install -r test-requirements.txt # 단위 테스트를 위해 필요한 단계
(venv)$ py.test tests # 단위 테스트 실행
```

Flask 문서 읽기

Flask의 온라인 문서(*http://flask.pocoo.org/*)는 웹 애플리케이션을 구현한 7줄의 코드로 시작하며, Flask를 다음과 같이 요약한다. 'Flask는 유니코드 기반 WSGI 호환 프레임워크로서, HTML 템플릿 엔진으로 Jinja2를 사용하고, WSGI 유틸리티(예: URL 라우팅)를 제공하기 위해 Werkzeug를 사용한다.' 참고로 Flask에는 개발/테스트용 내장 도구도 포함되어 있으며, 튜토리얼도 있어 쉽게 학습할 수 있다.

---

26 (옮긴이) 흔히 알고 있는 맥가이버 칼.
27 루비 온 레일스(Ruby on Rails)를 지칭한다. 루비 온 레일스는 웹 프레임워크의 대중화를 이끌었으며, (플러그인을 추가하기 전까지) Flask의 '거의 아무것도 포함되지 않은' 스타일보다는 장고의 '모든 게 포함된' 스타일과 훨씬 유사하다. 여러분이 원하는 기능을 Django가 제공한다면, Django는 훌륭한 선택이다(특히, 온라인 신문을 호스팅하기에 최적).
28 WSGI는 애플리케이션이 웹 서버와 통신하는 방법에 대한 파이썬 표준이며, PEP 333(*https://www.python.org/dev/peps/pep-0333/*)과 PEP 3333(*https://www.python.org/dev/peps/pep-3333/*)에 정의되어 있다.

Flask 사용하기

flaskr 예제를 깃허브 저장소에서 다운 받아 실행할 수 있다. 문서에 따르면 실행 결과로써 작은 블로그 사이트가 만들어진다. 최상위 디렉터리인 *flask*에서 다음과 같이 입력해보자.

```
(venv)$ cd examples/flaskr/
(venv)$ py.test test_flaskr.py # 주어진 테스트를 통과해야 함
(venv)$ export FLASK_APP=flaskr
(venv)$ flask initdb
(venv)$ flask run
```

Flask 코드 읽기

Flask의 궁극적인 목적은 웹 애플리케이션을 만드는 것이다. 따라서 Diamond 나 HowDoI와 같은 명령줄 애플리케이션과 그리 다르지 않다. 이전에는 함수의 흐름을 따라가며 코드를 읽었지만, 이번에는 flaskr 예시를 디버거(debugger)를 사용해 실행해보면서 읽어 나갈 것이다. 참고로 디버거는 파이썬 표준 라이브러리의 디버거인 pdb를 사용할 것이다.

먼저 *flaskr.py*에 중단점(breakpoint)을 추가해보면 코드가 실행되다가 중단점에 도달하면 대화형 세션에서 디버거에 진입한다.

```python
@app.route('/')
def show_entries():
    import pdb; pdb.set_trace() ## 중단점이 되는 코드
    db = get_db()
    cur = db.execute('select title, text from entries order by id desc')
    entries = cur.fetchall()
    return render_template('show_entries.html', entries=entries)
```

다음으로는 파일을 닫고 명령줄에 python을 입력하여 대화형 세션에 들어가자. 서버를 시작하기보다, Flask의 내부 테스팅 유틸리티를 사용하여 HTTP GET 요청을 디버거가 위치한 /에 시뮬레이션하자.

```
>>> import flaskr
>>> client = flaskr.app.test_client()
>>> client.get('/')
> /[... truncated path ...]/flask/examples/flaskr/flaskr.py(74)show_entries()
-> db = get_db()
(Pdb)
```

앞의 코드에서 아래 세 줄은 pdb에서 가져왔다. 멈춘 파일의 경로(*flaskr.py*)와 줄 번호(74), 메서드 이름(show_entries())을 확인할 수 있다. -> db = get_db()는 디버거를 진행하면 다음에 실행될 구문을 보여준다. 그리고 (pdb) 프롬프트는 우리가 pdb 디버거를 사용하고 있음을 알려준다.

명령 프롬프트에서 u나 d를 입력하면 스택(stack)[29]의 위 또는 아래로 탐색할 수 있다. 입력 가능한 명령의 전체 목록은 pdb 문서(*https://docs.python.org/library/pdb.html*)의 '디버거 명령' 부분에 나와 있다. 또한 변수 이름이나 다른 파이썬 명령을 입력하여 살펴볼 수도 있다. 심지어 코드를 진행하기 전에 변수 값을 바꿀 수도 있다.

여기서는 스택의 한 단계 위로 올라가면 (방금 설정한 중단점과 함께) show_entries() 함수가 호출된 것을 볼 수 있다. 이 함수는 flask.app.Flask 객체가 호출했으며, 이 객체에는 문자열 이름(예: 'show_entries')을 함수에 매핑하는 view_functions라는 조회용 딕셔너리가 담겨 있다. **req.view_args와 함께 show_entries() 함수가 호출된 것도 볼 수 있다. req.view_args가 무엇인지 확인하려면 대화형 디버거 명령줄에서 이름을 입력해보자(여기서는 {}로 빈 딕셔너리이며 아무 인자가 없음을 나타낸다).

```
(Pdb) u
> /[ ... truncated path ...]/flask/flask/app.py(1610)dispatch_request()
-> return self.view_functions[rule.endpoint](**req.view_args)
(Pdb) type(self)
<class 'flask.app.Flask'>
(Pdb) type(self.view_functions)
<type 'dict'>
(Pdb) self.view_functions
{'add_entry': <function add_entry at 0x108198230>,
'show_entries': <function show_entries at 0x1081981b8>, [... truncated ...]
'login': <function login at 0x1081982a8>}
(Pdb) rule.endpoint
'show_entries'
(Pdb) req.view_args
{}
```

---

29 파이썬 호출 스택에는 파이썬 인터프리터가 실행하는, 진행 중인 명령어가 담겨 있다. 따라서 함수 f()가 g() 함수를 호출하면 함수 f()가 먼저 스택으로 이동하고, g()는 호출될 때 f()의 위로 이동한다. 만약 g()의 실행이 모두 끝나면 스택에서 빠져나와(제거되어), f()의 실행이 중단되었던 부분부터 다시 실행된다. 스택이라 불리는 이유는, 개념적으로 식기세척기가 그릇을 처리하는 방식과 같기 때문이다. 새로운 그릇은 맨 위로 이동하며, 맨 위의 그릇부터 씻는다.

여러분이 원한다면 이와 동시에 적절한 파일을 열어 명시된 줄로 이동해서 소스
코드를 따라갈 수 있다. 스택 위로 계속 올라가보면 WSGI 애플리케이션이 호출
된 위치도 알 수 있다.

```
(Pdb) u
> /[ ... truncated path ...]/flask/flask/app.py(1624)full_dispatch_request()
-> rv = self.dispatch_request()
(Pdb) u
> /[ ... truncated path ...]/flask/flask/app.py(1973)wsgi_app()
-> response = self.full_dispatch_request()
(Pdb) u
> /[ ... truncated path ...]/flask/flask/app.py(1985)__call__()
-> return self.wsgi_app(environ, start_response)
```

u를 더 이상 입력할 수 없으면 서버를 구동하지 않고 가짜 클라이언트를 만드
는 데 사용한 테스트 모듈에서 끝난다. 여기서 flaskr 애플리케이션이 *flask/flask/
app.py*의 1985번째 줄에 위치한 flask.app.Flask 클래스의 인스턴스로부터 만들
어졌음을 알 수 있다. 해당하는 함수의 코드는 다음과 같다.

```
class Flask:
    ## ∿ ... 이전에 정의된 내용 모두 생략 ...

    def wsgi_app(self, environ, start_response):
        """The actual WSGI application. ... 나머지 문서화 문자열은 생략 ...
        """
        ctx = self.request_context(environ) ctx.push()
        error = None
        try:
            try:
                response = self.full_dispatch_request() ❶
            except Exception as e:
                error = e
                response = self.make_response(self.handle_exception(e))
            return response(environ, start_response)
        finally:
            if self.should_ignore_error(error):
                error = None
            ctx.auto_pop(error)

    def __call__(self, environ, start_response):
        """:attr:wsgi_app 바로가기."""
        return self.wsgi_app(environ, start_response) ❷
```

❶ 1973번째 줄이며 디버거를 식별한다.

❷ 1985번째 줄도 마찬가지로 디버거를 식별한다. WSGI 서버는 Flask 인스턴스

를 애플리케이션으로 받아 모든 요청마다 한 번씩 호출한다. 디버거를 사용해서 코드의 진입점을 발견했다.

여기서는 HowDoI에서 봤던 호출 그래프와 같은 방식으로 디버거를 쓰고 있다. 함수 호출을 따라가며 코드를 직접 읽는 것과 같은 방식이기도 하다. 디버거를 사용하면 관련 없는 코드 부분을 보지 않아도 되기에 헷갈리지 않는다. 무엇이든 여러분이 스스로 가장 효과적인 방식이라고 생각되는 것을 선택하면 된다.

　u를 입력해서 위로 올라가고 d를 사용해서 아래로 내려갈 수 있으며, *** Newest frame라는 이름의 중단점까지 내려갈 수 있다.

```
> /[ ... truncated path ...]/flask/examples/flaskr/flaskr.py(74)show_entries()
-> db = get_db()
(Pdb) d
*** Newest frame
```

여기에서는 n (*next*) 명령으로 함수 호출을 진행하거나, s (*step*) 명령으로 가능한 한 조금만 진행할 수 있다.

```
(Pdb) s
--Call--
> /[ ... truncated path ... ]/flask/examples/flaskr/flaskr.py(55)get_db()
-> def get_db():
(Pdb) s
> /[ ... truncated path ... ]/flask/examples/flaskr/flaskr.py(59)get_db()
-> if not hasattr(g, 'sqlite_db'): ❶
##~~
##~~ ... 단계별로 데이터베이스 연결을 만들어 반환...
##~~
-> return g.sqlite_db
(Pdb) n
> /[ ... truncated path ... ]/flask/examples/flaskr/flaskr.py(75)show_
entries() -> cur = db.execute('select title, text from entries order by id
desc')
(Pdb) n
> /[ ... truncated path ... ]/flask/examples/flaskr/flaskr.py(76)show_
entries() -> entries = cur.fetchall()
(Pdb) n
> /[ ... truncated path ... ]/flask/examples/flaskr/flaskr.py(77)show_
entries() -> return render_template('show_entries.html', entries=entries) ❷
(Pdb) n
--Return--
```

설명할 것이 더 많지만 다 보면 여러분이 지루할 테니, 여기까지만 보고 넘어가자.

❶ Flask.g 객체에 대한 부분이다. 조금 더 파헤쳐보면 **전역 문맥**(Flask 인스턴스에게는 지역 문맥)임을 알 수 있다. 이 객체는 데이터베이스 연결과 Flask 클래스 메서드의 수명을 벗어나 살아남을 필요가 있는 쿠키와 기타 영구적인 것들을 담기 위해 존재한다. 이와 같은 딕셔너리를 사용하면 Flask 애플리케이션의 네임스페이스에서 변수를 보호하여 이름 충돌을 피할 수 있다.

❷ *flaskr.py* 모듈에서 함수를 정의한 부분은 render_template() 함수를 반환하며 끝난다. 즉, 끝났음을 의미하며, 반환 값이 스택을 순회하며 보았던 Flask 인스턴스의 호출 함수로 돌아간다. 나머지는 생략한다.

디버거는 검사 위치 주변에서 사용자가 선택한 중단점 전후 상황을 정확하게 파악하는 데 유용하다. 디버거의 주요 특징 중 하나는 (디버거에서 작동하고 있는 파이썬 코드라면 뭐든) 즉석으로 변수 값을 변경하여 코드를 계속 진행할 수 있다는 점이다.

Flask의 로그

Diamond에서 어플리케이션의 로그 기록(logging) 예시를 다루었듯이, Flask에서는 라이브러리의 로그 기록 예시를 살펴보자. 만약 "no handler found" 경고를 피하고 싶다면, Requests 라이브러리에서 'logging'이라고 검색해보자(*requests/requests/__init__.py*). 그러나 여러분의 라이브러리나 프레임워크에 로그 기록 기능을 담고 싶다면, Flask의 로그 기록 예시가 따라하기 좋다.

　Flask의 로그 기록기는 *flask/flask/logging.py*에 구현되어 있다. 프로덕션(ERROR 수준 로그)이나 디버깅(DEBUG 수준 로그)을 위한 로그 형식 문자열을 정의하고, 멋진 앱을 만드는 12가지 요소(Twelve-Factor App, *https://12factor.net/*) 조언에 따라 스트림(문맥에 따라 wsgi.errors, sys.stderr 중 하나로 전달됨)에 로그를 보낸다.

로그 기록기는 다음과 같이 *flask/flask/app.py*의 메인 Flask 애플리케이션에 포함되어 있다(관련 없는 코드 부분은 생략하였다).

```
# 로그 기록기 초기화에 사용할 잠금 장치
_logger_lock = Lock()  ❶

class Flask(_PackageBoundObject):

    ##~~ ... 기타 정의 생략

    #: The name of the logger to use.  By default the logger name is the
    #: package name passed to the constructor.
    #:
    #: .. versionadded:: 0.4
    logger_name = ConfigAttribute('LOGGER_NAME')  ❷

    def __init__(self, import_name, static_path=None, static_url_path=None,
```

```
        ##∿ ... 나머지 인자 생략 ...
            root_path=None):
    ##∿ ... 나머지 초기화 부분 생략
    # Prepare the deferred setup of the logger.
    self._logger = None ❸
    self.logger_name = self.import_name


    @property
    def logger(self):
        """A :class:`logging.Logger` object for this application. The
        default configuration is to log to stderr if the application is
        in debug mode. This logger can be used to (surprise) log
        messages. Here some examples::

            app.logger.debug('A value for debugging')
            app.logger.warning('A warning occurred (%d apples)', 42)
            app.logger.error('An error occurred')

        .. versionadded:: 0.3
        """
        if self._logger and self._logger.name == self.logger_name:
            return self._logger ❹
        with _logger_lock: ❺
            if self._logger and self._logger.name == self.logger_name:
                return self._logger
            from flask.logging import create_logger
            self._logger = rv = create_logger(self)
            return rv
```

❶ 잠금 장치(lock)는 코드의 마지막 부분까지 사용된다. 잠금 장치는 한 번에 하나의 스레드에서만 사용될 수 있는 객체이다. 사용되고 있다면, 다른 스레드에서의 접근을 차단해야 한다.

❷ Diamond에서와 같이, Flask는 구성 파일을 사용하여 로그 기록기의 이름을 설정한다(여기에 표시되지 않은 정상 기본 값을 사용하므로 사용자는 아무것도 하지 않고 합리적인 답을 얻을 수 있음).

❸ FLask 애플리케이션의 로그 기록기는 처음에 None으로 설정되므로 나중에 (❺ 단계에서) 만들 수 있다.

❹ 로그 기록기가 이미 있다면 반환한다. 이번 장의 앞에서와 같이 프로퍼티 데코레이션은 사용자가 의도치 않게 로그 기록기를 수정하는 일을 방지하기 위해 존재한다.

❺ 로그 기록기가 아직 없다면(None으로 초기화 되었다면), ❶ 단계에서 생성한 잠금 장치를 사용하여 만든다.

Flask 스타일 예시

이미 우리는 5장의 여러 프로젝트 코드를 통해 4장에 언급된 스타일 예시의 대부분을 다뤘다. Flask에서는 딱 하나, 우아하고 간단한 라우팅 데코레이터 구현 부분의 스타일 예시만 살펴볼 것이다.

Flask의 라우팅 데코레이터(아름다움이 추함보다 좋다)

Flask의 라우팅 데코레이터는 아래와 같이 대상 함수에 URL 라우팅을 추가한다.

```
@app.route('/')
def index():
    pass
```

Flask 애플리케이션은 요청을 보낼 때 URL 라우팅을 사용하여 응답을 생성하는 함수가 올바른지 분별한다. 데코레이터 구문은 라우팅 코드 로직을 대상 함수에서 제외시킴으로써 함수 구조를 수평적으로 만드는 데 도움이 되며, 사용하기 쉽다.

이는 필수 요소는 아니고, 그저 API 기능을 제공하기 위해 존재한다. 다음은 *flask/flask/app.py*의 메인 Flask 클래스의 메서드 소스 코드이다.

```
class Flask(_PackageBoundObject):  ❶
    """"The flask object implements a WSGI application ...
    ... 문서화 문자열의 나머지 부분은 생략함 ...
    """
    ##~~ ... routing() 메서드를 제외한 나머지 생략.

    def route(self, rule, **options):
        """A decorator that is used to register a view function for a
        given URL rule. This does the same thing as :meth:`add_url_rule`
        but is intended for decorator usage::

            @app.route('/')
            def index():
                return 'Hello World'

        ... 나머지 문서화 문자열 생략 ...
        """
        def decorator(f):  ❷
            endpoint = options.pop('endpoint', None)
            self.add_url_rule(rule, endpoint, f, **options)  ❸
            return f
        return decorator
```

❶ _PackageBoundObject는 HTML 템플릿, 정적 파일 등을 임포트하기 위한 파일 구조를 설정하며, 애플리케이션 모듈(예: *app.py*) 위치에 대한 상대 경로를 특정 짓는 구성 값을 사용한다.

❷ 데코레이터니까 데코레이터라고 이름을 붙였다.

❸ 모든 규칙을 담은 매핑에 URL을 추가하는 함수 부분이다. `Flask.route`의 유일한 목적은 라이브러리 사용자에게 편리한 데코레이터를 제공하는 것이다.

Flask 구조 예시

Flask의 구조 예시 주제는 모듈성이다. Flask는 쉽게 확장하고 수정할 수 있게 설계되었다. 거의 모든 것이 쉽게 수정할 수 있으며, 여기서 거의 모든 것이란 JSON 문자열을 인코딩하고 디코딩하는 방법(Flask는 datetime과 UUID 객체의 인코딩을 사용하여 표준 라이브러리의 JSON 기능을 보완함)부터 URL을 라우팅하는 데 사용하는 클래스까지 다양하다.

애플리케이션 전용 기본 값(단순함이 복잡함보다 좋다)

Flask와 Werkzeug 둘 다 *wrapper.py* 모듈을 가진다. Flask는 웹 애플리케이션 전용 프레임워크이며, Werkzeug는 WSGI 애플리케이션을 위한 보다 범용적인 유틸리티 라이브러리이다. Flask의 wrapper.py는 Werkzeug 위에 Flask 전용 기본 값을 추가하기 위해 존재한다. 이때, 웹 애플리케이션에 관한 특정 기능을 추가하기 위해 Werkzeug의 **Request**와 **Response** 객체를 상속한다. 예를 들어, *flask/flask/wrappers.py*의 **Response** 객체는 다음과 같이 생겼다.

```
from werkzeug.wrappers import Request as RequestBase, Response as ResponseBase
##~~ ... 나머지 코드 생략 ...

class Response(ResponseBase): ❶
    """The response object that is used by default in Flask. Works like the
    response object from Werkzeug but is set to have an HTML mimetype by
    default. Quite often you don't have to create this object yourself because
    :meth:`~flask.Flask.make_response` will take care of that for you. ❷

    If you want to replace the response object used you can subclass this and
    set :attr:`~flask.Flask.response_class` to your subclass.
    """
    default_mimetype = 'text/html' ❸
```

❶ Werkzeug의 **Response** 클래스를 **ResponseBase**로 임포트하여 그 역할을 분명히 하고, **Response**라는 이름의 새로운 서브 클래스를 만들 수 있도록 했다. 멋진 스타일이다.

❷ **flask.wrappers.Response**란 이름의 서브 클래스를 만들고 사용하는 방법이 문서화 문자열에 나와 있다. 이와 같은 기능을 구현할 때, 문서화를 잊지 말자. 문서가 없으면 사용자가 이를 사용할 가능성이 낮아진다.

❸ Response 클래스에서 이 부분만 바뀌었다. Request 클래스에서는 더 많은 변경사항이 있지만, 설명이 너무 길어지니 생략한다.

다음 코드의 간단한 대화형 세션은 Flask와 Werkzeug의 Response 클래스가 어떻게 다른지를 보여 준다.

```
>>> import werkzeug
>>> import flask
>>>
>>> werkzeug.wrappers.Response.default_mimetype
'text/plain'
>>> flask.wrappers.Response.default_mimetype
'text/html'
>>> r1 = werkzeug.wrappers.Response('hello', mimetype='text/html')
>>> r1.mimetype
u'text/html'
>>> r1.default_mimetype
'text/plain'
>>> r1 = werkzeug.wrappers.Response('hello')
>>> r1.mimetype
'text/plain'
```

HTML을 포함하는 응답 객체를 빌드(예상되는 Flask 사용 예시)할 때 사용자의 수고를 덜기 위해 기본 MIME 타입을 변경했다. 제대로 된 기본 값은 평범한 사용자가 훨씬 쉽게 코드를 사용할 수 있게 한다.

제대로 된 기본 값은 중요하다

때로는 기본 값이 사용의 편의보다 훨씬 중요하다. 예를 들어, Flask에서는 세션화와 보안을 위한 키의 기본값이 Null이다. 키가 비어 있으면 애플리케이션이 보안 세션을 시작하려할 때 오류가 발생한다. 오류를 강제로 발생시키면 사용자는 본인의 고유 키를 마련할 수밖에 없다. 다른 (나쁜) 옵션에는 빈 세션 키나 안전하지 않은 세션화(sessionization)를 묵인하는 것이 있다. 이 외에도 기본 키(예: mysecretkey)를 제공하는 경우, 대부분의 사용자가 이를 바꾸지 않고 그대로 두는 경우가 많으며, 실제 시스템에 옮겨져 그대로 사용될 우려가 있다.

모듈성(네임스페이스 못지 않게 대박 좋은 아이디어다)

flask.wrappers.Response의 문서화 문자열은 사용자로 하여금 Response 객체를 상속 받아 메인 Flask 객체 내에 사용자 입맛에 맞는 새 클래스를 정의하여 사용할 수 있도록 한다. 이번에는 *flask/flask/app.py*에서 가져온 다음 코드 중 Flask에 모듈성이 도입된 부분을 차례로 설명하겠다.

```
class Flask(_PackageBoundObject):
    """ ... 문서화 문자열 생략 ...
    """
    #: The class that is used for request objects. See :class:`~flask.Request`
    #: for more information.
    request_class = Request ❶

    #: The class that is used for response objects. See
    #: :class:`~flask.Response` for more information.
    response_class = Response ❷

    #: The class that is used for the Jinja environment.
    #:
    #: .. versionadded:: 0.11
    jinja_environment = Environment ❸

    ##∿ ... 일부 정의 생략 ...

    url_rule_class = Rule
    test_client_class = None
    session_interface = SecureCookieSessionInterface()

    ##∿ .. 이하 생략 .. ❹
```

❶ 사용자 정의 Request 클래스가 입력되는 부분이다.

❷ 사용자 정의 Response 클래스인지 식별하는 부분이다. Flask 클래스의 (인스턴스 속성이 아닌) 클래스 속성이 있으며, 명확한 방식으로 이름 지어져 목적이 분명하다.

❸ Environment 클래스는 Jinja2의 Environment 클래스의 서브 클래스로, Flask의 청사진을 이해할 수 있다. 이 기능을 통해 여러 파일로 구성된 대규모 Flask 애플리케이션을 만들 수 있다.

❹ 이 밖의 모듈화 옵션은 같은 내용의 반복이니 생략한다.

만약 Flask 클래스의 정의가 된 부분을 찾고 싶다면, 클래스가 인스턴트화되어 사용된 부분을 찾을 수 있다. 이러한 클래스 정의가 사용자에게 노출되지 않아야 한다는 것을 잊지 말자. 이는 라이브러리 사용자에게 Flask가 작동하는 방식을 조작할 수 있도록 돕기 위한 명시적인 구조의 선택이다. 사람들이 Flask의 모듈성에 대해 이야기할 때, 그들은 원하는 데이터베이스 백엔드를 어떻게 사용할 수 있는지에 대한 것 뿐만 아니라, 앞서 설명한 것처럼 다른 클래스를 가져와 사용하는 기능에 대해서도 이야기한다.

여러분은 지금까지 파이썬 계명이 고스란히 반영되어 잘 작성된 파이썬 코드를 살펴봤다. 지금까지 학습한 프로그램의 전체 코드를 꼭 읽어 보자. 앞서 말했듯이 좋은 코더가 되는 최고의 방법은 훌륭한 코드를 읽는 것이다. 그러므로 코딩이 어려울 때마다 훌륭한 소스 코드를 살펴보자.

훌륭한 코드 배포하기

이번 장에서는 코드를 패키징하고 배포하는 최선의 방법을 소개한다. 다른 개발자들이 사용할 파이썬 라이브러리를 만들고 싶거나, pytest(*https://docs.pytest.org*)와 같이 사람들이 사용할 수 있는 독립적인 애플리케이션을 만들고 싶다면 이번 내용을 주목하자.

파이썬 패키징을 둘러싼 환경은 PyPA(Python Packaging Authority, *https://www.pypa.io/*)[1] 덕분에 지난 몇 년간 더욱 간단해졌다. PyPA에서는 pip, 파이썬 패키지 색인(Python Package Index, PyPI) 및 파이썬 패키징 관련 인프라 구조를 유지 보수한다. PyPA의 패키징 문서(*https://packaging.python.org/*)는 매우 뛰어나다. 우리는 195쪽의 '코드 패키징'에서 소개할 훌륭한 도구인 휠(*http://wheel.readthedocs.io/en/latest/*)을 재발명하려는 것이 아니다. 대신, 개인 사이트에서 패키지를 제공하는 두 가지 방법을 짧게 살펴보고, 컨티넘 애널리틱스(continuum Analytics)가 운영하는 PyPI의 상용 버전인 Anaconda.org에 코드를 업로드하는 방법에 대해 알아볼 예정이다.

PyPI나 여타 패키지 저장소로 코드를 배포하면, 사용자 입장에서는 요구되는 버전의 파이썬을 설치하는 방법, 의존성을 설치하는 데 필요한 pip와 같은 도구의 사용 방법을 잘 알아야 한다는 단점이 있다. 다른 개발자에게 배포한다면 괜찮지만, 코더가 아닌 최종 사용자에게 애플리케이션을 배포하고 싶다면 적합한 방법

---

[1] 소문으로는 '설치 부서'라는 이름으로 불리길 더 좋아한다고 한다(*https://www.pypa.io/en/latest/history/#before-2013*). 패키징 관련 PEP 문서의 대표 저자인 닉 코글란(Nick Coghlan)은 몇 년 전 본인의 블로그(*http://bit.ly/incremental-plans*)에 PyPA 시스템 전반과 그 역사에 대해 사려 깊은 에세이를 작성했다.

이 아니다. 따라서 200쪽 '코드 프리징하기'에 소개되는 도구가 필요해진다.

여러분이 리눅스를 위한 파이썬 패키지를 만든다면 리눅스 배포 패키지를 고려할 수 있다(데비안과 우분투의 *.deb* 파일이 그 예인데, 파이썬 문서에서는 내장 배포(built distribution)라 부름). 리눅스 배포 패키지는 상당량의 유지 보수 작업을 필요로 한다. 209쪽의 '리눅스 내장 배포를 위한 패키징'에서 몇 가지 방법을 알아보자. 이 접근은 코드 동결과 비슷하나, 파이썬 인터프리터가 번들에서 제거된다는 점이 다르다.

마지막으로 210쪽 '실행 가능한 ZIP 파일'에서는 고급 팁을 공유할 예정이다. 만약 코드가 ZIP 아카이브에 특정 헤더와 함께 포함되어 있다면, ZIP 파일을 실행하면 그만이다. 파이썬을 이미 설치한 사용자를 염두에 두고 코드를 작성했거나, 여러분의 프로젝트가 순수 파이썬 코드로만 구성되어 있다면 이 방법도 괜찮다.

유용한 단어와 콘셉트

각양각색의 패키징 방법은 PyPA가 만들어지고 나서 명확하게 하나로 수렴되었다(패키징 역사에 대해 논의한 스택오버플로에서도 이 사실을 확인할 수 있다. *http://stackoverflow.com/questions/6344076*). 다음 내용은 이번 장에서 쓰이는 주요 단어에 대한 설명이다(여기서 다루지 않은 용어가 궁금하면 PyPA 용어집 (*https://packaging.python.org/glossary/*)을 읽어 보자).

의존성

파이썬 패키지의 파이썬 라이브러리 의존성 정보는 *requirements.txt* (테스트 혹은 애플리케이션 개발에 사용) 또는 *setup.py* (setuptools.setup()의 install_requires 인자)에 나열되어 있다.

일부 프로젝트에는 파이썬 라이브러리 외의 의존성이 있을 수 있다. Postgres 데이터베이스, C 컴파일러, C 라이브러리 공유 객체 등을 예로 들 수 있다. 이러한 의존성이 별도로 명시되어 있지 않을 수도 있으나, 이들이 없는 경우 빌드가 불가능하다. 컴파일한 모듈을 배포하는 방법에 대한 폴 케러(Paul Kehrer)의 세미나(*http://bit.ly/kehrer-seminar*)를 참고하자.

내장 배포

내장 배포는 파이썬 패키지의 배포 형식이다(다른 리소스와 메타 데이터를 포함할 수 있다). 별도의 컴파일 없이 설치하고 실행할 수 있다.

에그

에그(egg)는 내장 배포의 한 형식으로, 설치에 사용되는 메타 데이터가 담긴 특수한 구조의 ZIP 파일이다. Setuptools 라이브러리에 의해 소개된 이래로 수년간 사실상 표준이었으나, 공식 파이썬 패키징 형식은 아니었다. 이후 이는 PEP 427(*http s://www.python.org/dev/peps/pep-0427/*)에 따라 휠로 대체되었다. 휠과 에그 형식의 차이점이 궁금하면 파이썬 패키징 사용자 가이드의 'Wheel vs Egg'(*https://packaging.python.org/wheel_egg/*)를 읽어 보자.

휠

휠(wheel)은 내장 배포의 한 형식으로, 내장 파이썬 라이브러리를 배포하기 위한 표준이다. ZIP 파일 형식으로 패키징되며, pip가 패키지를 설치/제거하는 데 사용할 메타 데이터가 포함되어 있다. 휠 파일의 확장자는 *.whl*이며, 플랫폼, 빌드, 인터프리터를 구체적으로 알리는 특정 명명 규칙을 따른다.

파이썬으로만 작성된 일반 파이썬 패키지를 사용할 때는 PyPI(*https://pypi.python.org/pypi*)에서 다운 받을 수 있는 의존성 라이브러리 말고는 필요한 게 없다(참고로, PyPI는 현재 Warehouse(*https://warehouse.pypa.io/*)로 옮겨지는 중이다). 그러나 파이썬 외적 의존성이 있다면 얘기가 다르다(예: C 라이브러리나 시스템 실행 파일). 휠 형식으로 처리할 수 있는 것보다 배포가 복잡해질 때는 Buildout이나 Conda 같은 도구가 도움이 된다.

코드 패키징

패키징이란 코드를 배포하기 위한 필수 파일 구조를 만들어서 여기에 필요한 파일을 추가하고 적절한 변수를 정의하는 작업이다. 관련 PEP 문서 내용, 파이썬 패키징 가이드(*https://packaging.python.org/*)의 '프로젝트 패키징과 배포'(*https://packaging.python.org/distributing/*)[2]에 설명된 모범 사례, 혹은 *http://anaconda.org/* 와 같은 기타 저장소의 패키징 요구사항이 패키징의 기준이 된다.

---

2 두 가지 URL *https://python-packaging-user-guide.readthedocs.org/*와 *https://packaging.python.org*는 모두 같은 내용을 담고 있다.

> **'패키지' vs '배포 패키지' vs '설치 패키지'**
>
> 패키지란 단어를 여러 의미로 사용하는 게 혼동스러울 수 있다. 이 장에서는 배포 패키지 (distribution package)를 주로 다룰 것이다. 배포 패키지에는 (정규 파이썬) 패키지, 모듈, 그리고 릴리스를 배포하는 데에 필요한 추가 파일이 포함된다. 때로는 라이브러리를 설치 패키지 (installation package)라고도 부를 것이다. 설치 패키지는 라이브러리 전체를 담고 있는 최상위 패키지 디렉터리이다. 마지막으로, 가장 좁은 의미의 패키지란, 늘 그렇듯 __init__.py와 기타 모듈(*.py 파일)을 포함하는 디렉터리다. PyPA의 패키징 용어집(*https://packaging.python.org/glossary/*)을 참고하자.

Conda

아나콘다 파이썬 재배포판을 설치했다면 (pip와 PyPI를 사용할 수도 있지만) conda가 기본 패키지 관리자이고, 기본 패키지 저장소가 *http://anaconda.org/*로 설정되어 있을 것이다. 콘다 패키지 빌드 튜토리얼(*http://bit.ly/building-conda*)에는 패키지를 빌드하는 방법부터 Anaconda.org에 업로드하는 단계까지 설명이 잘 되어 있으니 따라해 보자.

또한 과학이나 통계 분야의 라이브러리를 만들고 있다면, 본인이 아나콘다를 사용하지 않는다 하더라도 아나콘다 배포판을 만드는 게 좋다. 학계와 업계의 사람들과 윈도우 사용자는 패키지 설치가 용이한 아나콘다를 선택하는 경우가 많기 때문이다.

PyPI

파이썬의 패키지 생태계는 PyPI, pip와 같은 도구를 통해 잘 정립되어 있다. 따라서 가벼운 실험을 하든 커다란 전문가 시스템을 구성하든 이에 필요한 패키지를 다운 받아 설치하는 작업은 쉽다.

오픈 소스 파이썬 모듈을 작성하고 있다면, 이를 PyPI(*https://pypi.python.org/pypi*)[3]에 호스팅해야 한다(PyPI는 치즈샵이라고도 많이 알려져 있다[4]). 여러분의 코드가 PyPI에 패키지로 등록되어 있지 않다면, 다른 개발자는 이를 찾아 사용하기 어려워진다. 또한, 이러한 프로젝트는 잘못 관리되고 있거나, 배포 준비가 되지 않았거나, 방치된 것으로 의심되기 일쑤다.

---

3 PyPI는 Warehouse(*https://pypi.org/*)로 바뀌고 있는 중이며, 현재 평가 단계이다. API를 바꾸기보다는 UI를 바꾸고 있다. PyPA 개발자 중 한 명인 니콜 해리스(Nicole Harris)가 Warehouse에 대해 간략하게 소개한 글(*http://whoisnicoleharris.com/warehouse/*)을 참고하자.

4 (옮긴이) 몬티 파이썬의 스케치에서 따온 이름이다. 궁금하면 *https://wiki.python.org/moin/CheeseShop*에서 확인해보자.

파이썬 패키징에 대한 최신의 정확한 정보를 얻고 싶다면 PyPA가 유지하고 있는 파이썬 패키징 가이드(*https://packaging.python.org/*)를 참고하자.

✅ **테스트에는 testPyPI를 사용하고, 실제 프로젝트에는 PyPI를 사용하도록 하자**

패키징 세팅을 테스트하고 싶거나, PyPI를 사용하는 방법을 누군가에게 알려주고 싶다면, testPyPI(*https://testpypi.python.org/*)를 사용하자. 최종 버전을 PyPI에 올리기 전에 단위 테스트를 돌려볼 수 있다. PyPI처럼 새 파일을 푸시할 때마다 버전 숫자를 변경해야 한다.

샘플 프로젝트

PyPA의 샘플 프로젝트(*https://github.com/pypa/sampleproject*)는 파이썬 프로젝트 패키징에 대한 모범 사례를 보여 준다. *setup.py* 모듈(*https://github.com/pypa/sampleproject/blob/master/setup.py*)의 주석에는 옵션에 대한 조언이 담겨 있으며, 관련 PEP 문서가 소개되어 있다. 파일 구조가 요구사항에 따라 전반적으로 잘 구성되어 있다. 각 파일의 주석에는 파일의 목적이 소개되어 있으며, 어떤 내용이 담겨야 하는지 설명되어 있어 도움이 된다.

프로젝트의 README 파일은 패키징 가이드(*https://packaging.python.org/*), 그리고 패키징과 배포에 대한 튜토리얼(*https://packaging.python.org/distributing/*)과 연결된다.

easy_install이 아닌 pip를 사용하자

2011년부터 PyPA는 파이썬 라이브러리의 배포, 패키징, 설치 표준의 부재로 인해 생겨난 무수한 혼란(*http://stackoverflow.com/questions/6344076*)과 논의(*http://stackoverflow.com/questions/3220404*)를 해결하기 위해 노력해왔다. 그 결과 PEP 453(*https://www.python.org/dev/peps/pep-0453/*)에서 파이썬의 기본 패키지 인스톨러로 pip가 채택되었으며, (2014년에 처음으로 배포된) 파이썬 3.4와 그 이후 배포판에 포함되어 있다.[5]

pip가 다양한 기능을 제공하긴 하지만, 낡은 시스템에서는 여전히 `easy_install`을 사용해야 한다. PyPA에서는 pip와 easy_install을 제공 기능 유무에 따라 비교하는 도표를 제공한다(*https://packaging.python.org/pip_easy_install/*). 코드를 개발할 때, `pip install -- editable .`을 사용해 설치하면, 재설치하지 않고도 계속 코드를 수정할 수 있다.

---

5 만약 파이썬 3.4 혹은 그 이상 버전에 pip가 없다면 `python -m ensurepip`을 명령줄에 입력하여 설치할 수 있다.

개인용 PyPI

PyPI 이외의 소스(예: 회사 독점 패키지, 혹은 보안팀과 법률팀이 확인하고 승인한 패키지를 위한 내부 작업 서버)로부터 패키지를 설치한다면, 설치할 패키지를 포함하는 디렉터리에서 간단히 HTTP 서버를 호스팅하여 해결할 수 있다.

예를 들어, 다음 디렉터리 구조에 포함된 *MyPackage.tar.gz*라는 패키지를 설치하고 싶다고 가정해보자.

```
.
|--- archive/
     |--- MyPackage/
          |--- MyPackage.tar.gz
```

다음과 같이 입력하여 *archive* 디렉터리에서 HTTP 서버를 실행할 수 있다.

```
$ cd archive
$ python3 -m SimpleHTTPServer 9000
```

앞의 명령을 실행하면 9000번 포트에 HTTP 서버가 실행되어 모든 패키지(이 예시에서는 *MyPackage*)가 나열된다. 그럼 이제 어떤 파이썬 패키지 인스톨러를 사용하든 *MyPackage*를 설치할 수 있다. pip를 사용한다면 명령줄에서 다음과 같이 입력해보자.

```
$ pip install --extra-index-url=http://127.0.0.1:9000/ MyPackage
```

 위 코드는 패키지 이름과 같은 이름의 폴더가 있어야 동작한다. 만약 *MyPackage/MyPackage.tar.gz* 구조가 중복되는 것처럼 느껴진다면, 패키지를 폴더 밖으로 꺼내는 대신 다음과 같이 직접 경로를 사용해 설치해도 된다.

```
$ pip install http://127.0.0.1:9000/MyPackage.tar.gz
```

Pypiserver

Pypiserver(*https://pypi.python.org/pypi/pypiserver*)는 미니멀한 PyPI 호환 서버이며, easy_install 혹은 pip를 위해 일련의 패키지를 제공하는 데 사용할 수 있다. 이는 몇 가지 도움되는 기능을 제공하는데, 예를 들어 관리 명령 -U을 사용하면 모든 패키지를 PyPI에 등록된 최신 버전으로 업데이트한다.

S3-hosted PyPI

개인용 PyPI 서버를 위한 또 다른 선택지로는 아마존의 S3(Simple Storage Service, *https://aws.amazon.com/s3/*)에 호스팅하는 방법이 있다. 먼저 S3 버킷과 함께 아마존 웹 서비스(Amazon Web Service, AWS) 계정이 있어야 한다. 이때, 버킷 명명 규칙(*http://bit.ly/rules-bucket-naming*)을 따르지 않으면 버킷에 접속할 수 없으니 명심하자. 버킷을 사용하려면 먼저 사용하는 컴퓨터에 가상 환경을 만들어 PyPI 혹은 기타 저장소로부터 모든 요구사항을 다운 받고 설치해야 한다. 그 다음에는 pip2pi를 설치하자.

```
$ pip install git+https://github.com/wolever/pip2pi.git
```

pip2tgz와 dir2pi 명령어에 대해서는 pip2pi의 README 파일을 읽어 보자. 첫 번째 명령어 예시는 다음과 같다.

```
$ pip2tgz packages/ YourPackage+
```

두 번째 명령어 예시는 아래 두 줄이다.

```
$ pip2tgz packages/ -r requirements.txt
$ dir2pi packages/
```

이제 파일을 업로드한다. Cyberduck(*https://duck.sh/*)과 같은 클라이언트를 사용해 *package* 폴더 전체를 S3 버킷과 동기화하자. 모든 새 파일과 디렉터리뿐만 아니라 *packages/simple/index.html*을 업로드하는 것도 잊지 말자.

새 파일을 S3 버킷에 업로드할 때 기본 설정으로 사용자 전용 권한이 부여된다. 패키지를 설치할 때 HTTP 403 오류가 발생한다면 권한 설정을 확인하고, 아마존 웹 콘솔을 사용하여 READ 권한을 EVERYONE으로 설정한다. 여러분의 팀은 이제 다음 명령어를 사용해 패키지를 설치할 수 있다.

```
$ pip install \
    --index-url=http://your-s3-bucket/packages/simple/ \
    YourPackage+
```

pip를 위한 VCS(버전 관리 시스템) 지원

pip를 사용하여 버전 관리 시스템에서 코드를 직접 가져올 수도 있다. pip를 위한 VCS 지원 지침(*http://bit.ly/vcs-support*)을 읽어 보면 개인용 PyPI를 호스팅할 수 있는 방법을 알 수 있다. 예를 들어, 깃허브 프로젝트와 pip를 함께 사용하는 명령어는 다음과 같다.

```
$ pip install git+git://git.myproject.org/MyProject#egg=MyProject
```

여기에서 *egg*는 파이썬 내장 배포 형식인 에그를 의미하지 않는다. 프로젝트 내의 설치하고자 하는 디렉터리 이름을 입력하면 된다.

코드 동결하기

코드 동결(freezing)이란 파이썬을 설치하지 않은 최종 사용자도 애플리케이션을 사용할 수 있도록 독립적으로 실행 가능한 번들을 만드는 것을 의미한다. 배포 파일이나 번들은 애플리케이션 코드와 파이썬 인터프리터를 모두 담고 있다. 드롭박스(*https://www.dropbox.com/en/help/65*), 이브 온라인(*https://www.eveonline.com/*), 문명 IV(*https://civilization.com/civilization-4*), 비트토렌트 클라이언트(*http://www.bittorrent.com/*) 같은 서비스가 모두 파이썬을 주된 언어로 해서 작성되었다.

코드를 동결하여 배포하면 파이썬 인터프리터가 없는 상황에서도 파이썬 애플리케이션을 실행할 수 있다. 여러분의 애플리케이션을 실행하기에 알맞은 버전의 파이썬 인터프리터가 최종 사용자의 운영체제 시스템에 설치가 되어 있으리라는 보장이 없기 때문에 코드 동결은 더욱 의미가 있다. 게다가 최종 사용자용 소프트웨어는 언제나 실행 가능한 형식이어야 한다. *.py* 형식의 파일은 소프트웨어 엔지니어와 시스템 관리자를 위한 것이다.

한편 코드를 동결하면 배포 파일의 크기가 2~12MB가량 증가한다는 단점이 있다. 한편으로, 코드를 동결할 경우 파이썬 보안 취약사항이 패치되면 애플리케이션을 업데이트하여 배포할 의무가 있다.

C 라이브러리를 사용한다면 라이선스를 확인하자

의존성 트리에 포함된 모든 패키지의 라이선스를 운영체제마다 확인해야 한다. 그중 윈도우가 특히 중요하다. 윈도우 솔루션에선 항상 마이크로소프트 비주얼 C++의 동적 연결 라이브러리 (dynamically linked library, DLL)가 대상 시스템에 설치되어 있기를 요구하기 때문이다. 특정 라이브러리를 재배포할 권한이 있거나 없을 수도 있으므로 애플리케이션을 배포하기 전에 라이선스 권한을 확인해야 한다(자세한 내용은 비주얼 C++ 파일에 대한 마이크로소프트의 법적 메시지 참고, *http://bit.ly/visual-cplusplus*). MinGW 컴파일러(윈도우를 위한 최소한의 GNU, *https://sourceforge.net/projects/mingw/*)를 사용할 수도 있으나, 이는 GNU 프로젝트이며 오픈소스나 무료가 아니라면 라이선스가 제한적일 수 있다.

또한 MinGW와 비주얼 C++ 컴파일러는 완전히 같지 않으므로, 두 컴파일러의 결과물에 대해 단위 테스트를 실행하여 여전히 원하는 대로 실행되는지 확인해야 한다. 더 자세히 설명하면 복잡한데, 윈도우에서 C 코드를 자주 컴파일하지 않는다면 모두 무시해도 좋다. 그러나 MinGW와 NumPy에 대해서는 일부 문제가 여전히 남아 있다(*https://github.com/numpy/numpy/issues/5479*). 이에 관련해서는 NumPy 위키에 정적 툴체인이 있는 MinGW 빌드를 추천하는 게시물이 있다(*https://github.com/numpy/numpy/wiki/Mingw-static-toolchain*).

표 6-1에서는 인기 있는 코드 동결 도구를 비교하는데, 모두 파이썬 표준 라이브러리에 포함된 distutils를 사용한다. 이들은 모든 플랫폼에서 사용할 수 있도록 코드를 동결하는 게 불가능하니[6], 타깃 플랫폼별로 빌드해야 한다.

각 도구는 이번 내용에 등장하는 순서대로 나열되어 있다. PyInstaller와 cx_Freeze는 둘 다 모든 플랫폼에서 사용 가능하다. py2app은 맥에서만 동작하며, py2exe는 윈도우에서만 작동한다. bbFreeze는 (맥을 제외한) 유닉스 계열과 윈도우 시스템에서만 작동하며, 아직 파이썬 3에 포팅되지 않았다. 에그를 만들 수 있으니, 여러분의 레거시 시스템에 필요한 경우 사용해보자.

표 6-1 프리징 도구

	pyInstaller	cx_Freeze	py2app	py2exe	bbFreeze
파이썬 3	가능	가능	가능	가능	--
라이선스	수정 GPL	수정 PSF	MIT	MIT	Zlib
윈도우	가능	가능	--	가능	가능
리눅스	가능	가능	--	--	가능
맥	가능	가능	가능	--	--

표 6-1 다음 쪽에 계속

---

6   리눅스 내 파이썬 코드를 윈도우 실행 파일로 동결하는 기능이 PyInstaller 1.4에 시도되었으나, 1.5 버전에서 사라졌다(*https://github.com/pyinstaller/pyinstaller/wiki/FAQ#features*). 순수 파이썬 프로그램이 아니면 잘 작동하지 않았기 때문이다(예: GUI 애플리케이션).

에그	가능	가능	가능	--	가능
pkg_resources[a] 지원	--	--	가능	--	가능
단일 파일 모드[b]	가능	--	--	가능	--

a pkg_resources는 Setuptools와 함께 제공되는 별도의 모듈이며, 동적으로 의존성을 탐색하는 데 사용할 수 있다. 단, 코드를 동결하면 동적으로 의존성을 탐색하는 게 어려울 수 있다. 정적 코드 내에서 동적으로 불러오는 의존성을 발견하기 힘들기 때문이다. 예를 들어, PyInstaller는 에그 파일에 인트로스펙션이 있는 경우에만 동적으로 의존성을 탐색할 수 있다.

b 단일 파일 모드는 애플리케이션과 모든 의존성을 윈도우용 실행 파일 하나에 담을 수 있는 옵션이다. Inno Setup(*http://www.jrsoftware.org/isinfo.php*)과 NSIS(Nullsoft Scriptable Install System, *http://nsis.sourceforge.net/Main_Page*)는 인스톨러를 만드는 인기 있는 도구로, 이를 이용하면 코드를 단일 *.exe* 파일에 담을 수 있다.

PyInstaller

PyInstaller(*http://www.pyinstaller.org/*)는 맥, 윈도우, 리눅스를 위한 애플리케이션을 만드는 데 사용된다. PyInstaller의 주목적은 서드파티 패키지와 호환이 되도록 만드는 것이다.[7] PyInstaller에서 지원하는 패키지 목록(*https://github.com/pyinstaller/pyinstaller/wiki/Supported-Packages*)이 있으니 살펴보자. 지원하는 그래픽 라이브러리는 Pillow, pygame, PyOpenGL, PyGTK, PyQT4, PyQT5, PySide(QT 플러그인 제외), wxPython이다. 과학 도구 중에서는 NumPy, Matplotlib, Pandas, Scipy를 지원한다.

PyInstaller는 수정 GPL 라이선스(*https://github.com/pyinstaller/pyinstaller/wiki/License*)를 가진다. 이에 더해 '특수한 예외'가 포함되어 있는데, '누구든지 PyInstaller를 사용해 유로 프로그램(상용 포함)을 빌드하고 배포할 수 있다'는 내용이다. 따라서 PyInstaller를 사용한다면 여러분이 지켜야만 하는 라이선스는 코드에 사용된 라이브러리의 라이선스에만 영향을 받는다. 심지어 Pyinstaller를 만드는 팀은 상용 프로그램을 만들거나 코드를 변경 시 다른 코드들을 변경하지 못하도록 하길 원할 때 사용할 수 있도록 소스 코드를 숨기는 방법(*http://bit.ly/hiding-source-code*)까지 소개하고 있다. 그러나 애플리케이션을 작성하기 위해 기존 소스 코드를 수정해야 한다면 변경사항을 공지해야 할 수도 있으므로 라이선스를 꼭 읽어야 한다(중대하다면 변호사와 상담하고, 그렇지 않다면 *https://tldrlegal.com/*을 참고하자).

---

7 이는 다른 인스톨러에서 볼 수 있듯이 파이썬 라이브러리의 특정 버전과 호환되는 C 라이브러리를 찾아 번들로 묶는 것뿐만 아니라, 소스 코드 검사에서 알아낼 수 없는 주변 구성 파일(스프라이트 혹은 특수 그래픽)과 기타 파일을 발견하는 데도 도움을 준다.

PyInstaller 매뉴얼(*http://pyinstaller.readthedocs.io/en/stable/*)은 상세히 잘 정리되어 있다. 시스템 호환 여부를 확인하려면 PyInstaller 요구사항 페이지(*http://bit.ly/pyinstaller-reqs*)를 확인하자. 윈도우는 XP나 그 이상이어야 하며, 리눅스는 (문서에 나열되어 있는) 일부 터미널 애플리케이션을 필요로 한다. 맥은 버전 10.7(Lion) 이상이 필요하다. 리눅스나 맥에서 윈도우를 구동하면서 Wine(윈도우 에뮬레이터)을 사용할 수도 있다.

PyInstaller를 설치하려면 애플리케이션을 작성하고 있는 가상환경에서 `pip`를 사용한다.

```
$ pip install pyinstaller
```

*script.py*라는 모듈로부터 표준 실행 파일을 만들려면 다음과 같이 입력하자.

```
$ pyinstaller script.py
```

맥 혹은 윈도우 운영체제를 위한 창 형태의 애플리케이션을 만들려면 다음과 같이 명령줄에 `--windowed` 옵션을 사용하자.

```
$ pyinstaller --windowed script.spec
```

이는 `pyinstaller` 명령을 실행한 폴더에 두 개의 새 폴더를 만든다.

- *.spec* 파일은 빌드를 다시 만들기 위해 PyInstaller가 재실행할 수 있는 파일이다.
- *build* 폴더에는 로그 파일이 담겨 있다.
- *dist* 폴더는 메인 실행 파일과 의존하는 파이썬 라이브러리를 포함한다.

PyInstaller는 여러분의 애플리케이션이 사용하는 모든 파이썬 라이브러리를 *dist* 폴더에 담는다. 따라서 실행 파일을 배포할 때 *dist* 폴더 전체를 함께 배포해야 한다.

script.spec 파일에서 다음과 같은 옵션을 편집하여 맞춤형 빌드를 만들 수 있다(*http://pythonhosted.org/PyInstaller/#spec-file-operation*).

- 데이터 파일을 실행 파일과 번들로 묶기

- PyInstaller가 자동으로 유추하기 어려운 런타임 라이브러리(.*dll*이나 .*so* 파일)를 포함하기
- 파이썬 런타임 옵션을 실행 파일에 추가하기

이제 파일을 버전 관리와 함께 저장할 수 있으므로 이후에는 빌드가 쉬워질 것이다. PyInstaller 위키 페이지에는 Django, PyQt4, 윈도우와 맥용 코드 서명과 같은 일반 애플리케이션을 위한 빌드 레시피(*https://github.com/pyinstaller/pyinstaller/wiki/Recipes*)가 포함되어 있다. 또 여기에는 PyInstaller에 대한 최신튜토리얼 모음이 담겨 있다. 이제 (*script.py*를 재사용하는 대신) 편집한 *script.spec*을 pyinstaller에 대한 인자로 사용할 수 있다.

```
$ pyinstaller script.spec
```

 PyInstaller가 *.spec* 파일과 함께 실행되면 파일 내용으로부터 모든 옵션을 가져오며, --upx-dir=, --distpath=, --workpath=, --noconfirm, --ascii를 제외한 모든 명령줄 옵션을 무시한다.

cx_Freeze

cx_Freeze(*https://cx-freeze.readthedocs.io*) 또한 PyInstaller처럼 리눅스, 맥, 윈도우 시스템에서 파이썬 프로젝트를 동결할(freezing) 수 있다. 그러나 cx_Freeze 팀에서는 Wine을 사용하여 윈도우용으로 컴파일하는 것을 권장하지 않는다. 애플리케이션이 작동할 수 있도록 수동으로 복사해야 하는 파일이 있기 때문이다. cx_Freeze를 설치하려면 pip를 사용하자.

```
$ pip install cx_Freeze
```

실행 파일을 만드는 가장 쉬운 방법은 명령줄에서 cxfreeze를 실행하는 것이다. 그러나 *setup.py* 스크립트를 사용해 실행 파일을 만들면 더 많은 선택을 할 수 있다 (버전 관리도 가능하다). 여기서의 *setup.py*는 파이썬 표준 라이브러리의 distutils에서 사용되는 *setup.py*와 동일하다. cx_Freeze는 distutils을 확장하면서 여러 명령어를 추가하였다. 이 명령어는 명령줄이나 *setup.py* 스크립트, 아니면 *setup.cfg* 구성 파일(*https://docs.python.org/3/distutils/configfile.html*)에서 사용할 수 있다.

cxfreeze-quickstart 명령어를 사용하면 기본 *setup.py* 파일을 만들 수 있다.

이 파일은 수정 가능하며 버전 관리도 가능하다. 다음은 *hello.py*라는 스크립트의 예제다.

```
$ cxfreeze-quickstart
Project name: hello_world
Version [1.0]:
Description: "This application says hello."
Python file to make executable from: hello.py
Executable file name [hello]:
(C)onsole application, (G)UI application, or (S)ervice [C]:
Save setup script to [setup.py]:

Setup script written to setup.py; run it as:
    python setup.py build
Run this now [n]?
```

설정 스크립트가 생성되었으니 애플리케이션에 맞춰 수정할 수 있다. 가능한 옵션은 cx_Freeze 문서의 'distutils setup scripts'(*https://cx-freeze.readthedocs.io/en/latest/distutils.html*)에서 확인할 수 있다. cx_Freeze 소스 코드(*https://bitbucket.org/anthony_tuininga/cx_freeze/src*)의 *samples/* 폴더에는 PyQT4, Tkinter, wxPython, Matplotlib, Zope와 같은 라이브러리를 사용해서 매우 간단한 애플리케이션을 동결하는 *setup.py* 스크립트 예시도 있다. 이 예시는 코드의 최상위 디렉터리에서 *cx_Freeze/cx_Freeze/samples/*로 이동하면 확인할 수 있다. 예시 코드는 cx_Freeze 패키지와 함께 제공된다. 다음과 같이 입력하여 패키지 경로를 가져올 수 있다.

```
$ python -c 'import cx_Freeze; print(cx_Freeze.__path__[0])'
```

setup.py 수정이 끝났다면, 다음 명령어 중 하나를 선택하여 실행 파일을 빌드할 수 있다.

```
$ python setup.py build_exe ❶
$ python setup.py bdist_msi ❷
$ python setup.py bdist_rpm ❸
$ python setup.py bdist_mac ❹
$ python setup.py bdist_dmg ❺
```

❶ 명령줄 실행 파일을 빌드하기 위한 옵션이다.

❷ 윈도우 실행 파일과 의존성을 처리하기 위해 원래의 distutils 명령어가 수정되었다.

❸ 리눅스 패키지가 현재 플랫폼에 적절한 아키텍처와 함께 생성되었는지를 확인하기 위해 원래의 distutils 명령어가 수정되었다.

❹ 의존성과 실행 파일이 함께 포함되어 있는, 독립적으로 창 형태로 실행될 수 있는 맥 애플리케이션 번들(.app)을 생성한다.

❺ 마찬가지로 .app 번들을 생성하며 애플리케이션 번들을 함께 만들어 DMG 디스크 이미지로 패키징한다.

py2app

py2app(*https://py2app.readthedocs.io*)은 맥을 위한 실행 파일을 빌드한다. cx_Freeze와 마찬가지로 distutils를 확장하였으며, **py2app**이라는 새 명령어를 추가하였다. `pip`를 사용해 설치할 수 있다.

```
$ pip install py2app
```

다음과 같이 **py2applet** 명령어를 사용해 *setup.py*를 자동으로 생성할 수 있다.

```
$ py2applet --make-setup hello.py
Wrote setup.py
```

이를 통해 기본 *setup.py*를 만들 수 있으며, 필요에 따라 수정할 수 있다. py2app의 소스 코드(*https://bitbucket.org/ronaldoussoren/py2app/src/*)에는 PyObjC, PyOpenGL, pygame, PySide, PyQT, Tkinter, wxPython와 같은 라이브러리를 사용한 최소한의 작업 코드 예시와 이에 맞는 *setup.py* 스크립트 예시가 포함되어 있다. 이는 최상위 디렉터리에서 *py2app/examples/*로 이동하면 확인할 수 있다.

py2app 명령어를 사용해 *setup.py*를 실행하면 *build*와 *dist*라는 두 개의 디렉터리가 만들어진다. 다시 빌드할 때 두 개의 디렉터리를 지우는 것을 잊지 말고, 다음과 같이 두 줄의 명령어를 입력해보자.

```
$ rm -rf build dist
$ python setup.py py2app
```

문서를 더 읽고 싶다면 py2app 튜토리얼을 확인하기 바란다. `AttributeError`와 함께 빌드가 실패할 수도 있는데, 만약 그렇다면, 여기의 py2app 사용법 튜토리얼(*http://bit.ly/py2app-tutorial*)을 읽어 보자. `scan_code`와 `load_module` 변수는 `_scan_code`와 `_load_module`과 같이 밑줄이 앞에 붙어야 한다.

py2exe

py2exe(*https://pypi.python.org/pypi/py2exe*)는 윈도우를 위한 실행 파일을 빌드한다. 매우 인기 있는 윈도우용 비트토렌트(*http://www.bittorrent.com*)가 py2exe를 사용해 만든 대표적인 애플리케이션이다. cx_Freeze와 py2exe와 마찬가지로 distutils를 확장하였으며, py2exe라는 명령어를 추가하였다. 파이썬 2를 사용한다면 sourceforge에서 이전 버전의 py2exe를 다운 받자(*https://sourceforge.net/projects/py2exe/*). 만약 시스템이 파이썬 3.3 이상이라면 `pip`를 사용해보자.

```
$ pip install py2exe
```

py2exe 튜토리얼(*http://www.py2exe.org/index.cgi/Tutorial*)은 소스 관리 형식이 아닌 위키 스타일로 제공되는 훌륭한 문서다. 가장 기본 형태의 *setup.py*는 다음과 같다.

```
from distutils.core import setup
import py2exe
setup(
    windows=[{'script': 'hello.py'}],
)
```

문서에는 py2exe를 위한 모든 구성 옵션(*http://www.py2exe.org/index.cgi/ListOf Options*)이 나열되어 있으며, 아이콘을 포함하거나(선택 사항, *http://www.py2exe.org/index.cgi/CustomIcons*), 단일 실행 파일을 생성하는 방법(*http://www.py2exe.org/index.cgi/SingleFileExecutable*)이 자세히 설명되어 있다. 본인의 코드와 함께 비주얼 C++ 런타임 DLL을 배포하고 싶다면, 사용 중인 마이크로소프트 비주얼 C++의 라이선스에 따라 배포 가능 여부가 결정되니 주의하자. 만약 배포가 가능하다면 이 튜토리얼(*http://www.py2exe.org/index.cgi/Tutorial#Step52*)에 따라 비주얼 C++ DLL을 *.exe* 파일과 함께 배포해보자. 배포하는 게 가능하지 않다면 사용자가 직접 마이크로소프트 비주얼 C++ 2008 재배포 가능 패키지(*http://bit.ly/ms-visual-08*, 파이썬 3.3 이상이라면 비주얼 C++ 2010 재배포 가능 패키지(*http://bit.ly/ms-visual-10*))를 다운 받아 설치할 수 있도록 안내해야 한다.

설정 파일을 수정한 다음에는 다음과 같이 입력하여 *dist* 디렉터리에 *.exe* 파일을 생성하자.

```
$ python setup.py py2exe
```

bbFreeze

bbFreeze 라이브러리(*https://pypi.python.org/pypi/bbfreeze*)는 현재 유지 보수가 중단되었고, 파이썬 3로 포팅되지 않았음에도 많이 사용되고 있다. cx_Freeze, py2app, py2exe와 마찬가지로 distutils를 확장하여 bbfreeze 명령어를 추가하였다. 이전 버전의 bbFreeze는 cx_Freeze 기반이며, 레거시 시스템을 유지하고 싶거나 인프라 전체에 적용할 빌드 배포판을 에그로 패키징하고 싶은 사람들에게 유용하다. 이제 pip를 사용해 설치하자.

```
$ pip install bbfreeze # bbFreeze는 파이썬 3에서 사용할 수 없음
```

참고로 이 문서는 가볍지만, Flub(*https://pypi.python.org/pypi/flup*), Django, Twisted, Matplotlib, GTK, TKinter와 같은 라이브러리용 빌드 레시피(*https://github.com/schmir/bbfreeze/blob/master/bbfreeze/recipes.py*)가 포함되어 있다. 실행 가능한 바이너리를 만들고 싶다면 다음과 같이 bdist_bbfreeze 명령어를 사용하자.

```
$ bdist_bbfreeze hello.py
```

이 명령어는 bbfreeze가 실행된 위치에 dist 디렉터리를 만들어 파이썬 인터프리터, 그리고 스크립트(예시에서는 *hello.py*)와 같은 이름의 실행 파일을 담는다. 에그를 만들고 싶다면, 다음과 같이 새 distutils 명령어를 사용하자.

```
$ python setup.py bdist_bbfreeze
```

이때 빌드 버전(일별 빌드, 스냅샷)을 태그할 수도 있다. 더 많은 사용 정보를 얻고 싶다면 다음과 같이 표준 --help 옵션을 사용하자.

```
$ python setup.py bdist_bbfreeze --help
```

추가로 미세 조정을 위해 bbfreeze에서 가장 선호하는 방식인 `bbfreeze.Freezer` 클래스를 사용할 수 있다. 생성된 ZIP 파일에 압축할지, 파이썬 인터프리터를 포함할지, 어떤 스크립트를 포함할지 등의 플래그를 지정할 수 있다.

리눅스 내장 배포를 위한 패키징

리눅스에서 파이썬 코드를 배포하는 '올바른 방법'은 리눅스 내장 배포(built distribution)를 만드는 것이다. 내장 배포[8]는 프리징된 패키지와 같으나, 파이썬 인터프리터가 포함되어 있지 않아 코드 동결 대비 2MB 가량 용량이 적다. 또한, 파이썬을 위한 새 보안 업데이트가 발표되면 애플리케이션을 유지 보수하지 않아도 해당 업데이트가 적용된 새 버전의 파이썬을 통해 애플리케이션을 사용할 수 있다.

파이썬 표준 라이브러리인 distutils 모듈의 `bdist_rpm` 명령어를 사용하면 레드햇(Red Hat)이나 수세(SuSE)와 같은 리눅스 배포판에서 사용할 수 있는 RPM 파일을 쉽게 만들 수 있다(*https://docs.python.org/3/distutils/builtdist.html#creating-rpm-packages*).

리눅스 배포용 패키지에 대한 주의사항

리눅스 배포 형식(예: 데비안/우분투의 경우 *.deb*, 레드햇/페도라의 경우 *.rpm*)마다 필요한 구성을 만들고 유지 관리하는 일은 상당한 작업을 요한다. 게다가 윈도우, 맥과 같이 다른 플랫폼에 배포할 예정이라면, 이들을 위한 별도의 구성도 만들고 유지 관리해야 한다. 그러나 앞서 나온 '코드 동결하기'에 소개된 코드 동결 도구를 사용하면 리눅스뿐만 아니라 윈도우와 맥을 포함한 모든 플랫폼에서 실행할 수 있는 파일을 만들 수 있으며, 하나의 구성만 만들어 놓고 유지 보수해도 되기 때문에 작업량이 훨씬 줄어든다.

리눅스 배포판에서 지원하지 않는 파이썬 버전의 코드라면, 패키지를 만드는 일이 문제가 될 수 있다. 일부 우분투 버전을 사용하는 최종 사용자에게 *.deb* 파일을 설치하기 전 `sudo add-apt-repository` 명령어를 사용해 '죽은 뱀'[9] PPA를 추가하도록 안내해야 하며, 이는 불쾌한 사용자 경험을 제공하게 된다. 뿐만 아니라, 모든 배포판별로 지침을 만들어 유지관리해야 하며, 사용자는 이를 이해하고 실행할 수 있어야 한다.

다음은 인기 있는 리눅스 배포판에 대한 파이썬 패키징 가이드 링크이다.

---

8 때로는 '내장 배포'가 '바이너리 패키지'나 '인스톨러' 같은 이름으로 불리기도 한다. 이들의 파이썬 공식 명칭은 '내장 배포'이며, RPM이나 데비안 패키지, 윈도우에서 실행할 수 있는 인스톨러를 의미한다. 휠 또한 내장 배포 형식의 일종이나 여러 단점이 있으니(*http://bit.ly/python-on-wheels*), 이 안내서에서 소개한 내용과 같이 플랫폼별 리눅스 배포판을 만드는 것이 좋다.

9 (옮긴이) 글쓴이의 은유적 표현으로, 오래된 버전의 파이썬(비단뱀)을 의미함.

- 페도라(Fedora): *https://fedoraproject.org/wiki/Packaging:Python*
- 데비안(Debian)과 우분투(Ubuntu): *http://bit.ly/debian-and-ubuntu*
- 아치(Arch): *https://wiki.archlinux.org/index.php/Python_Package_Guidelines*

모든 리눅스 배포판용 패키지를 만드는 가장 빠른 방법은 fpm(effing package manager, *https://github.com/jordansissel/fpm*)을 사용하는 것이다. fpm은 루비와 셸로 작성되었으나 파이썬을 포함한 다양한 형식의 소스 코드를 데비안(*.deb*), 레드햇(*.rpm*), 맥(*.pkg*), 솔라리스 등에 맞춰 패키징할 수 있도록 만들어 주기 때문에 선호한다. 일종의 빠르고 훌륭한 핵(hack)이지만, 의존성 트리를 제공하지 않으므로 패키지 유지보수 담당자가 싫어할 수 있다. 데비안 사용자는 펄 프로그램인 Alien(*http://joeyh.name/code/alien/*)을 사용할 수도 있다. Alien은 데비안, 레드햇, 스탬퍼드(Stampede, *.slp*), 슬랙웨어(Slackware, *.tgz*) 파일 형식 간 변환을 가능하게 하지만, 2014년 이후로 코드가 업데이트되지 않고 있으며, 관리자는 물러났다. 랍 맥퀸(Rob McQueen)의 블로그에 데비안에서 서버 애플리케이션을 배포하는 데 관한 몇 가지 통찰을 담은 게시글이 있으니 읽어 보자(*https://nylas.com/blog/packaging-deploying-python*).

실행 가능한 ZIP 파일

파이썬 버전 2.6에서부터 *__main__.py*를 포함하는 ZIP 파일을 실행할 수 있다는 사실은 잘 알려져 있지 않다. 이 방법은(플랫폼별 바이너리가 필요 없는) 순수 파이썬 애플리케이션을 패키징하는 데 좋다. 이번에는 다음과 같은 단일 *__main__.py*가 있다고 가정해보자.

```
if __name__ == '__main__':
    try:
        print 'ping!'
    except SyntaxError: # Python 3
        print('ping!')
```

다음 명령어를 통해 위의 *__main__.py*를 포함하는 ZIP 파일을 만들 수 있다.

```
$ zip machine.zip __main__.py
```

여기서 만든 ZIP 파일은 다른 사람에게 전송할 수 있으며, 파이썬을 가지고 있는 사람은 명령줄에 다음과 같이 입력하여 실행할 수 있다.

```
$ python machine.zip
ping!
```

실행 파일로 만들고 싶다면, POSIX '셔뱅'(#!)을 ZIP 파일 앞에 추가할 수 있다. ZIP 파일 형식은 셔뱅을 추가할 수 있다. 이제 파이썬이 포함된 애플리케이션처럼 사용할 수 있다(셔뱅에 제공되는 경로를 통해 파이썬을 실행). 다음은 이전 코드와 계속 이어지는 예제다.

```
$ echo '#!/usr/bin/env python' > machine
$ cat machine.zip >> machine
$ chmod u+x machine
```

이제 실행 가능한 파일이 되었다.

```
$ ./machine
ping!
```

 파이썬 3.5부터 표준 라이브러리에 zipapp(*https://docs.python.org/3/library/zipapp.html*)이라는 모듈이 추가되어 ZIP 파일을 생성하는 게 더욱 간편해졌다. 또한 더 이상 메인 파일이 *__main__.py*일 필요가 없어져 유연하게 적용할 수 있다.

종속성을 현재 폴더에 배치하여 벤더화하고 import문을 변경하고 싶으면, 모든 종속성을 포함하는 실행 가능한 ZIP 파일을 만들 수 있다. 폴더 구조가 다음과 같다고 가정하자.

```
.
|--- archive/
    |--- __main__.py
```

그리고 필요한 의존성만 설치된 가상환경에서 작업하고 있다고 가정하자. 그러면 셸에 다음과 같이 입력하여 의존성을 포함시킬 수 있다.

```
$ cd archive
$ pip freeze | xargs pip install --target=packages
$ touch packages/__init__.py
```

xargs 명령어는 pip freeze에서 표준 입력을 가져와 pip 명령에 대한 인자 목록으로 바꾼다. --target=packages 옵션은 설치 결과를 *packages*라는 새 디렉터리로 옮긴다. touch 명령은 해당 파일이 없는 경우 빈 파일을 새로 만들고, 그렇지 않으면 파일의 변경 시간을 현재 시간으로 갱신한다. 이제 디렉터리 구조는 다음과 같다.

```
.
|--- archive/
    |--- __main__.py
    |--- packages/
        |--- __init__.py
        |--- dependency_one/
        |--- dependency_two/
```

이때 *packages* 디렉터리로부터 의존성을 가져오도록 import문을 수정해야 한다.

```
#import dependency_one   # 이 코드를 다음과 같이 수정하자
import packages.dependency_one as dependency_one
```

그리고 다음과 같이 zip -r을 사용해 새 ZIP 파일의 모든 폴더를 재귀적으로 포함시키자.

```
$ cd archive
$ zip machine.zip -r *
$ echo '#!/usr/bin/env python' > machine
$ cat machine.zip >> machine
$ chmod ug+x machine
```

Part 3
시나리오 가이드

이제 여러분은 파이썬을 설치했고, 사용할 에디터를 선택했으며, 파이썬스러운 게 어떤 의미인지 알고 있다. 또한 훌륭한 파이썬 코드를 읽어 보았고, 작성한 코드를 전 세계에 공유할 수 있다. 3부에서는 파이썬 커뮤니티의 코딩 시나리오별 가장 일반적인 접근 방식을 소개함으로써, 여러분의 프로젝트에 사용할 라이브러리 선택을 도와준다. 라이브러리는 사용 목적에 따라 다음 쪽과 같이 분류했다.

Part 2

7장 사용자와의 상호작용
콘솔 애플리케이션, GUI, 웹 애플리케이션과 같이 사용자와의 상
호작용에 필요한 라이브러리를 다룬다.

8장 코드 관리와 개선
시스템 관리 도구, C 또는 C++ 라이브러리와의 인터페이스를 위
한 도구, 파이썬 속도 개선 방법을 다룬다.

9장 소프트웨어 인터페이스
비동기 라이브러리, 데이터 직렬화, 암호화 라이브러리와 같이
네트워킹에 사용하는 라이브러리를 다룬다.

10장 데이터 작업
기호와 수치 알고리즘, 데이터 시각화, 이미지와 오디오 프로세
싱을 위한 라이브러리를 다룬다.

11장 데이터 지속성
마지막으로 데이터베이스와 상호작용하는 여러 ORM 라이브러
리 간의 차이점을 알아본다.

사용자와의 상호작용

7장에서 소개하는 라이브러리는 개발자가 최종 사용자와 상호작용하기 위한 코드를 작성하는 데 도움을 준다. 먼저 Jupyter 프로젝트를 소개한 다음, 보다 전형적인 명령줄 인터페이스와 그래픽 사용자 인터페이스(Graphical user interface, GUI), 웹 애플리케이션을 위한 도구를 순서대로 살펴본다.

Jupyter Notebook

Jupyter(*http://jupyter.org/*)는 파이썬 코드를 화면에 대화식으로 띄우고 실행할 수 있도록 돕는 웹 애플리케이션이다. Jupyter를 이 장에서 소개하는 이유는 Jupyter가 사용자 간 인터페이스이기 때문이다.

사용자는 웹 브라우저에서 Jupyter의 클라이언트 인터페이스를 보게 된다. 이 인터페이스는 CSS, HTML, 자바스크립트로 작성되었다. 클라이언트 시스템은 파이썬(혹은 다른 언어)으로 작성된 커널과 통신한다. 이 커널은 코드 블록을 실행하여 그 결과를 클라이언트로 보내는 역할을 한다. 코드와 그 실행 결과는 '노트북'(**.nb*) 형식으로 서버에 저장된다. '노트북' 형식은 여러 개의 셀(cell)로 구성된 텍스트 JSON 파일로, 각각의 '셀'은 HTML, 마크다운(wiki 페이지에서 사용하는 언어와 같이 사람이 읽기 쉬운 마크업 언어), 간단한 텍스트 노트 또는 실행 가능한 코드를 포함한다. Jupyter Notebook 서버는 로컬(사용자의 랩톱 등)에 구성할 수도 있고 원격 서버에 구성할 수도 있다(예: *https://try.jupyter.org/*에 소개된 노트북 예시).

시스템에 Jupyter 서버를 구성하기 위해서는 파이썬 3.3 이상이나 파이썬 2.7

이 필요하다. 캐노피와 아나콘다와 같은 상용 파이썬 재배포판(21쪽의 '상용 파이썬 재배포판' 참고)의 최신 버전을 사용한다면 Jupyter 노트북이 포함되어 있으므로 따로 설치할 필요가 없다. 2장에서 설명한 것처럼 스스로 C 코드를 컴파일하고 빌드할 수 있다면 재배포판을 설치하지 않아도 된다. 파이썬을 설치한 뒤 다음 pip 명령어를 사용해 Jupyter를 설치할 수 있다.

```
$ pip install jupyter
```

최근 연구에 따르면 교실에서 Jupyter를 사용하면 대화형 인터페이스 덕분에 코딩에 익숙하지 않은 학생들이 코딩을 효과적으로 쉽게 배울 수 있다고 한다 (*http://bit.ly/jupyter-classroom*).

명령줄 애플리케이션

명령줄(또는 콘솔) 애플리케이션은 텍스트 인터페이스에서 사용하도록 설계된 컴퓨터 프로그램으로, 셸(*https://en.wikipedia.org/wiki/Shell_(computing)*)이 그 예다. 명령줄 애플리케이션은 pep8이나 virtualenv처럼 간단한 명령어 모음일 수도 있고, python 인터프리터나 ipython과 같은 대화형 프로그램일 수도 있다. 일부 명령줄 애플리케이션은 하위 명령어를 가진다. 예를 들어 pip는 pip install, pip uninstall, pip freeze와 같은 하위 명령어와 함께 사용할 수 있다. 이러한 하위 명령어는 pip의 일반 옵션과 함께 사용할 수 있으며, 여기에 각 하위 명령어의 옵션을 추가로 사용할 수도 있다. 명령줄 애플리케이션을 실행하면 main() 함수의 내용이 실행된다. 좋은 main() 함수를 만드는 방법에 대해 우리의 자유로운 종신 독재자(BDFL)의 제안[1]이 궁금하면 *http://bit.ly/python-main-functions*에 접속해보자.

　이번에는 다음에 나오는 pip 호출 예제를 통해 명령줄 애플리케이션을 실행할 때 입력해야 하는 내용의 구성 요소를 이름과 함께 알아보자.

```
    ❶      ❷       ❸
$ pip install --user -r requirements.txt
```

---

[1] (옮긴이) 귀도 반 로섬(Guido van Rossum)은 대체로 사람들이 자주 작성하는 main() 함수 패턴을 소개한 뒤, 인자를 보다 유연한 방식으로 전달하도록 개선하는 몇 가지 방법을 제안하고 있다. 예를 들어, main() 함수가 기본 값이 None인 선택 인자를 가지도록 수정하는 게 한 가지 방법이다.

❶ **명령**은 호출되는 실행 파일의 이름이다.

❷ **인자**는 **명령** 뒤에 오며 앞에 대시(-) 기호가 없다. 파라미터 혹은 하위 명령어로도 불린다.

❸ **옵션**은 대시 한 개(한 글자 옵션의 경우, -h) 또는 두 개(두 글자 이상의 옵션인 경우, 예컨대 --help)가 앞에 붙는다. 플래그(flag) 또는 스위치로도 불린다.

표 7-1의 라이브러리는 명령줄 인자를 파싱하는 방법, 혹은 명령줄 애플리케이션에 유용한 도구를 제공하는 라이브러리다.

표 7-1 명령줄 도구

라이브러리	라이선스	사용해야 하는 이유
argparse	파이썬 소프트웨어 재단 라이선스	• 표준 라이브러리에 포함됨 • 인자와 옵션을 파싱하는 표준을 제공
docopt	MIT 라이선스	• 도움말 메시지 레이아웃을 제어할 수 있도록 도움 • POSIX 표준에 정의되어 있는 유틸리티 컨벤션(*https://bit.ly/utility-conventions*)에 따라 명령줄을 파싱함
plac	BSD 3절 라이선스	• 기존 함수 시그니처에서 도움말 메시지를 자동으로 생성함 • 명령줄 인자를 파싱하여 함수에 직접 전달
click	BSD 3절 라이선스	• 도움말 메시지와 파서를 만드는 데코레이터 제공(plac과 매우 비슷) • 여러 개의 하위 명령을 함께 구성할 수 있도록 함 • 다른 Flask 플러그인과 연동 가능(Click은 Flask와 독립적이나, 원래 여러 Flask 플러그인의 명령줄 도구를 함께 사용할 수 있게 돕고자 만들어졌기에, Flask 플러그인 생태계에서는 이미 사용되고 있음)
clint	ISC 라이선스	• 텍스트 출력의 색상, 들여쓰기, 열 형태의 포매팅 제공 • 대화형 입력의 형식 확인(예: 어떤 숫자나 경로가 정규 표현식에 들어맞는지 확인) • 간단한 필터링과 그룹화 도구를 통해 인자 목록에 직접 접근할 수 있도록 함
cliff	아파치 2.0 라이선스	• 여러 하위 명령어를 사용하는 대규모 파이썬 프로젝트를 위한 구조화된 프레임워크 제공 • 추가 코딩 없이 하위 명령어를 사용할 수 있는 대화형 환경을 구축할 수 있음

파이썬 표준 라이브러리에서 제공하는 도구를 먼저 사용하고, 표준 라이브러리에서 제공하지 않는 기능이 필요할 때 다른 라이브러리를 추가로 사용하자.

다음부터는 표 7-1에 나열된 명령줄 도구 순서로 도구들에 대한 상세한 내용을 다룬다.

argparse

*argparse*는 명령줄 옵션을 파싱할 수 있도록 돕는 파이썬 표준 라이브러리이다
(현재 사용되지 않는 *optparse* 모듈의 대체 라이브러리). HowDoI 프로젝트의
명령줄 인터페이스는 argpase를 사용해 만들어졌으니, 명령줄 인터페이스를 만
들 때 HowDoI의 인터페이스를 참고해도 좋다.

파서를 생성하는 코드는 다음과 같다.

```python
import argparse
#
# ... 상당량의 코드를 생략함 ...
#

def get_parser():
    parser = argparse.ArgumentParser(description='...truncated for brevity...')
    parser.add_argument('query', metavar='QUERY', type=str, nargs='*',
                        help='the question to answer')
    parser.add_argument('-p','--pos',
                        help='select answer in specified position (default: 1)',
                        default=1, type=int)
    parser.add_argument('-a','--all', help='display the full text of the answer',
                        action='store_true')
    parser.add_argument('-l','--link', help='display only the answer link',
                        action='store_true')
    parser.add_argument('-c', '--color', help='enable colorized output',
                        action='store_true')
    parser.add_argument('-n','--num-answers', help='number of answers to return',
                        default=1, type=int)
    parser.add_argument('-C','--clear-cache', help='clear the cache',
                        action='store_true')
    parser.add_argument('-v','--version',
                        help='displays the current version of howdoi',
                        action='store_true')
    return parser
```

이 파서는 명령줄 텍스트를 쪼개서 각 인자에 입력 값을 매핑하는 딕셔너리를
만든다. action='store_true'는 해당 옵션이 명령줄에 제공되는 경우 파서의 딕
셔너리에 True로 저장하라는 뜻이다.

docopt

docopt(*http://docopt.org/*)의 핵심 철학은 문서는 아름답고 이해하기 쉬워야 한
다는 것이다. 이 라이브러리는 하나의 주 명령 docopt.docopt()을 제공한다. 이
에 더하여 고급 사용자가 유용하고 편리하게 쓸 몇 가지 함수와 클래스를 제공
한다. docopt.docopt() 함수는 사용자가 작성한 POSIX 스타일의 사용법 문서화

문자열 정보를 사용하여 명령줄 인자를 파싱하고, 인자와 옵션으로 구성된 딕셔너리를 반환한다. --help와 --version 옵션도 적절하게 처리한다.

다음 예에서 arguments 변수의 값은 딕셔너리이며, *name*, --capitalize, --num_repetition을 키로 가진다.

```
#!/usr/bin env python3
"""사용자에게 인사하기

    Usage:
        hello <name>... [options]
        hello -h | --help | --version

        -c, --capitalize whether to capitalize the name
        -n REPS, --num_repetitions=REPS number of repetitions [default: 1]
"""

__version__ = "1.0.0" # Needed for --version

def hello(name, repetitions=1):
    for rep in range(repetitions):
        print('Hello {}'.format(name))

if __name__ == "__main__":
    from docopt import docopt
    arguments = docopt(__doc__, version=__version__)
    name = ' '.join(arguments['<name>'])
    repetitions = arguments['--num_repetitions']
    if arguments['--capitalize']:
        name = name.upper()
    hello(name, repetitions=repetitions)
```

여러분이 버전 0.6.0 이상의 docopt를 사용하면 git(*https://git-scm.com/*) 명령어나 Subversion(*https://subversion.apache.org/*)의 svn 명령어와 같이 하위 명령어를 가지는 복잡한 프로그램을 만들 수 있다. 다른 언어로 작성된 하위 명령어를 포함시킬 수도 있다. git 명령어 파서를 재구현한 응용 예시는 *https://github.com/docopt/docopt/tree/master/examples/git*에서 확인해보자.

Plac

Plac(*https://pypi.python.org/pypi/plac*)의 철학은 명령줄을 파싱하는 데 필요한 모든 정보는 대상 함수의 시그니처에 있다는 것이다. Plac은 파이썬 표준 라이브러리의 argparse(*https://docs.python.org/2/library/argparse.html*)를 래핑(wrapping)하는 200줄 정도의 가벼운 코드로, 단일 함수 plac.plac()를 제공한다. plac.

plac()은 주어진 함수의 시그니처로부터 인자 파서를 유추하여 명령줄 텍스트를 쪼개서 해당 함수를 호출한다.

원래 clap(Command-Line Argument Parser)이라 명명할 계획이었으나, 미처 PyPI에 등록하기 전에, 다른 사람이 만든 clap라는 이름의 모듈이 PyPI에 등록되는 바람에[2], clap을 거꾸로 뒤집은 Plac이란 이름으로 등록했다고 한다. 다음은 Plac을 통해 단 몇 줄의 코드만으로 사용법 설명문을 만드는 예시이다.

```python
# hello.py

def hello(name, capitalize=False, repetitions=1):
    """사용자에게 인사하기."""
    if capitalize:
        name = name.upper()
    for rep in range(repetitions):
        print('Hello {}'.format(name))

if __name__ == "__main__":
    import plac
    plac.call(hello)
```

아주 유익하진 않아도 다음과 같이 사용법 설명문이 만들어진다.

```
$ python hello.py --help
usage: hello.py [-h] name [capitalize] [repetitions]

사용자에게 인사하기.

positional arguments:
    name
    capitalize [False]
    repetitions [1]

optional arguments:
    -h, --help  show this help message and exit
```

인자를 함수에 넘기기 전에 타입캐스팅(자료형을 알맞게 변형)을 적용하려면 annotations 데코레이터를 사용하자.

---

2 (옮긴이) *http://micheles.github.io/plac/#trivia-the-story-behind-the-name*에 따르면 코드의 모듈 이름 부분을 모두 clap이라 바꾼 지 이틀 뒤에 clap이 PyPI에 나타났다고 한다.

```
import plac

@plac.annotations(
    name = plac.Annotation("the name to greet", type=str),
    capitalize = plac.Annotation("use allcaps", kind="flag", type=bool),
    repetitions = plac.Annotation("total repetitions", kind="option", type=int)
def hello(name, capitalize=False, repetitions=1):
    """사용자에게 인사하기."""
    if capitalize:
        name = name.upper()
    for rep in range(repetitions):
        print('Hello {}'.format(name))
```

또한 plac.Interpreter는 대화형 명령줄 애플리케이션을 쉽게 만들 수 있게 해준다. Plac의 대화형 모드 문서(*https://github.com/kennethreitz-archive/plac/blob/master/doc/plac_adv.txt*)에서 예제를 살펴보자.

Click

Click('Command Line-Interface Creation Kit'의 줄임말, *http://click.pocoo.org/*)의 주된 용도는 개발자가 가능한 한 적은 코드로 구성할 수 있는(composable)[3] 명령줄 인터페이스를 만들 수 있도록 돕는 것이다. Click의 문서에는 Click과 docopt의 관계를 다음과 같이 설명한다.

> Click의 목표는 구성 가능한(composable) 시스템을 만드는 것이지만, docopt의 목적은 최대한 아름답게 손수 명령줄 인터페이스를 만드는 것이다. 이 두 가지 목표는 서로 미묘하게 충돌한다. Click은 통합된 명령줄 인터페이스를 구현하기 위해 개발자로 하여금 특정 명령줄 패턴을 구현하지 못하게 한다. 예를 들어, Click에서는 도움말 페이지를 다시 포매팅하는 데 필요한 입력이 거의 없다.

Click의 기본 설정은 대부분 개발자의 요구를 충족시키지만, 고급 사용자를 위한 설정도 충분히 가능하다. Click은 Plac과 마찬가지로 데코레이터를 통해 파서 정의와 함수를 연결하며, 명령줄 인자 관리를 함수 외부에서 할 수 있도록 한다.

Click을 이용한 *hello.py* 애플리케이션은 다음과 같다.

```
import click

@click.command()
```

---

3 (옮긴이) 구성 가능성: 점진적으로 새로운 기능을 더할 수 있는 시스템 디자인

```
@click.argument('name', type=str)
@click.option('--capitalize', is_flag=True)
@click.option('--repetitions', default=1,
              help="Times to repeat the greeting.")
def hello(name, capitalize, repetitions):
    """사용자 이름 대문자로 바꾸어 인사하기."""
    if capitalize:
        name = name.upper()
    for rep in range(repetitions):
        print('Hello {}'.format(name))

if __name__ == '__main__':
    hello()
```

Click은 문서화 문자열에서 명령어에 관한 설명을 추출하여, *optparse*를 개량한
파서를 사용해 도움말 메시지를 생성한다. *optparse*가 현재 사용되지 않음에도
불구하고 *argparse*[4] 대신 사용한 이유는 *optparse*가 POSIX 표준을 비교적 더 준
수하기 때문이다. 도움말 메시지는 다음과 같다.

```
$ python hello.py --help
Usage: hello.py [OPTIONS] NAME

    사용자 이름 대문자로 바꾸어 인사하기.

Options:
  --capitalize
  --repetitions INTEGER  Times to repeat the greeting.
  --help                 Show this message and exit.
```

Click의 가장 큰 장점은 모듈 구성 가능성(Modular composability)이다. 그룹화
함수를 추가하면, Click의 데코레이터를 사용한 기존 함수의 하위 명령이 된다.

```
import click

@click.group() ❶
@click.option('--verbose', is_flag=True)
@click.pass_context ❷
def cli(ctx, verbose):
    ctx.obj = dict(verbose = verbose) ❸
    if ctx.obj['verbose']:
        click.echo("Now I am verbose.")

# 'hello' 함수는 이전과 같다...
```

---

4   docopt는 optparse나 argparse 대신 정규 표현식을 이용해 문서화 문자열을 파싱한다.

```
if __name__ == '__main__':
    cli() ❹
```

❶ group() 데코레이터를 이용해 하위 명령어보다 먼저 실행되는 최상위 명령어를 만든다.

❷ pass_context 데코레이터는 상위 명령어에서 하위 명령어로 인자 객체들을 (선택적으로) 보내는 역할을 한다. 이때 인자 객체를 입력으로 받는 각 함수의 첫 번째 인자는 click.core.Context 객체다.

❸ 첫 인자 객체는 ctx.obj라는 특별한 속성을 가지고 있는데, @click.pass_context 데코레이터를 이용하는 하위 명령어에 이 속성을 넘겨줄 수 있다.

❹ 이제 hello() 함수를 부르는 대신 @click.group() 데코레이터를 사용한 함수 (여기서는 cli() 함수)를 호출한다.

Clint

Clint(*https://pypi.python.org/pypi/clint/*) 라이브러리는 명령줄 인터페이스 도구 (Command-Line INterface Tools) 모음이다. Clint는 명령줄 인터페이스의 색상과 들여쓰기 설정, 간단하고 강력한 표 형식 출력 도구, 이터레이터(iterator) 기반의 진행 표시줄, 함축적인 인자 관리 기능을 지원한다. 다음은 색상과 들여쓰기 설정 도구 사용 예다.

```
"""사용법 문자열"""
from clint.arguments import Args
from clint.textui import colored, columns, indent, puts

def hello(name, capitalize, repetitions):
    if capitalize:
        name = name.upper()
    with indent(5, quote=colored.magenta(' ~*~', bold=True)): ❶
        for i in range(repetitions):
            greeting = 'Hello {}'.format(colored.green(name)) ❷
            puts(greeting) ❸


if __name__ == '__main__':
    args = Args() ❹
    # 먼저, 도움말을 확인하여 표시함
    if len(args.not_flags) == 0 or args.any_contain('-h'):
        puts(colored.red(__doc__))
        import sys
        sys.exit(0)

    name = " ".join(args.grouped['_'].all) ❺
```

```
        capitalize = args.any_contain('-c')
        repetitions = int(args.value_after('--reps') or 1)
        hello(name, capitalize=capitalize, repetitions=repetitions)
```

❶ Clint의 들여쓰기 설정 도구는 컨텍스트 매니저로, with절과 함께 직관적으로 사용할 수 있다. quote 옵션은 출력의 모든 줄마다 맨 앞에 마젠타 색의 굵은 ~*~ 문자열을 추가한다는 뜻이다.

❷ colored 모듈은 여덟 개의 색상 함수를 제공하며, 색상을 없앨 수도 있다.

❸ puts() 함수는 print() 함수와 비슷하지만 들여쓰기와 접두사(각 출력 줄의 맨 앞에 붙는 문자열) 관리 기능을 제공한다.

❹ Args는 인자 목록에 대한 간단한 필터링 도구를 제공하며, 다른 Args 객체를 반환하므로, 필터를 연쇄적으로 적용할 수 있다.

❺ 이 줄은 Args()로 만든 args를 사용하는 방법을 보여준다.

cliff

cliff(Command-Line Interface Formulation Framework, *https://pypi.python.org/pypi/cliff*)는 명령줄 프로그램을 만들기 위한 프레임워크이며, svn(Subversion)이나 git처럼 다단계의 명령어 계층을 생성하거나, Cassandra 셸이나 SQL 셸과 같은 대화형 프로그램을 만드는 데 쓰인다.

cliff의 기능은 추상 베이스 클래스(Abstract base class)로 그룹화되어 있다. 모든 하위 명령어에 대해 cliff.command.Command를 한 번 구현해 두면, 이후로는 cliff.commandmanager.CommandManager가 올바른 명령을 선택한다. 다음 코드는 최소한의 내용으로 구성된 *hello.py* 예제다.

```
import sys

from argparse import ArgumentParser ❶
from pkg_resources import get_distribution

from cliff.app import App
from cliff.command import Command
from cliff.commandmanager import CommandManager

__version__ = get_distribution('HelloCliff').version ❷

class Hello(Command):
    """누군가에게 인사하기."""

    def get_parser(self, prog_name): ❸
        parser = ArgumentParser(description="Hello command", prog=prog_name)
```

```
            parser.add_argument('--num', type=int, default=1, help='repetitions')
            parser.add_argument('--capitalize', action='store_true')
            parser.add_argument('name', help='person\'s name')
            return parser

        def take_action(self, parsed_args):  ❹
            if parsed_args.capitalize:
                name = parsed_args.name.upper()
            else:
                name = parsed_args.name
            for i in range(parsed_args.num):
                self.app.stdout.write("Hello from cliff, {}.\n".format(name))


class MyApp(cliff.app.App):  ❺
    def __init__(self):
        super(MyApp, self).__init__(
            description='Minimal app in Cliff',
            version=__version__,
            command_manager=CommandManager('named_in_setup_py'),  ❻
        )


def main(argv=sys.argv[1:]):
    myapp = MyApp()
    return myapp.run(argv)
```

❶ cliff는 argparse.ArgumentParser를 직접 명령줄 인터페이스로 사용한다.

❷ *setup.py*로부터(마지막으로 pip install이 실행된 때의) 버전 정보를 받아온다.

❸ 베이스 클래스의 get_parser()를 작성하는데, 이 함수는 argparse.Argument Parser를 반환한다.

❹ 베이스 클래스의 take_action()를 작성해야 한다. 이 함수는 Hello 명령어를 사용하면 실행된다.

❺ 이 예제의 주요 애플리케이션은 cliff.app.App의 하위 클래스이며, 로그 기록이나 입출력 스트림과 같이 모든 하위 명령에 전역으로 적용되는 항목을 설정한다.

❻ CommandManager는 모든 Command 클래스를 관리하며, *setup.py*의 entry_points 내용을 이용해 명령어의 이름을 찾는다.

GUI 애플리케이션

이번에는 여러 가지 위젯 라이브러리부터 살펴본다. 위젯 라이브러리란 버튼,

스크롤바, 진행 표시줄과 같이 미리 만들어진 구성 요소를 제공하는 툴킷이나 프레임워크를 말한다. 이후 게임 라이브러리를 간단히 소개할 예정이다.

위젯 라이브러리

GUI 개발 관점에서 보았을 때, 버튼, 슬라이더, 스크롤바 같이 자주 사용되는 UI 제어 및 디스플레이 요소를 통칭하여 위젯이라 한다. 위젯 라이브러리를 사용한다면 로우레벨 코딩(예: 마우스 클릭 시 커서 밑에 어떤 버튼이 있어야 하는지 식별)이나 작업(예: 운영체제별로 창을 생성하는 API를 달리 사용)에 대한 걱정이 없어진다.

GUI 개발이 처음이라면 GUI를 만드는 방법을 배울 수 있으면서 사용하기 쉬운 라이브러리를 원할 것이다. 그렇다면 파이썬 표준 라이브러리에 포함된 Tkinter가 제격이다. 파이썬 라이브러리가 기반으로 하는 툴킷의 구조와 기능이 궁금한 사람들을 위해 툴킷별로 라이브러리를 묶어 다음과 같이 인기순으로 나열해보았다.

표 7-2 GUI 위젯 라이브러리

기반 라이브러리 (언어)	파이썬 라이브러리	라이선스	사용해야 하는 이유
TK (Tcl)	tkinter	파이썬 소프트웨어 재단 라이선스	• 모든 의존성이 이미 파이썬에 포함되어 있음 • 버튼, 스크롤바, 텍스트 상자, 캔버스와 같은 표준 UI 위젯을 제공함
SDL2 (C)	Kivy	MIT(1.7.2 버전 이상) 혹은 LGPL3(1.7.2 버전 미만)	• 안드로이드 앱을 만드는 데 사용할 수 있음 • 멀티터치 기능 제공 • 일부 기능을 C로 구현하여 빠르며, GPU를 사용함
Qt (C++)	PyQt	GNU General Public 라이선스(GPL) 또는 상용	• 플랫폼에 관계없이 일관된 모양과 느낌을 제공함 • 수많은 애플리케이션과 라이브러리(예: Eric IDE, Spyder, Matplotlib)가 Qt에 의존하므로 이미 설치되어 있을 수도 있음 • Qt5는 안드로이드 앱 개발 기능을 제공함 (단, Qt5는 Qt4와 함께 사용할 수 없음)
Qt (C++)	PySide	GNU Lesser General Public 라이선스 (LGPL)	• 좀 더 관대한 라이선스를 사용하는 PyQt 대체 라이브러리

GTK (C) (GIMP Toolkit)	PyGObject (PyGi)	GNU Lesser General Public 라이선스 (LGPL)	• GTK+ 3에 대한 파이썬 바인딩 제공 • GNOME 데스크톱 시스템 개발 경험이 있는 사람에게 친숙함
GTK (C)	PyGTK	GNU Lesser General Public 라이선스 (LGPL)	• 프로젝트에서 이미 PyGTK를 사용할 경우에만 사용하자. 오래된 PyGTK 코드는 PyGObject로 포팅해야 한다.
wxWindows (C++)	wxPython	wxWindows 라이선스 (LPGL 수정 라이선스)	• 플랫폼에 따라 다양한 창 생성 라이브러리를 사용해 기본 모양과 느낌(native look and feel)을 제공 • 따라서, 같은 작업을 하는 코드라도 각 플랫폼마다 코드의 일부분이 다를 수 있음
Objective C	PyObjC	MIT 라이선스	• Objective C에 대한 인터페이스 제공 • 맥을 위한 프로젝트에 적합 • 다른 플랫폼에서는 사용할 수 없음

이제는 앞서 소개한 파이썬의 다양한 GUI 라이브러리를 기반으로 사용하는 툴킷별로 묶어 더 자세하게 소개하겠다.

Tk

파이썬 표준 라이브러리의 Tkinter 모듈은 Tk에 의존하는 객체지향 레이어다. Tk는 Tcl 언어로 작성한 위젯 라이브러리이며, 보통 이 둘을 묶어 Tcl/Tk라 부른다.[5] Tkinter는 표준 라이브러리에 포함되어 있으므로 여기서 소개하는 GUI 툴킷 중 가장 간편하고 호환성이 좋다. Tk와 Tkinter는 윈도우와 맥뿐만 아니라 거의 모든 유닉스 플랫폼에서 사용할 수 있다.

TkDocs(*http://www.tkdocs.com/tutorial/index.html*)는 여러 언어를 위한 Tk 튜토리얼을 제공하며, 파이썬 예시도 포함되어 있다. 더 자세한 내용은 파이썬 위키(*https://wiki.python.org/moin/TkInter*)에서 확인하자.

만약 파이썬 표준 배포판을 사용한다면, 파이썬 표준 라이브러리의 일부인 IDLE을 사용할 수 있다. IDLE은 GUI 대화형 코딩 환경이며 명령줄에 `idle`이라고 입력하면 실행할 수 있다. 파이썬으로 작성되었고, 그 소스 코드를 확인할 수도 있다. 셸에서 다음과 같이 입력하면 IDLE의 소스 코드 경로를 확인할 수 있다.

---

5 Tcl(*https://www.tcl.tk/about/language.html*)은 도구 명령 언어(Tool Command Language)로, 1990년대 초반에 존 오스터하우트(John Ousterhout)가 집적 회로 설계를 위해 만든 경량 언어(*http://web.stanford.edu/~ouster/cgi-bin/tclHistory.php*)이다.

```
$ python -c"import idlelib; print(idlelib.__path__[0])"
```

해당 경로 디렉터리에는 많은 파일이 담겨 있는데, IDLE 애플리케이션은 PyShell.py 모듈에서 실행된다. 마찬가지로, 드로잉 인터페이스 사용 예시로는 tkinter.Canvas가 있으며, turtle 모듈(*https://docs.python.org/3/library/turtle.html*)에서 코드를 살펴볼 수 있다. 셸에 다음과 같이 입력하면, 코드 경로를 찾을 수 있다.

```
$ python -c"import turtle; print(turtle.__file__)"
```

Kivy

Kivy(*https://kivy.org/*)는 멀티터치를 지원하는 미디어가 풍부한 애플리케이션을 개발하는 데 사용할 수 있는 파이썬 라이브러리다. Kivy는 커뮤니티에서 활발하게 개발되고 있으며, BSD와 비슷하면서 관대한 라이선스를 가진다. 모든 주요 플랫폼(리눅스, 맥, 윈도우, 안드로이드)에서 작동한다. 파이썬으로 작성되었으며, 창 생성 툴킷을 사용하지 않고 SDL2(Simple DirectMedia Layer, *https://www.libsdl.org/*)와 직접 인터페이스한다. SDL2는 C 라이브러리이며, 사용자 입력 기기[6], 오디오, OpenGL(윈도우에서는 Direct3D)을 사용한 3D 렌더링에 대한 로우레벨 접근을 돕는다. 몇 가지 위젯(kivy.uix 모듈에 포함됨(*https://kivy.org/docs/api-kivy.uix.html*))을 제공하지만, Qt와 GTK와 같이 인기 있는 라이브러리와 비교하면 많지 않다. 따라서 통상적인 데스크톱용 비즈니스 애플리케이션을 개발한다면 Qt나 GTK가 더 낫다.

설치하려면 Kivy 다운로드 페이지(*https://kivy.org/#download*)에 접속하여 사용하는 운영체제와 파이썬 버전에 맞는 ZIP 파일을 받고, 운영체제에 맞는 설치 지침을 따르자. 코드에는 API의 각 부분을 설명하는 십여 개의 예시가 폴더에 담겨 포함되어 있다.

Qt

Qt('큐트'라고 발음)는 GUI를 가지는 소프트웨어를 개발하는 데 널리 사용되는

---

6 마우스 입력뿐만 아니라 터치 입력도 지원한다. TUIO(터치와 동작에 대한 오픈 소스 프로토콜과 API, *http://www.tuio.org/*), 닌텐도의 Wii 리모컨, WM_TOUCH(윈도우 운영체제의 터치 API), HidTouch(*https://sourceforge.net/projects/hidtouchsuite/*)를 사용하는 USB 터치스크린, 애플 제품이 입력 기기로 사용될 수 있다. 그 외 목록은 *https://kivy.org/docs/api-kivy.input.providers.html*에서 확인하자.

크로스 플랫폼 애플리케이션 프레임워크이며, GUI가 없는 애플리케이션을 개발할 때 사용할 수도 있다. 이에 더해, 안드로이드를 위한 버전인 Qt5(*http://doc.qt.io/qt-5/android-support.html*)도 있다. Spyder, Eric IDE, Matplotlib과 같이 Qt를 적용한 도구를 사용하고 있다면 이미 Qt가 설치되어 있을 것이다. 명령줄에 다음과 같이 입력하여 Qt 버전을 확인할 수 있다.

```
$ qmake -v
```

Qt는 LGPL 라이선스로 배포되므로, Qt만 수정하지 않는다면 Qt를 사용한 프로젝트의 바이너리를 배포할 수 있다. 상용 라이선스는 데이터 시각화와 인앱 구매와 같은 애드온(add-on)을 제공한다. Qt는 프레임워크이며, 다양한 유형의 애플리케이션을 위한 사전 구축된 스캐폴딩을 제공한다. Qt와 인터페이스하는 PyQt와 PySide 둘 다 문서화가 잘 되어 있지 않으므로, Qt의 기반 언어인 C++용 문서(*http://doc.qt.io/*)를 살펴보는 것이 가장 좋다. PyQt와 PySide에 대해 간단히 소개하자면 다음과 같다.

PyQt

리버뱅크 컴퓨팅(Riverbank Computing)의 PyQt는 (아직 Qt5 버전이 없는) PySide보다 최신 버전이다. 설치하려면 PyQt4(*http://pyqt.sourceforge.net/Docs/PyQt4/installation.html*) 혹은 PyQt5(*http://pyqt.sourceforge.net/Docs/PyQt5/installation.html*)의 설치 문서를 따르자. PyQt4와 PyQt5는 각각 Qt4와 Qt5와 인터페이스한다(만약 이 둘을 모두 사용해 개발하고 싶다면 라이브러리 경로 변경에 대처할 필요가 없도록 앞서 나온 '도커(Docker)'에 소개된 격리 도구를 사용하길 추천한다).

리버뱅크 컴퓨팅에서는 PyQt5 전용 GUI 도구인 pyqtdeploy(*https://pypi.python.org/pypi/pyqtdeploy*)도 공개했다. pyqtdeploy를 사용하면 배포용 바이너리를 빌드하는 데 사용할 수 있도록 플랫폼에 맞는 C++ 코드를 만들 수 있다. 자세한 내용이 궁금하다면 PyQt4 튜토리얼(*https://pythonspot.com/en/pyqt4/*)과 PyQt5 예시(*https://github.com/baoboa/pyqt5/tree/master/examples*)를 확인하자.

PySide

PySide(*https://wiki.qt.io/PySideDocumentation*)는 노키아(Nokia)가 Qt를 소유

했을 당시 PyQt를 개발한 리버뱅크 컴퓨팅(Riverbank Computing)을 인수 하지 못했기 때문에, PyQt의 라이선스를 GPL에서 LGPL로 바꾸고자 개발 되었다. PySide는 PyQt를 대체하기 위해 만들어졌으나, PyQt에 비해 개발 속도가 뒤쳐진다. Qt의 위키에서 PySide와 PyQt의 차이점을 설명하는 글 (*http://bit.ly/differences-pyside-pyqt*)을 읽어 보자.

PySide를 설치하려면 Qt 문서의 지침(*https://wiki.qt.io/Setting_up_PySide*)을 따르자. 여러분의 첫 PySide 애플리케이션을 작성하는 데 도움을 줄 페이지 (*https://wiki.qt.io/Hello-World-in-PySide*)도 있다.

GTK+

GTK+ 툴킷(GIMP[7] Toolkit의 약자, *http://www.gtk.org/*)은 GNOME 데스크톱 환경의 백본을 위한 API를 제공한다. C를 선호하며 GTK+의 소스 코드를 보는 게 편안한 프로그래머, GNOME 애플리케이션을 작성해 왔거나 해당 API에 친숙한 프로그래머라면 필요에 따라 Qt 대신 GTK+를 선택할 수 있다. 다음 두 라이브 러리는 GTK+의 파이썬 바인딩이다.

pyGTK

PyGTK는 GTK+의 파이썬 바인딩이지만 (GTK+ 3 이상이 아닌) GTK+ 2.x API만 제공한다. 개발이 중지되었기 때문에 개발팀에서는 새로 시작하는 프로젝트에 PyGTK를 사용하지 않기를 권장하며, 기존 애플리케이션도 PyGObject로 포팅하기를 추천한다.

*PyGObject(**별칭**: PyGI)*

PyGObject(*https://wiki.gnome.org/Projects/PyGObject*)는 GNOME 소프트웨어 플랫폼 전체에 접근할 수 있도록 파이썬 바인딩을 제공한다. GObject Introspection(*https://wiki.gnome.org/Projects/GObjectIntrospection*)을 위한 파이썬 API(*http://lazka.github.io/pgi-docs/*)를 제공하기 때문에 PyGI로도 알려져 있다(Object Introspection은 GNOME의 핵심 C 라이브러리 모음인 Glib(*https://developer.gnome.org/glib/*)와 다른 언어 사이의 API 브릿지다). PyGObject는 GTK+ 3과 완전히 호환된다. 파이썬 GTK+ 3 튜토리얼 (*http://python-gtk-3-tutorial.readthedocs.org/en/latest/*)은 PyGObject를 시작하

---

7 GIMP는 GNU Image Manipulation Program의 약자이다. GTK+는 GIMP 드로잉을 지원하고자 만들어졌으나, 이제는 사람들이 데스크톱 창 환경 전체를 GIMP로 만들고 싶어할 만큼 인기가 많아졌다.

는 데 좋은 자료이다. 설치하려면 PyGObject 다운로드 사이트(*http://bit.ly/pygobject-download*)에서 바이너리를 다운 받으면 된다. 맥 사용자는 홈브류를 통해 설치할 수 있다(brew install pygobject).

wxWidgets

wxWidgets(*https://www.wxwidgets.org/*)의 디자인 철학은, 애플리케이션이 고유의 모양과 느낌(look and feel)을 가지려면, 운영체제별로 고유의 API를 사용하는 게 최선이라는 입장이다. Qt와 GTK+는 X11 대신 다른 창 생성 라이브러리를 사용할 수 있지만, Qt는 라이브러리를 추상화하고 GTK는 사용자가 GNOME을 프로그래밍하는 것처럼 만든다. wxWidgets는 각 플랫폼과 직접 인터페이스할 수 있는 게 장점이며, 라이선스가 훨씬 관대하다. 그러나 플랫폼마다 약간씩 다르게 처리해야 한다는 게 단점이다.

wxPython(*http://wxpython.org/*)은 파이썬 사용자를 위해 wxWidgets를 래핑한 확장 모듈이며, 한때 가장 인기 있는 파이썬 창 생성 라이브러리였다. 아마도 네이티브 인터페이스 도구에 대한 디자인 철학 때문이었을지 모른지만, 이제는 Qt와 GTK+의 방식이 충분히 좋아보인다. 그래도 wxWidgets를 설치하고 싶다면 *http://www.wxpython.org/download.php#stable*에 접속해 운영체제에 맞는 패키지를 다운 받고, wxPython 튜토리얼(*http://bit.ly/wxpython-getting-started*)을 참고 삼아 시작해보자.

오브젝티브-C

오브젝티브-C(Objective-C)는 맥과 iOS 운영체제를 위해 애플이 사용하는 독점 언어이며, 이를 통해 맥에서의 애플리케이션 개발에 사용하는 코코아(Cocoa) 프레임워크에 접근할 수 있다. 다른 도구와 달리, 오브젝티브-C는 크로스 플랫폼이 아니며, 애플 제품만을 위한 도구이다.

PyObjC는 맥의 오브젝티브-C 언어와 파이썬 간 양방향 브릿지로, 맥에서 개발할 때 파이썬이 코코아 프레임워크에 접근하는 것뿐만 아니라, 오브젝티브-C 프로그래머가 파이썬에 접근하는 것도 허용한다.[8]

---

8 그러나 파이썬처럼 사용하기 쉬운 언어인 스위프트(Swift, *http://www.apple.com/swift/*)가 생기면서 오브젝티브-C에 대한 수요가 적어졌다. 맥 전용 코드를 작성한다면 스위프트를 사용해 모든 것을 네이티브하게 처리할 수 있다(단, NumPy와 Pandas와 같은 과학 라이브러리를 사용해야 한다면 파이썬을 쓰자).

코코아 프레임워크는 맥에서만 사용할 수 있으므로 크로스 플랫폼 애플리케이션을 작성하고 싶다면 오브젝티브-C를 선택하지 말자.

PyObjC를 위한 컴파일러가 필요하기 때문에 1장의 '맥에서 파이썬 설치하기'에서 설명했듯이 Xcode를 설치해야 할 수도 있다. 또한, PyObjC는 표준 C파이썬 배포판에서만 작동하며, 파이파이나 자이썬과 같은 배포판에서는 작동하지 않는다. 맥에서 제공하는 파이썬은 맥과 호환이 잘 되도록 수정었으므로, 이를 사용하는 게 좋다.

시스템의 파이썬 인터프리터를 사용하는 가상환경을 만들고 싶다면, 호출할 때 해당 파이썬의 경로 전체를 사용하자. 슈퍼사용자(super user)로 설치하고 싶지 않다면, --user 스위치를 사용해 설치하여 *$HOME/Library/Python/2.7/lib/python/sitepackages/*에 라이브러리를 저장하도록 하자.

```
$ /usr/bin/python -m pip install --upgrade --user virtualenv
```

가상환경을 활성화하고 PyObjC를 설치하자.

```
$ /usr/bin/python -m virtualenv venv
$ source venv/bin/activate
(venv)$ pip install pyobjc
```

설치에 시간이 조금 걸린다. PyObjC는 배포용 애플리케이션 바이너리 제작에 사용하는 맥 전용 도구인 py2app(205쪽의 'py2app' 참고)과 함께 제공된다. PyObjC 예제 페이지(*http://pythonhosted.org/pyobjc/examples/index.html*)에 소개된 애플리케이션 예제를 살펴보자.

게임 개발

Kivy는 주로 게임을 만드는 데 사용되지만, 위젯과 버튼을 제공하기 때문에 툴킷으로 분류하여 미리 소개하였다. Kivy는 매우 빠르게 인기를 얻었지만, 아래 나열된 라이브러리와 비교하면 훨씬 무겁다. Pygame 커뮤니티는 파이썬 게임 개발자 웹사이트(*http://www.pygame.org/hifi.html*)를 호스팅하며, Pygame 사용 여부에 관계없이 모든 게임 개발자를 환영한다. 아래에서 인기 있는 게임 개발 라이브러리를 살펴보자.

cocos2d

cocos2d(*https://pypi.python.org/pypi/cocos2d*)는 BSD 라이선스로 배포되었다. pyglet을 기반으로, 감독(director)이 관리하는 장면(scene)의 모음을 워크플로로 연결하는 방식으로 게임을 구조화하는 프레임워크를 제공한다. 문서(*http://tinyurl.com/py-cocos2d-scenes*)에 설명된 바와 같이 장면-감독-워크플로 스타일을 좋아하거나 드로잉을 위해 pyglet을 사용하고 싶다면, 이에 더해 조이스틱과 오디오를 위해 SDL2를 사용하고 싶다면 cocos2d를 사용하자. pip를 사용하여 cocos2d를 설치할 수 있다. SDL2를 위해 먼저 패키지 관리자를 확인하고 SDL2 사이트(*https://www.libsdl.org/*)에서 다운 받자. cocos2d를 시작하는 최고의 방법은 cocos2d에서 제공하는 애플리케이션 예시(*https://github.com/los-cocos/cocos/tree/master/samples*)를 살펴보는 것이다.

pyglet

pyglet(*https://pypi.python.org/pypi/pyglet*)은 BSD 라이선스로 배포되었다. OpenGL의 경량 래퍼 모음이며, 창 주변에 스프라이트를 보여 주고 움직이는 데 사용하는 도구도 포함되어 있다. 무조건 설치하자. 거의 모든 컴퓨터에 OpenGL이 포함되어 있기 때문에 pip만 사용하면 설치할 수 있다. 800줄도 안 되는 코드로 구현된 애스트로이즈(Asteroids, *http://bit.ly/astrea-py*)[9]의 완벽 복제판 게임을 포함한 몇 가지 예시 애플리케이션(*https://bitbucket.org/pyglet/pyglet/src/default/examples*)도 실행해보자.

Pygame

Pygame은 Zlib 라이선스와 SDL2를 위한 GNU LGPLv2.1 라이선스로 배포되었다. 크고 활발한 커뮤니티, 무수히 많은 Pygame 튜토리얼(*http://www.pygame.org/wiki/tutorials*)이 있음에도 불구하고, Pygame의 이전 버전 라이브러리인 SDL1이 사용되어 왔다. PyPI에 등록되어 있지 않으므로, 여러분의 패키지 관리자가 Pygame을 지원하지 않는다면 웹에서 다운 받아 설치하자(*http://www.pygame.org/download.shtml*).

Pygame-SDL2

최근에 발표된 Pygame-SDL2(*http://bit.ly/pygame-sdl2*)는 SDL2를 기반으로 Pygame을 재구현했다. Pygame과 같은 라이선스이다.

---

9 (옮긴이) 우주를 배경으로 하는 슈팅 아케이드 게임으로, 1979년에 아타리(Atari)에 의해 출시되었다.

PySDL2

PySDL2(*https://pypi.python.org/pypi/PySDL2*)는 C파이썬, 아이언파이썬, 파이파이에서 동작하며, SDL2 라이브러리를 위한 경량 파이썬 인터페이스이다. 파이썬에서 SDL2와 인터페이스하는 가장 가벼운 라이브러리를 원한다면 PySDL2가 그 해답이다. 자세한 내용은 PySDL2 튜토리얼(*http://pysdl2.readthedocs.io/en/latest/tutorial/index.html*)에서 확인하자.

웹 애플리케이션

파이썬은 빠른 프로토타이핑과 큰 프로젝트에 모두 적용되는 강력한 스크립팅 언어로서, 웹 애플리케이션 개발에 널리 사용된다(예: 유튜브, 핀터레스트, 드롭박스, The Onion[10]).

우리는 5장에서 'Werkzeug'과 'Flask'가 웹 애플리케이션 개발에 관한 라이브러리라는 것을 알았다. 또한, 웹 서버와 파이썬 웹 애플리케이션이 통신하는 방법을 명시한 PEP 3333(*https://www.python.org/dev/peps/pep-3333/*)에 정의된 파이썬 표준인 WSGI(Web Server Gateway Interface)에 대해서도 간단히 짚고 넘어갔다. 이번에는 파이썬 웹 프레임워크에 대해 알아본 뒤, 이들의 템플릿 생성 시스템, 인터페이스하는 서버, 실행되는 플랫폼을 살펴본다.

웹 프레임워크/마이크로프레임워크

일반적으로 웹 프레임워크는 웹 애플리케이션(예: 서버에서 실행 중인 코드와 인터페이스하는 클라이언트를 제공하는 대화형 웹사이트) 구현에 사용되는 라이브러리와 기본 핸들러 모음으로 구성된다. 대부분의 웹 프레임워크는 적어도 아래 나열된 내용을 수행하기 위한 패턴과 유틸리티를 포함한다.

URL 라우팅

들어오는 HTTP 요청과 특정 파이썬 함수(혹은 호출 가능 객체)를 매칭한다.

요청/응답 객체 처리

사용자의 브라우저에서 수신하거나 송신한 정보를 캡슐화한다.

---

10 (옮긴이) *http://www.theonion.com/*

템플릿

파이썬 변수를 HTML 템플릿이나 기타 출력에 삽입한다. 따라서 프로그래머
가 (템플릿의) 레이아웃과 (파이썬의) 애플리케이션 로직을 구분할 수 있도
록 돕는다.

디버깅용 웹서비스 개발

작업 중인 머신에 소형 HTTP 서버를 실행해 빠르게 개발할 수 있다. 파일이
업데이트되면 서버 측 코드를 자동으로 재로딩한다.

프레임워크를 직접 코딩할 필요는 없다. 대부분 필요한 도구는 이미 존재하며,
수천의 다른 개발자들이 사용하고 검증했다. 필요한 도구를 찾지 못했다면 다른
프레임워크(예: Bottle, Web2Py, CherryPy)를 계속 탐색해보자. 이 책의 기술
검토자 중 한 명은 RESTful API(즉, HTML을 제공하지 않는 경우)를 구축하기
위한 프레임워크인 팔콘(Falcon, *http://falconframework.org/*)도 다뤄야 한다는 의
견을 개진하기도 했다.

표 7-3의 라이브러리는 모두 다음과 같이 **pip**를 사용해 설치할 수 있다.

```
$ pip install Django
$ pip install Flask
$ pip install tornado
$ pip install pyramid
```

표 7-3 웹 프레임워크

라이브러리	라이선스	사용해야 하는 이유
Django	BSD 라이선스	• 미리 만들어진 사이트 구조를 제공하여 레이아웃, 내부 데이터와 로직을 디자인할 수 있음 • 프로그래머가 아닌 사용자가 뉴스 기사와 같은 데이터를 추가하거나 삭제할 수 있도록 관리 웹 인터페이스를 자동으로 생성함 • Django의 객체 관계 매핑(Object-relational mapping, ORM) 도구와 통합되어 있음
Flask	BSD 라이선스	• 스택 구성 요소를 완전히 제어할 수 있게 도와줌 • 선택한 함수에 URL 라우팅을 추가하는 우아한 데코레이터를 제공함 • Django나 Pyramid와 달리 미리 구축된 구조(스캐폴딩)가 없어 사용자 자유도가 높음
Tornado	Apache 2.0 라이선스	• 훌륭한 비동기 이벤트 핸들링을 제공함(Tornado는 고유 HTTP 서버를 사용함) • 여러 웹 소켓(TCP[a]를 통한 양방향 동시 전송 방식(full duplex)으로 영구적(persistent) 통신이나 기타 장시간 연결을 처리하는 방법 제공

표 7-3 다음 쪽에 계속

Pyramid	수정 BSD 라이선스	• 미리 구축된 구조(스캐폴딩)을 제공하지만 Django와 비교하면 적으며, 어떠한 데이터베이스 인터페이스나 템플릿 생성 라이브러리라도 사용할 수 있도록 도움 • 인기 있는 Zope 프레임워크와 Pylon을 기반으로 함(둘 다 Pyramid의 시초임)

a   전송 제어 프로토콜(Transmission Control Protocol, TCP)이란 두 컴퓨터를 연결하여 서로 통신하는 방법을 정의한 표준 프로토콜이다.

이번에는 표 7-3에 소개된 웹 프레임워크에 대해 자세히 다룬다.

장고

장고(Django, *http://www.djangoproject.com/*)는 '건전지가 포함된'[11] 웹 애플리케이션 프레임워크이며, (뉴스 사이트 같은) 콘텐츠를 담는 웹사이트 제작에 적당한 훌륭한 선택지다. 수많은 유틸리티와 패턴을 즉시 사용할 수 있어 복잡한 데이터베이스 기반 웹 애플리케이션 빠르게 구축할 수 있으며 가독성 높은 코드 작성이 가능해진다.

장고 커뮤니티는 크고 활발하다. 장고의 재사용 가능한 수많은 모듈(*http://djangopackages.com/*)은 새 프로젝트에 그대로 적용하거나 필요에 따라 수정할 수 있다.

미국(*https://djangocon.us/*)과 유럽(*https://djangocon.eu*)에서는 매년 장고 컨퍼런스가 열리고, 최근 새로 만들어지는 파이썬 웹 애플리케이션의 대부분이 장고를 사용한다.

플라스크

플라스크(Flask, *http://flask.pocoo.org/*)는 파이썬을 위한 마이크로프레임워크이며, 작은 애플리케이션, API, 웹 서비스를 구축할 때 훌륭한 선택지다. 사용자가 원하는 대부분의 기능을 모두 제공하는 대신, URL 라우팅, HTTP 요청/응답 객체, 템플릿과 같이 웹 애플리케이션 프레임워크에서 주로 사용되는 핵심 구성 요소만 구현하였다. 플라스크를 사용한 앱 개발은 표준 파이썬 모듈을 작성하는 것과 같다. 단, 경로를 덧붙여야 하는 일부 함수는 예외이다(다음 예시 코드에서는 데코레이터 통해 경로를 덧붙임). 참고로 다음 코드는 정말 아름답다.

---

11 (옮긴이) batteries included, 프로그래머가 바로 사용할 수 있는 라이브러리와 통합 환경을 제공한다는 파이썬의 기본 개념.

```
@app.route('/deep-thought')
def answer_the_question():
    return 'The answer is 42.' 12
```

플라스크를 사용할 때 애플리케이션의 기타 구성 요소는 (필요하다면) 사용자가 스스로 선택한다. 예를 들어, 데이터베이스 접근, 양식 생성/유효성 검증은 플라스크에 내장되어 있지 않다. 많은 웹 애플리케이션이 이러한 기능을 필요로 하지 않으므로 이는 훌륭한 점이다. 만약 추가 기능이 필요하다면 다양한 확장이 있으니 선택해 보자. 데이터베이스 기능이 필요하다면 SQLAlchemy(*http://flask-sqlalchemy.pocoo.org/*), MongoDB 기능이 필요하다면 pyMongo(*https://docs.mongodb.com/getting-started/python/*), 양식(form)이 필요하다면 WTForms(*https://flask-wtf.readthedocs.io/*)를 선택하면 된다.

플라스크는 장고 같이 사전에 구축된 스캐폴딩이 그다지 적당하지 않은 파이썬 웹 애플리케이션을 짤 때 기본 선택지에 올릴 수 있는 프레임워크다. 좋은 소개 자료가 필요하다면 플라스크 애플리케이션 예시(*https://github.com/pallets/flask/tree/master/examples*)를 추천한다. 만약 여러 애플리케이션을 동시에 실행하려면 애플리케이션 디스패칭(*http://bit.ly/application-dispatching*)을 사용하자 (장고에서는 기본으로 제공함). 그리고 한 동작을 앱의 여러 하위 페이지에 한꺼번에 적용하고 싶다면 플라스크의 블루프린트(Blueprint, *http://flask.pocoo.org/docs/0.10/blueprints/*)를 사용하자.

토네이도

토네이도(Tornado, *http://www.tornadoweb.org/*)는 파이썬을 위한 비동기(Node.js와 같은 이벤트 기반의 비차단) 웹 프레임워크이며, 자체 이벤트 루프를 가진다.[13] 이를 통해 웹 소켓(*http://bit.ly/websockets-api*) 통신 프로토콜을 네이티브하게 지원할 수 있다. 토네이도는 다른 프레임워크와 달리 WSGI 애플리케이션이 아니다. **tornado.wsgi** 모듈(*http://www.tornadoweb.org/en/stable/wsgi.html*)을 사용하여 WSGI 애플리케이션이나 WSGI 서버를 만들 수 있지만, WSGI는 **동기** 인터페이스이며

---

12 (옮긴이) 이 책에는 유독 숫자 42가 자주 등장한다. 숫자 42는 소설 에서 등장한다. 삶, 우주, 그리고 모든 것에 대한 궁극적인 질문에 대해 우주에서 둘째가는 컴퓨터인 '깊은 생각(Deep Thought)'이 750만 년 동안 계산하여 낸 답변이다. 구글에 'answer to life the universe and everything'이라 검색하면 계산 결과로 '42'라 쓰여 있는 계산기를 보여준다.

13 Tornado의 네트워크 툴킷의 일부인 Twisted 프로젝트의 Twisted Web(*http://twistedmatrix.com/trac/wiki/TwistedWeb*) 서버에서 영감을 받았다. Tornado에 존재하지 않는 무언가를 원한다면 Twisted를 살펴보자. 그러나 Twisted는 초보자에게 어렵다는 사실을 염두에 두자.

토네이도는 **비동기** 프레임워크 제공을 목적으로 한다는 사실[14]을 감안하자.

　토네이도는 장고나 플라스크와 비교했을 때 좀 더 어렵고, 덜 사용된다. 비동기 프레임워크를 사용했을 때의 성능 향상이 프로그래밍에 쓰는 시간보다 훨씬 가치 있는 경우에만 사용하자. 토네이도를 처음 사용하려 한다면, 데모 애플리케이션(*https://github.com/tornadoweb/tornado/tree/master/demos*)이 좋은 시작점이 될 것이다. 참고로 토네이도를 잘 가져다 쓴 애플리케이션은 성능이 우수하다고 알려져 있다.

피라미드

피라미드(Pyramid, *http://www.pylonsproject.org/*)는 모듈성에 중점을 둔다는 점을 제외하면 장고와 매우 비슷하다. 더 적은 수의 내장 라이브러리(더 적은 '건전지')가 포함되어 있으며, 스캐폴드(*http://bit.ly/pyramid-scaffolds*)라고 불리는 공유 가능한 템플릿을 통해 기본 기능을 확장하길 권장한다. 스캐폴드를 등록한 다음에는 새 프로젝트를 만들 때 필요한 스캐폴드를 구축하기 위해 `pcreate` 명령어를 사용할 수 있다. 장고의 `django-admin startproject` *project-name* 명령어와 같지만, 다른 구조, 다른 데이터베이스 백엔드, URL 라우팅 옵션을 적용할 수 있다.

　피라미드는 장고와 플라스크 대비 사용자 기반이 작으나, 피라미드 사용자들은 피라미드에 대한 열정이 넘친다. 기능이 뛰어난 프레임워크이지만, 지금 바로 파이썬 웹 애플리케이션을 새로 만들어야 한다면, 인기 있는 선택지는 아니다. *http://docs.pylonsproject.org/projects/pyramid_tutorials*에 피라미드를 시작하는 데 도움이 되는 튜토리얼이 나열되어 있다. 상사에게 피라미드를 사용하자고 설득하고 싶다면, *https://trypyramid.com/* 페이지를 참고하자.

웹 템플릿 엔진

대부분의 WSGI 애플리케이션은 HTTP 요청에 응답하고 HTML이나 마크업 언어로 콘텐츠를 제공한다. 템플릿 엔진은 콘텐츠를 렌더링하는 데 사용된다. 불필요한 반복을 피하기 위해 계층/포함 체계를 사용해 템플릿 파일 모음을 관리하며, 템플릿의 정적 콘텐츠를 애플리케이션이 생성하는 동적 콘텐츠로 채운다.

---

14 사실, WSGI 문서에는 '동일 프로세스에서 Tornado와 WSGI를 결합했을 때 규모 확장성(scalability)이 줄어드는 것 이상으로 장점이 클 때 WSGIContainer를 사용하라'고 명시되어 있다.

이는 관심사 분리 콘셉트(Seperation of concerns)[15]를 고수하는 데 도움이 된다. 즉, 코드에는 애플리케이션 로직만 담겨 있으며 내용을 보여 주는 일은 모두 템플릿이 한다.

템플릿 파일은 디자이너나 프론트엔드 개발자가 작성하기도 하며, 페이지가 복잡해 조정이 어려울 수 있다. 이번에는 동적 콘텐츠를 템플릿 엔진에 전달하는 애플리케이션과 템플릿 그 자체에 도움이 되는 지침을 소개한다.

아예 안 하는 것이 지금 당장 하는 것보다 나을 때가 있다

템플릿 파일에는 템플릿 렌더링에 필요한 동적 콘텐츠만 전달해야 한다. 템플릿에 '만약'을 위한 부가 콘텐츠를 전달하지 말자. 사용하지 않는 변수를 제거하는 것보다, 필요한 변수를 나중에 추가하는 게 쉽다.

템플릿에서 로직을 지키자

템플릿 엔진은 대개 템플릿 자체에서 복잡한 구문(statement)이나 할당(assignment)을 처리하도록 하고, 대체로 파이썬 코드가 템플릿 내에서 실행되도록 한다. 이렇게 하면 편리하지만 통제할 새 없이 복잡성이 증가하고, 디버깅이 어려워진다. 순수성보다 실용성이 우선이니 이런 방식을 무조건 말리기는 어렵다. 스스로 잘 판단하자.

자바스크립트와 HTML을 구분하자

종종 자바스크립트 템플릿과 HTML 템플릿을 섞어야 할 때가 있다. 이 둘을 잘 분별하고, HTML 템플릿이 자바스크립트 코드에 변수를 전달하는 부분을 따로 떼어내자.

표 7-4에 소개된 템플릿 엔진은 모두 2세대이며 렌더링 속도[16]가 빠르고, 이전 템플릿 언어에서 사용한 경험을 바탕으로 여러 기능이 추가되었다.

---

15 좋은 코드는 모듈성(각 구성 요소가 하나의 일을 한다는)을 가진다는 디자인 원칙(*https://en.wikipedia.org/wiki/Separation_of_concerns*)이다.
16 웹 애플리케이션에서 렌더링이 병목지점이 되는 경우는 거의 없다. 병목 현상이 생긴다면 대체로 데이터 접근이 원인이다.

표 7-4 템플릿 엔진

라이브러리	라이선스	사용해야 하는 이유
Jinja2	BSD 라이선스	• Flask의 기본 템플릿 엔진이며 Django와 함께 제공됨 • Django 템플릿 언어를 기반으로 하며, 조금 더 많은 로직이 추가되었음 • Jinja2는 Sphinx, Ansible, Salt의 기본 엔진이므로, 이들을 사용한다면 Jinja2를 알고 있을 수도 있음
Chameleon	수정 BSD 라이선스	• 템플릿 자체가 유효한 XML/HTML임 • 템플릿 속성 언어(Template Attribute Language, TAL), 그리고 이로부터 파생한 언어와 유사함
Mako	MIT 라이선스	• Pyramid의 기본 템플릿 엔진임 • 속도를 고려해 디자인되어 템플릿 렌더링에서 병목이 발생할 때 사용하기 좋음 • 템플릿에 많은 코드를 넣을 수 있으며, 파이썬 버전 PHP(*http://php.net/*)와 같음

이번에는 표 7-4의 라이브러리에 대해 더 자세히 소개하겠다.

Jinja2

새로운 파이썬 웹 애플리케이션에 적용할 템플릿 라이브러리로 Jinja2(*http://jinja.pocoo.org/*)를 추천한다. Flask의 기본 엔진이며, 파이썬 문서를 만드는 도구인 스핑크스(Sphinx, *http://www.sphinx-doc.org/*)의 기본 엔진이기도 하다. 장고, 피라미드, 토네이도에 사용할 수도 있다. 텍스트 기반 템플릿 언어로 사용할 수 있으므로 HTML 뿐만 아니라 마크업 언어를 생성하는 데 사용할 수도 있다. 또한 필터, 태그, 테스트, 전역 변수를 사용자 정의할 수 있다. 장고 템플릿 언어로부터 영감을 얻어 여러 기능이 추가되었다. 그 중 템플릿 내부 로직(in-template logic) 기능은 많은 양의 코드를 절약할 수 있도록 돕는다.

다음은 몇 가지 중요한 Jinja2 태그이다.

```
{# 해시와 중괄호 기호 때문에 주석을 이렇게 표시한다. #}

{# 변수 삽입을 하는 방법은 다음과 같다. #}
{{title}}

{# 이름을 가지는 블록은 다음과 같이 정의한다. 이는 자식 템플릿을 통해 대체할 수 있다. #}
{% block head %}
<h1>This is the default heading.</h1>
{% endblock %}

{# 아래는 반복문을 사용하는 방법이다. #}
```

```
{% for item in list %}
<li>{{ item }}</li>
{% endfor %}
```

다음은 앞서 설명한 'Tornado'에 소개된 Tornado 웹 서버와 결합된 웹사이트 예시다.

```
# Jinja2 불러오기
from jinja2 import Environment, FileSystemLoader

# Tornado 불러오기
import tornado.ioloop
import tornado.web

# 템플릿 파일인 templates/site.html 불러오기
TEMPLATE_FILE = "site.html"
templateLoader = FileSystemLoader( searchpath="templates/" )
templateEnv = Environment( loader=templateLoader )
template = templateEnv.get_template(TEMPLATE_FILE)

# 유명한 영화를 렌더링하는 데 사용할 리스트
movie_list = [
    [1,"The Hitchhiker's Guide to the Galaxy"],
    [2,"Back to the Future"],
    [3,"The Matrix"]
]

# template.render()는 렌더링 결과 HTML 문자열을 반환한다
html_output = template.render(list=movie_list, title="My favorite movies")

# 메인 페이지용 핸들러
class MainHandler(tornado.web.RequestHandler):
    def get(self):
        # Returns rendered template string to the browser request
        self.write(html_output)

# 핸들러를 서버 루트에 할당(127.0.0.1:PORT/)
application = tornado.web.Application([
    (r"/", MainHandler),
])
PORT=8884
if __name__ == "__main__":
    # 서버 구성
    application.listen(PORT)
    tornado.ioloop.IOLoop.instance().start()
```

아래의 *base.html* 파일은 사이트의 모든 페이지에서 베이스로 사용될 수 있다. 만약 이 *base.thml*을 베이스로 하여 다른 페이지를 구현하고 싶다면, (현재 빈 상태인) content 블록을 채우면 된다.

```
<!DOCTYPE HTML PUBLIC "-//W3C//DTD HTML 4.01//EN">
<html lang="en">
<html xmlns="http://www.w3.org/1999/xhtml">
<head>
    <link rel="stylesheet" href="style.css" />
    <title>{{title}} - My Web Page</title>
</head>
<body>
<div id="content">
    {# 다음 줄에서는 site.html 템플릿으로부터 불러온 내용이 추가됨#}
    {% block content %}{% endblock %}
</div>
<div id="footer">
    {% block footer %}
    &copy; Copyright 2013 by <a href="http://domain.invalid/">you</a>.
    {% endblock %}
</div>
</body>
```

다음 코드 예시는 *base.html*을 확장한 사이트 페이지(*site.html*)다. 다음 콘텐츠 블록은 *base.html*의 대응되는 블록에 자동으로 삽입된다.

```
{% extends "base.html" %}
{% block content %}
    <p class="important">
    <div id="content">
        <h2>{{title}}</h2>
        <p>{{ list_title }}</p>
        <ul>
            {% for item in list %}
            <li>{{ item[0]}} : {{ item[1]}}</li>
            {% endfor %}
        </ul>
    </div>
    </p>
{% endblock %}
```

Chameleon

Chameleon(*https://chameleon.readthedocs.io/*) 페이지 템플릿(파일 확장자 **.pt*)은 HTML/XML 템플릿 엔진이며, Template Attribute Language(TAR), TAL Expression Syntax(TALES, *https://en.wikipedia.org/wiki/Template_Attribute_Language*), Macro Expansion TAL(Metal, *http://bit.ly/macros-metal*) 구문을 사용해 구현되었다. Chameleon은 페이지 템플릿을 파싱하여 파이썬 바이트코드로 '컴파일'하여 로딩 속도를 높인다. 파이썬 2.5 이상(3.x와 PyPy 포함)에서 사용

할 수 있으며, 앞서 설명한 'Pyramid'에 사용된 두 기본 렌더링 엔진 중 하나다 (나머지 하나는 다음 섹션에 소개할 Mako).

페이지 템플릿은 XML 문서에 특수 요소 속성과 텍스트 마크업을 추가한다. 간단한 언어 구문 모음을 사용해 문서 흐름, 요소 반복, 텍스트 대체, 번역을 제어할 수 있다. 속성 기반 구문(attribute-based syntax) 덕분에 렌더링되지 않은 페이지 템플릿은 유효한 HTML이며 브라우저에서 볼 수 있다. 심지어 WYSIWYG(What you see is what you get) 편집기에서 수정할 수도 있다. 이를 통해 디자이너와의 양방향 협업이 가능하며 브라우저에서 정적 파일을 사용해 보다 쉽게 프로토타이핑할 수 있다. 기본 TAR 언어는 다음 예제로 충분히 이해할 수 있을 만큼 간단하다.

```html
<html>
  <body>
    <h1>Hello, <span tal:replace="context.name">World</span>!</h1>
      <table>
        <tr tal:repeat="row 'apple', 'banana', 'pineapple'">
          <td tal:repeat="col 'juice', 'muffin', 'pie'">
            <span tal:replace="row.capitalize()" /> <span tal:replace="col"/>
          </td>
        </tr>
      </table>
  </body>
</html>
```

`<span tal:replace="expression"/>` 패턴은 텍스트 삽입에 사용되며, 렌더링되지 않은 템플릿에서 엄격한 유효성을 요구하지 않는다면 다음과 같이 `${expression}` 패턴을 사용하여 보다 간결하고 읽기 쉬운 구문으로 바꿀 수 있다.

```html
<html>
  <body>
    <h1>Hello, ${world}!</h1>
    <table>
      <tr tal:repeat="row 'apple', 'banana', 'pineapple'">
        <td tal:repeat="col 'juice', 'muffin', 'pie'">
          ${row.capitalize()} ${col}
        </td>
      </tr>
    </table>
  </body>
</html>
```

그러나 `<span tal:replace="expression">Default Text</span>` 구문 전체는 렌더링되지 않은 템플릿의 기본 콘텐츠를 허용한다.

Pyramid를 사용하는 집단에서는 Chameleon을 잘 사용하지 않는다.

Mako

Mako(*http://www.makotemplates.org*)는 성능을 최대화기 위해 파이썬으로 컴파일하는 템플릿 언어이며, Django와 Jinja2와 같은 다른 템플릿 언어에서 좋은 구문과 API를 가져왔다. Pyramid 웹 프레임워크('Pyramid' 참고)의 기본 템플릿 언어이다. 다음은 Mako의 템플릿 예제다.

```
<%inherit file="base.html"/>
<%
    rows = [[v for v in range(0,10)] for row in range(0,10)]
%>
<table>
    % for row in rows:
        ${makerow(row)}
    % endfor
</table>

<%def name="makerow(row)">
    <tr>
    % for name in row:
        <td>${name}</td>\
    % endfor
    </tr>
</%def>
```

Jinja2와 같이 텍스트 마크업 언어이며, XML/HTML 문서 이외에도 사용될 수 있다. 다음과 같이 아주 기본적인 템플릿을 렌더링할 수 있다.

```
from mako.template import Template
print(Template("hello ${data}!").render(data="world"))
```

파이썬 웹 커뮤니티는 Mako를 높게 평가한다. Mako는 빠르면서 페이지에 많은 파이썬 로직을 담을 수 있게 한다. 이는 앞에서 소개한 템플릿 지침에 들어맞지 않지만, 그래도 필요하다면 Mako를 사용하자.

웹 배포

웹 배포를 하는 데는 두 가지 선택지가 있다. 웹 호스팅(예: 헤로쿠(Heroku), 곧

도르(Gondor), 파이썬애니웨어(PythonAnywhere)와 같은 공급 업체에서 결제하여 서버와 데이터베이스를 관리함)을 사용하거나, 아마존 웹 서비스(Amazon Web Services, *https://aws.amazon.com/*)나 랙스페이스(Rackspace, *https://www.rackspace.com/*)와 같은 가상 사설 서버(Virtual private server, VPS) 호스트에서 제공하는 시스템에서 자체 인프라를 설정하는 것이다. 이에 대해 알아보자.

호스팅

PaaS(Platform as a Service)는 인프라 구조(예: 데이터베이스와 웹 서버 설정, 보안 패치 유지), 라우팅, 웹 애플리케이션 규모를 추상화하고 관리하는 클라우드 컴퓨팅 인프라의 일종이다. Paas를 사용하는 개발자는 배포에 관한 사항이 아닌 애플리케이션 코드 작성에 집중할 수 있게 된다.

수십 개의 경쟁 PaaS 공급자가 있지만, 다음에 나열된 공급자는 특히 파이썬 커뮤니티에 중점을 둔다. 여기 나오는 대부분은 무료 버전 혹은 체험판이다.

헤로쿠

헤로쿠(Heroku, *https://www.heroku.com/python*)는 파이썬 웹 애플리케이션 배포에 추천하는 PaaS이다. 파이썬 2.7에서 3.5까지의 모든 애플리케이션 (웹 애플리케이션, 서버, 프레임워크)을 지원한다. 헤로쿠 계정과 실제 데이터베이스/웹 서버 사이의 인터페이스를 위한 명령줄 도구 모음(*https://devcenter.heroku.com/articles/heroku-cli*)이 제공되므로, 웹 인터페이스를 사용하지 않고도 변경이 가능하다. 헤로쿠는 웹 개발자가 처음 애플리케이션을 개발할 때 필요한 단계별 지침(*https://devcenter.heroku.com/articles/getting-started-with-python#introduction*)뿐만 아니라, 파이썬을 헤로쿠와 함께 사용할 때 필요한 내용을 담은 글(*https://devcenter.heroku.com/categories/python*)을 제공한다.

엘더리온

엘더리온(Eldarion, *https://eldarion.cloud*, 이전에는 곤도르(Gondor)라는 이름으로 알려짐)[17]은 Kubernetes, CoreOS, Docker를 기반으로 하는 PaaS이며, WSGI 애플리케이션을 지원한다. 만약 엘더리온을 사용해 장고 프로젝

---

17 (옮긴이) 엘더리온 블로그(*https://blog.eldarion.cloud/goodbye-gondor-hello-kel-and-the-eldarion-cloud/*)에 소개된 글에 따르면 곤도르에서 엘더리온으로 변경하는 작업이 Kel™이라는 이름의 오픈소스 프로젝트로 공개되어 있다.

트를 시작하고 싶다면 엘더리온 문서(*https://eldarion-gondor.github.io/docs/how-to/setup-deploy-first-django-project/*)를 참고하자.

파이썬애니웨어

파이썬애니웨어(PythonAnywhere, *https://www.pythonanywhere.com/*)는 Django, Flask, Tornado, Pyramid뿐만 아니라, 여기에 소개되지 않은 Bottle(Flask와 비슷하지만 커뮤니티가 훨씬 작음)이나 web2py(교육용으로 좋음)과 같은 기타 웹 애플리케이션 프레임워크도 지원한다. 가격 모델은 계산 시간과 관련이 있다. 계산 시간에 비례하여 가격이 청구되지 않고, 일일 최대 한도를 넘어가면 계산이 제한되는 방식이므로 비용에 민감한 개발자에게 좋다.

웹 서버

Tornado(자체 HTTP 서버와 함께 제공됨)를 제외한 모든 웹 애플리케이션 프레임워크는 WSGI 애플리케이션이다. 즉, HTTP 요청을 받고 HTTP 응답을 보내기 위해 PEP 3333(*https://www.python.org/dev/peps/pep-3333/*)에 정의된 WSGI 서버와 상호작용해야 한다.

자체 호스팅되는 요새의 파이썬 애플리케이션은 대부분 G유니콘(Gunicorn)과 같은 WSGI 서버와 함께 호스팅된다. WSGI 서버는 종종 독립형 HTTP 서버로 사용되거나, 엔진엑스(Nginx)와 같이 가벼운 웹 서버 뒤에 사용할 수 있다. 둘 다 사용하는 경우 WSGI 서버는 파이썬 애플리케이션과 상호작용하며, 웹 서버는 정적 파일 서비스, 요청 라우팅, 서비스 거부 공격(Distributed denial-of-service, DDoS) 보호 및 기본 인증과 같이 웹 서버에 걸맞는 작업을 처리한다. 가장 많이 사용되는 두 웹 서버는 아래에 소개하는 엔진엑스와 아파치이다.

엔진엑스

엔진엑스(Nginx, *http://nginx.org/*)는 HTTP, SMTP와 같은 프로토콜용 웹 서버이자 역방향 프락시[18]이다. 높은 성능, 상대적인 단순함, 여러 애플리케이션 서버(예: WSGI 서버)와의 호환성으로 잘 알려져 있으며 로드 밸런싱(load balancing)[19], 기본 인증, 스트리밍과 같이 편리한 기능이 포함되어 있

---

18 역방향 프락시는 클라이언트를 대신해 다른 서버에서 정보를 가져와, 마치 이게 역방향 프락시에서 온 것처럼 클라이언트에 반환한다.
19 대용량 트래픽을 장애 없이 처리하기 위해, 트래픽을 여러 대의 서버에 적절히 분배해 성능을 최적화하는 기능을 말한다.

다. 부하가 큰 웹사이트를 제공하도록 설계된 엔진엑스는 차츰 인기를 얻고 있다.

아파치 *HTTP 서버(Apache HTTP server)*

아파치는 세계에서 가장 유명한 HTTP 서버(*http://w3techs.com/technologies/ overview/web_server/all*)이지만, 파이썬 커뮤니티는 엔진엑스를 선호한다. 그러나 배포가 처음이라면 아파치와 가장 쉬운 WSGI 인터페이스로 알려진 mod_wsgi(*https://pypi.python.org/pypi/mod_wsgi*)로 시작하고 싶을 수 있다. Pyramid와 mod_wsgi(*http://bit.ly/pyramidwsgi*), Django와 mod_wsgi(*http:// bit.ly/django-mod_wsgi*), Flask와 mod_wsgi(*http://bit.ly/flask-mod_wsgi*)와 같이 각 프레임워크마다 관련 문서가 있다.

WSGI 서버

독립형 WSGI 서버는 일반적으로 기존 웹 서버보다 적은 자원을 사용하고, 파이썬 WSGI 서버에 대한 벤치마크 실험(*http://nichol.as/benchmark-of-pythonweb-servers*)에서 최고의 성능을 보여주었다. 이들은 엔진엑스나 아파치와 함께 역방향 프락시로 사용될 수 있다. 이번에는 가장 많이 사용되는 WSGI 서버를 살펴보자.

G유니콘

G유니콘(Green Unicorn, *http://gunicorn.org/*)은 새로운 파이썬 웹 애플리케이션에 권장되는 선택지로, 파이썬 애플리케이션을 제공하는 데 사용되는 순수 파이썬 WSGI 서버다. 다른 파이썬 웹 서버와 달리, 사려 깊은 사용자 인터페이스가 있어 사용 및 구성이 매우 쉽다. G유니콘은 정상적이고 합리적인 구성 기본 값을 가진다. 그러나, uWSGI와 같은 다른 서버를 사용해 훨씬 많이 커스터마이징할 수도 있다(그러나 효과적으로 사용하기 어려워진다).

웨이트리스

웨이트리스(Waitress, *http://waitress.readthedocs.org/*)는 '아주 납득되는 성능'을 주장하는 순수 파이썬 WSGI 서버이다. 문서가 자세하지 않지만, G유니콘에는 없는 몇 가지 좋은 기능을 제공한다. 그중 하나는 HTTP 요청 버퍼링인데, "Wait"-ress(기다림 없음)라는 이름 그대로 느린 클라이언트가 응답하는 데 시간이 소요되더라도 차단하지 않는다. 웨이트리스는 파이썬 웹 개발 커뮤니티에서 인기를 얻고 있다.

uWSGI

uWSGI(*https://uwsgi-docs.readthedocs.org/*)는 호스팅 서비스 구축에 사용되는 풀스택(full stack) 서버다. 필요한 이유가 없다면 독립형 웹 라우터로 사용하지 않는 게 좋다. uWSGI는 (엔진엑스나 아파치와 같은) 완전한 웹 서버 뒤에서 실행할 수 있다. 웹 서버는 uwsgi 프로토콜(*http://bit.ly/uwsgi-protocol*)을 통해 uWSGI와 애플리케이션 작업을 구성할 수 있다. uWSGI의 웹 서버 지원을 통해 동적으로 파이썬을 구성하고 환경변수를 전달하여 추가 튜닝을 할 수 있다. 보다 자세한 내용은 uWSGI 마법 변수(*http://bit.ly/uwsgimagicvar*) 문서를 참고하자.

## 8장

코드 관리와 개선

이번 장에서는 빌드 프로세스, 시스템 통합, 서버 관리, 성능 최적화를 쉽게 처리할 수 있도록 돕는 라이브러리를 다룬다.

지속적 통합

마틴 파울러(Martin Fowler)보다 **지속적 통합**(Continuous Integration, CI)을 잘 설명하는 이는 없을 것이다.[1]

> 지속적 통합은 팀 멤버가 서로의 작업을 수시로 통합하며 개발해나가는 소프트웨어 개발 방식이다. 보통 적어도 매일 한 번은 각자의 작업을 통합하니, 팀 전체의 작업은 하루에도 여러 번 통합된다. 자동화된 빌드(테스트 포함)가 매번 통합 내용을 검증하여 통합 오류를 최대한 빠르게 탐지한다. 많은 팀이 이러한 접근 방식을 사용해 통합 문제를 현저히 줄이고, 보다 신속히 응집력 있는 소프트웨어를 개발할 수 있게 되었다.

지속적 통합에 가장 널리 사용되는 세 도구는 트래비스-CI(Travis-CI), 젠킨스(Jenkins), 빌드봇(Buildbot)이며, 다음에 소개할 예정이다. 이들은 톡스(Tox, 명령줄에서 virtualenv와 테스트를 관리하는 파이썬 도구)와 자주 사용된다. 톡

---

[1] 마틴 파울러는 소프트웨어 설계와 개발의 모범 사례를 보여줬을 뿐만 아니라, 지속적 통합(*https://martinfowler.com/articles/continuousIntegration.html*)을 가장 큰 목소리로 지지하는 지지자 중 하나이다. 이 인용문은 그의 블로그 중 지속적 통합에 대한 게시글에서 가져왔다. 그는 데이비드 하이네마이어 핸슨(David Heinemeier Hansson, 루비 온 레일스의 창시자), 켄트 벡(Kent Beck, CI가 주요한 실천법 중 하나인 익스트림 프로그래밍(extreme programming, XP) 운동의 교조(教祖))과 함께 테스트 주도 개발(Test-driven development(TDD), *https://martinfowler.com/articles/is-tdd-dead/*) 그리고 익스트림 프로그래밍에 대해 일련의 토론을 주최하기도 했다.

스는 트래비스를 통해 한 플랫폼에서 여러 파이썬 인터프리터를 사용할 수 있고, 젠킨스(가장 유명함)와 빌드봇(파이썬으로 작성됨)을 통해 여러 컴퓨터에서 빌드를 관리할 수 있게 된다. 테스트용으로 복잡한 환경을 빠르게 반복적으로 구성할 때는 Buildout(46쪽의 'Buildout' 참고)과 도커(48쪽 '도커' 참고)가 많이 사용된다.

톡스

톡스(Tox, *http://tox.readthedocs.io*)는 콘솔이나 CI 서버에서 파이썬 소프트웨어를 바로 패키징, 테스트, 배포할 수 있도록 돕는 자동화 도구이며, 명령줄에서 virtualenv를 관리하고 테스트한다. 톡스는 다음 기능을 제공한다.

- 파이썬 버전이나 인터프리터가 달라도 패키지가 제대로 설치되는지 확인
- 원하는 테스트 도구를 구성하여 각 환경마다 테스트를 실행
- 지속적 통합 서버의 프론트엔드의 역할을 수행, 상용구 코드(boilerplate code)[2]를 줄이고 CI와 셸 기반 테스트를 병합

톡스는 pip를 사용해 설치한다.

```
$ pip install tox
```

시스템 관리

이번 절에서는 서버 자동화, 시스템 모니터링, 워크플로 관리 등 시스템을 관리하고 모니터링하기 위한 도구를 소개한다.

트래비스-CI

트래비스-CI(Travis-CI, *https://travis-ci.org/*)는 오픈 소스 프로젝트를 무료로 테스트할 수 있는 분산 CI(Continuous Integration, 지속적 통합) 서버이다. 파이썬 테스트를 실행하고 깃허브와 완벽히 통합되는 여러 작업자(worker)를 제공한다. 심지어 변경사항 모음이 빌드를 손상시키는지에 대해 풀리퀘스트[3]에 주석을 달 수도 있다. 만약 깃허브에 코드를 올려두었다면, 트래비스-CI를 사용해 지

---

2 (옮긴이) 최소한의 수정으로 여러 곳에서 사용될 수 있는 코드를 일컫는다. *https://en.wikipedia.org/wiki/Boilerplate_code*
3 깃허브에서 다른 저장소의 코드를 수정한 뒤 머지(merge)하고 싶다면, 해당 코드의 소유자에게 풀리퀘스트(pull request)를 제출해 이를 알린다.

속적 통합을 쉽게 시작할 수 있다. 리눅스, 맥, iOS에서 실행되는 가상머신에서도 트래비스-CI를 사용해 코드를 빌드할 수 있다.

시작하려면 다음 예제 콘텐츠를 담은 *.travis.yml* 파일을 저장소에 추가하자.

```
language: python
python:
    - "2.6"
    - "2.7"
    - "3.3"
    - "3.4"
script: python tests/test_all_of_the_units.py
branches:
    only:
    - master
```

앞의 스크립트를 실행하면 나열된 모든 파이썬 버전에서 프로젝트를 테스트하며, 마스터 브랜치만 빌드한다. 이 외에도 알림을 추가하거나, 스크립트 실행 이전/이후 단계에 사용자 정의 명령어를 실행하는 등 수많은 옵션을 추가할 수 있다. 이러한 옵션에 대해 궁금하다면 트래비스-CI 문서(*https://docs.travis-ci.com/user/languages/python/*)에 접속해 보자. 톡스와 트래비스-CI를 함께 사용하려면 저장소에 톡스 스크립트를 추가하고, script: 부분을 다음과 같이 수정하자.

```
install:
    - pip install tox
script:
    - tox
```

프로젝트 테스트를 활성화하려면, 트래비스-CI 사이트(*https://travis-ci.org/*)에 접속해 깃허브 계정으로 로그인하자. 그러면 프로필 설정에서 프로젝트를 활성화할 수 있다. 활성화했다면, 깃허브에 푸시할 때마다 프로젝트를 테스트하게 된다.

젠킨스

젠킨스(Jenkins, *http://jenkins.io/*)는 확장 가능한 지속적 통합 엔진이며, 현재 가장 대중적인 CI 엔진이다. 윈도우, 리눅스, 맥에서 동작하며, '현존하는 모든 소스 코드 관리(Source Code Management, SCM) 도구'에 연결할 수 있다. 젠킨스는 자체 서블릿 컨테이너와 함께 제공되는 자바 서블릿(servlet, 파이썬 WSGI 애플리케이션의 자바 버전)이므로, java --jar jenkins.war를 사용해 직접 실행할 수 있다. 더 자세한 내용은 젠킨스 설치 지침(*https://wiki.jenkins-ci.org/display/ JENKINS/Installing+Jenkins*)을 참고하자. 우분투 페이지에서 젠킨스를 아파치나 엔진엑스 역방향 프락시 뒤에 놓는 방법을 확인할 수 있다.

웹 기반 대시보드나 HTTP 기반 RESTful API[4](예: *http://myServer:8080/api*)를 통해 젠킨스와 상호작용할 수 있다. 즉, HTTP를 사용해 원격 시스템의 젠킨스 서버와 통신할 수 있다. 예시가 궁금하다면 아파치(*https://builds.apache.org/*)나 파일론 프로젝트(*http://jenkins.pylonsproject.org/*)의 젠킨스 대시보드를 살펴보자.

젠킨스 API와 상호작용하는 데 가장 많이 쓰이는 파이썬 도구는 오픈스택 (OpenStack, *https://www.openstack.org/*)[5] 인프라팀에서 만든 python-jenkins (*https://pypi.python.org/pypi/python-jenkins*)이다. 대부분의 파이썬 사용자는 빌드 프로세스의 일부로 톡스 스크립트를 실행하도록 젠킨스를 구성한다. 보다 자세한 내용은 젠킨스와 함께 톡스 사용하기(*http://tox.readthedocs.io/en/latest/ example/jenkins.html*)와 여러 빌드 시스템에 젠킨스 설정하는 방법 가이드(*http:// tinyurl.com/jenkins-setup-master-slave*)에서 확인하자.

빌드봇

빌드봇(Buildbot, *http://docs.buildbot.net/current/*)은 코드 변화를 검증하는 컴파 일/테스트 반복 작업을 자동화하기 위한 파이썬 시스템이다. 젠킨스와 마찬가 지로 소스 코드 관리자를 폴링(polling)하여, 지침에 따라 여러 컴퓨터에서 코드 를 빌드하고 테스트한 다음(톡스에 대한 지원이 내장되어 있음) 작업 내용을 알 려준다. 빌드봇은 Twisted 웹 서버에서 실행된다. 웹 인터페이스 예시를 보려 면 크로미움(Chromium)의 공개 빌드봇 대시보드(*https://build.chromium.org/p/ chromium/waterfall*)에 접속해보자(크로미움은 크롬의 바탕이 되는 브라우저다).

빌드봇은 순수 파이썬 도구이므로 pip를 사용해 설치한다.

```
$ pip install buildbot
```

0.9 버전에는 REST API(*http://docs.buildbot.net/latest/developer/apis.html*)가 있 지만, 베타 버전이기 때문에 설치 시 버전을 명시하지 않으면(예: `pip install`

---

4 REST는 '표현 상태 전송'(Representational state transfer)의 약자이다. 표준이나 프로토콜이 아니며, HTTP 1.1 표준을 만드는 과정에서 개발된 디자인 원칙 모음이다. 위키피디아에 REST에 대한 관련 아키텍처 제약 목록(*https://en.wikipedia.org/wiki/Representational_state_transfer#Architectural_constraints*)이 정리되어 있다.
5 오픈스택은 클라우드 네트워킹, 스토리지 및 컴퓨팅을 위한 무료 소프트웨어를 제공한다. 따라서 기업은 자 체 클라우드, 혹은 서드파티가 사용료를 지불할 수 있는 공용 클라우드를 호스팅할 수 있다.

build bout==0.9.00.9.0rc1) 사용할 수 없다. 빌드봇은 가장 강력하면서도 가장 복잡한 지속적 통합 도구라고 명성이 자자하다. *http://docs.buildbot.net/current/tutorial/*에 훌륭한 튜토리얼이 있으니 참고해서 시작해보자.

서버 자동화

솔트(Salt), 앤시블(Ansible), 퍼핏(Puppet), 셰프(Chef), CF엔진(CFEngine)은 서버 자동화 도구이며, 시스템 관리자가 수많은 실제 혹은 가상 시스템을 관리할 수 있는 우아한 방법을 제공한다. 여기 나열된 도구 모두 리눅스와 유닉스 계열 시스템, 윈도우 시스템을 관리할 수 있다. 그 중 솔트와 앤시블은 파이썬으로 작성되었으나, 비교적 최근에 나왔기 때문에 다른 도구에 비해 덜 사용된다. 다음은 각 도구별로 짧게 요약한 내용이다.

> ☑ 도커를 사용하는 사람들은 도커가 솔트나 앤시블과 같은 시스템 자동화 도구를 **보완**할 수는 있어도 **대체**할 수는 없다고 말한다. 도커가 나머지 데브옵스(DevOps)와 어떻게 조화를 이루는지에 대해 소개한 블로그 게시글(*http://stackshare.io/posts/how-docker-fits-into-the-current-devops-landscape*)을 읽어 보자.

솔트

솔트(Salt, *http://saltstack.org/*)는 마스터 노드를 **마스터**라 부르고, 에이전트 노드를 미니언 혹은 **미니언 호스트**라 부른다. 주 설계 목표는 속도이다. 네트워킹은 ZeroMQ 메시지 라이브러리를 기반으로 마스터와 **미니언** 간 TCP 연결을 사용해 수행한다. 그리고 솔트 팀에서는 RAET라는 자체 (선택적) 전송 프로토콜을 작성하기도 했다. RAET(*https://github.com/saltstack/raet*)는 UDP만큼 손실이 없으면서 TCP보다 빠르다.

솔트는 파이썬 2.6과 2.7을 지원하며 pip를 사용해 설치할 수 있다.

```
$ pip install salt # 아직 파이썬 3를 지원하지 않는다 ...
```

마스터 서버와 여러 개의 미니언 호스트를 구성한 후에는 셸 명령을 실행하거나, 미니언에 대해 미리 작성된 복잡한 명령 모듈을 사용할 수 있다. 다음과 같이 입력하면 솔트의 test 모듈에 담긴 ping을 사용해 가용한 모든 미니언 호스트를 나열한다.

```
$ salt '*' test.ping
```

미니언 ID나 그래인스 시스템(Grains system, *http://docs.saltstack.org/en/latest/ topics/targeting/grains.html*)을 사용해 미니언 호스트를 필터링할 수도 있다. 그래인스 시스템은 정적(static) 호스트 정보(예: 운영체제 버전, CPU 아키텍처)를 사용하여 salt 모듈용 호스트 분류체계(taxonomy)를 제공한다. 예를 들어, 다음 명령은 그래인스 시스템을 사용해 CentOS를 실행하는 가용 미니언만 나열한다.

```
$ salt -G 'os:CentOS' test.ping
```

솔트는 상태 시스템도 제공한다. 상태는 미니언 호스트를 구성하는 데 사용된다. 예를 들어, 미니언 호스트가 다음 상태 파일을 읽도록 명령을 받으면, 아파치 서버를 설치하고 시작한다.

```
apache:
    pkg:
        - installed
    service:
        - running
        - enable: True
        - require:
            - pkg: apache
```

상태 파일은 YAML로 작성될 수 있으며, Jinja2 템플릿 시스템이나 순수 파이썬 모듈에 적용할 수 있다. 더 자세한 내용은 솔트 문서(*https://docs.saltstack.com*)에서 확인하자.

앤시블

다른 자동화 도구에 비해 앤시블(Ansible, *https://www.ansible.com/*)이 가지는 가장 큰 장점은 클라이언트 시스템에 파이썬만 설치되어 있어도 충분하다는 사실이다. 다른 옵션[6]은 모두 클라이언트에 데몬이 실행되도록 하여 마스터를 폴링하며, YAML 형식의 구성 파일을 사용한다. 앤시블은 구성, 배포, 오케스트레이션 문서로서 **플레이북**(Playbook)을 사용한다. 플레이북은 YAML로 작성되며, 템플릿 생성을 위해 Jinja2를 사용한다. 앤시블은 파이썬 2.6과 2.7 버전을 지원하

---

6 솔트 아키텍처의 대안 중 하나인 Salt-SSH는 예외다. 이는 아마 솔트의 앤시블스러운 옵션을 원하는 사용자를 위해 만들어졌을 것이다.

며 pip를 사용해 설치할 수 있다.[7]

```
$ pip install ansible # 아직 파이썬 3를 지원하지 않는다...
```

앤시블은 접근 권한이 있는 호스트를 설명하는 인벤토리 파일을 필요로 한다. 다음 코드는 호스트와 플레이북의 예시이며, 인벤토리 파일에 담긴 모든 호스트에 핑을 날린다. 다음 예시 인벤토리 파일(*hosts.yml*)을 살펴보자.

```
[server_name]
127.0.0.1
```

그리고 다음 코드는 예시 플레이북 파일(*ping.yml*)이다.

```
---
- hosts: all

  tasks:
    - name: ping
      action: ping
```

플레이북을 실행하기 위해 다음과 같이 입력하자.

```
$ ansible-playbook ping.yml -i hosts.yml --ask-pass
```

위 앤시블의 플레이북은 *hosts.yml*에 나열된 모든 서버에 핑을 던진다. 앤시블을 사용할 서버군을 선택할 수도 있다. 앤시블에 대해 더 알고 싶다면 앤시블 문서(*http://docs.ansible.com/*)를 읽어 보자. Server for Hackers의 앤시블 튜토리얼(*https://serversforhackers.com/an-ansible-tutorial*) 또한 훌륭하게 잘 정리된 소개자료이다.

퍼핏

퍼핏(Puppet, *http://puppetlabs.com/*)은 루비로 작성되었으며, 구성을 위해 퍼핏 스크립트(PuppetScript)라는 자체 언어를 제공한다. **에이전트** 노드의 오케스트레이션(orchestration)을 담당하는 **퍼핏 마스터**라는 서버를 가진다. **모듈**은 작고

---

7 (옮긴이) 앤시블 2.2 버전에서는 실험적으로 파이썬 3을 지원한다(*https://docs.ansible.com/ansible/python_3_support.html*).

공유할 수 있는 코드 유닛이며, 시스템 상태를 자동화하거나 정의하기 위해 작성된다. Puppet Forge(*https://forge.puppetlabs.com/*)는 오픈 소스 퍼핏과 퍼핏 엔터프라이즈를 위해 커뮤니티에서 작성한 모듈의 저장소이다.

에이전트 노드는 시스템 기본 정보(예: 운영체제, 커널, 아키텍처, IP 주소, 호스트 이름)를 퍼핏 마스터로 보낸다. 퍼핏 마스터는 에이전트가 보낸 정보를 사용해 각 노드를 구성하는 방법에 대한 카탈로그를 컴파일하여 에이전트에 넘긴다. 에이전트는 카탈로그에 명시된 대로 변경 처리를 한 뒤, 퍼핏 마스터에 보고서를 전송한다.

팩터(facter, factor가 아니다)는 퍼핏과 함께 제공되며, 시스템에 대한 기본 사실을 파악하는 흥미로운 도구다. 파악된 사실은 퍼핏 모듈을 작성하면서 변수로 참조할 수 있다.

```
$ facter kernel
Linux
$
$ facter operatingsystem
Ubuntu
```

퍼핏의 모듈 작성은 매우 직관적이다. 퍼핏 매니페스트(Puppet Manifest, 확장자가 *.pp*인 파일)가 함께 퍼핏 모듈을 형성한다. 다음은 퍼핏의 *Hello World* 예시이다.

```
notify { 'Hello World, this message is getting logged into the agent node':

    #바디에 특정지어진 게 없기 때문에,
    #알림 메시지 내용이 그대로 자원명이 된다(기본 값)
}
```

다음 코드는 시스템 기반 로직을 적용한 또 다른 예시다. 다른 사실을 참조하기 위해 $hostname과 같이 변수명 앞에 $ 기호를 붙였다(다음 코드에서는 $operating system).

```
notify{ 'Mac Warning':
    message => $operatingsystem ? {
        'Darwin' => 'This seems to be a Mac.',
        default => 'I am a PC.',
    },
}
```

퍼핏에는 여러 자원 유형이 있는데, 패키지-파일-서비스 패러다임만 알아도 대부분의 구성 관리가 가능하다. 다음 퍼핏 코드는 OpenSSH-Server 패키지가 시스템에 설치되어 있는지 확인하고, sshd 구성 파일이 변경될 때마다 sshd 서비스(SSH 서버 데몬)가 다시 시작되도록 알린다.

```
package { 'openssh-server':
    ensure => installed,
}

file { '/etc/ssh/sshd_config':
    source => 'puppet:///modules/sshd/sshd_config', owner => 'root',
    group => 'root',
    mode => '640',
    notify => Service['sshd'], # 이 파일을 편집할 때마다
                               # sshd가 재시작됨
    require => Package['openssh-server'],
}

service { 'sshd':
    ensure => running,
    enable => true,
    hasstatus => true,
    hasrestart=> true,
}
```

더 자세한 내용은 Puppet Labs의 문서(*http://docs.puppetlabs.com/*)를 참고하자.

셰프

인프라구조(infrastructure) 코드 작성 언어로 루비를 사용하는 경우 대체로 구성 관리(configuration management)에 셰프(Chef, *https://www.chef.io/chef/*)를 사용한다. Chef는 Puppet과 비슷하지만, 반대의 철학을 가지고 설계되었다. Puppet은 유연성을 포기하는 대신 모든 것을 단순화하는 프레임워크를 제공하지만, Chef는 프레임워크를 거의 제공하지 않는다. 따라서 Chef는 확장이 수월한(extensible) 도구이지만 그만큼 사용하기 어렵다.

Chef **클라이언트**(client)는 인프라의 모든 코드를 실행하며, Chef 서버(server)를 정기적으로 확인하여 시스템이 항상 정렬되고 올바른 상태(state)인지 체크한다. Chef 클라이언트마다 구성을 달리 할 수 있는데, 이러한 분산적 접근은 Chef 플랫폼의 규모를 확장(scalable)하고 자동화하는 데 도움이 된다.

셰프는 쿡북(요리책)에 구현된 맞춤 레시피(구성 요소)를 사용해 작동한다.

쿡북은 기본적으로 인프라 선택을 위한 패키지이며, 대체로 셰프 서버에 저장되어 있다.

knife 명령(*https://docs.chef.io/knife.html*)을 사용해 간단한 쿡북을 작성할 수 있다.

```
$ knife cookbook create cookbook_name
```

앤디 게일(Andy Gale)의 '셰프 시작하기'(*http://gettingstartedwithchef.com/first-steps-with-chef.html*)는 셰프 입문자에게 좋은 시작점이다. 셰프 슈퍼마켓(*https://supermarket.chef.io/cookbooks*)에는 커뮤니티에서 제작한 수많은 쿡북이 올라와 있으며, 자신의 쿡북을 만들 때 좋은 참고 자료가 된다. 자세한 내용은 셰프 문서(*https://docs.chef.io/*)를 참고하자.

CFEngine

CFEngine은 C로 작성되었기에 매우 작은 풋프린트(footprint)를 가진다. 주요 설계 목표인 오류에 대한 견고함(robustness)을 달성하기 위해, 분산 네트워크에서 작동하는 자율 에이전트(autonomous agent)를 사용한다. 여기서의 분산 네트워크는 약속 이론(*Promise Theory, https://en.wikipedia.org/wiki/Promise_theory*)[8]을 기반으로 통신하며, 마스터/클라이언트 구조와는 반대이다. 헤드리스(headless) 아키텍처를 원한다면 CFEngine 시스템을 선택하자.

시스템/작업 모니터링

지금부터 소개하는 라이브러리는 모두 시스템 관리자가 실행 중인 작업을 모니터링하는 데 되지만, 사용하는 방식이 각각 매우 다르다. Psutil은 유닉스 유틸리티 함수로 얻을 수 있는 정보를 파이썬으로 제공한다. Fabric을 사용하면 SSH를 통해 원격 호스트 목록에서 명령을 쉽게 정의하고 실행할 수 있다. Luigi를 사용하면 연쇄 하둡 명령과 같이 장시간 실행되는 배치 프로세스를 스케줄링하고 모니터링할 수 있다.

---

[8] (옮긴이) 약속 이론은 자율 에이전트로 구성된 네트워크에서 '프로그래밍된 동작만 일어나는' 전통 방식과 달리 '약속된 동작은 예측될 수 있다'는 접근을 취한다. '규칙 준수와 믿음'이 아닌 '현실주의적인 불확실성' 관점의 관리 방식이다. (*http://ieeexplore.ieee.org/document/1690588/*)

Psutil

Psutil(*https://pythonhosted.org/psutil/*)은 서로 다른 시스템 정보(예: CPU, 메모리, 디스크, 네트워크, 사용자, 프로세스)에 대한 크로스 플랫폼 인터페이스다(윈도우 포함). 이는 top, ps, df, netstat과 같은 낯익은 유닉스 명령어(*https://en. wikipedia.org/wiki/List_of_Unix_commands*)를 통해 얻을 수 있는 정보를 파이썬에서 접근할 수 있게 만들어 준다. 그럼 pip를 사용해 설치해보자.

```
$ pip install psutil
```

다음 코드는 서버 과부하(overload)를 모니터링하는 예다(네트워크와 CPU에 관한 테스트 중 어느 하나라도 실패하면 이메일을 전송).

```python
# 시스템 정보 값을 불러오는 함수
from psutil import cpu_percent, net_io_counters

# 대기 함수
from time import sleep
# 이메일 서비스를 위한 패키지
import smtplib
import string

MAX_NET_USAGE = 400000
MAX_ATTACKS = 4
attack = 0
counter = 0
while attack <= MAX_ATTACKS:
    sleep(4)
    counter = counter + 1
    # CPU 사용량 확인
    if cpu_percent(interval = 1) > 70:
        attack = attack + 1
    # 네트워크 사용량 확인
    neti1 = net_io_counters()[1]
    neto1 = net_io_counters()[0]
    sleep(1)
    neti2 = net_io_counters()[1]
    neto2 = net_io_counters()[0]
    # 초당 바이트 계산
    net = ((neti2+neto2) - (neti1+neto1))/2
    if net > MAX_NET_USAGE:
        attack = attack + 1
    if counter > 25:
        attack = 0
        counter = 0

    # attack이 4를 넘으면 심각함을 알리는 메일 작성
    TO = "you@your_email.com"
```

```
FROM = "webmaster@your_domain.com"
SUBJECT = "Your domain is out of system resources!"
text = "Go and fix your server!"
BODY = string.join(
        ("From: %s" %FROM,"To: %s" %TO,"Subject: %s" %SUBJECT, "",text), "\r\n")
server = smtplib.SMTP('127.0.0.1')
server.sendmail(FROM, [TO], BODY)
server.quit()
```

Psutil의 좋은 사용 예시가 궁금하면 glances를 확인하자. glances(*https://github.com/nicolargo/glances/*)는 top 명령어를 넓은 범위로 확장한 것처럼 동작하는 터미널 애플리케이션이며, 클라이언트-서버 모니터링 도구를 포함한다(top 명령어는 실행 중인 프로세스를 CPU 사용량 순서 혹은 사용자 지정 정렬 순서에 따라 나열함).

패브릭

패브릭(Fabric, *http://docs.fabfile.org*)은 시스템 관리 작업을 단순화하기 위한 라이브러리로, SSH를 사용해서 여러 호스트에 연결하고 각 호스트에서 작업을 실행할 수 있다. 이는 시스템 관리나 애플리케이션 배포에 유용하다. pip를 사용해 설치할 수 있다.

```
$ pip install fabric
```

다음은 memory_usage와 deploy의 두 패브릭 작업을 정의한 파이썬 모듈이다.

```
# fabfile.py
from fabric.api import cd, env, prefix, run, task

env.hosts = ['my_server1', 'my_server2']    # SSH 대상

@task
def memory_usage():
    run('free -m')

@task
def deploy():
    with cd('/var/www/project-env/project'):
        with prefix('. ../bin/activate'):
            run('git pull')
            run('touch app.wsgi')
```

with문은 명령을 중첩하므로 결국 각 호스트에 대해 deploy()가 다음과 같이 된다.

```
$ ssh hostname cd /var/ww/project-env/project && ../bin/activate && git pull
$ ssh hostname cd /var/ww/project-env/project && ../bin/activate && \
> touch app.wsgi
```

앞의 코드를 *fabfile.py*(fab이 찾는 기본 모듈 이름)란 이름으로 저장했다면, memory_usage 작업을 통해 메모리 사용량을 확인할 수 있다.

```
$ fab memory_usage
[my_server1] Executing task 'memory'
[my_server1] run: free -m
[my_server1] out:              total    used    free   shared  buffers  cached
[my_server1] out: Mem:          6964    1897    5067        0      166     222
[my_server1] out: -/+ buffers/cache:    1509    5455
[my_server1] out: Swap:            0       0       0

[my_server2] Executing task 'memory'
[my_server2] run: free -m
[my_server2] out:              total    used    free   shared  buffers  cached
[my_server2] out: Mem:          1666     902     764        0      180     572
[my_server2] out: -/+ buffers/cache:     148    1517
[my_server2] out: Swap:          895       1     894
```

앞서 작업한 내용은 다음 명령어를 사용해 배포할 수 있다.

```
$ fab deploy
```

추가 기능으로는 병렬 실행, 원격 프로그램과의 상호작용, 호스트 그룹화 등이 있다. 패브릭 문서(*http://docs.fabfile.org*)에 나와 있는 예제는 따라하기 쉽다.

루이지

루이지(Luigi, *https://pypi.python.org/pypi/luigi*)는 Spotify에서 개발하여 출시한 파이프라인 관리 도구다. 직접 작성하고자 하는 어떠한 작업(예: Hive 쿼리, 데이터베이스 쿼리, Hadoop Java 작업, pySpark 작업)이든 결합하여, 대규모로 장시간 실행되는 배치 작업의 파이프라인 전체를 관리할 수 있도록 돕는다. API를 사용하면 어떠한 작업이든 스케줄링할 수 있다. 원하는 작업이 빅데이터 분야일 필요는 없지만, 루이지는 하둡에서 실행되도록 개발되었으며 이에 필요한 모든 유틸리티가 luigi.contrib(*http://luigi.readthedocs.io/en/stable/api/luigi.contrib.html*)에 담겨 있다. pip를 사용해 설치하자.

```
$ pip install luigi
```

웹 인터페이스에서 사용자가 작업을 필터링하거나, 혹은 파이프라인 워크플로나 진행 상황을 의존성 그래프(dependency graph) 형태로 볼 수 있다. 루이지 깃허브 저장소에서 루이지 작업 예시(*https://github.com/spotify/luigi/tree/master/examples*)를 확인해보자. 루이지 문서(*http://luigi.readthedocs.io*)도 도움이 된다.

속도

이번에는 속도 최적화를 위한 파이썬 커뮤니티의 가장 일반적인 접근 방식을 소개한다. 표 8-1은 코드 성능을 분석(프로파일링)하고(*https://docs.python.org/3.5/library/profile.html*), 스니펫 옵션을 비교(*https://docs.python.org/3.5/library/timeit.html*)하는 것과 같은 간단한 작업을 수행한 후에 파이썬에서 직접 적용할 수 있는 성능 최적화 옵션을 보여 준다.

전역 인터프리터 잠금(Global interpreter lock(GIL), *https://wiki.python.org/moin/GlobalInterpreterLock*)이란 C파이썬이 다중 스레드를 동시에 작동시킬 수 있도록 하는 방법이다. 파이썬의 메모리 관리는 전적으로 스레드에 안전한 방식이 아니므로, 여러 스레드가 파이썬 코드 하나를 동시에 실행할 수 없도록 전역 인터프리터 잠금이 필요하다.

GIL은 파이썬의 한계라고 여겨지기도 하지만, 프로세스가 CPU 바운드(bound)[9]인 경우에만 방해가 되니 큰 문제가 되지 않는다(예: 이후 나올 NumPy나 cryptography 라이브러리와 같이 코드가 C로 재작성되어 파이썬 바인딩으로 노출되는 경우). 네트워크 I/O나 파일 I/O와 같은 작업의 경우, 단일 스레드에서 I/O 대기 중의 코드 블로킹(code blocking)이 속도의 병목점이 된다. 이때 여러 스레드를 사용하거나 이벤트 기반 프로그래밍(event-driven programming)을 사용하면 블로킹 문제를 해결할 수 있다.

파이썬 2에서는 StringIO와 cStringIO, ElementTree와 cElementTree와 같이 느린 버전과 빠른 버전의 라이브러리가 있다는 점을 알아 두자. C 구현은 빠르지만 명시적으로 임포트해야 한다. 정규 파이썬 3.3부터는 가능하다면 빠른 구현을 임포트하며, C 접두사가 붙은 라이브러리는 더 이상 사용하지 않는다.

---

9 (옮긴이) 작업 속도가 CPU 성능에 좌우되는 경우를 말함.

표 8-1 속도를 위한 옵션

옵션	라이선스	사용해야 하는 이유
Threading	파이썬 소프트웨어 재단 라이선스	• 여러 실행 스레드를 생성할 수 있음 • Threading은 (C파이썬을 사용한다면 GIL 때문에) 여러 프로세스를 사용하지 않는다. 즉, 서로 다른 스레드는 하나가 블로킹되었을 때 치환되며, 병목점이 I/O 대기와 같은 일부 블로킹 작업일 때 유용함 • Jython, IronPython 같은 일부 다른 구현에서는 GIL이 없다
Multiprocessing/ subprocess	파이썬 소프트웨어 재단 라이선스	• multiprocessing 라이브러리 도구를 사용하면 GIL을 우회하여 다른 파이썬 프로세스를 생성할 수 있음 • subprocess를 사용하면 여러 명령줄 프로세스 실행 가능
PyPy	MIT 라이선스	• 파이썬 인터프리터이며, 가능한 경우 파이썬 코드를 C 코드로 JIT(just-in-time) 컴파일할 수 있음(이 글이 작성된 시점 기준으로 파이썬 2.7.10과 3.2.5 버전이 제공됨)[a] • 부차적인 노력이 없이 속도를 향상시킬 수 있음 • 일반 C파이썬의 대체재로 사용될 수 있다. C 라이브러리는 CFFI(C Foreign Function Interface)를 사용하거나, PyPy 호환 목록(*http://pypy.org/compat.html*)에 포함되어야 한다.
Cython	아파치 라이선스	• 파이썬 코드를 정적으로 컴파일하는 두 방법을 제공함. 첫 번째 방법은 주석 언어인 Cython을 사용하는 것이다. • 두 번째 방법은 순수 파이썬을 정적으로 컴파일하되 Cython의 데코레이터를 사용하여 객체 유형을 규정한다.
Numba	BSD 라이선스	• NumPy 배열을 사용하는 파이썬 코드를 기계 코드로 컴파일하는 (pycc 도구를 통한) 정적 컴파일러, 혹은 just-in-time 런타임 컴파일러를 제공함 • 파이썬 2.7 혹은 3.4 이상, llvmlite 라이브러리(*http:// llvmlite.pydata.org/en/latest/install/index.html*)와 그 의존성, LLVM(로우레벨 가상머신) 컴파일러 인프라 구조가 필요함
Weave	BSD 라이선스	• 몇 줄의 C 코드를 파이썬으로 '짜는' 방법을 제공하지만, Weave를 이미 사용하고 있는 사람만 사용하자. • Weave는 더 이상 사용되지 않으니 Cython을 사용하자.
PyCUDA/ gnumpy/ TensorFlow/ Theano/ PyOpenCL	MIT/수정BSD/ BSD/BSD/MIT	• NVIDIA GPU를 사용하는 다른 방법을 제공하며, 만약 GPU가 설치되어 있다면 NVIDIA의 CUDA 툴체인(*http://docs. nvidia.com/cuda/*)을 설치할 수 있음 • PyOpenCL은 NVIDIA보다 많은 프로세서를 사용할 수 있음 • 각각의 응용 분야가 서로 다름. 예를 들어 gnumpy는 Numpy의 대체재로 설계됨.
C/C++ 라이브러리 직접 사용	-	• C/C++ 코딩에 소요되는 시간을 보상할 만큼 속도가 향상됨

a (옮긴이) 2017년 9월 현재 파이썬 2.7.13과 파이썬 3.5.3 버전을 제공하고 있음(*https://pypy.org/download.html* 참고)

Writing Idiomatic Python(*http://bit.ly/writing-idiomatic-python*)의 저자인 제프 크누프(Jeff Knupp)는 GIL에 대한 블로그 게시글(*http://bit.ly/pythons-hardest-problems*)도 작성하였다. 여기에는 GIL에 대한 데이비드 비즐리(David Beazley)의 심도 있는 견해[10]도 함께 언급되어 있다.

이제 표 8-1의 스레딩과 기타 최적화 옵션을 자세히 알아보자.

스레딩

파이썬의 threading 라이브러리를 사용하면 여러 스레드를 생성할 수 있다. 전역 인터프리터 잠금(GIL) 때문에 하나의 파이썬 인터프리터는 하나의 파이썬 프로세스만 실행한다(적어도 C파이썬에서는 그렇다). 따라서 하나 이상의 스레드가 (예를 들어, I/O 때문에) 블로킹(blocking)되는 경우에만 성능 향상이 가능하다. 다른 옵션은 이벤트 핸들링을 사용하는 것이다. 이 내용은 291쪽 '파이썬 표준 라이브러리의 성능 네트워킹 도구'에 소개하는 asyncio 부분을 참고하자.

파이썬에서는 여러 스레드가 있을 때, 하나의 스레드가 I/O 때문에 블로킹되면, 다음 스레드가 프로세서를 사용하도록 전환한다. 이 스레드는 블로킹되거나 종료될 때까지 프로세스를 사용한다. 이 모든 일들은 스레드가 시작되면 자동으로 일어난다. 스택오버플로에서 스레딩을 사용하는 좋은 예(*http://bit.ly/threading-in-python*)를 찾아볼 수 있으며, Python Module of the Week 시리즈에도 훌륭한 스레딩 소개 자료(*https://pymotw.com/2/threading/*)가 있다. 표준 라이브러리의 스레딩 문서(*https://docs.python.org/3/library/threading.html*)도 참고하자.

멀티프로세싱

파이썬 표준 라이브러리의 multiprocessing 모듈(*https://docs.python.org/3/library/multiprocessing.html*)은 추가 파이썬 인터프리터를 실행하여 GIL을 우회하는 방법을 제공한다. 분리된 프로세스는 `multiprocessing.Pipe` 혹은 `multiprocessing.Queue`를 사용해 통신하거나 `multiprocessing.Array`와 `multiprocessing.Value`를 사용해 메모리를 공유할 수 있으며, 자동으로 잠금을 구현한다. 이 객체들은 서로 다른 프로세스가 동시에 접근하는 일을 방지하기

---

10 데이비드 비즐리는 GIL이 작동하는 방식에 대해 설명한 훌륭한 가이드(*http://www.dabeaz.com/python/UnderstandingGIL.pdf*)를 작성하였다. 그는 파이썬 3.2의 새로운 GIL에 대해서도 다룬다(*http://www.dabeaz.com/python/NewGIL.pdf*). 이에 따르면 파이썬 애플리케이션에서 성능을 최대화하기 위해서 GIL에 대한 깊은 이해가 필요하며, GIL이 특정 애플리케이션에 어떤 영향을 미치는지, 코어가 몇 개인지, 애플리케이션의 병목점이 어디인지도 잘 알아야 한다.

위해 잠금을 구현하니, 데이터를 자주 공유하지 말자.

다음은 작업자 프로세스 풀(pool)을 사용해 속도를 향상시키고자 할 때, 작업자 개수에 비례하여 속도가 향상되지 않음을 보여 주는 예다. 참고로, 계산에 절약되는 시간과 다른 인터프리터를 실행하는 데 걸리는 시간 사이에 트레이드오프가 있다. 다음 예시에서는 몬테카를로 방법(난수 생성법)을 사용하여 원주율(pi)을 추정한다.[11]

```
>>> import multiprocessing
>>> import random
>>> import timeit
>>>
>>> def calculate_pi(iterations):
...     x = (random.random() for i in range(iterations))
...     y = (random.random() for i in range(iterations))
...     r_squared = [xi**2 + yi**2 for xi, yi in zip(x, y)]
...     percent_coverage = sum([r <= 1 for r in r_squared]) / len(r_squared)
...     return 4 * percent_coverage
...
>>>
>>> def run_pool(processes, total_iterations):
...     with multiprocessing.Pool(processes) as pool: ❶
...         # Divide the total iterations among the processes.
...         iterations = [total_iterations // processes] * processes ❷
...         result = pool.map(calculate_pi, iterations)
...     print( "%0.4f" % (sum(result) / processes), end=', ')
...
>>>
>>> ten_million = 10000000           ❸
>>> timeit.timeit(lambda: run_pool(1, ten_million), number=10)
3.141, 3.142, 3.141, 3.141, 3.142, 3.141, 3.141, 3.142, 3.142,
134.48382110201055 ❺
>>>                                  ❻
>>> timeit.timeit(lambda: run_pool(10, ten_million), number=10)
3.142, 3.142, 3.142, 3.142, 3.142, 3.141, 3.142, 3.142, 3.141,
74.38514468498761 ❼
```

❶ 컨텍스트 매니저 안에서 multiprocessing.Pool을 사용하여, 프로세스별로 각자 생성한 풀만 사용하도록 한다.

❷ 총 반복 횟수는 언제나 같다. 다만 프로세스 개수에 따라 한 프로세스가 담당하는 반복 횟수가 달라진다.

---

11 *http://bit.ly/monte-carlo-pi*에서 이에 대한 자세한 설명을 볼 수 있다. 가로와 세로의 길이가 2인 정사각형 다트판에 다트를 던진다고 생각해보자. 다트판 안에는 반경 1(직경 2)의 원이 포함되어 있다. 다트가 다트판 어디에든 똑같은 확률로 꽂힌다면, 원 안에 포함되는 다트의 비율은 원주율을 4로 나눈 값이다. 즉, 원에 포함된 다트의 비율에 4를 곱한 값이 원주율이다.

❸ pool.map()은 여러 개의 프로세스를 생성한다. iterations 리스트의 아이템마다 하나의 프로세스가 생기며, 이들을 모두 사용하여 multiprocessing.Pool(processes)에서 풀을 초기화할 때 명시한 총 반복 횟수만큼 실행할 수 있게 된다.

❹ 첫 번째 timeit 시도에 1개의 프로세스를 사용한다.

❺ 100만 번 반복하는 작업을 10번 진행하면서 1개의 프로세스를 사용하면 134초가 걸린다.

❻ 두 번째 timeit 시도에 10개의 프로세스를 사용한다.

❼ 100만 번 반복하는 작업을 10번 진행하면서 10개의 프로세스를 사용하면 74초가 걸린다.

비록 여러 프로세스를 만들려면 추가 비용(overhead)이 필요하지만, 파이썬에서 여러 프로세스를 실행하는 데 쓰이는 multiprocessing 모듈은 견고하게 잘 만들어졌다. 자세한 정보는 표준 라이브러리 문서 중 multiprocessing 부분(*https://docs.python.org/3.5/library/multiprocessing.html*)을 참고하자. GIL에 대해 설명한 제프 크누프(Jeff Knupp)의 블로그 게시글(*http://bit.ly/pythons-hardest-problems*)에 멀티프로세싱에 대해 몇 단락 서술되어 있으니 참고하자.

subprocess

subprocess 라이브러리(*https://docs.python.org/3/library/subprocess.html*)는 파이썬 2.4부터 표준 라이브러리에 포함되었으며, PEP 324(*https://www.python.org/dev/peps/pep-0324/*)에 정의되어 있다. 시스템 호출(예: unzip, curl)을 명령줄에서 호출하듯(시스템 셸을 호출하지 않고(*http://bit.ly/subprocess-security*)) 실행하며, 개발자가 서브 프로세스의 입력과 출력 파이프로 수행할 작업을 선택한다. 파이썬 2 사용자는 subprocess32 패키지(*https://pypi.python.org/pypi/subprocess32/*)에서 버그가 일부 수정된 업데이트 버전을 받도록 하자. 설치는 pip를 통해 하면 된다.

```
$ pip install subprocess32
```

Python Module of the Week 블로그에 subprocess 튜토리얼(*https://pymotw.com/2/subprocess/*)이 있으니 참고하자.

파이파이

파이파이(PyPy, *http://pypy.org/*)는 파이썬으로 구현한 파이썬 구현체다. 무료인데다 빠르고, 문제가 없다면 기존 코드를 변경해줄 필요가 없다. 가장 먼저 시도해봐야 할 옵션이다.

파이썬의 다른 구현이니, `pip`로는 받을 수 없다. 파이파이 다운로드 페이지(*http://pypy.org/download.html*)의 하단에서 운영체제에 맞는 파이썬 버전을 선택하여 다운 받자.

다음 코드는 데이비드 비즐리(David Beazley)가 만든 CPU 바운드 테스트 코드(*http://www.dabeaz.com/GIL/gilvis/measure2.py*)를 약간 수정한 것이다. 여기에는 여러 테스트를 위해 반복문을 추가하였으니, 파이파이와 C파이썬의 차이점을 확인해보자. 먼저 C파이썬에서 실행해보자.

```
$ # CPython
$ ./python -V
Python 2.7.1
$
$ ./python measure2.py
1.06774401665
1.45412397385
1.51485204697
1.54693889618
1.60109114647
```

같은 스크립트를 다른 인터프리터인 파이파이를 사용해 실행해보자.

```
$ # PyPy
$ ./pypy -V
Python 2.7.1 (7773f8fc4223, Nov 18 2011, 18:47:10)
[PyPy 1.7.0 with GCC 4.4.3]
$
$ ./pypy measure2.py
0.0683999061584
0.0483210086823
0.0388588905334
0.0440690517426
0.0695300102234
```

파이파이를 사용하여 평균 1.4초에서 0.05초로 무려 20배 이상 속도가 향상되었다. 가끔 속도가 그리 향상되지 않는 경우도 있지만, 대체로 진짜 큰 효과를 볼 수 있다. 파이파이 인터프리터를 다운로드하는 일을 제외하면 아무것도 할 필요가 없다. 만약 여러분의 C 라이브러리가 파이파이와 호환되길 바란다면, 파이파이의 조언(*http://pypy.org/compat.html*)에 따라 표준 라이브러리의 ctypes 대신 CFFI(C Foreign Function Interface)를 사용하자.

싸이썬

불행히도 C 확장을 사용한 모든 라이브러리가 파이파이에서 작동하지는 않는다. 이러한 경우를 위해 파이썬을 포함하여 C와 C++ 모듈까지 작성할 수 있도록 돕는 싸이썬(Cython, *http://cython.org/*)이 있다. Cython은 컴파일된 C 라이브러리에서 함수를 호출할 수 있으며, 어떤 방식으로든 파이썬 객체를 조작하지 않는다는 전제하에 특정 코드 부분 근방에서 GIL을 해제(*http://tinyurl.com/cython-nogil*)할 수 있도록 하는 컨텍스트(nogil)를 제공한다. Cython을 사용하면 파이썬의 변수와 연산에 대한 강타이핑(strong typing)[12]의 장점을 취할 수 있다.

다음은 싸이썬을 사용한 강타이핑 예시이다.

```python
def primes(int kmax):
    """"싸이썬 키워드를 사용한 소수 계산"""

    cdef int n, k, i
    cdef int p[1000]
    result = []
    if kmax > 1000:
        kmax = 1000
    k=0
    n=2
    while k < kmax:
        i=0
        while i < k and n % p[i] != 0:
            i=i+1
        if i == k:
            p[k] = n
            k=k+1
            result.append(n)
        n=n+1
    return result
```

위 코드는 소수를 찾는 알고리즘이며, 아래의 순수 파이썬을 사용한 구현과 비교했을 때 몇 가지 키워드가 추가되어 있음을 확인할 수 있다.

---

12 스택오버플로 논의(*http://stackoverflow.com/questions/11328920*)에 따르면 한 언어가 강타이핑 언어°인 동시에 동적 타이핑 언어일 수 있다.
　* (옮긴이) 언어의 분류에서 많이 사용되는 용어이다. 변수의 타입 오류가 항상 탐지되면 강타입 언어라고 한다.

```
def primes(kmax):
    """표준 파이썬 구문을 사용한 소수 계산"""
    p= range(1000)
    result = []
    if kmax > 1000:
        kmax = 1000
k = 0
n = 2
while k < kmax:
    i=0
    while i < k and n % p[i] != 0:
        i=i+1
    if i == k:
        p[k] = n
        k=k+1
        result.append(n)
    n=n+1
return result
```

싸이썬 버전에서는 C의 자료형으로 컴파일되는 정수와 정수 배열을 선언함과 동시에 파이썬 리스트도 생성한다.

```
# 싸이썬 버전

def primes(int kmax): ❶
    """싸이썬 키워드를 사용한 소수 계산"""
    cdef int n, k, i ❷
    cdef int p[1000] ❸
    result = []
```

❶ 정수 자료형을 선언하였다.

❷ 변수 n, k, i 또한 정수 자료형으로 선언하였다.

❸ 변수 p에 대해 길이 1,000의 정수 배열을 미리 할당하였다.

차이점이 무엇일까? 싸이썬 버전에서는 변수 자료형을 선언하였으며, 정수 배열이 표준 C와 비슷한 방식으로 선언되었다. 예를 들어, 자료형을 정수형으로 선언해준 부분은 싸이썬 컴파일러에게 힌트가 되어 보다 효율적으로 C코드를 생성할 수 있게 된다. 구문이 표준 파이썬과 호환되지 않으므로, *.py 파일로 저장되지 않는다. 싸이썬 코드는 *.pyx 파일에 저장된다.

속도가 얼마나 다른지 확인해보자.

```
import time
# pyx 컴파일러 활성화
import pyximport ❶
pyximport.install() ❷
# 싸이썬으로 구현한 소수 계산 모듈
import primesCy
# 파이썬으로 구현한 소수 계산 모듈
import primes

print("Cython:")
t1 = time.time()
print primesCy.primes(500)
t2 = time.time()
print("Cython time: %s" %(t2-t1))
print("")
print("Python")
t1 = time.time() ❸
print(primes.primes(500))
t2 = time.time()
print("Python time: {}".format(t2-t1))
```

❶ *pyximport* 모듈을 통해 싸이썬에서 컴파일된 primes 함수가 포함된 *.pyx* 파일 (예: *primesCy.pyx*)을 임포트할 수 있다.

❷ pyximport.install() 명령를 사용하면 파이썬 인터프리터가 싸이썬 컴파일러 를 작동시켜 직접 C 코드를 생성하며, 이렇게 작성된 C 코드는 자동으로 *.so* 형태의 C 라이브러리로 컴파일된다. 이 라이브러리는 파이썬 코드를 간단히 수정하여 손쉽게 임포트할 수 있으며 효율적으로 사용할 수 있다.

❸ time.time() 함수를 통해, 500개의 소수를 찾는 서로 다른 두 호출에 소요되 는 시간을 비교할 수 있다. 표준 성능의 랩톱(듀얼코어 AMD E-450 1.6 GHz) 에서 측정된 결과는 다음과 같다.

```
Cython time: 0.0054 seconds

Python time: 0.0566 seconds
```

임베디드 ARM 비글본(BeagleBone, *http://beagleboard.org/Products/BeagleBone*) 머신의 결과이다.

```
Cython time: 0.0196 seconds

Python time: 0.3302 seconds
```

Numba

Numba(*http://numba.pydata.org/*)는 특수 데코레이터를 통해 주석이 달린 파이썬 (및 Numpy) 코드를 LLVM(Low-Level Virtual Machine, *http://llvm.org/*)으로 컴파일하는 Numpy 중심의 파이썬 컴파일러(Just-In-Time(JIT)[13] 전문 컴파일러) 이다. Numba는 LLVM을 사용해 파이썬 코드를 런타임에 실행할 수 있는 기계 코드로 컴파일한다.

아나콘다를 사용한다면 `conda install numba`를 통해 설치할 수 있으며, 그렇지 않으면 수동으로 설치해야 한다. Numba를 설치하기 전에 NumPy와 LLVM 을 미리 설치해야 한다. 필요한 LLVM 버전을 확인하고(파이파이의 llvmlite 페이지(*https://pypi.python.org/pypi/llvmlite*)에서 확인 가능), 운영체제에 맞게 다운받자.

- 윈도우용 LLVM 빌드(*http://llvm.org/builds/*)
- 데비안/우분투용 LLVM 빌드(*http://apt.llvm.org/*)
- 페도라용 LLVM 빌드(*https://apps.fedoraproject.org/packages/llvm*)
- 기타 유닉스 시스템에서 소스 코드로부터 빌드하려면 'Clang + LLVM 컴파일러 빌드하기'(*http://ftp.math.utah.edu/pub/llvm/*)를 참고할 것
- 맥에서는 `brew install homebrew/version/llvm37`을 사용(최신 버전 숫자를 사용해도 좋음)

LLVM과 NumPy를 설치했다면 `pip`를 사용해 Numba를 설치하자. 인스톨러가 *llvm-config* 파일을 찾을 수 있도록 `LLVM_CONFIG` 환경변수를 통해 적절한 경로를 제공해야 한다.

```
$ LLVM_CONFIG=/path/to/llvm-config-3.7 pip install numba
```

코드에서 사용하려면 다음과 같이 함수 데코레이터로 사용하자.

```
from numba import jit, int32

@jit ❶
def f(x):
    return x + 3
```

---

13 (옮긴이) 프로그램을 실행하는 시점에서 필요한 부분을 즉석으로 컴파일하는 방식.

```
@jit(int32(int32, int32)) ❷
def g(x, y):
    return x + y
```

❶ 인자가 없으면 @jit 데코레이터는 함수 최적화를 진행할지, 한다면 어떤 방식
  으로 최적화할지에 대해 게으른 컴파일(lazy compilation)을 수행한다.

❷ 보다 적극적인 컴파일을 원한다면 자료형을 명시하자. 함수는 주어진 명세에
  따라 컴파일되며, 그 밖의 상황에서는 허용되지 않는다. 반환 값과 두 인자는
  numba.int32 자료형을 가진다.

nogil 플래그(flag)를 사용하면 전역 인터프리터 잠금을 무시할 수 있다. numba.
pycc 모듈을 사용하여 코드를 미리 컴파일할 수 있다. 자세한 내용은 Numba 사
용자 매뉴얼(*http://numba.pydata.org/numba-doc/latest/user/*)을 참고하자.

GPU 라이브러리

Numba에서 파이썬 코드를 컴파일할 때, 컴퓨터의 그래픽 처리 장치(Graphic
Processing Unit, GPU)에서 실행되도록 할 수도 있다. GPU는 최신 비디오 게
임에서 많이 사용되며, 속도와 병렬 컴퓨팅을 위해 최적화된 칩이다. NIDIA의
CUDA 툴킷(*https://developer.nvidia.com/cuda-downloads*)이 설치된 NVIDIA GPU
가 필요할 수 있다. 문서(*http://numba.pydata.org/numba-doc/0.13/CUDAJit.html*)에
따라 Numba의 CUDA JIT을 GPU와 함께 사용해보자.

  Numba 이외에도 GPU 연산을 지원하는 인기 있는 라이브러리로는 텐서플로
(Tensorflow, *https://www.tensorflow.org/*)가 있다. 텐서플로는 아파치 2.0 라이선
스로 구글에서 출시했으며, 빠른 행렬 연산을 위해 텐서(다차원 행렬) 객체를 제
공하여 연쇄적인 텐서 연산을 수행한다. 현재 리눅스 운영체제에서만 GPU를 사
용할 수 있다.[14] 설치할 때 다음 지침은 꼭 확인하자.

• GPU를 지원하는 텐서플로 설치

• GPU를 지원하지 않는 텐서플로 설치

텐서플로가 공개되기 전까지는 몬트리올 대학에서 만든 티아노(Theano, *http://
deeplearning.net/software/theano/*)가 파이썬의 GPU 기반 행렬 연산 라이브러리의
표준이었다. 티아노는 여전히 적극적으로 개발되고 있으며, GPU 사용법에 대

---

14 (옮긴이) 현재 리눅스, 맥, 윈도우 모두 GPU 지원 텐서플로를 설치하여 사용할 수 있다.

해 상세히 설명된 페이지(*http://deeplearning.net/software/theano/tutorial/using_gpu.
html*)가 따로 있다. 윈도우, 맥, 리눅스 운영체제를 지원하며, `pip`를 사용해 설치
할 수 있다.

```
$ pip install Theano
```

보다 로우레벨의 GPU 상호작용이 필요하다면 PyCUDA(*https://developer.nvidia.
com/pycuda*)를 시도해보자. 마지막으로, NVIDIA GPU가 없다면 PyOpenCL
(*https://pypi.python.org/pypi/pyopencl*)을 사용해보자. 인텔의 OpenCL 라이브러리
(*https://software.intel.com/en-us/intel-opencl*)의 래퍼인 PyOpenCL은 다양한 하드
웨어(*https://software.intel.com/en-us/articles/opencl-drivers*)와 호환된다.

C/C++/FORTRAN 라이브러리와의 인터페이스

다음에 소개되는 라이브러리는 서로 매우 다르다. CFFI와 ctypes는 파이썬 라이
브러리이며, F2PY(Fortran-to-Python, *http://docs.scipy.org/doc/numpy/f2py/*)는 포
트란을 파이썬에서 사용할 수 있게 도와주는 도구다. SWIG는 C 객체를 (파이썬
을 포함한) 여러 언어에서 사용할 수 있도록 한다. Boost.Python은 C++ 라이브
러리이며 C++ 객체를 파이썬에 노출시키거나, 파이썬 객체를 C++에 노출시키
는 작업을 돕는다. 표 8-2에 이를 좀 더 자세히 정리하였다.

표 8-2 C/C++ 인터페이스

라이브러리	라이선스	사용해야 하는 이유
CFFI	MIT 라이선스	• 파이파이와의 호환성이 가장 좋음 • 파이썬 바인딩과 함께 공유 C 라이브러리를 빌드하기 위해 파이썬에서 C 코드를 작성하고 컴파일할 수 있음
ctypes	파이썬 소프트웨어 재단 라이선스	• 파이썬 표준 라이브러리에 포함됨 • 작성하지 않았거나 제어할 수 없던 기존 DLL이나 공유 객체를 래핑할 수 있음 • 파이파이와의 호환성이 두 번째로 좋음
F2PY	BSD 라이선스	• 포트란 라이브러리를 사용할 수 있음 • F2PY는 NumPy의 일부분이므로 NumPy를 사용해야 함
SWIG	GPL(결과물에는 제약이 없음)	• C도 파이썬도 아닌 특수 파일 형식을 사용해, 라이브러리를 여러 언어로 자동 생성하는 방법을 제공
Boost.Python	Boost Software 라이선스	• 명령줄 도구가 아니며, C++ 코드를 포함할 수 있는 C++ 라이브러리임. 파이썬에 노출할 객체를 식별하는 데 사용

CFFI

CFFI(C Foreign Function Interface, C 외부 함수 인터페이스) 패키지(*https://cffi.readthedocs.org/*)는 C파이썬과 파이파이 모두에서 C와 인터페이스하는 간단한 메커니즘을 제공한다. C파이썬과 파이파이 간 호환성이 가장 좋기 때문에 파이파이에서 추천되는 패키지다(*http://doc.pypy.org/en/latest/extending.html*). CFFI에서는 두 가지 모드를 지원한다. 인라인 애플리케이션 바이너리 인터페이스(ABI, Application binary interface) 호환 모드(다음 예시 참고)를 통해 실행 가능한 모듈을 동적으로 불러와 실행할 수 있다(LoadLibrary 혹은 dlopen과 동일한 기능 제공). API 모드에서는 C 확장 모듈을 빌드할 수 있다.[15]

`pip`를 사용해 설치하자.

```
$ pip install cffi
```

다음 내용은 ABI 상호작용 예시다.

```
from cffi import FFI
ffi = FFI()
ffi.cdef("size_t strlen(const char*);") ❶
clib = ffi.dlopen(None) ❷
length = clib.strlen("String to be evaluated.") ❸
# 출력 결과: 23
print("{}".format(length))
```

❶ 여기의 문자열은 C 헤더 파일의 함수 선언에서 해제될 수 있다.

❷ 공유 라이브러리를 연다(**.DLL* 또는 **.so*).

❸ 이제 `clib`을 파이썬 모듈처럼 사용할 수 있으며, 함수를 . 기호를 통해 호출할 수 있다.

ctypes

ctypes(*https://docs.python.org/3/library/ctypes.html*)는 C파이썬에서 C/C++과 인터페이스하는 데 있어 표준이 되는 라이브러리이다. 실제로 표준 라이브러리에 포함되어 있다. ctypes를 사용하면 대부분의 주요 운영체제(예: 윈도우의 kernel32, *nix 계열의 libc)의 기본 C 인터페이스에 대한 완전한 접근이 가능하며, 런타임

---

15 스레드를 인터프리터에 등록했는지 확인하기 위한 C 확장을 작성할 때는 특별한 주의를 기울여야 한다 (*http://docs.python.org/c-api/init.html#threads*).

시 공유 객체(*.so*)나 DLL 같은 동적 라이브러리를 불러와 상호작용할 수 있다. 시스템 API와 상호작용하는 유형의 전체 호스트를 가져오고, 구조체(struct)나 유니온(union) 같은 복잡한 맞춤형 자료형을 쉽게 정의할 수 있게 돕는다. 또한 필요한 경우 패딩과 정렬을 수정할 수 있다. (너무 많은 문자를 입력해야하기 때문에) 사용하기에 조금 복잡할 수도 있지만, 표준 라이브러리의 struct 모듈(*https://docs.python.org/3.5/library/struct.html*)과 함께 사용하면, 사용자 정의 자료형을 순수 C/C++ 메서드에서 사용할 수 있는 형태로 변환하는 방법을 완전히 제어할 수 있다.

예를 들어 *my_struct.h*에 다음과 같이 정의된 C 구조체가 있다고 해보자.

```
struct my_struct {
    int a;
    int b;
};
```

이는 *my_struct.py* 파일에서 다음과 같이 구현될 수 있다.

```
import ctypes
class my_struct(ctypes.Structure):
    _fields_ = [("a", c_int),
                ("b", c_int)]
```

F2PY

F2PY(*Fortran-to-Python, http://docs.scipy.org/doc/numpy/f2py/*)는 파이썬에서 포트란을 가져다 쓰는 인터페이스를 만들어주는 도구이다. Numpy에 포함되어 있으므로 Numpy를 설치하여 사용할 수 있다.

```
$ pip install numpy
```

F2PY는 다목적 명령줄 함수인 **f2py**를 제공한다. **f2py**는 세 가지 방법으로 사용될 수 있으며 모두 F2PY 빠른 시작 가이드(*http://docs.scipy.org/doc/numpy/f2py/getting-started.html*)에 문서화되어 있다. 소스 코드를 제어할 수 있다면, F2PY를 위해 각 인자의 의도(입력인지 출력인지)를 명시하는 특수 주석을 추가할 수 있으며, 다음과 같이 F2PY를 실행할 수 있다.

```
$ f2py -c fortran_code.f -m python_module_name
```

만약 소스코드를 변경할 수 없다면, 다음 같이 세 단계로 나누어 진행할 수 있다. F2PY는 확장자가 *.pyf인 수정 가능한 중간 파일을 생성해준다. 이 파일을 수정하여 아래와 같이 실행하면 위의 실행 결과와 같은 결과를 얻을 수 있다.

```
$ f2py fortran_code.f -m python_module_name -h interface_file.pyf ❶
$ vim interface_file.pyf ❷
$ f2py -c interface_file.pyf fortran_code.f ❸
```

❶ 포트란 함수 시그니처와 파이썬 함수 시그니처 간 인터페이스를 정의하는 중간 파일을 자동으로 생성한다.

❷ 파일을 수정하여 입력과 출력 변수를 올바르게 명시한다.

❸ 코드를 컴파일하고 확장 모듈을 빌드한다.

SWIG

SWIG(Simplified Wrapper Interface Generator, *http://www.swig.org/*)는 파이썬을 포함한 매우 다양한 스크립트 언어를 지원한다. 인기 있고 널리 사용되는 명령줄 도구이며, C/C++ 헤더 파일을 원하는 언어에서 사용할 수 있도록 바인딩(binding)을 만들어준다. 이를 위해 먼저 SWIG를 사용하여 헤더로부터 중간 파일(intermediate file, 인터페이스 파일이라 불리며 *.i 접미사를 가짐)을 자동으로 생성하자. 생성된 파일을 수정하여 원하는 인터페이스를 반영한 뒤, 빌드 도구를 실행하여 공유 라이브러리로 컴파일하면 파이썬에서 사용할 수 있게 된다. SWIG 튜토리얼(*http://www.swig.org/tutorial.html*)에 이 모든 작업이 단계별로 설명되어 있다.

SWIG가 몇 가지 한계점을 갖고 있긴 하지만(일부 새로운 C++ 기능에 관한 문제가 있으며, 템플릿이 무거운 코드를 실행하는 게 번거로울 수 있다), 적은 노력으로도 수많은 C/C++의 기능을 파이썬에 노출시킬 수 있기 때문에 장점이 크다. 뿐만 아니라, SWIG가 (인터페이스 파일 내에) 생성하는 바인딩을 쉽게 확장하여 연산자와 내장 메서드를 오버로드(overloading)할 수 있으며, 파이썬에서 C++ 예외를 효과적으로 다시 캐스팅(re-cast)하여 캐치(catch)할 수 있다.

이제 __repr__을 오버로드하는 방법을 알아볼 것이다. 다음 코드가 *MyClass.h*란 이름의 파일에 저장되어 있다고 가정해보자.

```
#include <string>
class MyClass {
private:
```

```
    std::string name;
public:
    std::string getName();
};
```

다음은 *myclass.i*다.

```
%include "string.i"

%module myclass
%{
#include <string>
#include "MyClass.h"
%}

%extend MyClass {
    std::string __repr__()
    {
        return $self->getName();
    }
}

%include "MyClass.h"
```

이 외에도 더 많은 파이썬 예제를 SWIG 깃허브 저장소에서 확인할 수 있다(*https://github.com/swig/swig/tree/master/Examples/python*). 여러분이 사용 중인 패키지 관리자를 사용해 SWIG를 설치해보자(apt-get install swig, yum install swig.i386, brew install swig). 아니면 *http://www.swig.org/survey.html*에서 SWIG를 다운 받아 운영체제제별 설치 지침(*http://www.swig.org/Doc3.0/Preface.html# Preface_installation*)을 따르면 된다. 맥에 PCRE(Perl Compatible Regular Expression, 펄 호환 정규 표현식) 라이브러리를 설치하려면 다음과 같이 홈브류를 사용하자.

```
$ brew install pcre
```

Boost.Python

Boost.Python(*http://www.boost.org/doc/libs/1_60_0/libs/python/doc/*)으로 C++ 객체 기능을 노출시키려면 비교적 많은 수작업이 필요하다. 그러나 Boost.Python은 SWIG가 제공하는 기능을 모두 제공한다. 예를 들어, C++ 객체를 파이썬에 노출하는 도구뿐만 아니라 파이썬 객체에 C++에 PyObject 형태로 노출시키는 래퍼도 있다. SWIG와 달리 Boost.Python은 라이브러리이며, 명령줄 도구가 아니므로 다른 형식의 중간 파일을 작성할 필요가 없이 직접 C++ 코드를 사용해도 된다. Boost.Python을 사용해보고 싶다면, 포괄적으로 정리된 상세한 튜토리얼이 있으니(*http://bit.ly/boost−python−tutorial*) 참고하도록 하자.

소프트웨어 인터페이스

우선 이번 장에서는 조직 간 데이터 공유에 사용하는 API로부터 정보를 얻기 위해 파이썬을 사용하는 방법을 소개한다. 그 다음으로는 파이썬을 기반으로 사용하는 대부분의 조직에서, 자체 인프라 내부의 통신을 지원하는 데 사용하는 도구에 대해 알아본다.

우리는 이미 '멀티프로세싱'에서 파이썬이 프로세스 간에 파이프와 큐를 지원함을 알아보았다. 컴퓨터끼리 통신하려면 양쪽 컴퓨터 모두 미리 정의된 프로토콜 모음을 사용해야 한다. 인터넷은 TCP/IP 슈트[1](*https://en.wikipedia.org/ wiki/Internet_protocol_suite*)를 준수한다. UDP는 소켓을 통해 직접 구현할 수 있다(*https://pymotw.com/2/socket/udp.html*). 파이썬은 소켓의 TLS/SSL 래퍼로서 ssl이라는 라이브러리를 제공한다. 또한 TCP, UDP, TLS/SSL 및 서브 프로세스 파이프를 위한 비동기 전송(*https://docs.python.org/3/library/asyncio-protocol.html*)을 구현한 asyncio를 제공한다. 그러나 ftplib, poplib, imaplib, nntplib, smtplib, telnetlib, xmlrpc와 같이 다양한 분야의 프로토콜을 구현한 클라이언트를 제공하는 하이레벨 라이브러리를 주로 사용하게 될 것이다. 이들 모두 일반 클라이언트와 TLS/SSL 래핑 클라이언트를 위한 클래스를 제공한다(urllib도 HTTP 요청을

---

[1] TCP/IP(혹은 인터넷 프로토콜) 슈트에는 네 가지 콘셉트가 담겨 있다. 링크 계층 프로토콜은 컴퓨터와 인터넷 간 정보를 얻는 방법을 포함한다. 컴퓨터 안에서는 파이썬 프로그램이 아니라 네트워크 카드와 운영체제가 책임진다. 인터넷 계층 프로토콜(IPv4, IPv6 등)은 소스에서 목적지로의 비트 패키지 전송을 제어하며, 파이썬의 socket 라이브러리(*https://docs.python.org/3/library/socket.html*)에 표준 옵션이 포함되어 있다. 전송 계층 프로토콜(TCP, UDP 등)은 두 엔드포인트가 통신하는 방법을 지정하며 이에 대한 표준 옵션 또한 socket 라이브러리(*https://docs.python.org/3/library/socket.html*)에 포함되어 있다. 마지막으로 애플리케이션 계층 프로토콜(FTP, HTTP 등)은 데이터 모양이나 응용 방향을 규정한다(예: FTP는 파일 전송용, HTTP는 하이퍼텍스트 전송용). 파이썬의 표준 라이브러리는 가장 보편적인 프로토콜을 구현하는 별도의 모듈을 제공한다.

위해 존재하지만, 대부분의 경우 Requests 라이브러리를 사용하길 권장한다).

이번 장에서는 먼저 HTTP 요청, 즉 웹에 공개된 API로부터 데이터를 얻는 방법을 다룬다. 다음으로 파이썬의 데이터 직렬화에 대해 간단히 알아본 뒤, 엔터프라이즈 수준의 네트워킹에 사용되는 인기 있는 도구를 설명한다. 파이썬 3에서만 사용할 수 있는지에 대해서도 명시적으로 소개하고자 했다. 만약 파이썬 2를 사용하고 있고 여기서 소개하는 모듈이나 클래스를 찾기 어렵다면, 파이썬 2와 파이썬 3의 표준 라이브러리 간 차이점 목록(*http://python3porting.com/stdlib.html*)을 확인해보자.

웹 클라이언트

HTTP(Hytertext Transfer Protocol)는 분산, 협업, 하이퍼미디어 정보 시스템을 위한 애플리케이션 프로토콜이며, 월드 와이드 웹(World Wide Web)에서 데이터 통신을 하는 밑바탕엔 HTTP가 깔려있다. 우리는 이번 섹션에서 Requests 라이브러리를 통해 웹에서 데이터를 얻는 방법에 집중할 예정이다.

파이썬 표준 모듈인 urllib은 대부분의 HTTP 기능을 제공하지만, 로우레벨에서는 간단한 작업(예: 인증이 필요한 HTTPS 서버에서 데이터 가져오기)을 수행하는 데도 상당한 노동이 필요하다. 실제로 `urllib.request` 모듈의 문서에서는 Requests 라이브러리를 사용하라고 한다.

Requests(*https://pypi.python.org/pypi/requests*)는 HTTP 요청에 대한 모든 작업을 수행하며, 웹 서비스와의 매끈한 통합을 돕는다. 쿼리 문자열을 URL에 직접 추가하지 않아도 되며, POST 데이터의 형식 인코딩도 필요 없다. urllib3를 기반으로 하는 `request.sessions.Session` 클래스를 통해 연결 유지(영구 HTTP 연결)와 HTTP 연결 풀링(pooling)이 가능하다. urllib3(*https://pypi.python.org/pypi/urllib3*)는 Requests 내에 포함되어 있으므로 별도로 설치할 필요가 없다. Requests는 `pip`를 통해 설치할 수 있다.

```
$ pip install requests
```

Requests 문서(*http://docs.python-requests.org/en/latest/index.html*)에는 여기서 다루는 것보다 더 상세한 내용이 담겨 있다.

웹 API

미국 인구 조사(*https://www.census.gov/developers/*)에서 네덜란드 국립 도서관
(*http://bit.ly/early-dutch-books*)에 이르기까지 거의 모든 웹사이트에서 API를 제
공하며, 이를 통해 사용자가 데이터를 받거나 공유할 수 있도록 한다. 트위터나
페이스북과 같은 일부 서비스에서는 여러분(혹은 여러분이 사용하는 앱)이 데
이터를 수정할 수 있도록 지원한다. *RESTful* API라는 용어를 들어본 적이 있을
것이다. REST는 representational state transfer(표현 상태 전달)의 줄임말이며,
RESTful API는 표준도, 프로토콜도, 요구사항도 아닌, HTTP 1.1이 어떻게 설
계되었는지를 알려주는 패러다임이다. 그럼에도 불구하고 대부분의 웹 서비스
API 공급자는 RESTful 디자인 원칙을 따른다. 다음은 자주 사용되는 용어를 알
아보기 위한 코드이다.

```
import requests
                 ❶                    ❷              ❸           ❹
result = requests.get('http://pypi.python.org/pypi/requests/json')
```

❶ 이 **메서드**는 HTTP 프로토콜의 일부이다. RESTful API에 따르면, API 디자
  이너는 서버가 취할 액션을 선택하여 API 문서에 명시해야 한다. *http://bit.ly/
  http-method-defs*에서 모든 메서드 목록을 확인할 수 있으나, RESTful API에서
  가장 많이 사용되는 메서드는 GET, POST, PUT, DELETE이다. 대체로 이런 'HTTP
  동사'는 데이터를 얻거나, 변경하거나, 삭제하는 등 메서드 단어의 의미대로
  행동한다.
❷ **베이스 URI**는 API의 루트다.
❸ 클라이언트는 원하는 데이터에 대한 특정 **요소**를 지정한다.
❹ 다른 **미디어 유형**에 대한 옵션이 있을 수 있다.

앞의 코드는 PyPI의 JSON 백엔드인 *http://pypi.python.org/pypi/requests/*에 HTTP
요청을 실제로 수행한다. 브라우저에서 접속해보면 길게 늘어진 JSON 문자열을
확인할 수 있다. Requests에서는 HTTP 요청의 반환 값으로 **Response** 객체가 생
성된다.

```
>>> import requests
>>> response = requests.get('http://pypi.python.org/pypi/requests/json')
>>> type(response)
<class 'requests.models.Response'>
```

```
>>> response.ok
True
>>> response.text # 응답 결과를 텍스트 형태로 반환
>>> response.json() # 텍스트 응답을 딕셔너리로 변환
```

PyPI는 JSON 형식의 텍스트를 제공한다. 데이터 전송 형식에 대한 규칙은 없지만, 많은 API가 JSON이나 XML을 사용한다.

JSON 파싱

JSON(Javascript Object Notation)은 말 그대로 자바스크립트에서 객체를 정의하는 데 사용하는 표기법이다. Requests 라이브러리의 Response 객체에는 내장 JSON 파서가 있다.

json 라이브러리(*https://docs.python.org/3/library/json.html*)는 JSON 형식의 문자열이나 파일을 파이썬 딕셔너리(혹은, 리스트)로 파싱한다. 역으로 파이썬 딕셔너리 혹은 리스트를 JSON 문자열로 바꿀 수도 있다. 예를 들어 다음 문자열은 JSON 데이터를 담고 있다.

```
json_string = '{"first_name": "Guido", "last_name":"van Rossum"}'
```

앞의 문자열은 다음 코드를 사용해 파싱할 수 있다.

```
import json
parsed_json = json.loads(json_string)
```

그리고 딕셔너리처럼 사용하면 된다.

```
print(parsed_json['first_name']) "Guido"
```

다음과 같이 딕셔너리를 JSON으로 변환할 수도 있다.

```
d = {
    'first_name': 'Guido',
    'last_name': 'van Rossum',
    'titles': ['BDFL', 'Developer'],
}

print(json.dumps(d))
'{"first_name": "Guido", "last_name": "van Rossum",
  "titles": ["BDFL", "Developer"]}'
```

파이썬 초기 버전의 simplejson

json 라이브러리는 파이썬 2.6에서 추가되었다. 만약 파이썬 2.6 이전 버전을 사용한다면 PyPI
에서 json 라이브러리 대신 simplejson 라이브러리(*https://simplejson.readthedocs.io/*)를 다
운 받아 사용할 수 있다. simplejson은 파이썬 표준 라이브러리의 json 모듈과 같은 API를 제
공하지만 업데이트 주기가 파이썬보다도 짧다. 또한 이전 버전의 파이썬을 사용하는 개발자는
simplejson을 불러와 json 라이브러리에서 사용할 수 있는 기능을 계속 사용할 수 있다. 다음과
같이 simplejson을 json의 대체 라이브러리처럼 사용할 수 있다.

```
import simplejson as json
```

simplejson을 json이란 이름으로 임포트하고 나면, 위에서 다룬 예제가 정상적으로 작동할 것
이다.

XML 파싱

파이썬의 표준 라이브러리에도 XML 파서(`xml.etree.ElementTree`의 `pares()`와
`fromstring()` 메서드)가 있지만, 우리는 Expat 라이브러리(*http://bit.ly/xml-expat*)
를 사용하여 XML의 구조를 유지하는 요소 트리(Element Tree) 객체를 생성할
것이다. 이렇게 하면 트리를 순회하며, 자식 노드에서 콘텐츠를 가져올 수 있다.
다만 데이터를 얻는 게 목적이라면, untangle이나 xmltodict를 사용하자. 둘 다
`pip`를 사용해 설치할 수 있다.

```
$ pip install untangle
$ pip install xmltodict
```

untangle

untangle(*https://github.com/stchris/untangle*)은 XML 문서를 가져와 노드와 속성
구조를 그대로 반영한 파이썬 객체를 반환한다. 예컨대 XML 파일이 다음과 같
다 해보자.

```
<?xml version="1.0" encoding="UTF-8"?>
<root>
    <child name="child1" />
</root>
```

이는 다음과 같이 불러올 수 있다.

```
import untangle
obj = untangle.parse('path/to/file.xml')
```

그러고 나면 자식 요소의 이름을 다음과 같이 얻을 수 있다.

```
obj.root.child['name'] # is 'child1'
```

xmltodict

xmltodict(*https://github.com/martinblech/xmltodict*)는 XML을 딕셔너리로 변환한다. 다음 XML 파일을 보자.

```
<mydocument has="an attribute">
  <and>
    <many>elements</many>
    <many>more elements</many>
  </and>
  <plus a="complex">
    element as well
  </plus>
</mydocument>
```

이를 (파이썬 표준 라이브러리인 collection 모듈의) OrderedDict 인스턴스로 불러올 수 있다.

```
import xmltodict
with open('path/to/file.xml') as fd:
    doc = xmltodict.parse(fd.read())
```

그 뒤 다음과 같이 요소, 속성 값에 접근할 수 있다.

```
doc['mydocument']['@has'] # is u'an attribute'
doc['mydocument']['and']['many'] # is [u'elements', u'more elements']
doc['mydocument']['plus']['@a'] # is u'complex'
doc['mydocument']['plus']['#text'] # is u'element as well'
```

xmltodict를 사용하면 unparse() 함수를 사용해 딕셔너리를 XML로 되돌릴 수 있다. 메모리를 초과하는 파일을 처리하기 위한 스트리밍 모드를 지원하며, 네임스페이스도 지원한다.

웹 스크래핑

웹사이트의 데이터가 언제나 CSV나 JSON과 같은 편안한 형식으로 제공되지는
않는다. 그러나 HTML 역시 구조화된 데이터이기에 웹 스크래핑이 가능하다.
웹 스크래핑은 컴퓨터 프로그램을 사용해 웹페이지를 탐색하고 필요한 데이터
를 가장 유용한 형식에 맞춰 수집하고, 그러한 데이터 구조를 보존하는 작업을
일컫는다.

 API를 제공하는 사이트가 많아지면서, 웹 스크래핑을 명시적으로 금지하는 경우가 많다.
사이트에서 공유하고자 하는 데이터는 API를 통해서만 제공한다. 웹 스크래핑을 시작하기
전에, 사이트의 이용 약관을 확인하여 웹 세상의 선량한 시민이 되자.

lxml

lxml(*http://lxml.de/*)은 XML과 HTML 문서를 매우 빠르게 파싱하기 위해 만들어
진 다기능 라이브러리로 올바르지 않은 형식의 마크업까지도 일부 처리할 수 있
다. pip를 사용해 설치한다.

```
$ pip install lxml
```

requests.get을 사용해 웹페이지 데이터를 받아온 뒤, html 모듈을 사용해 파싱
하여 tree에 결과를 저장하는 코드는 다음과 같다.

```
from lxml import html
import requests

page = requests.get('http://econpy.pythonanywhere.com/ex/001.html') ❶
tree = html.fromstring(page.content) ❷
```

❶ 이는 실제 웹페이지이며, 우리가 보는 데이터는 실제 데이터다. 브라우저에
서 페이지에 접속해볼 수 있다.

❷ page.text를 사용하는 대신 page.content를 사용한다. html.fromstring()은
기본적으로 bytes 자료형이 입력될 것을 가정하기 때문이다.

이제, tree에는 HTML 파일 전체가 멋진 트리 구조로 담겨 있으며, XPath(*http://
lxml.de/xpathxslt.html*)나 CSSSelect(*http://lxml.de/cssselect.html*)를 사용해 구조를
탐색할 수 있다. 두 방법 모두 W3C(World Wide Web Consortium)에서 정의하

고 유지하는 HTML 트리를 따라 경로를 확인하는 일반적인 방법이며, lxml 모듈에 구현되어 있다. 다음 예시에서는 XPath를 사용하는데, W3Schools의 XPath 튜토리얼(*http://www.w3schools.com/xsl/xpath_intro.asp*)에 좋은 소개 자료가 있으니 참고하자.

이 외에도 웹 브라우저 안에서 요소의 XPath를 얻기 위한 다양한 도구(파이어폭스의 파이어버그 혹은 크롬 검사기)가 있다. 만약 크롬을 사용한다면 요소를 마우스 오른쪽 버튼으로 클릭하고 '요소 검사'를 선택하면, 코드의 해당 부분이 강조 표시된다. 여기에서 다시 마우스 오른쪽 버튼을 클릭하면 'XPath 복사'를 선택할 수 있다.

HTML 트리를 탐색해 보면 페이지 내 두 요소에 데이터가 담겨 있음을 쉽게 알 수 있다. 하나는 *buyer-name*이란 이름의 div이며, 나머지 하나는 *item-price*라는 이름의 span이다.

```
<div title="buyer-name">Carson Busses</div>
<span class="item-price">$29.95</span>
```

이로부터, 다음과 같이 올바른 XPath 쿼리를 생성하여 lxml의 xpath 함수를 사용할 수 있다.

```
# 구매자 목록 생성
buyers = tree.xpath('//div[@title="buyer-name"]/text()')
# 가격 목록 생성
prices = tree.xpath('//span[@class="item-price"]/text()')
```

결과를 확인하자.

```
>>> print('Buyers: ', buyers)
Buyers: ['Carson Busses', 'Earl E. Byrd', 'Patty Cakes',
 'Derri Anne Connecticut', 'Moe Dess', 'Leda Doggslife', 'Dan Druff',
 'Al Fresco', 'Ido Hoe', 'Howie Kisses', 'Len Lease', 'Phil Meup',
 'Ira Pent', 'Ben D. Rules', 'Ave Sectomy', 'Gary Shattire',
 'Bobbi Soks', 'Sheila Takya', 'Rose Tattoo', 'Moe Tell']
>>>
>>> print('Prices: ', prices)
Prices: ['$29.95', '$8.37', '$15.26', '$19.25', '$19.25',
 '$13.99', '$31.57', '$8.49', '$14.47', '$15.86', '$11.11',
 '$15.98', '$16.27', '$7.50', '$50.85', '$14.26', '$5.68',
 '$15.00', '$114.07', '$10.09']
```

데이터 직렬화

데이터 직렬화(serialization)란 구조화된 데이터를 공유하거나 저장할 수 있는 형식으로 변환하는 개념이며, 데이터 객체를 재구축하는 데 필요한 정보를 전송의 수신단(혹은 저장 장치) 메모리에 보존한다. 경우에 따라 직렬화된 데이터의 크기를 최소화하여 디스크 필요 공간 혹은 대역폭 요구 정도를 최소화하는 것이 목적이 되기도 한다.

이번에는 피클(Pickle) 형식을 다룬다. 피클 형식은 파이썬 특수 형식으로, 일부 언어 간 직렬화 도구이며 파이썬 표준 라이브러리의 압축 옵션이다. 그리고 전송 전에 객체가 복사되는 횟수를 줄일 수 있는 파이썬 버퍼 프로토콜이기도 하다.

피클

파이썬 기본 데이터 직렬화 모듈은 피클(Pickle, *https://docs.python.org/2/library/pickle.html*)이라 불린다. 그럼 예를 살펴보자.

```python
import pickle

# 예시 딕셔너리이다.
grades = { 'Alice': 89, 'Bob': 72, 'Charles': 87 }

# 객체를 직렬화된 문자열로 변환하기 위해 dumps를 사용한다.
serial_grades = pickle.dumps( grades )

# 직렬화가 해제하여 원래의 객체를 복원하기 위해 loads를 사용한다.
received_grades = pickle.loads( serial_grades )
```

함수, 메서드, 클래스 그리고 파이프와 같은 일시적 대상에는 피클을 사용할 수 없다.

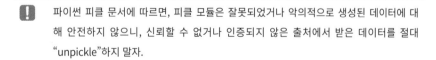

파이썬 피클 문서에 따르면, 피클 모듈은 잘못되었거나 악의적으로 생성된 데이터에 대해 안전하지 않으니, 신뢰할 수 없거나 인증되지 않은 출처에서 받은 데이터를 절대 "unpickle"하지 말자.

언어 간 직렬화

만약 여러 언어를 지원하는 직렬화 모듈을 찾고 있다면, 인기 있는 두 가지 선택지로 구글의 프로토버프(Protobuf, *https://developers.google.com/protocol-buffers/*

docs/pythontutorial)와 아파치의 에이브로(Avro, *https://avro.apache.org/docs/1.7.6/ gettingstartedpython.html*)가 있다.

또한, 파이썬 표준 라이브러리에는 운영체제나 전송 프로토콜에 독립적인 Sun의 XDR(External Data Representation) 형식(*https://en.wikipedia.org/wiki/ External_Data_Representation*)을 패킹하거나 언패킹할 수 있도록 하는 xdrlib (*https://docs.python.org/3/library/xdrlib.html*)가 있다. 앞의 선택지보다 훨씬 로우 레벨이고, 패킹된 바이트를 연결하기만 하면 된다. 이때 클라이언트와 서버 모두 패킹 자료형과 순서를 알아야 한다. 다음은 서버가 XDR 형식의 데이터를 받는 예시 코드다.

```python
import socketserver
import xdrlib

class XdrHandler(socketserver.BaseRequestHandler):
    def handle(self):
        data = self.request.recv(4) ❶
        unpacker = xdrlib.Unpacker(data)
        message_size = self.unpacker.unpack_uint() ❷
        data = self.request.recv(message_size) ❸
        unpacker.reset(data) ❹
        print(unpacker.unpack_string()) ❺
        print(unpacker.unpack_float())
        self.request.sendall(b'ok')

    server = socketserver.TCPServer(('localhost', 12345), XdrHandler)
    server.serve_forever()
```

❶ 데이터 길이가 변할 수 있으므로, 메시지 크기를 담는 부호 없는 압축 정수(4 바이트)를 추가했다.

❷ 부호 없는 정수를 받는다는 걸 미리 알아야 한다.

❸ 먼저 메시지를 불러온 뒤...

❹ unpacker를 이전 줄에서 불러온 새 메시지 데이터로 초기화한다.

❺ 문자열 하나와 그 뒤에 실수 하나를 받는다는 사전 정보를 알아야 한다.

물론, 클라이언트와 서버 모두 파이썬을 사용한다면 피클을 사용할 수 있다. 그러나 서버가 파이썬을 사용하지 않는다면, 클라이언트에서 데이터를 전송하는 코드를 다음과 같이 작성할 수 있다.

```python
import socket
import xdrlib
```

```
p = xdrlib.Packer()
p.pack_string('Thanks for all the fish!') ❶
p.pack_float(42.00)
xdr_data = p.get_buffer()
message_length = len(xdr_data)

p.reset() ❷
p.pack_uint(message_length)
len_plus_data = p.get_buffer() + xdr_data ❸

with socket.socket() as s:
    s.connect(('localhost', 12345))
    s.sendall(len_plus_data)
    if s.recv(1024):
        print('success')
```

❶ 보낼 데이터를 전부 패킹한다.

❷ 그 다음, 메시지 길이를 따로 패킹한 뒤...

❸ 전체 메시지에 추가한다.

압축

파이썬 표준 라이브러리는 데이터 압축과 압축 해제를 지원하는 zlib, gzip, bzip2, lzma 알고리즘을 포함한다. ZIP과 tar 형식의 아카이브를 생성할 수도 있다. 다음 코드는 피클 객체를 압축하는 예다.

```
import pickle
import gzip

data = "my very big object"

# 압축하고 직렬화함
with gzip.open('spam.zip', 'wb') as my_zip:
    pickle.dump(data, my_zip)

# 압축 해제하고 직렬화 해제함
with gzip.open('spam.zip', 'rb') as my_zip:
    unpickled_data = pickle.load(my_zip)
```

버퍼 프로토콜

파이썬 핵심 개발자 중 한 명인 엘리 벤데르스키(Eli Bendersky)는 '메모리 버퍼를 사용해 파이썬이 만드는 동일 데이터에 대한 인메모리 복사본 개수를 줄이는 방법(*http://tinyurl.com/bendersky-buffer-protocol*)'을 다루는 글을 작성해 블로그에 올렸다. 그의 기법에 따르면, 파일이나 소켓을 기존의 버퍼로 불러올 수 있다.

더 자세한 내용이 궁금하면 파이썬 버퍼 프로토콜 문서(*https://docs.python.org/3/c-api/buffer.html*)와 PEP 3118(파이썬 3에 구현되고 파이썬 2.6 이상에 백포팅됨, *http://legacy.python.org/dev/peps/pep-3118/*)을 읽어보자.

분산 시스템

분산 컴퓨터 시스템은 서로 정보를 전달하며 게임 플레이, 인터넷 채팅방, 하둡 계산과 같은 작업을 집합적으로 수행한다. 먼저 일반적인 네트워크 작업에 가장 많이 사용되는 라이브러리를 나열한 뒤, 네트워크 통신용 암호 라이브러리에 대해 알아본다.

네트워킹

파이썬에서는 전역 인터프리터 잠금(Global Interpreter Lock, GIL)의 단일 스레드 한계를 극복하기 위해, 주로 비동기 도구나 스레드를 사용해 연결 네트워크용 통신을 처리한다. 표 9-1에 소개된 라이브러리는 각각이 제공하는 기능의 수나 양이 다르지만, 모두 GIL에 대한 같은 문제점을 해결한다.

표 9-1 네트워킹

라이브러리	라이선스	사용해야 하는 이유
asyncio	파이썬 소프트웨어 재단 라이선스	• 비동기 이벤트 루프를 제공하여 비차단 소켓과 큐뿐만 아니라 사용자 정의 코루틴과의 통신 관리 • 비동기 소켓과 큐가 포함되어 있음
gevent	MIT 라이선스	• 비동기 I/O를 위한 C 라이브러리인 libev와 긴밀히 결합됨 • libev의 HTTP 서버 기반의 빠른 WSGI 서버를 제공 • 표준 라이브러리용 함수를 패칭하는 gevant.monkey(*http://www.gevent.org/gevent.monkey.html*)라는 훌륭한 모듈을 통해, 블로킹 소켓으로 쓰여진 서드파티 모듈을 함께 사용할 수 있음
Twisted	MIT 라이선스	• GPS, 사물인터넷, 멤캐시드(*https://memcached.org/*)와 같은 최신 프로토콜의 비동기 구현 제공 • wxPython이나 GTK와 같은 이벤트 기반 프레임워크와의 통합 이벤트 루프 제공 • 내장 SSH 서버와 클라이언트 도구 제공

PyZMQ	LGPL(ZMQ)와 BSD(파이썬 일부) 라이선스	• 소켓 스타일의 API를 사용해 논블로킹 메시지 큐와 인터페이스 할 수 있음 • 분산 컴퓨팅을 지원하는 소켓 동작 제공(예: request/response, publish/subscribe, push/pull) • 자체 통신 인프라를 구축하고 싶을 때 사용하자. 이름에 'Q'가 포함되나, RabbitMQ와는 다르다. RabbitMQ와 같은 무언가를 구축하거나, (선택된 소켓 패턴에 따라) 이와 전혀 다른 동작을 수행하는 무언가를 구축하는 데 사용할 수 있다.
pika	BSD 라이선스	• RabbitMQ나 기타 메시지 브로커와 연결하는 경량 AMQP 클라이언트를 제공 • Tornado나 Twisted 이벤트 루프에서 사용할 수 있는 어댑터가 포함됨 • RabbitMQ와 같은 외부 메시지 브로커에 내용을 푸시하는 데 사용할 (웹 대시보드와 같은 부가기능이 없는) 경량 라이브러리가 필요할 때 사용
Celery	BSD 라이선스	• RabbitMQ나 기타 메시지 브로커와 연결하는 AMQP 클라이언트 제공 • SQLAlchemy, Memcached 등을 통한 데이터베이스 연결 작업 상태를 백엔드에 저장하는 옵션 제공

파이썬 표준 라이브러리의 성능 네트워킹 도구

asyncio(*https://docs.python.org/3/library/asyncio.html*)는 파이썬 3.4에서 소개되었으며, Twisted와 gevent를 유지 보수하는 개발자 커뮤니티로부터 배운 아이디어가 녹아 있다. 동시성 도구이며, 주로 네트워크 서버에 사용한다. 파이썬 문서에는 asyncore(asyncio의 전신)에 대해 다음과 같이 설명한다.

> 한 프로세서에서 '여러 작업을 동시에' 처리하는 프로그램을 만드는 방법은 두 가지다. 멀티스레드 프로그래밍은 가장 간단하고 가장 유명한 방법이다. 그러나 실제로는 여러 스레드를 사용하지 않고도 멀티스레딩의 거의 모든 장점을 가지는 또 다른 기법이 있다. 이는 프로그램이 주로 I/O 바운드인 경우에만 실용적이다. 프로그램이 프로세서 바운드[2]라면, 선점 예약된 스레드가 아마 실제로 필요한 스레드일 것이다. 그러나 네트워크 서버 중에는 프로세서 바운드가 거의 없다.

asyncio는 파이썬 표준 라이브러리에서만 제공된다. 이전 버전과 호환되지 않는 API로 변경될 여지가 있으니 주의하자.

asyncio의 모든 것이 새롭지는 않다. asyncore(파이썬 3.4에서 사용되지 않

---

2 (옮긴이) 프로세서 바운드는 프로세서의 성능에 따라 실행 시간이 좌우된다는 의미이다. 이와 비슷하게 I/O 바운드는 I/O 시스템의 성능에 따라 실행 시간이 좌우된다는 의미이다. 예를 들어, 디스크에서 데이터를 읽고 쓰는 작업은 HDD보다 SSD에서 더 빠를 것이다.

음)에는 이벤트 루트, 비동기 소켓[3], 비동기 파일 I/O이 있었고, asynchat(이 또한 파이썬 3.4에서 사용되지 않음)에는 비동기 큐[4]가 있었다. asyncio에 새로 추가된 내용 중 가장 큰 것은 코루틴(coroutine)의 공식 구현이다. 파이썬에서 코루틴이란 단어는 코루틴 함수 혹은 코루틴 함수를 호출함으로써 얻는 객체를 지칭하는 데 사용된다. 코루틴 함수는 def 대신 async def를 사용해 정의한다 (혹은, def를 사용하되 @asyncio.coroutine 데코레이터로 장식한다). 코루틴은 프로세서를 양보(yield)할 수 있으므로 다른 코루틴과 교대로 이벤트 루프에 참여할 수 있다.

asyncio 문서에는 파이썬 커뮤니티에 도움이 될 여러 예시를 상세히 소개하며 새로운 콘셉트를 안내한다. 이는 명확하고 완벽하기 때문에 읽어볼 만한 가치가 있다. 다음 대화식 세션은 이벤트 루프와 사용할 수 있는 클래스 일부를 보여준다.

```
>>> import asyncio
>>>
>>> [l for l in asyncio.__all__ if 'loop' in l]
['get_event_loop_policy', 'set_event_loop_policy',
 'get_event_loop', 'set_event_loop', 'new_event_loop']
>>>
>>> [t for t in asyncio.__all__ if t.endswith('Transport')]
['BaseTransport', 'ReadTransport', 'WriteTransport', 'Transport',
 'DatagramTransport', 'SubprocessTransport']
>>>
>>> [p for p in asyncio.__all__ if p.endswith('Protocol')]
['BaseProtocol', 'Protocol', 'DatagramProtocol',
 'SubprocessProtocol', 'StreamReaderProtocol']
>>>
>>> [q for q in asyncio.__all__ if 'Queue' in q]
['Queue', 'PriorityQueue', 'LifoQueue', 'JoinableQueue',
 'QueueFull', 'QueueEmpty']
```

gevent

gevent(*http://www.gevent.org/*)는 코루틴 기반의 파이썬 네트워킹 라이브러리이며, 그린릿을 사용하여 C 라이브러리 libev(*http://software.schmorp.de/pkg/libev.html*) 이벤트 루프 위에 하이레벨의 동기식 API를 제공한다. 그린릿은 미니어

---

3   소켓은 포트를 포함한 IP주소, (TCP/UDP와 같은) 전송 프로토콜, I/O 채널(파일 같은 객체의 일종)의 세 가지로 구성된다. 파이썬 문서에서 소켓에 대해 잘 소개하고 있다(*https://docs.python.org/3/howto/sockets.html*).

4   큐는 같은 컴퓨터에 있으므로 IP 주소나 프로토콜을 필요로 하지 않는다. 그저 데이터를 큐에 입력하여 다른 프로세스에서 읽을 수 있도록 하면 된다. 이는 multiprocessing.Queue와 비슷하지만, I/O가 비동기적으로 진행된다는 차이가 있다.

처 스레드(*https://en.wikipedia.org/wiki/Green_threads*, 또는 커널이 제어하는 스레드와 반대인 사용자 수준 스레드)이며 커널이 아닌 사용자가 제어할 수 있는 스레드이다. 개발자는 그린릿을 명시적으로 중지하고 다른 그린릿을 실행할 수 있다. 그린릿은 greenlet 라이브러리(*http://greenlet.readthedocs.io*)에 구현되어 있다. gevent를 깊게 이해하고 싶다면, 카브야 조쉬(Kavya Joshi)의 세미나 'A Tale of Concurrency Through Creativity in Python'(*http://bit.ly/kavya-joshi-seminar*)을 확인하자.

gevent는 가볍고, C 라이브러리인 libev와 긴밀히 결합되어 있어 성능이 아주 좋다. 동기식 I/O와 greenlet을 통합하는 아이디어가 마음에 든다면, gevent를 사용하자. pip를 통해 설치한다.

```
$ pip install gevent
```

다음 예시는 greenlet 문서에서 가져온 것이다.

```
>>> import gevent
>>>
>>> from gevent import socket
>>> urls = ['www.google.com', 'www.example.com', 'www.python.org']

>>> jobs = [gevent.spawn(socket.gethostbyname, url) for url in urls]
>>> gevent.joinall(jobs, timeout=2)
>>> [job.value for job in jobs]
['74.125.79.106', '208.77.188.166', '82.94.164.162']
```

greenlets 문서(*https://github.com/gevent/gevent/tree/master/examples*)에서는 이와 관련된 다양한 예시를 제공한다.

Twisted

Twisted(*http://twistedmatrix.com/trac/*)는 이벤트 기반 네트워킹 엔진이다. HTTP와 서버 및 클라이언트를 포함한 각종 네트워킹 프로토콜, SMTP, POP3, IMAP 같은 이메일 프로토콜, SSH, 인스턴트 메시징을 사용한 다양한 애플리케이션을 만들 수 있다(*http://twistedmatrix.com/trac/wiki/Documentation*). pip를 사용해 설치하자.

```
$ pip install twisted
```

Twisted는 2002년에 배포되었으며, 충성스러운 커뮤니티가 있다. Twisted는 모든 것이 내장된 코루틴 라이브러리 계의 이맥스와 같다. 왜냐면 모든 것이 함께 작동하기 위해서는 모든 게 비동기식이어야 하기 때문이다. 데이터베이스 연결을 위한 비동기 래퍼(twisted.enterprise.adbapi), DNS 서버(twisted.names), 패킷에 직접 접근(twisted.pair)하기 위한 도구, 그리고 AMP, GPS, SOCKSv4와 같은 추가 프로토콜이 유용하게 사용되는 도구다.

더 자세한 내용은 제시카 맥켈러(Jessica Mckellar)와 아베 페티그(Abe Fettig)가 저술한 *Twisted Network Programming Essential, 2/E*(O'Reilly, 2013)[5]을 읽어 보자. *http://twistedmatrix.com/documents/current/core/examples/*에 수십여 개의 예시 코드가 있으며, *http://speed.twistedmatrix.com/*에서 최신의 속도 측정 결과를 확인할 수 있다.

PyZMQ

PyZMQ(*http://zeromq.github.io/pyzmq/*)는 ZeroMQ(*http://www.zeromq.org/*)를 위한 파이썬 바인딩이다. pip를 사용해 설치할 수 있다.

```
$ pip install pyzmq
```

∅MQ(ZeroMQ, 0MQ, ZMQ라 쓰기도 함)는 자칭 소켓 스타일의 친숙한 API를 가지도록 설계된 메시징 라이브러리이며, 확장 가능한 분산 혹은 병행 애플리케이션에 사용되도록 만들어졌다. 기본적으로, 큐가 포함된 비동기 소켓을 구현하였으며, 각 소켓에서 I/O가 작동하는 '유형' 목록을 제공하는데, 다음은 PyZMQ 사용 예다.

```
import zmq
context = zmq.Context()
server = context.socket(zmq.REP) ❶
server.bind('tcp://127.0.0.1:5000') ❷

while True:
    message = server.recv().decode('utf-8')
    print('Client said: {}'.format(message))
    server.send(bytes('I don't know.', 'utf-8'))

# 〜〜〜 다음은 또 다른 파일의 코드 〜〜〜
```

---

5 번역서로 『트위스티드: 파이썬 네트워크 프로그래밍』(정성환 옮김, 인사이트, 2014)이 있다.

```
import zmq
context = zmq.Context()
client = context.socket(zmq.REQ) ❸
client.connect('tcp://127.0.0.1:5000') ❹

client.send(bytes("What's for lunch?", 'utf-8'))
response = client.recv().decode('utf-8')
print('Server replied: {}'.format(response))
```

❶ zmq.REP은 '요청-반응' 패러다임에 대응하는 소켓 유형이다.

❷ 정상 소켓과 마찬가지로, 서버를 IP와 포트에 바인딩한다.

❸ 클라이언트의 유형은 zmq.REQ이다. ZMP는 이런 식의 다양한 상수(zmq.REQ, zmq.REP, zmq.PUB, zmq.SUB, zmq.PUSH, zmq.PULL, zmp.PAIR)를 가진다. 이들은 모두 소켓의 전송/수신 동작 방식을 결정한다.

❹ 클라이언트는 서버의 IP와 포트 바인딩에 연결한다.

zmq는 소켓처럼 행동하며, 큐와 다양한 I/O 패턴을 통해 강화된다. 이러한 패턴의 요점은 분산 네트워크의 빌딩 블록(building block)을 제공하는 것이다. 소켓 유형의 기본 패턴은 다음과 같다.

전송-답장

zmq.REQ와 zmq.REP는 일련의 클라이언트를 일련의 서비스에 연결한다. 이는 원격 프로시저 호출 패턴 혹은 작업 분배 패턴에 사용할 수 있다.

발행-구독

zmq.PUB와 zmq.SUB은 일련의 발행자(publisher)를 일련의 구독자(Subscriber)에 연결한다. 이는 한 노드가 다른 노드에 데이터를 분배하는 데이터 분산 패턴이며, 분배 트리에 연쇄적으로 연결될 수 있다.

푸시-풀(또는 파이프라인)

zmq.PUSH와 zmq.PULL은 여러 단계와 루프를 갖는 팬아웃/팬인 패턴으로 노드를 연결한다. 병렬 작업 분배이며, 수집 패턴이다.

ZeroMQ는 메시지 중심 미들웨어와 비교하여, 전용 메시지 브로커 없이도 메시지 큐잉에 사용될 수 있다는 큰 이점이 있다. PyZMQ 문서(*http://pyzmq.readthedocs.io/*)에는 SSH를 통한 터널링과 같은 몇 가지 추가 기능이 설명되어 있다. ZeroMQ API에 대해 더 궁금하다면, 공식 문서보다 ZeroMQ 가이드(*http://zguide.zeromq.org/page:all*)가 더 나은 참고 자료일 것이다.

RabbitMQ

RabbitMQ(*http://www.rabbitmq.com/*)는 AMQP(Advanced Message Queuing Protocol)을 구현한 오픈 소스 메시지 브로커 소프트웨어다. 메시지 브로커는 중간 프로그램(intermediary program)으로, 프로토콜에 따라 발신자로부터 메시지를 전달 받아 수신자에게 전송한다. AMQP를 구현한 클라이언트라면 모두 RabbitMQ와 통신할 수 있다. RabbitMQ를 다운 받으려면 RabbitMQ 다운로드 웹페이지(*https://www.rabbitmq.com/download.html*)에 접속하여 운영체제별 지침을 따르자.

브로커와 인터페이스하는 클라이언트 라이브러리는 대부분의 주요 프로그래밍 언어에서 사용할 수 있다. 파이썬을 위한 클라이언트 라이브러리로는 pika와 Celery가 있으며, 둘 다 `pip`를 사용해 설치할 수 있다.

```
$ pip install pika
$ pip install celery
```

pika

pika(*https://pypi.python.org/pypi/pika*)는 RabbitMQ가 선호하는, 경량의 순수 파이썬 AMQP 0-9-1 클라이언트이다. RabbitMQ의 파이썬 입문 튜토리얼(*https://www.rabbitmq.com/getstarted.html*)에서 pika를 사용한다. pika 사용 예시를 소개한 페이지(*https://pika.readthedocs.io/en/0.10.0/examples.html*)도 있다. RabbitMQ 입문자라면, 최후에 사용할 클라이언트 라이브러리가 무엇이든 간에 pika와 함께 시작하는 게 좋다. pika는 부가 기능이 없이 직관적이므로 콘셉트를 쉽게 이해할 수 있다.

Celery

Celery(*https://pypi.python.org/pypi/celery*)는 기능이 한층 더 많은 AMQP 클라이언트다. RabbitMQ나 레디스(Redis, 분산 인메모리 데이터 저장소)를 메시지 브로커로 사용할 수 있으며, 작업과 결과를 추적할 수 있고(사용자가 선택한 백엔드에 저장할 수 있음), 웹 관리자 도구이자 작업 모니터링 도구인 Flower(*https://pypi.python.org/pypi/flower*)가 포함되어 있다. 웹 개발 커뮤니티에서 인기가 있으며, Django, Pyramid, Pylons, web2py, Tornado를 위한 통합 패키지가 있다(Flask는 통합 패키지가 필요 없음). 좀 더 배우고 싶다면 Celery 튜토리얼(*http://tinyurl.com/celery-first-steps*)을 참고하자.

암호

2013년에 PyCA(Python Cryptographic Authority, *https://github.com/pyca*)가 구성되었다. 이들은 파이썬 커뮤니티에 고품질의 암호(Cryptography[6]) 라이브러리를 제공하는 데 관심이 있는 개발자 모임이다.[7] 이들은 적절한 키가 주어졌을 때 메시지를 암호화하거나 해독하는 도구를 제공하고, 암호나 기타 비밀 데이터를 비가역 방향으로 난독화하는 암호화 해시 함수를 제공한다.

pyCrypto를 제외하면, 표 9-2의 모든 라이브러리는 PyCA에서 유지 관리하고 있다. 거의 모두 C 라이브러리인 OpenSSL(*https://www.openssl.org/*)을 기반으로 한다.

표 9-2 암호화 옵션

옵션	라이선스	사용해야 하는 이유
ssl과 hashlib (파이썬 3.6에서는 secrets)	파이썬 소프트웨어 재단 라이선스	• Hashlib은 적절한 패스워드 해싱 알고리즘을 제공하며, 파이썬 버전의 변경과 함께 업데이트된다. ssl은 SSL/TLS 클라이언트를 제공한다(서버도 제공하지만, **최신** 업데이트 버전이 아닐 수 있음). • Secrets는 암호화 전용 난수 생성기이다.
pyOpenSSL	아파치 2.0 라이선스	• 파이썬에서 가장 최신 버전의 OpenSSL을 사용하며, 표준 라이브러리의 ssl 모듈이 제공하지 않는 OpenSSL의 함수를 제공한다.
PyNaCl	아파치 2.0 라이선스	• libsodium[a]을 위한 파이썬 바인딩을 포함한다.
libnacl	아파치 라이선스	• Salt Stack(*https://saltstack.com/*) 사용자용 libsodium 파이썬 인터페이스이다.
cryptography	아파치 2.0 라이선스 혹은 BSD 라이선스	• OpenSSL을 기반으로 하는 암호화 기본 요소에 직접 액세스할 수 있다. 대부분 하이레벨의 pyOpenSSL을 사용한다.
pyCrypto	퍼블릭 도메인 라이선스[b]	• 자체 C 라이브러리를 사용해 만들어진 노후한 라이브러리로, 과거에는 매우 인기 있는 파이썬 크립토그래피 라이브러리였다.

표 9-2 다음 쪽에 계속

6 (옮긴이) 크립토그래피(Cryptography)란 암호 체계를 디자인하거나 암호를 작성하는 일을 말한다. 참고로, 스테가노그래피(Steganography)는 정보의 존재를 숨기지만, 크립토그래피는 정보의 내용을 암호화한다.

7 크립토그래피 라이브러리의 탄생, 그리고 그 동기에 대한 뒷배경 중 일부가 제이크 엣지(Jake Edge)의 블로그 게시글인 'The state of crypto in Python'(*http://bit.ly/raim-kehrer-talk*)에 설명되어 있다. 여기에서는 크립토그래피 라이브러리가 로우레벨 라이브러리이며, pyOpenSSL과 같이 대부분의 사용자가 사용할 법한 하이레벨 라이브러리에서 임포트되도록 설계되었다고 말한다. 엣지는 자렛 레임(Jarret Raim)과 폴 케러(Paul Kehrer)의 대화(*https://www.youtube.com/watch?v=r_Pj__qjBvA*)를 인용하여, 테스트 슈트에 66,000개가 넘는 테스트가 담겨 있으며 빌드당 77번 실행된다고 말했다.

bcrypt	아파치 2.0 라이선스	• bcrypt 해시 함수[c]를 제공하며, py-bcrypt를 사용하길 원하거나 사용했던 사람에게 유용하다.

a libsodium(*https://download.libsodium.org/doc/*)은 NaCL(Networking and Cryptography library, '솔트'라고 발음함)의 포크이며, 성능이 좋고 사용하기 쉬운 알고리즘을 선보이는 것을 철학으로 삼는다.

b 이 라이브러리는 실제로 C 소스 코드를 포함하며, 설치 중에 이전에 설명한 C Fast Function Interface를 사용해 C 소스 코드를 빌드한다. Bcrypt(*https://en.wikipedia.org/wiki/Bcrypt*)는 Blowfish 암호화 알고리즘을 기반으로 한다.

c (옮긴이) 퍼블릭 도메인이란 저작권이 소멸된 저작물을 말한다(*https://ko.wikipedia.org/wiki/*퍼블릭_도메인).

이어지는 내용은 표 9-2에 나열된 라이브러리를 보다 자세히 소개한 것이다.

ssl, hashlib, secrets

파이썬 표준 라이브러리의 ssl 모듈(*https://docs.python.org/3/library/ssl.html*)은 표준 소켓처럼 행동하는 소켓 API(**ssl.socket**)를 제공한다. 그러나 이 API는 SSL 프로토콜, 그리고 SSL 연결 구성을 포함하는 **ssl.SSLContext**에 의해 래핑(wrapping)된다. 그리고 http(혹은 파이썬 2의 httplib) 또한 HTTPS 지원을 위해 ssl 모듈을 사용한다. 만약 파이썬 3.5를 사용한다면, 메모리 BIO(*https://docs.python.org/3/whatsnew/3.5.html#ssl*)가 지원된다. 소켓이 I/O를 목적지 대신 버퍼로 작성하여 쓰기 전이나 읽는 도중 hex 인코딩/디코딩을 할 수 있다.

파이썬 3.4부터는 새로운 전송 프로토콜과 해시 알고리즘을 지원하여 보안 문제를 개선하였다. 자세한 내용은 출시 노트(release note)에서 확인할 수 있다. 이는 매우 중요한 사안이며, PEP 466(*https://www.python.org/dev/peps/pep-0466/*)과 PEP 476(*https://www.python.org/dev/peps/pep-0476/*)에 따라 파이썬 2.7에 백포팅되었다. 파이썬 ssl과 보안 개선에 대한 자세한 내용은 벤자민 피터슨(Benjamin Peterson)의 발표 영상을 통해 알아보자(*http://bit.ly/peterson-talk*).

 파이썬 2.7을 사용한다면, 적어도 2.7.9 버전을 사용해야 한다. 또는 PEP 476(*https://www.python.org/dev/peps/pep-0476/*)에 언급된 파이썬 버전이어야 한다. 그래야 HTTP 클라이언트가 https 프로토콜을 사용하여 연결할 때, 기본 값으로 인증서를 확인하게 된다. 버전 확인이 귀찮다면 Requests 라이브러리(*http://docs.python-requests.org/en/master/*)를 사용하자. Requests는 인증서를 언제나 확인하도록 기본적으로 설정되어 있다.

파이썬 팀은 클라이언트 사용을 위한 보안 정책이 특별히 없는 경우 SSL을 기본 값으로 사용하길 권장한다. 다음은 보안 메일 클라이언트의 예로, ssl 라이브러리 문서의 '보안 고려 사항'(Security considerations, *http://bit.ly/ssl-security-consider*)에서 가져왔다. ssl 라이브러리를 사용할 예정이라면 이 문서를 꼭 읽어 보자.

```
>>> import ssl, smtplib
>>> smtp = smtplib.SMTP("mail.python.org", port=587)
>>> context = ssl.create_default_context()
>>> smtp.starttls(context=context)
(220, b'2.0.0 Ready to start TLS')
```

전송 중 메시지가 손상되지 않았는지 확인하려면, hmac 모듈을 사용하자. 이 모듈은 RFC 2104(*https://tools.ietf.org/html/rfc2104.html*)에 설명된 HMAC(Keyed-Hashing for Message Authentication) 알고리즘을 구현하였으며, `hashlib.algorithms_available`에서 사용할 수 있는 알고리즘 중 하나를 사용해 해싱한 메시지와 함께 작동한다. 자세한 내용은 Python Module of the Week의 hmac 예시(*https://pymotw.com/2/hmac/*)에서 확인하자. `hmac.compare_digest()`은 두 다이제스트[8]를 상수 시간 내에 빠르게 비교하여 타이밍 공격(다이제스트 비교 도중 공격자가 알고리즘을 추정하려 시도)으로부터 방어한다.

파이썬의 hashlib 모듈은 보안 저장소를 위한 해시 암호를 생성하는 데 사용하거나, 전송 도중 데이터 무결성을 확인하기 위한 체크섬을 생성하는 데 사용할 수 있다. NIST Special Publication 800-132(*http://bit.ly/nist-recommendation*)가 추천하는 PBKDF2(Password-Based Key Derivation Function 2, *https://en.wikipedia.org/wiki/PBKDF2*)는 현재 암호 해싱을 위한 최고의 옵션 중 하나로 여겨지고 있다. 다음은 해시 암호를 생성하기 위해 salt[9]와 보안 해시 알고리즘(Secure Hash Algorithm) 256 비트 해시(SHA-256)를 만 번 반복하는 함수의 사용 예다.

```
import os
import hashlib

def hash_password(password, salt_len=16, iterations=10000, encoding='utf-8'):
    salt = os.urandom(salt_len)
    hashed_password = hashlib.pbkdf2_hmac(
        hash_name='sha256',
        password=bytes(password, encoding),
        salt=salt,
        iterations=iterations
    )
    return salt, iterations, hashed_password
```

8 (옮긴이) 다이제스트(digest)는 암호학 용어이며, 해시를 통해 얻어낸 암호화된 패스워드를 말한다.
9 salt는 해시를 더욱 모호하게 만드는 무작위 문자열이다. 모든 사람이 같은 알고리즘을 사용하면, 악의를 가진 누군가가 암호별 해시 룩업 테이블을 만들어서, 훔친 암호 파일을 '디코드'하는 데 사용할 수 있다. 따라서, 이런 상황을 막기 위해 암호에 무작위 문자열 ('소금')을 추가하며, 나중을 위해 이 문자열도 함께 저장해야 한다.

secrets 라이브러리(*https://docs.python.org/3.6/library/secrets.html*)는 PEP 506 (*https://www.python.org/dev/peps/pep-0506/*)에서 제안되어 파이썬 3.6에서 도입되었다. 보안 토큰을 생성하기 위한 함수를 제공하며, 암호 초기화와 추측하기 어려운 URL 생성과 같은 분야에 적합하다. secrets 문서에는 예시와 함께 기본 수준의 보안 관리에 도움이 되는 추천 방법이 소개되어 있다.

pyOpenSSL

Cryptography 라이브러리가 공개되었을 때, pyOpenSSL(*https://pyopenssl.readthedocs.io/en/stable/*)은 OpenSSL 라이브러리를 위한 Cryptography의 CFFI 기반 바인딩을 사용하도록 업데이트되었고, PyCA의 우산 안에 합류하였다. pyOpenSSL은 파이썬 표준 라이브러리와는 별도로 존재하므로, 보안 커뮤니티[10]의 속도에 맞춰 업데이트를 배포할 수 있다. (새 버전의 OpenSSL을 설치하지 않는 한) 운영체제와 함께 제공되는 OpenSSL을 기반으로 하는 파이썬과는 달리, pyOpenSSL은 최신 OpenSSL을 기반으로 한다. 일반적으로 서버를 구축한다면 pyOpenSSL을 사용하고 싶을 것이다. pyOpenSSL을 어떻게 사용하는지를 잘 보여 주는 예시가 Twisted의 SSL 문서(*http://twistedmatrix.com/documents/12.0.0/core/howto/ssl.html*)에 있으니 살펴보자.

pip를 사용해 설치하자.

```
$ pip install pyOpenSSL
```

그리고 OpenSSL이란 이름으로 임포트하자. 다음 예시는 사용 가능한 몇 가지 함수를 보여 준다.

```
>>> import OpenSSL
>>>
>>> OpenSSL.crypto.get_elliptic_curve('Oakley-EC2N-3')
<Curve 'Oakley-EC2N-3'>
>>>
>>> OpenSSL.SSL.Context(OpenSSL.SSL.TLSv1_2_METHOD)
<OpenSSL.SSL.Context object at 0x10d778ef0>
```

pyOpenSSL 팀은 인증서 생성, 이미 연결된 소켓을 통한 SSL 사용 시작, 보안

---

10 누구나 PyCA의 cryptography-dev 리스트 서브(*https://mail.python.org/mailman/listinfo/cryptography-dev*)에 가입하여 개발을 포함한 각종 소식을 구독할 수 있다. OpenSSL 소식을 구독하고 싶다면 OpenSSL 리스트 서브(*https://mta.openssl.org/mailman/listinfo/openssl-announce*)에 가입하자.

XMLRPC 서버와 같은 예시 코드(*https://github.com/pyca/pyopenssl/tree/master/examples*)를 유지 관리하고 있다.

PyNaCl과 libnacl

PyNaCl과 libnacl의 C 라이브러리 백엔드인 libsodium(*http://bit.ly/introducing-sodium*)의 아이디어는 의도적으로 사용자에게 다양한 선택을 제공하지 않고, 상황별 최적 선택만 제공하는 것이다. 모든 TLS 프로토콜을 지원하지는 않으니, TLS 프로토콜이 필요하다면 pyOpenSSL을 사용하자. 직접 관리하는 다른 컴퓨터와의 암호화된 연결이 필요하고, 여기에 원하는 프로토콜을 사용하고 싶다면 libsodium을 사용하자.[11]

 PyNaCl은 '파이솔트'라 발음하며, libnacl은 '리브솔트'라 발음한다. 두 가지 모두 NaCl 솔트 라이브러리(*https://nacl.cr.yp.to/*)에서 파생되었다.

libnacl(*https://libnacl.readthedocs.io/*)보다 PyNaCl(*https://pypi.python.org/pypi/PyNaCl*)을 추천한다. PyNaCl은 PyCA의 우산 안에 있으며, libsodium을 별도로 설치할 필요가 없다. 그러나 이 두 라이브러리는 사실상 동일하다. PyNaCl은 C 라이브러리를 위한 CFFI 바인딩을 사용하며, libnacl은 ctypes를 사용한다. 따라서 우열이 그리 중요하지 않다. pip를 사용해 PyNaCl을 설치하자.

```
$ pip install PyNaCl
```

PyNaCl 문서에 소개된 예시(*https://pynacl.readthedocs.io/*)를 따라가 보자.

Cryptography

Cryptography(*https://cryptography.io/*)는 암호화 레시피와 기본 요소를 제공한다. 파이썬 2.6에서 2.7까지, 그리고 파이썬 3.3 이상, PyPy를 지원한다. PyCA는 대부분의 용도에서 pyOpenSSL의 상위레벨 인터페이스를 권장한다.

Cryptography는 레시피와 hazmat(위험 물질)의 두 레이어로 나뉜다. 레시피 레이어는 적절한 대칭 암호화를 위한 간단한 API를 제공하며, hazmat 레이어는 로우레벨의 암호화 기본 요소를 제공한다. pip를 사용해 설치하자.

---

11 여러분이 편집증 환자 같은 성격이라면, 암호 코드의 100%를 감시하고 싶다면, 속도가 조금 느려도 상관없다면, 최신 알고리즘에 그다지 관심이 없다면, 100개 트윗 규모의 단일 파일 암호화 라이브러리인 TweetNaCL(*https://tweetnacl.cr.yp.to/*)을 시도해보자. PyNaCl은 libsodium을 포함하여 배포되므로, TweetNaCl 파일만으로도 대부분 실행될 것이다(그러나 시도해보지는 않았으니 보장할 수 없다).

```
$ pip install cryptography
```

다음 예시는 하이레벨의 대칭 암호화 레시피를 사용한다. 이는 Cryptography 라이브러리의 유일한 하이레벨 함수이다.

```
from cryptography.fernet import Fernet
key = Fernet.generate_key()
cipher_suite = Fernet(key)
cipher_text = cipher_suite.encrypt(b"A really secret message.")
plain_text = cipher_suite.decrypt(cipher_text)
```

PyCrypto

PyCrypto(*https://www.dlitz.net/software/pycrypto/*)는 안전한 해시 함수와 다양한 암호화 알고리즘을 제공한다. 파이썬 2.1 이상의 버전과 파이썬 3을 지원한다. 자체 C 코드가 포함되어 있어 PyCA에서 PyCrypto를 채택하는 데 주의를 기울였지만, 사실상 수년간 파이썬을 위한 암호 라이브러리였기 때문에 과거의 코드에서 PyCrypto를 종종 볼 수 있다. pip를 사용해 설치할 수 있다.

```
$ pip install pycrypto
```

그리고 다음과 같이 사용하자.

```
from Crypto.Cipher import AES
# Encryption
encryption_suite = AES.new('This is a key123', AES.MODE_CBC, 'This is an IV456')
cipher_text = encryption_suite.encrypt("A really secret message.")

# Decryption
decryption_suite = AES.new('This is a key123', AES.MODE_CBC, 'This is an IV456')
plain_text = decryption_suite.decrypt(cipher_text)
```

bcrypt

암호에 bcrypt 알고리즘(*https://en.wikipedia.org/wiki/Bcrypt*)을 사용하고 싶다면 이 라이브러리를 사용하자. py-bcrypt와 호환되기 때문에 py-bcrypt를 사용하던 사람이 옮겨오기 좋다. pip를 사용해 설치하자.

```
$ pip install bcrypt
```

bcrypt.hashpw()와 bcrypt.gensalt()라는 함수 두 개가 라이브러리의 전부다.
두 번째 함수에서는 반복 횟수를 설정할 수 있는데, 반복이 많아질수록 알고리
즘이 느려진다(적절한 기본 값이 설정되어 있음). 다음은 bcrypt를 사용하는 코
드다.

```
>>> import bcrypt
>>>>
>>> password = bytes('password', 'utf-8')
>>> hashed_pw = bcrypt.hashpw(password, bcrypt.gensalt(14))
>>> hashed_pw
b'$2b$14$qAmVOCfEmHeC8Wd5BoF1W.7ny9M7CSZpOR5WPvdKFXDbkkX8rGJ.e'
```

해싱된 암호를 어딘가에 저장한다.

```
>>> import binascii
>>> hexed_hashed_pw = binascii.hexlify(hashed_pw)
>>> store_password(user_id=42, password=hexed_hashed_pw)
```

암호를 확인해야 할 때는 다음과 같이 해싱된 암호를 bcrypt.hashpw()의 두 번째
인자로 받는다.

```
>>> hexed_hashed_pw = retieve_password(user_id=42)
>>> hashed_pw = binascii.unhexlify(hexed_hashed_pw)
>>>
>>> bcrypt.hashpw(password, hashed_pw)
b'$2b$14$qAmVOCfEmHeC8Wd5BoF1W.7ny9M7CSZpOR5WPvdKFXDbkkX8rGJ.e'
>>>
>>> bcrypt.hashpw(password, hashed_pw) == hashed_pw
True
```

데이터 작업

이번 장에서는 수치, 텍스트, 이미지, 오디오와 같은 데이터 처리에 주로 사용하는 파이썬 라이브러리를 소개한다. 여기 소개되는 대부분의 라이브러리는 목적이 서로 다르므로, 이들을 비교하는 것보다는 각 라이브러리의 특징을 제대로 안내하려 한다. 별다른 설명이 없다면 pip로 라이브러리를 바로 설치할 수 있다.

```
$ pip install library
```

각 라이브러리를 표 10-1에 요약하였다.

표 10-1 데이터 도구

파이썬 라이브러리	라이선스	사용 목적
IPython	아파치 2.0 라이선스	• 강화된 기능의 파이썬 인터프리터로, 입력 히스토리, 통합 디버거 뿐만 아니라 그래픽과 플롯(plot)을 터미널 안에서 모두 확인할 수 있음(Qt-enabled version에 한함)
Numpy	BSD 3절 라이선스	• 2차원 이상의 배열과 선형대수 도구를 제공하며, 속도에 최적화됨
SciPy	BSD 라이선스	• 선형대수, 신호처리, 적분, 해 찾기, 통계 분포 등 공학과 과학에 관한 함수와 기능을 제공함
Matplotlib	BSD 라이선스	• 공학, 과학에서 주로 사용되는 그래프를 제공함
Pandas	BSD 라이선스	• series와 DataFrame 객체를 제공하며, 데이터 정렬, 통합, 그룹화, 집계, 인덱싱, 윈도우, 부분집합과 같은 작업이 가능함(R에서의 데이터 프레임(Data Frame)과 비슷한 데이터 구조, SQL 쿼리와 유사한 문법을 가짐)

표 10-1 다음 쪽에 계속

Scikit-Learn	BSD 3절 라이선스	• 차원 축소, 분류, 예측, 군집화, 모델 선택, 결측치 대치 (missing value imputation), 전처리와 같은 다양한 기계학습 알고리즘을 제공
Rpy2	GPLv2 라이선스	• 파이썬에서 R 함수를 실행하고 파이썬-R 환경 간 데이터 교환이 가능한 인터페이스 제공
SymPy	BSD 라이선스	• 완전한 컴퓨터 대수학 시스템을 지향하며 수열 확장, 극한, 미적분과 같은 기호 수학(symbolic mathematics)을 지원
nltk	아파치 라이선스	• 여러 가지 언어의 학습 데이터를 포함한 자연어 처리 종합 툴킷을 제공
pillow / PIL	표준 PIL 라이선스 (MIT와 유사)	• 수많은 파일 양식뿐만 아니라 간단한 이미지 필터링 등의 프로세싱을 지원
cv2	아파치 2.0 라이선스	• 비디오 실시간 분석에 적합한 컴퓨터 비전 루틴을 제공하며, 사람 및 얼굴 인식 알고리즘이 심어져 있음
Scikit-Image	BSD 라이선스	• 필터링, 조정, 색상 분리, 엣지, 얼룩(blob), 모서리 감지, 분할 등의 이미지 처리 루틴을 제공

표 10-1에 소개된 라이브러리의 대부분을 포함해 이번 장에 소개하는 라이브러리는 C 언어 라이브러리에 의존하거나 Scipy(*https://www.scipy.org/*)와 Numpy(*http://www.numpy.org/*)에 의존한다. 따라서 윈도우 사용자는 설치가 어려울 수 있다. 주로 과학 데이터 분석을 위해 파이썬을 사용하고, C와 포트란 코드를 윈도우에서 컴파일하는 데 익숙하지 않다면 아나콘다나 21쪽에 소개된 '상용 파이썬 재배포판' 중 하나를 사용하자. 아니면 `pip install`을 시도해보고, 실패하면 Scipy 설치 가이드(*https://www.scipy.org/install.html*)를 참고하자.

과학 애플리케이션

파이썬은 주로 고성능 과학 애플리케이션에 사용된다. 작성하기 쉽고 잘 작동하기 때문에 학계와 과학 프로젝트에서 널리 사용된다.

파이썬에서 과학 컴퓨팅을 하기 위해서는 분야 특성상 성능이 중요하기 때문에 대개 연산 속도가 빠른 언어(C언어, 혹은 행렬 연산을 위해 포트란)로 작성된 외부 라이브러리를 사용한다. 'Scipy Stack'인 NumPy(*http://www.numpy.org/*), SciPy(*https://www.scipy.org/scipylib/index.html*), SymPy(*http://www.sympy.org/en/index.html*), Pandas(*http://pandas.pydata.org/*), Matplotlib(*http://matplotlib.org/*), IPython(*http://ipython.org/*)이 주로 사용된다. 여기서는 각 라이브러리를 간단

히 소개할 예정이다. 과학적 파이썬 생태계에 대한 포괄적인 소개는 'Python Scientific Lecture Notes'(*http://scipy-lectures.github.com/*)에서 확인하자.

Ipython

IPython(*http://ipython.org/*)은 기존 파이썬 인터프리터의 강화판이다. 컬러 인터 페이스, 보다 상세한 오류 메시지, 인라인 모드를 지원하는데, 인라인 모드에서 는 그래픽과 도표를 터미널에서 띄울 수 있다. (앞서 소개한) Jupyter Notebook 의 기본 커널이고, Spyder IDE의 기본 인터프리터이다. 21쪽 '상용 파이썬 재배 포판'에서 소개된 아나콘다에도 포함되어 있어, 아나콘다를 설치하면 Ipython도 함께 설치된다.

NumPy

Numpy(*http://numpy.scipy.org/*)는 Scipy 프로젝트의 일부지만, 별도의 라이브 러러리로도 공개되었다. 따라서 Numpy의 기능만 필요한 경우에는 Scipy는 건 너뛰고 Numpy만 설치해도 좋다. Numpy는 파이썬에서 느리게 작동하는 알고 리즘 문제를 다차원 배열과 이들에 위한 함수로 말끔히 해결하였다. 따라서, 이 런 알고리즘은 배열의 함수로 표현될 수 있고, Numpy는 이 알고리즘이 빠르 게 돌아가도록 돕는다. 백엔드는 ATLAS(Automatically Tuned Linear Algebra Software(자동튜닝 선형대수 소프트웨어), *http://math-atlas.sourceforge.net/*)[1]로, 그 외 로우레벨 라이브러리는 C와 포트란으로 작성되었다. 파이썬 2.6 이상의 버전과 3.2 이상의 버전에서 호환된다.

array.dot()과 '브로드캐스팅(broadcasting)'을 사용한 다음 행렬 곱셈 예시를 살펴보자. 브로드캐스팅은 기존 행 또는 열을 누락된 차원에 반복적으로 채워 성분 단위로 곱하는 연산이다.

```
>>> import numpy as np
>>>
>>> x = np.array([[1,2,3],[4,5,6]])
>>> x
array([[1, 2, 3],
       [4, 5, 6]])
>>>
>>> x.dot([2,2,1])
```

---

1 ATLAS는 테스트가 되어 실행할 수 있는 선형대수 라이브러리를 제공하는, 현재진행형 소프트웨어 프로젝트 다. 이는 잘 알려진 BLAS(Basic Linear Algebra Subset)과 LAPACK(Linear Algebra PACKAGE)의 루틴에 C 와 포트란 77 인터페이스를 제공한다.

```
array([ 9, 24])
>>>
>>> x  * [[1],[0]]
array([[1, 2, 3],
    [0, 0, 0]])
```

SciPy

SciPy(*http://scipy.org/*)는 NumPy를 보다 수학적 함수로 사용하는 라이브러리이다. SciPy는 NumPy 배열을 기본 자료구조로 사용하며, 선형대수, 미적분, 특수함수와 상수, 신호 처리와 같이 과학 프로그래밍에서 널리 이뤄지는 다양한 작업을 모듈로 담았다.

다음은 SciPy의 물리 상수 모음 예시이다.

```
>>> import scipy.constants
>>> fahrenheit = 212
>>> scipy.constants.F2C(fahrenheit)
100.0
>>> scipy.constants.physical_constants['electron mass']
(9.10938356e-31, 'kg', 1.1e-38)
```

Matplotlib

Matplotlib(*http://matplotlib.org/*)은 대화형 2차원 혹은 3차원 플롯을 만들 수 있도록 돕는 융통성 있는 시각화 라이브러리다. 만들어진 플롯은 고해상도의 그림으로 저장할 수 있다. API는 여러 면에서 MATLAB(*http://www.mathworks.com/products/matlab/*)의 API을 닮았기 때문에 MATLAB 사용자는 파이썬으로 쉽게 옮겨갈 수 있다. Matplotlib 갤러리(*http://matplotlib.org/gallery.html*)에 많은 예제와 소스 코드가 있으니 가져다 쓰자.

만약 통계 작업을 한다면 Seaborn을 살펴보는 것도 좋다. Seaborn은 통계 시각화 관련하여 특히 인기가 많은 새로운 그래픽 라이브러리다. Seaborn에 대한 자세한 소개는 '파이썬으로 데이터 과학 시작하기'라는 제목의 블로그 게시글(*http://bit.ly/data-science-python-guide*) 내용을 참고하자.

웹에서 사용할 수 있는 플롯에 관심이 있다면, 자체 시각화 라이브러리를 사용하는 Bokeh(*http://bokeh.pydata.org*)나 자바스크립트 라이브러리인 D3.js(*https://d3js.org/*)를 기반으로 하는 Plotly(*https://plot.ly/*)를 사용해보자. 다만 Plotly의 무료 버전은 플롯을 서버에 저장해야 할 수도 있다.

Pandas

Pandas(Panel Data에서 파생된 이름, *http://pandas.pydata.org/*)는 Numpy를 기반으로 하는 데이터 작업 라이브러리이며, 데이터 접근, 인덱싱, 병합, 그룹화 작업이 수월해지도록 돕는 여러 유용한 함수를 제공한다. 메인 데이터 구조인 `DataFrame`은 R 통계 소프트웨어 환경에서의 데이터 구조와 유사하다(예: 이름 인덱싱, 시계열 연산, 자동 정렬이 가능한, 일부 열은 문자열이고 나머지 열은 숫자인 이종(heterogeneous) 데이터 테이블). SQL 테이블 혹은 엑셀의 피벗 테이블(Pivot Table)에서의 연산도 가능하다(예: `groupby()` 메서드, `pandas.rolling_mean()` 함수).

Scikit-Learn

Scikit-Learn(*https://pypi.python.org/pypi/scikit-learn*)은 차원 축소(dimensionality reduction), 결측치 대치(missing value imputation), 회귀와 분류(classification/regression) 모델, 나무(tree) 모델, 군집화(clustering), 모델 파라미터 자동 튜닝, (matplotlib을 사용한) 시각화와 같은 기능을 제공하는 기계학습(machine learning) 라이브러리다. 수많은 예시(*http://scikit-learn.org/stable/auto_examples/index.html*)와 함께 문서화가 잘 되어 있다. Scikit-Learn은 NumPy 배열을 사용하지만 Pandas의 데이터 프레임을 사용해도 문제가 거의 없다.

Rpy2

Rpy2(*https://pypi.python.org/pypi/rpy2*)는 R 통계 패키지의 파이썬 바인딩 버전이며, R 함수를 파이썬에서 실행할 수 있게 돕는다. 또한 R과 파이썬 환경 간에 데이터 전달을 가능하게 한다. Rpy2는 Rpy 바인딩의 객체지향 구현이다.

decimal, fractions, numbers

파이썬은 추상 베이스 클래스의 프레임워크를 정의하여, 모든 수치 자료형의 뿌리인 `Number`에서 `Integral`, `Rational`, `Real`, `Complex`까지 만들었다. numbers 라이브러리 문서(*https://docs.python.org/3.5/library/numbers.html*)[2]의 지침에 따라 다른 수치 자료형을 만들어볼 수도 있다. `demimal.Demimal` 클래스는 회계와 같이

---

[2] 파이썬의 numbers를 사용한 인기 있는 도구 중 하나로 SageMath(*http://www.sagemath.org/*)가 있다. SageMath는 대형 종합 라이브러리이며, 체(field), 환(ring), 대수(algebra), 역(domain)을 나타내는 클래스가 정의되어 있고, SymPy에서 파생된 기호 도구와 NumPy, SciPy에서 파생된 수치 도구를 제공한다. 이 외에도 기타 파이썬 라이브러리와 비 파이썬 라이브러리를 제공한다.

수치 정밀도가 중요한 작업에서 사용할 수 있다. 자료형 계층구조는 다음과 같이 예상대로 작동한다.

```
>>> import decimal
>>> import fractions
>>> from numbers import Complex, Real, Rational, Integral
>>>
>>> d = decimal.Decimal(1.11, decimal.Context(prec=5)) # 정밀도(precision)
>>>
>>> for x in (3, fractions.Fraction(2,3), 2.7, complex(1,2), d):
...     print('{:>10}'.format(str(x)[:8]),
...           [isinstance(x, y) for y in (Complex, Real, Rational, Integral)])
...
         3 [True, True, True, True]
       2/3 [True, True, True, False]
       2.7 [True, True, False, False]
     (1+2j) [True, False, False, False]
  1.110000 [False, False, False, False]
```

지수, 삼각함수, 및 기타 일반 함수는 *math* 라이브러리에 있다. 복소수 관련 함수는 *cmath*에 있다. *random* 라이브러리는 메르센 트위스터(Mersenne Twister, *https://en.wikipedia.org/wiki/Mersenne_Twister*)를 핵심으로 사용해 의사 난수를 생성한다. 파이썬 3.4에서부터 표준 라이브러리의 통계 모듈은 평균과 중앙값(median)뿐만 아니라 표본과 모집단의 표준편차와 분산까지 제공한다.

SymPy

SymPy(*https://pypi.python.org/pypi/sympy*)는 파이썬에서의 기호 수학(symbolic mathematics)을 위한 유일한 라이브러리다. 전부 파이썬으로 작성되었으며, 속도, 시각화, 대화형 세션을 위한 선택 확장이 포함되어 있다.

SymPy의 기호 함수는 SymPy 객체에 적용할 수 있다. Sympy 객체에는 기호, 함수, 그리고 다른 기호 표현을 만들기 위한 표현이 있다. 다음 코드를 보자.

```
>>> import sympy as sym
>>>
>>> x = sym.Symbol('x')
>>> f = sym.exp(-x**2/2) / sym.sqrt(2 * sym.pi)
>>> f
sqrt(2)*exp(-x**2/2)/(2*sqrt(pi))
```

이들을 적분한 결과를 기호 또는 값으로 볼 수 있다.

```
>>> sym.integrate(f, x)
erf(sqrt(2)*x/2)/2
>>>
>>> sym.N(sym.integrate(f, (x, -1, 1)))
0.682689492137086
```

SymPy 라이브러리는 표현을 급수로 확장하거나 미분하기, 기호를 실수 범위로 제한하거나 교환 법칙(commutative)이 성립하도록 바꾸기, (정확도(accuracy) 내에서) 실수를 가장 가까운 유리수로 바꾸기와 같은 다양한 기능을 제공한다.

텍스트 작업과 텍스트 마이닝

종종 파이썬의 문자열 작업 도구를 사용하기 위해 파이썬을 시작하기도 한다. 파이썬 표준 라이브러리의 기능 몇 가지를 살펴본 뒤, 텍스트마이닝을 위해 널리 사용되는 라이브러리인 Natural Language Toolkit(nltk, *https://pypi.python. org/pypi/nltk*)를 소개한다.

파이썬 표준 라이브러리의 문자열 도구

특수한 대소문자 규칙이 적용되는 일부 언어에는 str.casefold()가 도움이 된다.

```
>>> 'Grünwalder Straße'.upper()
'GRÜNWALDER STRASSE'
>>> 'Grünwalder Straße'.lower()
'grünwalder straße'
>>> 'Grünwalder Straße'.casefold()
'grünwalder strasse'
```

파이썬의 정규 표현식 라이브러리 re는 포괄적이고 강력하다. 174쪽 '정규 표현식(가독성은 중요하다)'에서 이미 다뤘으므로 더 자세한 내용을 다루진 않겠다. help(re) 문서는 워낙 잘 되어 있어 코딩 중 브라우저를 열 필요가 없을 정도다.

마지막으로, 표준 라이브러리 중 *difflib* 모듈은 문자열 간 차이를 식별하며, get_close_matches()는 정답 모음을 사용해 맞춤법 오류를 방지할 수 있도록 돕는다(예: 여행 웹사이트의 오류 프롬프트).

```
>>> import difflib
>>> capitals = ('Montgomery', 'Juneau', 'Phoenix', 'Little Rock')
```

```
>>> difflib.get_close_matches('Fenix', capitals)
['Phoenix']
```

nltk

Natural Language ToolKit(*https://pypi.python.org/pypi/nltk*)는 텍스트 분석을 위한 파이썬 도구이다. 스티븐 버드(Steven Bird)와 에드워드 로페(Edward Loper)가 2001년에 펜실베이니아 대학의 자연어 처리(Natural Language Processing, NLP) 과정에서 학생들을 돕기 위해 발표한 패키지로, 여러 언어를 다루는 광범위한 라이브러리로 성장하였으며 최근에 연구된 알고리즘도 포함하고 있다. 아파치 2.0 라이선스이며, PyPI에서 한 달에 10만 번 이상 다운로드가 이뤄진다. 제작자는 패키지와 함께 *Natural Language Processing with Python*(O'Reilly, 2009)이라는 책을 출간했는데, 파이썬과 NLP를 소개하는 과정의 교재로 사용하기에 좋다.

nltk는 명령줄에서 pip[3]를 사용해 설치할 수 있는데, Numpy에 의존하므로 Numpy를 먼저 설치하자.

```
$ pip install numpy
$ pip install nltk
```

만약 윈도우를 사용하고 있으며, pip를 통해 NumPy를 설치하는 데 난항을 겪고 있다면 스택오버플로 게시글(*http://bit.ly/numpy-install-win*)의 지침을 따라해 보자. 라이브러리가 매우 크고 광범위하여 놀랄 수 있으니, 간단한 예시를 통해 nltk가 얼마나 사용하기 쉬운지 알아보겠다. 먼저, 말뭉치(corpus 혹은 corpora, *http://www.nltk.org/nltk_data/*)를 모아둔 데이터세트(*http://www.nltk.org/data.html*)를 다운 받아야 한다. 말뭉치는 개별로 다운 받을 수도 있다. 여러 언어용 태깅 도구와 알고리즘 테스트용 데이터세트도 포함되어 있다. 이들은 nltk와 별개의 라이선스를 가지므로 사용하는 데이터세트의 개별 라이선스를 따로 확인해야 한다. 만약 받고 싶은 말뭉치의 이름을 안다면(예를 들어, 텍스트 파일을 문장이나 단어 단위로 쪼개는 데 사용하는 Punkt 토크나이저(tokenizer)[4], 명령줄에 다

---

3   윈도우에서는 nltk가 파이썬 2.7에서만 가능한 것으로 보인다. 그러나 낡은 정보일 수 있으니 파이썬 3에서도 시도해보자.
    (옮긴이) 아나콘다에는 nltk가 포함되어 있다.

4   Punkt 토크나이저 알고리즘은 티보어 키스(Tibor Kiss)와 잔 스트렁크(Jan Strunk)가 2006년에 소개하였으며(*http://bit.ly/kiss-strunk-paper*), 언어 무관하게 문장 경계를 구분하는 방법이다. 예를 들어, 'Mrs. Smith and Johann S. Bach listened to Vivaldi'는 정확히 한 문장으로 인식된다. 큰 데이터세트로 학습을 해야 하지만, 영어에 대해서는 미리 학습된 기본 토크나이저가 있다.

음과 같이 입력할 수 있다.

```
$ python3 -m nltk.downloader punkt --dir=/usr/local/share/nltk_data
```

또는 대화형 세션에서 다운 받을 수도 있다. (불용어라는 의미의) 'stopword'는 'the', 'in', 'and'와 같이 다른 단어 대비 빈번하게 등장하는 일반 단어 목록으로, 여러 언어에 대해 제공된다.

```
>>> import nltk
>>> nltk.download('stopwords', download_dir='/usr/local/share/nltk_data')
[nltk_data] Downloading package stopwords to /usr/local/share/nltk_data...
[nltk_data] Unzipping corpora/stopwords.zip.
True
```

받고 싶은 말뭉치 이름을 모른다면, 파이썬 인터프리터에서 nltk.download()를 첫 인자를 생략하고 입력하여 대화형 다운로드 도구를 실행하자.

```
>>> import nltk
>>> nltk.download(download_dir='/usr/local/share/nltk_data')
```

그러면 우리가 받고 싶은 데이터를 불러와 처리하고 분석할 수 있다. 다음은 파이썬 계명의 복사본을 불러오는 예다.

```
>>> import nltk
>>> from nltk.corpus import stopwords
>>> import string
>>>
>>> stopwords.ensure_loaded() ❶
>>> text = open('zen.txt').read()
>>> tokens = [
...     t.casefold() for t in nltk.tokenize.word_tokenize(text) ❷
...     if t not in string.punctuation
... ]
>>>
>>> counter = {}
>>> for bigram in nltk.bigrams(tokens): ❸
...     counter[bigram] = 1 if bigram not in counter else counter[bigram] + 1
...
>>> def print_counts(counter): # We'll reuse this
...     for ngram, count in sorted(
...             counter.items(), key=lambda kv: kv[1], reverse=True): ❹
...         if count > 1:
...             print('{:>25}: {}'.format(str(ngram), '*' * count)) ❺
```

```
...
>>> print_counts(counter)
         ('better', 'than'): ******** ❻
          ('is', 'better'): *******
         ('explain', 'it'): **
               ('one', '—'): **
         ('to', 'explain'): **
               ('if', 'the'): **
 ('the', 'implementation'): **
  ('implementation', 'is'): **
>>>
>>> kept_tokens = [t for t in tokens if t not in stopwords.words()] ❼
>>>
>>> from collections import Counter ❽
>>> c = Counter(kept_tokens)
>>> c.most_common(5)
[('better', 8), ('one', 3), ('—', 3), ('although', 3), ('never', 3)]
```

❶ 필요할 때만 선택적으로 말뭉치를 불러올 수 있으므로, 불용어(stopword) 말뭉치가 실제로 로딩되었는지 확인해야 한다.

❷ 토크나이저는 학습된 모델이 필요하다. Punkt 토크나이저(기본)는 영어(이 역시 기본)에 대해 학습된 모델을 제공한다.

❸ 바이그램(Bigram)이란 인접한 두 단어의 쌍이다. 바이그램을 순회하며 얼마나 등장했는지 세고 있다.

❹ sorted() 함수를 사용해 개수에 따라 내림차순 정렬을 수행한다.

❺ {:>25}를 통해 해당 부분의 문자열 전체 길이가 25자가 되도록 하여 오른쪽 정렬을 한다.

❻ 파이썬 계명(Zen of Python)의 최빈 바이그램은 "better than"이다.

❼ "the"와 "is"가 빈번하게 등장하는 것을 방지하기 위해 불용어를 제거한다.

❽ 파이썬 3.1 이상에서는 collections.Counter로 등장 개수를 셀 수 있다.

다른 기능도 훨씬 많으니 주말을 할애해 살펴보자!

SyntaxNet

Tensorflow를 기반으로 구축된 구글의 SyntaxNet(*https://github.com/tensorflow/models/tree/master/syntaxnet*)은 (Parsey McParseface라는 이름의) 미리 학습된 영어 파서(parser)를 제공한다. 다른 파서를 학습할 수 있는 프레임워크도 제공하는데, 만약 레이블이 달린 데이터가 있다면 영어 이외의 데이터에 대해서도 적용할 수 있다. 현재는 파이썬 2.7에서만 사용할 수 있다. 다운로드하여 사용하는 방법에 대한 자세한 지침은 SyntaxNet의 메인 깃허브 페이지에서 확인할 수 있다.

이미지 작업

파이썬에서 가장 유명한 이미지 프로세싱 및 조작 라이브러리 세 가지는 Pillow, cv2 그리고 최신 라이브러리인 Scikit-Image이다. Pillow는 형식 변환과 단순 이미지 프로세싱에 좋은 파이썬 이미징 라이브러리(Python Imaging Library, PIL)이다. cv2는 오픈 소스 컴퓨터 비전(OpenSource Computer Vision, OpenCV)의 파이썬 바인딩으로, 실시간 얼굴 탐지와 기타 고급 알고리즘을 제공한다. Scikit-Image는 단순 이미지 프로세싱부터 얼룩(blob), 모양, 엣지 감지와 같은 기초 요소를 제공한다. 아래에 각 라이브러리에 대한 추가 정보를 정리했다.

Pillow

PIL(Python Imaging Library, *http://www.pythonware.com/products/pil/*)는 이미지 조작을 위한 파이썬 핵심 라이브러리 중 하나이다. 2009년에 마지막으로 배포되었으며, 파이썬 3로 포팅되지 않았다. 다행히도 PIL의 포크(fork)인 Pillow(*http://python-pillow.org/*)가 활발하게 개발되었다. 설치하기 쉽고, 모든 운영체제에서 실행할 수 있으며, 파이썬 3를 지원한다.

Pillow를 설치하기 전에, Pillow의 필수 구성 요소를 설치해야 한다. 운영체제에 맞는 Pillow 설치 지침(*https://pillow.readthedocs.org/en/3.0.0/installation.html*)을 따르면 이후로는 쉽다.

```
$ pip install Pillow
```

다음은 Pillow의 간략한 사용 예시이다(그렇다. 불러올 모듈의 이름은 Pillow가 아니라 PIL이다).

```
from PIL import Image, ImageFilter
# 이미지 읽기
im = Image.open('image.jpg')
# 이미지 보이기
im.show()

# 이미지에 필터 적용
im_sharp = im.filter(ImageFilter.SHARPEN)
# 필터 적용된 이미지를 새 파일로 저장
```

```
im_sharp.save('image_sharpened.jpg', 'JPEG')

# 이미지를 각 밴드별로 쪼갬
# 즉, RGB의 R(Red), G(Green), B(Blue)로 쪼갬

r,g,b = im_sharp.split()

# 이미지의 EXIF 메타데이터 보기
exif_data = im._getexif()
exif_data
```

Pillow 튜토리얼(*http://bit.ly/opencv-python-tutorial*)에서 Pillow 라이브러리의 다양한 예시를 살펴보자.

cv2

오픈 소스 컴퓨터 비전(OpenSource Computer Vision, *http://docs.opencv.org/3.1.0/index.html*)은 OpenCV란 이름으로 널리 알려져 있으며, PIL과 비교하여 고급 기법의 이미지 조작/프로세싱 기능이 포함된 소프트웨어다. C와 C++로 작성되었으며, 실시간 컴퓨터 비전에 중점을 두고 있다. 예를 들어, (몇 천 개의 얼굴을 통해 미리 학습된) 실시간 얼굴 탐지 모델(이를 활용한 예시 파이썬 코드를 *https://github.com/Itseez/opencv/blob/master/samples/python/facedetect.py*에서 확인할 수 있다), 얼굴 인식 모델, 사람 탐지 모델 등이 있다. 여러 언어에 구현되어 널리 사용된다.

파이썬에서 OpenCV를 사용한 이미지 처리는 cv2와 NumPy 라이브러리를 사용하여 구현된다. OpenCV 버전 3는 파이썬 3.4+에 바인딩되었으나, cv2 라이브러리는 여전이 OpenCV2에 링크되어 있다. OpenCV 튜토리얼(*http://tinyurl.com/opencv3-py-tutorial*)은 파이썬 2.7을 사용하는 윈도우와 페도라 사용자에게 명확한 설치 지침을 제공한다. 하지만 맥 사용자는 스스로 해결해야 한다.[5] 우분투에서 파이썬 3을 사용하는 옵션은 *tinyurl.com/opencv3-py3-ubuntu*에서 볼 수 있다. 만약 설치가 어렵다면, 아나콘다를 다운 받아 사용하자. 아나콘다에는 모든 플랫폼을 위한 cv2 바이너리가 포함되어 있다. 아나콘다에서 cv2와 파이썬 3를 사용하려는

---

5 우리는 다음 세 단계로 해결할 것이다. 먼저 `brew install opencv`나 `brew install opencv3 --with-python3` 명령어를 사용하자. 만약 추가로 필요한 작업(예: Numpy 라이브러리 링킹(linking))이 있다면 해주자. 마지막으로, OpenCV 공유 객체 파일이 담긴 디렉터리(예: */usr/local/Cellar/opencv3/3.1.0_3/lib/python3.4/site-packages/*)를 path에 추가하자. 만약 가상환경에서만 사용할 예정이라면 virtualenv-wrapper 라이브러리와 함께 설치되는 add2virtualenvironment 명령(*http://virtualenvwrapper.readthedocs.io/en/latest/command_ref.html#add2virtualenv*)을 사용하자.

사용자는 'Up & Running: OpenCV3, Python 3, & Anaconda'라는 블로그 게시글 (*http://tinyurl.com/opencv3-py3-anaconda*)을 읽어 보자.

다음은 cv2의 사용 예시이다.

```python
from cv2 import *
import numpy as np
# 이미지 읽기
img = cv2.imread('testimg.jpg')
# 이미지 보기
cv2.imshow('image',img)
cv2.waitKey(0)
cv2.destroyAllWind ows()

# 이미지에 흑백 필터 적용
gray = cv2.cvtColor(img, cv2.COLOR_BGR2GRAY)

# 필터 적용된 이미지를 새 파일로 저장
cv2.imwrite('graytest.jpg',gray)
```

OpenCV-Python 튜토리얼(*http://opencv-python-tutroals.readthedocs.org/en/latest/ py_tutorials/py_tutorials.html*)에 접속하면 OpenCV의 다양한 파이썬 구현 예시를 볼 수 있다.

Scikit-Image

위의 두 가지 라이브러리보다 최신 라이브러리인 Scikit-Image(*http://scikit-image.org/*)는 파이썬 기반인 점과 훌륭한 문서 덕분에 꾸준히 인기가 증가하고 있다. cv2처럼 완전한 알고리즘(예: 실시간 비디오에서 작동하는 알고리즘)을 가지고 있지는 않으나, 얼룩 감지(blob detection), 피쳐 감지(feature detection)에 더하여 필터링이나 대비 조정(contrast adjustment)과 같은 표준 이미지 프로세싱 도구를 포함하고 있어 과학자에게 충분히 유용하다. 예를 들어, Scikit-image는 명왕성의 작은 위성 이미지를 합성하는 데 사용되었다(*https://blogs. nasa.gov/pluto/2015/10/05/plutos-small-moons-nix-and-hydra/*). Scikit-Image 메인 페이지(*http://scikit-image.org/docs/dev/auto_examples/*)에 접속하면 더 많은 예제를 확인할 수 있다.

데이터 지속성

우리는 이미 287쪽 '데이터 직렬화'에서 피클링과 ZIP 압축에 대해 알아보았다. 따라서 이번 장에서는 데이터베이스 말고는 다룰 내용에 그리 많지 않다.

이번 장에서는 주로 관계형 데이터베이스와 인터페이스하는 파이썬 라이브러리를 다룬다. 관계형 데이터베이스란 우리가 일반적으로 생각하는 종류의 데이터베이스이다. 테이블 구조에 데이터가 담겨있으며 SQL을 사용해 데이터에 액세스(access)한다.[1]

구조화된 파일

우리는 이미 9장에서 JSON, XML, ZIP 파일에 대해 살펴봤으며, 직렬화(serialization)에 대해 알아보면서 피클링과 XDR도 살펴봤다. YAML을 파싱하고 싶다면 PyYAML(pip install pyyaml을 통해 설치 가능, *http://pyyaml.org/wiki/PyYAML*)을 추천한다. 파이썬에는 그 외에도 CSV 형식을 위한 표준 라이브러리, 일부 FTP 클라이언트에서 사용하는 *.netrc*, 맥에서 사용되는 *.plist* 파일, 윈도우 INI 형식의 변종을 다루는 *configparser*가 있다.[2]

1 　관계형 데이터베이스는 1970년에 에드가 F. 코드(Edgar F. Codd)가 IBM에 근무하면서 작성한 '대형 공유 데이터 은행에 대한 관계형 모델'(*http://bit.ly/relational-model-data*)에서 제안되었다. 이 개념은 1977년에 래리 엘리슨(Larry Ellison)이 이 개념을 기반으로 (결국 Oracle이 된) 한 회사를 설립하기까지 무시되었다. 키-값 저장소(key-value store)나 계층적 데이터베이스 모델(hierarchical database model) 같은 관계형 데이터베이스의 경쟁 개념은, 관계형 데이터베이스가 성공한 후 크게 무시되다가, 최근 클러스터 컴퓨팅 설정의 비관계형 저장 옵션을 부활시킨 NoSQL(not only SQL) 운동에 의해 되살아나고 있다.

2 　파이썬 2에서는 *ConfigParser*이다. 파서가 dialect를 이해하는 방식을 정확히 알고 싶다면 configparser 문서 (*https://docs.python.org/3/library/configparser.html#supported-ini-file-structure*)를 읽어 보자.

또한, 파이썬 표준 라이브러리의 shelve 모듈을 통해 영구적인 키-값 저장소를 활용할 수 있다. 이는 여러분의 컴퓨터에서 데이터베이스 관리자(dbm, 키-값 데이터베이스)의 변형을 백엔드로 활용할 수 있는 가장 유용한 방법이다.[3]

```
>>> import shelve
>>>
>>> with shelve.open('my_shelf') as s:
...     s['d'] = {'key': 'value'}
...
>>> s = shelve.open('my_shelf', 'r')
>>> s['d']
{'key': 'value'}
```

어떤 데이터베이스 백엔드를 사용하고 있는지 다음과 같이 확인할 수 있다.

```
>>> import dbm
>>> dbm.whichdb('my_shelf')
'dbm.gnu'
```

윈도우를 위한 dbm의 GNU 구현은 *http://gnuwin32.sourceforge.net/packages/gdbm.htm*에서 확인할 수 있다. 아니면 패키지 관리자(brew, apt, yum)를 통해 dbm 소스 코드(*http://www.gnu.org.ua/software/gdbm/download.html*)를 확인할 수도 있다.

데이터베이스 라이브러리

파이썬 데이터베이스 API(DB-API2)는 파이썬에서 데이터베이스에 접근하는 표준 인터페이스를 정의한다. PEP 249(*https://www.python.org/dev/peps/pep-0249/*)에 문서화되어 있으며, 보다 자세한 내용은 파이썬 DB-API에 대한 소개 자료(*http://halfcooked.com/presentations/osdc2006/python_databases.html*)에 나와 있다. 거의 모든 파이썬 데이터베이스 드라이버가 표준 인터페이스를 따르므로, 파이썬에서 데이터베이스 쿼리 작업을 하려면 사용하는 데이터베이스에 맞는 패

---

3   dbm 라이브러리는 키-값 쌍을 온디스크(on-disk) 해시 테이블에 저장한다. gdbm, ndbm, 혹은 'dumb' 중 어떤 백엔드를 사용하느냐에 따라 저장하는 정확한 방법이 달라진다. 'dumb'는 파이썬에 구현되어 있으며 문서에 설명되어 있다. 나머지 둘은 gdbm 매뉴얼(*http://www.gnu.org.ua/software/gdbm/manual//gdbm.html*)에서 확인할 수 있다. ndbm을 사용하면 저장하는 값 크기의 상한이 있다. 이 파일은 ru 또는 wu로 데이터베이스 파일을 열지 않는 한 (gdbm에서만) 쓰기 모드로 열 때 잠긴다. 그리고 쓰기 모드의 업데이트는 다른 연결에서는 보이지 않을 수 있다.

키지를 선택해야 한다. 예를 들면, SQLite이면 sqlite3, Postgres면 psycopg2, MySQL이면 MySQL-python를 선택하면 된다.[4]

수많은 SQL 문자열과 하드코딩한 열/테이블이 담긴 코드는 빠르게 복잡해지고, 오류가 발생하기 쉽고, 디버깅이 어렵다. 다음 쪽 표 11-1의 라이브러리(SQLite를 위한 sqlite3은 제외)는 데이터베이스 추상 레이어(Database abstraction layer, DAL)를 제공하여, SQL의 구조, 문법, 데이터 형식을 추상화한다.

파이썬은 객체지향 언어이므로 데이터베이스 추상화를 통해 객체 관계 매핑(Object-relational mapping, ORM)을 구현할 수 있다. 예를 들어, 파이썬 객체와 데이터베이스를 매핑(mapping)하거나, 파이썬 클래스 속성의 연산자를 통해 추상화된 버전의 SQL을 구현할 수 있다.

표 11-1의 모든 라이브러리(sqlite3와 Records 제외)는 ORM을 제공하며, 액티브 레코드(Active Record) 혹은 데이터 매퍼(Data Mapper) 패턴 중 하나를 사용해 구현되었다.[5] 액티브 레코드 패턴은 레코드가 추상 데이터를 나타내면서 동시에 데이터베이스와 상호작용하는 방식이다. 데이터 매퍼 패턴은 한 레이어가 데이터베이스와 상호작용하는 동안 다른 레이어는 데이터를 표현하는 방식이다. 두 레이어 사이에는 매퍼 함수가 존재하며, 레이어 간 변환을 위해 필요한 로직을 처리한다(본질적으로 데이터베이스 외부에서 SQL 관점의 로직을 수행한다).

쿼리를 수행할 때, 액티브 레코드와 데이터 매퍼 패턴 모두 거의 동일하게 동작하지만, 데이터 매퍼 패턴에서는 사용자가 명시적으로 테이블명을 지정하고, 프라이머리 키를 추가하고, 다대다 관계를 지원하는 헬퍼 테이블을 생성해야 한다(영수증처럼 한 트랜잭션 ID가 여러 구매와 연관이 있을 수 있음). 액티브 레코드 패턴을 사용하면 이런 작업은 내부에서 처리된다.

가장 인기 있는 라이브러리는 sqlite3, SqlAlchemy, Django ORM이다. Records(출력 포매팅 옵션이 매우 많은 SQL 클라이언트에 가까움)를 제외한 나머지 라이브러리는 (모두 액티브 레코드 패턴을 사용하며) Django ORM의 독립

---

4 SQL(Structured Query Language, 구조화 쿼리 언어)는 ISO 표준(*https://www.iso.org/standard/53681.html*)이지만, 데이터베이스 벤더가 해당 표준을 어느 정도까지 구현할지 선택할 수 있으며, 고유 기능을 추가할 수도 있다. 따라서 데이터베이스 드라이버 역할을 하는 파이썬 라이브러리를 사용하려면, 해당 데이터베이스에서 사용하는 SQL 언어를 이해하고 있어야 한다.

5 마틴 파울러(Martin Fowler)의 *Patterns of Enterprise Application Architecture*(*http://www.martinfowler.com/books/eaa.html*)에 정의되어 있다. 파이썬의 ORM 디자인에 대해 자세히 알고 싶다면 'Architecture of Open Source Applications'에 소개된 SQLAlchemy 도입부(*http://www.aosabook.org/en/sqlalchemy.html*), 그리고 FullStack Python(*https://www.fullstackpython.com/object-relational-mappers-orms.html*)의 파이썬 ORM 관련 링크 목록을 추천한다.

실행형 경량 버전으로 생각할 수 있으나, 매우 다르고 독특한 API를 가진다.

표 11-1 데이터베이스 라이브러리

라이브러리	라이선스	사용해야 하는 이유
sqlite3(ORM이 아닌 드라이버)	파이썬 소프트웨어 재단 라이선스	• 표준 라이브러리에 포함되어 있음 • 간단한 데이터 형식과 일부 쿼리만 사용하는, 트래픽이 보통 이하인 사이트에 좋음(네트워크 연결이 필요하지 않으므로 대기 시간이 짧음 • SQL, 혹은 파이썬의 DB-API를 배우는 데 좋으며, 데이터베이스 애플리케이션을 프로토타이핑하는 데도 좋음
SQLAlchemy	MIT 라이선스	• 두 레이어(다른 라이브러리의 API와 유사한 최상위 ORM 레이어, 그리고 데이터베이스에 직접 연결된 테이블의 로우레벨 레이어)의 API를 통해 데이터 매퍼 패턴을 제공 • (로우레벨의 Classical Mappings API를 통해) 데이터베이스의 구조와 스키마를 명시적으로 제어할 수 있음(데이터베이스 관리자가 웹 개발자가 다를 때 유용함) • 변종: SQLite, PostgreSQL, MySQL, Oracle, MS-SQL 서버, Firebird, Sybase(아니면, 직접 만들어보자)
Django ORM	BSD 라이선스	• 애플리케이션의 사용자 정의 모델에서 암시적으로 데이터베이스 인프라를 생성할 수 있는 액티브 레코드 패턴을 제공 • Django와 밀접하게 결합되어 있음 • 변종: SQLite, PostgreSQL, MySQL, Oracle(SAP SQL Anywhere, IBM DB2, MS-SQL Server, Firebird, ODBC와 같은 서드파티 라이브러리를 사용할 수도 있음)
peewee	MIT 라이선스	• 액티브 레코드 패턴을 제공하지만, ORM에 정의된 테이블이 데이터베이스(인덱스 열 포함)에 표시되는 테이블이기 때문임 • 변종: SQLite, MySQL, Postgres(아니면, 직접 만들어보자)
PonyORM	AGPLv3	• 직관적인 생성자 기반 구문과 함께 액티브 레코드 패턴 제공 • 온라인 GUI 개체-관계 다이어그램 편집기가 있으며(데이터베이스의 테이블과 이들의 관계를 정의하는 데이터 모델 그리기 가능), SQL 코드로 변환하여 테이블을 생성할 수 있음 • 변종: SQLite, MySQL, Postgres, Oracle(아니면, 직접 만들어보자)
SQLObject	LGPL	• 파이썬에서 액티브 레코드 패턴을 처음으로 사용함
Records(ORM이 아닌 쿼리 인터페이스)	ISC 라이선스	• 데이터베이스에 쿼리하는 간단한 방법을 제공하며, 보고서 문서를 생성할 수 있음(입력: SQL, 출력: XLS, JSON, YAML, CSV, LaTex) • 대화형 쿼리나 한 줄 보고서 생성에 사용할 수 있는 명령줄 인터페이스 제공 • 강력한 SQLAlchemy를 백엔드에 사용

표 11-1에 나열된 라이브러리에 대해 자세히 살펴보자.

sqlite3

SQLite(*https://docs.python.org/3/library/sqlite3.html*)는 sqlite3 뒤에서 데이터베이스를 제공하는 C 라이브러리다. 단일 파일로 데이터베이스를 저장하며 컨벤션에 따라 *.db*의 확장자를 가진다. 'when to use SQLite' 페이지(*https://www.sqlite.org/whentouse.html*)에서는 SQLite가 하루에 수십만 번 방문이 이뤄지는 웹사이트의 데이터베이스 백엔드로서 작동할 수 있음이 검증되었다고 설명한다. 해당 사이트에는 SQLite가 이해할 수 있는 SQL 명령 목록(*https://www.sqlite.org/lang.html*)이 있다. W3Schools의 참고자료(*http://www.w3schools.com/sql/sql_quickref.asp*)를 통해 sqlite3 사용 지침을 빠르게 훑어보며 배울 수 있다. 다음 코드는 sqlite3 사용 예다.

```python
import sqlite3
db = sqlite3.connect('cheese_emporium.db')

db.execute('CREATE TABLE cheese(id INTEGER, name TEXT)')
db.executemany(
    'INSERT INTO cheese VALUES (?, ?)',
    [(1, 'red leicester'),
     (2, 'wensleydale'),
     (3, 'cheddar'),
    ]
)
db.commit()
db.close()
```

허용되는 자료형으로는 NULL, INTEGER, REAL, TEXT, BLOB(바이트)가 있으며, sqlite3 문서에 따라 새 자료형을 등록할 수 있다(예: TEXT로 저장되는 datetime.datetime 형식 구현).

SQLAlchemy

SQLAlchemy(*http://www.sqlalchemy.org/*)는 매우 인기 있는 데이터베이스 툴킷이다. Django는 자체 ORM에서 SQLAlchemy로 전환하는 옵션을 제공하며, 블로그 제작을 위한 Flask 메가 튜토리얼(*http://blog.miguelgrinberg.com/post/the-flask-mega-tutorial-part-i-hello-world*)에서는 SQLAlchemy를 백엔드로 사용한다. Pandas는 SQL 백엔드로 SQLAlchemy를 사용한다(*http://bit.ly/pandas-sql-query*).

SQLAlchemy는 여기에 소개되는 라이브러리 중 유일하게 마틴 파울러(Martin Fowler)의 데이터 매퍼 패턴(*https://martinfowler.com/eaaCatalog/*)

dataMapper.html)을 따른다(대체로 액티브 레코드 패턴(*https://martinfowler.com/eaaCatalog/activeRecord.html*)을 구현한 경우가 많다). 다른 라이브러리와 달리 SQLAlchemy는 ORM 레이어를 제공할 뿐만 아니라, 데이터베이스에 무관한 코드를 작성할 수 있도록 일반화된 API(**코어** 레이어라고도 불림)를 제공한다. ORM 레이어는 기본 데이터베이스에 직접 매핑하는 테이블 객체를 사용하는 코어 레이어 위에 존재한다. 코어 레이어의 객체와 ORM 간 매핑은 사용자가 명시적으로 수행해야 하므로, 시작하는 데 더 많은 코드가 필요하며, 관계형 데이터베이스를 처음 사용하는 사용자에게 어려울 수 있다. 대신, 명시적으로 입력하지 않으면 아무 일도 일어나지 않기 때문에 데이터베이스를 제어하기 훨씬 좋다.

SQLAlchemy는 자이썬과 파이파이에서 실행될 수 있으며, 파이썬 2.5부터 최신 파이썬 버전까지 지원한다. 다음 코드 스니펫은 다대다 객체 매핑에 필요한 작업을 한 것이다. 먼저 ORM 레이어에 Customer, Cheese, Purchase라는 세 객체를 추가한다. 한 소비자가 여러 번 구매할 수 있거나(일대다 관계), 한 번에 여러 치즈를 동시에 구매할 수 있다(다대다 관계). 이렇게 세부적으로 설명하는 이유는 purchases_cheeses 테이블이 매핑되지 않았음을 보여 주기 위함이다. 이 테이블은 그저 치즈 유형과 구매 간 연결을 제공하는 게 목적이니 ORM 레이어에 보여질 필요가 없으며, 코어 레이어에 존재한다. 다른 ORM 라이브러리는 이 테이블을 조용히 백그라운드에 생성하며, 이는 SQLAlchemy이 가지는 큰 차별점 중 하나이다.

```python
from sqlalchemy.ext.declarative import declarative_base
from sqlalchemy import Column, Date, Integer, String, Table, ForeignKey from
sqlalchemy.orm import relationship

Base = declarative_base() ❶

class Customer(Base): ❷
    __tablename__ = 'customers'
    id = Column(Integer, primary_key=True)
    name = Column(String, nullable=False)
    def __repr__(self):
        return "<Customer(name='%s')>" % (self.name)

purchases_cheeses = Table( ❸
    'purchases_cheeses', Base.metadata,
    Column('purch_id', Integer, ForeignKey('purchases.id', primary_key=True)),
    Column('cheese_id', Integer, ForeignKey('cheeses.id', primary_key=True))
)
```

```
class Cheese(Base): ❹
    __tablename__ = 'cheeses'
    id = Column(Integer, primary_key=True)
    kind = Column(String, nullable=False)
    purchases = relationship( ❺
        'Purchase', secondary='purchases_cheeses', back_populates='cheeses' ❻
    )
    def __repr__(self):
        return "<Cheese(kind='%s')>" % (self.kind)

class Purchase(Base):
    __tablename__ = 'purchases'
    id = Column(Integer, primary_key=True)
    customer_id = Column(Integer, ForeignKey('customers.id', primary_key=True))
    purchase_date = Column(Date, nullable=False)
    customer = relationship('Customer')
    cheeses = relationship( ❼
        'Cheese', secondary='purchases_cheeses', back_populates='purchases'
    )
    def __repr__(self):
        return ("<Purchase(customer='%s', dt='%s')>" %
                (self.customer.name, self.purchase_date))
```

❶ **선언적 베이스** 객체(declarative base object)는 ORM에서 매핑된 테이블의 생성을 가로채서 이에 대응하는 테이블을 코어 레이어에 정의하는 메타클래스[6]이다.

❷ ORM 레이어의 객체는 선언적 베이스 객체를 상속한다.

❸ 이는 코어 레이어의 **매핑되지 않은 테이블**이며, 클래스도 아니고, 선언적 베이스 객체에서 파생하지도 않았다. 데이터베이스의 purchases_cheeses 테이블과 대응하며, 치즈와 구매 ID 간 다대다 매핑을 제공하기 위해 존재한다.

❹ Cheese는 ORM 레이어의 매핑된 테이블이다. 내부의 Cheese.__table__이 코어 레이어에 만들어지며, 데이터베이스의 cheeses란 이름을 가진 테이블에 대응한다.

❺ relationship은 ORM 레이블의 매핑된 클래스인 Cheese와 Purchase 간 관계를 명시적으로 정의한다. 이 둘은 코어 레이어의 보조 테이블인 purchases_cheeses를 통해 간접적으로 연결되어 있다(ForeignKey를 통해 직접적으로 연결하는 것과 반대임).

---

6 스택오버플로에 파이썬 메타클래스에 대한 훌륭한 설명이 있다(*http://stackoverflow.com/a/6581949*).*
(옮긴이) 메타클래스(metaclass)란 클래스를 생성하는 클래스를 의미한다. 즉, 클래스의 인스턴스가 클래스가 된다. 예를 들어, 우리가 함수로 알고 있는 **type**은 사실 메타클래스이다. 변수 a의 타입을 알아보기 위해 **type(a)**라고 입력한 결과는 type 클래스의 인스턴스임과 동시에 a의 자료형 객체이다. type은 소문자로 쓰여 함수처럼 보이지만, 정수형 객체를 생성하는 int 클래스나 문자열 객체를 생성하는 str 클래스와 같이 클래스 객체를 생성하는 클래스이다.

❻ back_populates는 이벤트 리스너를 추가하여, 새 Purchase 객체가 Cheese.purchases에 추가되면 Cheese 객체가 Purchase.cheeses에도 추가된다.

❼ 이는 다대다 관계를 위한 파이프라인의 나머지 절반이다.

테이블은 선언적 베이스 객체로부터 명시적으로 생성된다.

```
from sqlalchemy import create_engine
engine = create_engine('sqlite://')
Base.metadata.create_all(engine)
```

이제 ORM 레이어의 객체를 사용한 상호작용은 ORM을 가지는 다른 라이브러리와 비슷하게 보인다.

```
from sqlalchemy.orm import sessionmaker
Session = sessionmaker(bind=engine)
sess = Session()

leicester = Cheese(kind='Red Leicester')
camembert = Cheese(kind='Camembert')
sess.add_all((camembert, leicester))
cat = Customer(name='Cat')
sess.add(cat)
sess.commit() ❶

import datetime
d = datetime.date(1971, 12, 18)
p = Purchase(purchase_date=d, customer=cat)
p.cheeses.append(camembert) ❷
sess.add(p)
sess.commit()
```

❶ commit()을 사용해 변경사항을 명시적으로 데이터베이스에 푸시해야 한다.

❷ 다대다 관계의 객체는 인스턴스 작성 중에 추가할 수 없다. 사실 이후에 추가해야 한다. 다음은 몇 가지 쿼리의 예다.

```
>>> for row in sess.query(Purchase,Cheese).filter(Purchase.cheeses): ❶
... print(row)
...
(<Purchase(customer='Douglas', dt='1971-12-17')>, <Cheese(kind='Camembert')>)
(<Purchase(customer='Douglas', dt='1971-12-17')>, <Cheese(kind='Red
Leicester')>)
(<Purchase(customer='Cat', dt='1971-12-18')>, <Cheese(kind='Camembert')>)
>>>
>>> from sqlalchemy import func
```

```
>>> (sess.query(Purchase,Cheese) ❷
...     .filter(Purchase.cheeses)
...     .from_self(Cheese.kind, func.count(Purchase.id))
...     .group_by(Cheese.kind)
... ).all()
[('Camembert', 2), ('Red Leicester', 1)]
```

❶ 이는 최상위 레벨 ORM 객체에 매핑되지 않은 purchases_cheeses 테이블에서 다대다 조인을 수행하는 방법을 보여준다.

❷ 쿼리를 통해 치즈별 구매량을 센다.

더 자세한 내용은 SQLAlchemy 문서(*http://docs.sqlalchemy.org/en/rel_1_0/*)를 참고하자.

Django ORM

Django ORM(*https://docs.djangoproject.com/en/1.9/topics/db/*)은 데이터베이스 접근을 위해 Django에서 사용하는 인터페이스이다. Django ORM의 액티브 레코드(Active Record) 패턴의 구현이 아마도 여기 소개되는 라이브러리 중 루비 온 레일스의 ActiveRecord 라이브러리와 가장 흡사할 것이다.

Django와 긴밀하게 통합되어 있으므로 Django를 사용한 웹 애플리케이션을 만들고 있다면 Django ORM을 선택하는 경우가 많다. 웹 애플리케이션을 제작하면서 Django ORM을 배우고 싶다면 Django Girls[7]의 Django ORM 튜토리얼(*http://bit.ly/django-orm-tutorial*)을 시도해보자.

Django 웹 애플리케이션을 만들지 않고도 Django ORM을 시도해 보고 싶다면, 'Django ORM만 사용해보기'라는 깃허브 프로젝트(*https://github.com/mick/django_orm_only*)를 복사하여 지침을 따라 Django ORM만 선택적으로 사용할 수도 있다. Django 버전에 따라 약간의 차이가 있을 수 있으며, 예시 *settings.py*는 다음과 같다.

```
# settings.py
DATABASES = {
    'default': {
        'ENGINE': 'django.db.backends.sqlite3',
        'NAME': 'tmp.db',
    }
}
```

---

7 Django Girls(*https://djangogirls.org/*)는 전 세계의 여성들에게 좋은 환경에서 무료로 Django 훈련을 받을 수 있도록 헌신하는 멋진 프로그래머들이 모인 경이로운 단체다.

```
INSTALLED_APPS = ("orm_only",)
SECRET_KEY = "A secret key may also be required."
```

Django ORM의 추상 테이블은 모두 Django의 Model 객체를 상속한다.

```
from django.db import models

class Cheese(models.Model):
        type = models.CharField(max_length=30)

class Customer(models.Model):
        name = models.CharField(max_length=50)

class Purchase(models.Model):
    purchase_date = models.DateField()
    customer = models.ForeignKey(Customer) ❶
    cheeses = models.ManyToManyField(Cheese) ❷
```

❶ ForeignKey은 다대일 관계를 위해 사용된다. 소비자는 여러 번 구매할 수 있지만, 하나의 구매는 한 명의 소비자에 대응된다. 일대일 관계라면 OneToOneField를 사용하자.

❷ 다대다 관계에는 ManyToManyField를 사용하자.

다음으로, 테이블을 생성하기 위한 명령을 실행해야 한다. 명령줄에서 *manage. py*가 있는 폴더로 이동하여 가상환경을 활성화한 상태에서 다음과 같이 입력하자.

```
(venv)$ python manage.py migrate
```

생성된 테이블을 사용하여 데이터를 데이터베이스에 추가하는 방법은 다음과 같다. instance.save() 메서드가 없으면 새 행의 데이터가 데이터베이스에 저장되지 않는다.

```
leicester = Cheese.objects.create(type='Red Leicester')
camembert = Cheese.objects.create(type='Camembert')
leicester.save() ❶
camembert.save()

doug = Customer.objects.create(name='Douglas')
doug.save()

# 구매 시간 추가
import datetime
```

```
now = datetime.datetime(1971, 12, 18, 20)
day = datetime.timedelta(1)

p = Purchase(purchase_date=now - 1 * day, customer=doug)
p.save()
p.cheeses.add(camembert, leicester) ❷
```

❶ 객체를 저장해야 데이터베이스에 추가되고, 다른 객체를 상호 참조하는
   insert에 추가된다.

❷ 객체를 다대다 매핑으로 별도로 추가해야 한다.

Django에서 ORM을 통해 쿼리하는 작업 코드는 다음과 같다.

```
# 지난 7일간 발생한 모든 구매를 필터링
queryset = Purchase.objects.filter(purchase_date__gt=now - 7 * day) ❶

# queryset으로부터 누가 어떤 치즈를 구매했는지 보기
for v in queryset.values('customer__name', 'cheeses__type'): ❷
    print(v)

# 치즈 유형별로 구매 횟수를 합산
from django.db.models import Count
sales_counts = ( ❸
    queryset.values('cheeses__type')
    .annotate(total=Count('cheeses')) ❹
    .order_by('cheeses__type')
)
for sc in sales_counts:
    print(sc)
```

❶ Django에서 필터링 연산자(예: 크거나 같음을 의미하는 gt)는 테이블 속성인
   purchase_date 뒤에 밑줄 두 개를 붙인 다음에 추가하여 사용하면 자동으로
   파싱된다.

❷ 외부 키(foreign key) 구분자 다음에 위치한 밑줄 두 개를 통해 대응하는 테이
   블의 속성에 접근한다.

❸ 이러한 작성법을 처음 보는 사람을 위해 설명하자면, 긴 구문을 괄호로 감싸
   면 줄바꿈을 통해 가독성을 높일 수 있다.

❹ 쿼리 집합의 annotate 절은 각 결과에 부가 필드를 추가한다.

peewee

peewee(*http://docs.peewee-orm.com/en/latest/*)는 SQL 문법을 알고 있는 상황에서 데이터베이스와 가볍게 상호작용하고 싶을 때 사용하면 좋다. 보는 그대로가 결과 그대로(What you see is what you get), 즉 SQLAlchemy와 같이 테이블 구조를 추상화하는 최상위 레이어를 수동으로 작성할 필요가 없으며, Django ORM과 같이 라이브러리가 마법처럼 테이블 아래에 바탕 레이어를 만드는 일도 없다. 몇 가지만 하되 빠르고 간단하게, 파이썬스러운 방법으로 하자는 게 목표이며, SQLAlchemy가 메우지 못하는 틈새를 공략한다.

다음과 같이 테이블을 추가할 수 있다.

```python
import peewee
database = peewee.SqliteDatabase('peewee.db')

class BaseModel(peewee.Model):
    class Meta:  ❶
        database = database  ❷

class Customer(BaseModel):
    name = peewee.TextField()  ❸

class Purchase(BaseModel):
    purchase_date = peewee.DateField()
    customer = peewee.ForeignKeyField(Customer, related_name='purchases')  ❹

class Cheese(BaseModel):
    kind = peewee.TextField()

class PurchaseCheese(BaseModel):
    """다대다 관계를 위한 클래스"""
    purchase = peewee.ForeignKeyField(Purchase)
    cheese = peewee.ForeignKeyField(Cheese)

database.create_tables((Customer, Purchase, Cheese, PurchaseCheese))
```

❶ peewee는 Meta라 불리는 네임스페이스에 모델 구성 상세를 담으며, Django에서 가져온 아이디어다.

❷ 모든 Model을 데이터베이스와 연동한다.

❸ 프라이머리 키를 명시적으로 추가하지 않으면 암시적으로 추가된다.

❹ purchases 속성을 Customer 레코드에 추가하여 쉽게 접근할 수 있도록 하지만, 테이블에는 변경된 내용이 없다.

create() 메서드로 데이터를 초기화하여 데이터베이스에 추가하는 작업을 단번에 끝내거나, 초기화부터 먼저하고 데이터베이스에는 나중에 추가할 수 있다. 데이터를 나중에 추가한다면 구성 옵션으로 자동 커밋(commit)을 사용해 보거나 트랜잭션(transaction) 수행 기능을 사용해 보자. 아래 예시에서는 데이터를 초기화하여 데이터베이스에 추가하는 작업을 한 단계로 끝냈다.

```
leicester = Cheese.create(kind='Red Leicester')
camembert = Cheese.create(kind='Camembert')
cat = Customer.create(name='Cat')

import datetime
d = datetime.date(1971, 12, 18)
p = Purchase.create(purchase_date=d, customer=cat) ❶
PurchaseCheese.create(purchase=p, cheese=camembert) ❷
PurchaseCheese.create(purchase=p, cheese=leicester)
```

❶ (cat과 같은) 객체를 직접 추가하면 peewee가 프라이머리 키로 사용할 수 있다.

❷ 다대다 매핑에는 마법이 없다. 새 항목을 수동으로 추가하는 수밖에 없다.

쿼리는 다음과 같이 생성한다.

```
>>> for p in Purchase.select().where(Purchase.purchase_date > d − 1 * day):
...     print(p.customer.name, p.purchase_date)
...
Douglas 1971-12-18
Cat 1971-12-19
>>>
>>> from peewee import fn
>>> q = (Cheese
...     .select(Cheese.kind, fn.COUNT(Purchase.id).alias('num_purchased'))
...     .join(PurchaseCheese)
...     .join(Purchase)
...     .group_by(Cheese.kind)
... )
>>> for chz in q:
...     print(chz.kind, chz.num_purchased)
...
Camembert 2
Red Leicester 1
```

고급 트랜잭션 지원, 데이터를 저장하기 전에 후크할 수 있도록 돕는 사용자 정의 함수 지원(예: 압축, 해싱)과 같은 각종 애드온 모음(*https://peewee.readthedocs.org/en/latest/peewee/playhouse.html#playhouse*)이 있으니 확인하자.

PonyORM

PonyORM(*http://ponyorm.com/*)은 쿼리 문법에 대해 다른 접근 방식을 취한다. SQL과 유사한 언어나 불린 표현을 작성하는 대신, 파이썬의 제너레이터 구문을 사용한다. 맞춤형 PonyORM 엔티티를 생성할 수 있도록 돕는 그래픽 스키마 편집기도 있다. 파이썬 2.6 이상과 3.3 이상을 지원한다. Pony에서는 직관적인 구문을 위해 테이블 간 모든 관계가 양방향이어야 한다는 점을 필요로 한다. 다음과 같이 모든 관계된 테이블은 서로 명시적으로 참조해야 한다.

```
import datetime
from pony import orm

db = orm.Database()
db.bind('sqlite', ':memory:')

class Cheese(db.Entity): ❶
    type = orm.Required(str) ❷
    purchases = orm.Set(lambda: Purchase) ❸

class Customer(db.Entity):
    name = orm.Required(str)
    purchases = orm.Set(lambda: Purchase) ❹

class Purchase(db.Entity):
    date = orm.Required(datetime.date)
    customer = orm.Required(Customer) ❺
    cheeses = orm.Set(Cheese) ❻

db.generate_mapping(create_tables=True)
```

❶ Pony 데이터베이스 Entity는 객체의 상태를 데이터베이스에 저장하여, 데이터베이스를 객체에 연결한다.

❷ Pony는 컬럼 유형을 식별하기 위해 Purchase, Customer, Cheese와 같은 사용자 정의 엔티티뿐만 아니라 표준 파이썬 자료형(예: str, datetime.datetime)도 사용한다.

❸ Purchase가 아직 정의되지 않기 때문에 lambda: Purchase를 사용했다.

❹ orm.Set(lambda: Purchase)는 Customer로부터 Purchase로의 일대다 관계를 정의하기 위해 테이블 양방향 관계 중 한 방향을 정의한 부분이다.

❺ orm.RequiredCustomer)는 Customer로부터 Purchase로의 일대다 관계를 정의하기 위한 테이블 양방향 관계 중 나머지 방향을 정의한 부분이다.

❻ orm.Set(Cheese) 관계와 orm.Set(lambda: Purchase)를 결합하여 다대다 관계

를 정의한다.

데이터 엔티티를 정의하면 다른 라이브러리에서와 마찬가지로 객체를 인스턴트화한다. 엔티티는 즉석으로 생성되며 orm.commit()을 호출하여 커밋할 수 있다.

```python
camembert = Cheese(type='Camembert')
leicester = Cheese(type='Red Leicester')
cat = Customer(name='Cat')
doug = Customer(name='Douglas')
d = datetime.date(1971, 12, 18)

day = datetime.timedelta(1)
Purchase(date=(d - 1 * day), customer=doug, cheeses={camembert, leicester})
Purchase(date=d, customer=cat, cheeses={camembert})
orm.commit()
```

그리고 쿼리는 Pony의 위력이 느껴지며, 순수 파이썬처럼 보인다.

```python
yesterday = d - 1.1 * day
for cheese in (
        orm.select(p.cheeses for p in Purchase if p.date > yesterday) ❶
    ):
    print(cheese.type)

for cheese, purchase_count in (
        orm.left_join((c, orm.count(p)) ❷
        for c in Cheese
        for p in c.purchases)
    ):
    print(cheese.type, purchase_count)
```

❶ 파이썬의 제너레이터 구문을 사용하는 것처럼 쿼리를 작성한다.

❷ orm.count() 함수는 개수를 세어 집계한다.

SQLObject

2002년 10월에 처음으로 공개된 SQLObject(*http://www.sqlobject.org/*)는 소개되는 ORM 중 가장 오래되었다. 액티브 레코드 패턴을 구현하였으며, 구현했을 뿐 아니라, SQLObject에는 SQL 로직을 파이썬에 추상화하는 방법으로 표준 연산자(==, <, <= 등)를 오버로드(overload)하는 새로운 아이디어도 적용되었다. 이 아이디어는 거의 모든 ORM 라이브러리에 구현되어 있으며, 매우 인기 있다.

다양한 데이터베이스를 지원하지만, 현재 파이썬 2.6과 2.7만을 지원한다. 여전히 적극적으로 유지 보수되고 있으나, SQLAlchemy가 널리 보급되면서 사용자가 줄고 있다.

Records

Records(*https://github.com/kennethreitz/records*)는 다양한 데이터베이스에 원시(raw) SQL 쿼리를 보낼 수 있도록 설계된 최소한의 SQL 라이브러리이다. Tablib과 SQLAlchemy와 함께 설치되며, 근사한 API와 명령줄 도구가 제공되어 SQL 클라이언트와 같이 행동하며, YAML, XLS, 기타 Tablib 형식으로 결과를 출력할 수 있다. Records는 ORM 라이브러리를 대체하는 수단으로 사용되기보다는, 데이터베이스에 쿼리를 전송하여 보고서를 작성하는 데 주로 쓰인다 (예: 최근 판매 수치를 스프레드시트에 저장하는 월별 보고서). 데이터는 프로그래밍 방식으로 사용되거나 여러 유용한 데이터 형식으로 내보낼 수 있다.

```
>>> import records
>>> db = records.Database('sqlite:///mydb.db')
>>>
>>> rows = db.query('SELECT * FROM cheese')
>>> print(rows.dataset)
name          |price
--------------|-----
red leicester|1.0
wensleydale  |2.2
>>>
>>> print(rows.export('json'))
[{"name": "red leicester", "price": 1.0}, {"name": "wensleydale", "price": 2.2}]
```

Records에는 다음과 같이 SQL을 사용해 데이터를 내보내는 명령줄 도구도 포함되어 있다.

```
$ records 'SELECT * FROM cheese' yaml --url=sqlite:///mydb.db
- {name: red leicester, price: 1.0}
- {name: wensleydale, price: 2.2}

$ records 'SELECT * FROM cheese' xlsx --url=sqlite:///mydb.db > cheeses.xlsx
```

NoSQL 데이터베이스 라이브러리

전통적인 관계형 데이터베이스가 아닌 데이터베이스, 즉 NoSQL(not only SQL) 데이터베이스를 사용하는 사람들도 있다. PyPI를 둘러보면, 비슷한 이름을 가진 파이썬 패키지가 수없이 많아 혼란스러울 수 있다. 원하는 데이터베이스 제품과 함께 사용하기 좋은 파이썬 라이브러리가 무엇인지 검색하여 의견을 살펴보자

(예: 구글에 'Python site:vendorname.com'이라 검색). 대부분의 제품은 파이썬 API를 제공하며, 사용법을 빠르게 익히도록 돕는 튜토리얼을 제공한다. NoSQL 데이터베이스의 몇 가지 예시이다.

MongoDB

몽고DB(MongoDB)는 분산 문서 저장소이다. 고유의 필터와 쿼리 언어가 있는, 클러스터에 서식하는 거대한 파이썬 딕셔너리를 상상하면 된다. 파이썬 API가 궁금하면 몽고DB의 'getting started with Python' 페이지(*https://docs.mongodb.com/getting-started/python/*)를 확인하자.

카산드라

카산드라(Cassandra)는 분산 테이블 저장소이다. 빠른 검색을 제공하며 열의 개수가 많아져도 무리가 없다. 조인 기능을 제공하지 않는 대신, 여러 데이블의 서로 다른 열을 하나의 테이블(materialized view)로 묶는 기능을 제공한다. 파이썬 API가 궁금하다면 planet Cassandra 페이지(*http://www.planetcassandra.org/apache-cassandra-client-drivers/*)를 참고하자.

HBase

HBase는 분산 열 저장소(distributed column store)이다(이 경우 열 저장소는 데이터가 (**행 ID, 열 이름, 값**)과 같이 저장되므로 웹을 구성하는 웹사이트 간 네트워크 데이터와 같은 희소 배열(sparse array) 형태의 데이터에 적합하다. 이는 하둡의 분산 파일 시스템 위에 구축되었다. 파이썬 API가 궁금하다면 HBase의 '지원 프로젝트' 페이지(*https://hbase.apache.org/supportingprojects.html*)를 참고하자.

드루이드

드루이드(*Druid, http://druid.io/*)는 분산 열 저장소로서, 이벤트 데이터를 수집하는 데 사용할 수 있다(데이터를 저장하기 전 집계를 낼 수도 있다). 드루이드는 열에 순서를 매기고 정렬할 수 있으며, 빠른 I/O를 가능하게 하고 작은 풋프린트를 가지도록 스토리지(storage)를 압축할 수 있다(이 문맥에서 열 저장소란, 열에 순서를 매기고 정렬할 수 있어 빠른 I/O와 작은 풋프린트를 위해 압축될 수 있음을 의미함). 드루이드의 파이썬 API 깃허브 페이지(*https://github.com/druid-io/pydruid*)를 참고하자.

레디스

레디스(Redis)는 분산 인메모리 키-값 저장소이다. 디스크 I/O가 없어 대기 시간이 줄어드는 게 핵심이다. 예를 들어, 더 빠른 웹 조회를 위해 빈번한 쿼리 결과를 저장할 수도 있다. 여기에는 레디스를 위한 파이썬 클라이언트 목록(*http://redis.io/clients#python*)이 나열되어 있는데, redis-py가 선호되는 인터페이스로 강조 표시되어 있다. redis-py 페이지는 *https://github.com/andymccurdy/redis-py*에서 확인할 수 있다.

카우치베이스

Couchbase(*http://www.couchbase.com/*)는 (MongoDB의 자바스크립트스러운 API와 비교했을 때) 보다 SQL스러운 API를 가지는 또 다른 분산 문서 저장소이다. 카우치베이스의 파이썬 SDK 링크는 *http://developer.couchbase.com/documentation/server/current/sdks/python-2.0/introduction.html*이다.

Neo4j

Neo4j는 그래프 형태의 관계로 객체를 저장하기 위한 그래프 데이터베이스이다. Neo4j의 파이썬 가이드(*http://neo4j.com/developer/python/*)를 참고하자.

LMDB

LMDB(Symas Lightning Memory-mapped Database, *https://symas.com/products/lightning-memory-mapped-database/*)는 메모리에 매핑된(memory-mapped) 파일을 포함하는 키-값 저장소 데이터베이스이다. 즉, 파일이 처음부터 읽혀서 데이터가 있는 부분에 도달할 필요가 없으므로 인메모리 저장소와 거의 같은 성능이 나온다. 이에 대한 파이썬 바인딩은 lmdb 라이브러리(*https://lmdb.readthedocs.io/*)에 있다.

추가적으로 참고할 사항

파이썬 커뮤니티

파이썬의 세계에는 다양성을 존중하는 풍부하고 포괄적인 글로벌 커뮤니티가 있다.

자유로운 종신 독재자

파이썬의 창시자인 귀도 판 로섬(Guido van Rossum)은 자주 BDFL(Benevolent Dictator for Life), 자유로운 종신 독재자라 불리곤 한다.

파이썬 소프트웨어 재단

파이썬 소프트웨어 재단(Python Software Foundation, PSF)의 임무는 파이썬 프로그래밍 언어의 홍보, 보호, 발전이다. 또한 파이썬 프로그래머의 다양하고 국제적인 커뮤니티 성장을 지원한다. 자세한 내용은 파이썬 소프트웨어 재단의 메인 웹페이지(*http://www.python.org/psf/*)를 읽어보자.

파이썬 개선 제안

PEP는 파이썬 개선 제안이며, 파이썬 자체 혹은 파이썬과 얽힌 표준에 대한 변경사항을 설명한다. 파이썬의 역사나 언어 디자인 전반에 관심 있는 사람에게 PEP는 매우 흥미로운 읽을거리이다. 거절 당한 제안을 읽는 재미도 있다. PEP 1 (*https://www.python.org/dev/peps/pep-0001*)에는 PEP의 서로 다른 세 가지 유형이 정의되어 있다.

표준

표준 PEP는 새로운 기능이나 구현을 설명한다.

정보

정보 PEP는 파이썬 커뮤니티에게 디자인 이슈, 일반적인 지침, 정보를 제공한다.

프로세스

프로세스 PEP는 파이썬 관련 진행 상황을 설명한다.

주목할 만한 PEP

정독해야 할 몇 가지 필수 PEP를 소개한다.

PEP 8: 파이썬 코드 스타일 가이드(*https://www.python.org/dev/peps/pep-0008*)

무조건 읽자. pep8 도구(*https://pypi.python.org/pypi/pep8*)를 사용하면 도움을 얻을 수 있다.

PEP 20: 파이썬 계명(*https://www.python.org/dev/peps/pep-0020*)

PEP 20은 파이썬 철학을 간략히 설명한 19개의 경구이다.

PEP 257: 문서화 문자열 컨벤션

PEP 257은 파이썬 문서화 문자열 시맨틱과 컨벤션 지침 문서이다.

PEP 색인(*http://www.python.org/dev/peps/*)에서 더 많은 PEP를 확인할 수 있다.

PEP 제안하기

PEP는 다른 동료 개발자들에 의해 검토된 후 수락되거나 거부된다. 누구든지 PEP를 작성하고 제출하여 검토 받을 수 있다. 그림 A-1의 다이어그램은 PEP 초안이 제출된 후의 진행과정을 보여준다.

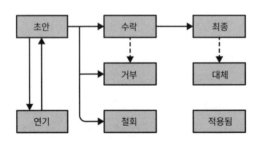

그림 A-1 PEP 리뷰 프로세스

파이썬 컨퍼런스

파이썬 개발자 컨퍼런스는 파이썬 커뮤니티의 주요 이벤트이다. 가장 유명한 두 컨퍼런스는 미국에서 개최되는 PyCon과 이의 유럽판 형제인 EuroPython이다. 파이썬 컨퍼런스 전체 목록은 *http://www.pycon.org/*에 관리되고 있다.

파이썬 사용자 모임

사용자 모임에서는 파이썬 개발자끼리 직접 만나 파이썬 관심 주제에 대해 논한다. 파이썬 소프트웨어 재단 위키(*https://wiki.python.org/moin/LocalUserGroups*)에서 지역 사용자 모임 목록을 관리하고 있다.

파이썬 배우기

커뮤니티가 선호하는 참고 자료를 수준과 응용 분야에 따라 분류하였다.

초급

The Python Tutorial

파이썬 공식 튜토리얼(*https://docs.python.org/3/tutorial/index.html*)이다. 모든 기본 내용을 다루며 파이썬과 표준 라이브러리 둘러보기를 제공한다. 파이썬을 빠르게 시작하기 위한 안내서가 필요한 사람에게 추천한다.

Python for Beginners

이 튜토리얼(*http://thepythonguru.com/*)은 초급 프로그래머에 집중하여 파이썬 콘셉트를 상세히 다룬다. 람다 표현식이나 정규 표현식과 같은 고급 구문도 다루며, '파이썬을 사용한 MySQL 데이터베이스 접속하기'로 튜토리얼이 끝난다.

Learn Python

쉽고 간단한 방법으로 파이썬을 소개하는 대화형 튜토리얼(*http://www.learnpython.org/*)이다. Try Ruby와 같은 인기 있는 웹사이트와 같은 방식이다. 컴퓨터에 파이썬을 설치하지 않아도 사이트에 내장된 대화형 파이썬 인터프리터를 사용할 수 있다.

Python for You and Me

이 책(*http://pymbook.readthedocs.org/*)은 파이썬의 모든 측면을 배우기에 훌륭한

자료이며, 튜토리얼 스타일보다 전통적인 책 읽기 스타일을 선호하는 사람에게 좋다.

Online Python Tutor

이 사이트(*http://pythontutor.com/*)는 프로그램 실행 방법을 단계별로 보여준다. 컴퓨터가 프로그램 소스 코드의 각 행을 실행할 때 어떤 일이 일어나는지를 이해할 수 있도록 도와줘서 프로그래밍 언어를 배울 때 느끼는 근본적인 장벽을 허물 수 있도록 한다.

Invent Your Own Computer Games with Python

이 책(*http://inventwithpython.com/*)은 프로그래밍 경험이 전혀 없는 사람들을 위해 작성되었다. 각 장에는 게임에 대한 소스 코드가 담겨있고, 예시 게임 프로그램을 통해 실제로 프로그램이 '어떻게 생겼는지'에 대한 콘셉트를 제공한다.

Hacking Secret Ciphers with Python

이 책(*http://inventwithpython.com/hacking/*)은 파이썬 프로그래밍과 기본 암호화를 설명하는, 완전 초보자용 책이다. 각 장은 다양한 암호와 해독에 대한 파이썬 소스 코드를 제공한다.

Learn Python the Hard Way

이 책(*http://learnpythonthehardway.org/book/*)은 파이썬 초보자를 위한 훌륭한 안내서이다. "hello world"를 콘솔에 출력하는 방법부터 웹에 출력하는 방법까지 다룬다.

Crash into Python

이 사이트(*https://stephensugden.com/crash_into_python/*)는 3시간 만에 배우는 파이썬으로도 알려져 있으며, 다른 언어를 사용해 본 경험이 있는 개발자를 위한 파이썬 특강이다.

Dive Into Python 3

이 책(http://www.diveintopython3.net/)은 파이썬 3에 달려들 준비가 된 사람들에게 좋다. 파이썬 2에서 파이썬 3로 옮기고 싶거나, 다른 언어 경험이 풍부한 개발자에게 추천한다.

Think Python: How to Think Like a Computer Scientist

이 책(*http://greenteapress.com/thinkpython/html/index.html*)은 파이썬 언어를 사용하여 컴퓨터 과학의 기본 개념을 소개하려 시도한다. 많은 연습 문제, 최소한의 특수 용어, 디버깅 전용 내용이 주 특징이다. 파이썬 언어에서 사용할 수 있는 다양한 기능, 여러 디자인 패턴과 모범 사례를 알아본다. 독자가 책에 소개된 주제를 실제 사례에 적용해볼 수 있도록 돕는 사례 연구도 포함하며, 예시로는 GUI와 마코프(Markov) 분석 설계가 있다.

Python Koans

이 온라인 튜토리얼(*http://bitbucket.org/gregmalcolm/python_koans*)은 Edgecase의 인기 있는 Ruby Koans의 파이썬 버전이다. 대화형 명령줄 튜토리얼이며, 기본 파이썬 콘셉트를 테스트 주도 개발 방식(*https://en.wikipedia.org/wiki/Test-driven_development*)을 사용해 가르친다. 테스트 스크립트에서 실패한 단정문을 수정하는 등의 방법으로 파이썬을 순차적으로 배우게 된다. 언어에 익숙하고 퍼즐을 풀기 좋아하는 사람에게 재미있고 매력적인 옵션이다. 파이썬과 프로그래밍에 입문하는 사람에게는 추가 참고자료가 필요할 수 있다.

A Byte of Python

초보 수준의 파이썬 입문서로, 독자가 프로그래밍 경험이 전무하다고 가정한다. 파이썬 2(*http://www.ibiblio.org/swaroopch/byteofpython/read/*)와 파이썬 3 버전(*https://python.swaroopch.com/*)이 따로 있다.

Learn to Program in Python with Codecademy

이 코드 아카데미 과정(*http://www.codecademy.com/en/tracks/python*)은 완전 초보자를 위한 과정이며 무료다. 파이썬 프로그래밍의 기초(또는 그 이상)를 대화형으로 배울 수 있으며, 튜토리얼 진행 도중 문제 풀기를 통해 지식을 점검한다. 내장 인터프리터를 사용해 즉각적인 피드백을 받으며 배울 수 있다.

중급

Effective Python

이 책(*http://www.effectivepython.com/*)은 파이썬 코드를 개선하는 59가지 방법을 제공한다. 총 227페이지로, 중급 수준의 효율적인 파이썬 프로그래머가 되기 위해 프로그래머가 따라야 할 가장 일반적인 지침을 간략하게 소개한다.

고급

Pro Python

이 책(*http://amzn.com/1430227575*)은 중급에서 고급까지의 파이썬 프로그래머를 대상으로 하며, 파이썬이 어떻게 작동하는지, 왜 작동하는지 이해할 수 있도록 하여 코드 수준을 한 차원 높일 수 있도록 돕는다.

Expert Python Programming

이 책(*http://www.packtpub.com/expert-python-programming/book*)은 파이썬 프로그래밍의 우수 사례를 다루고 있으며, 고급 중에서도 고급 사용자를 대상으로 한다. 데코레이터(캐싱, 프락시, 컨텍스트 매니저 사례 포함), 메서드 레졸루션 순서, super()와 메타 프로그래밍 사용하기, PEP 8 우수 사례와 같은 주제로 시작한다.

zc.buildout에 대한 장을 포함해 패키지, 궁극적으로 애플리케이션을 작성하고 배포하는 사례를 여러 챕터로 나눠 자세하게 설명한다. 마지막 장에서는 문서 작성, 테스트 주도 개발, 버전 관리, 최적화, 프로파일링에 대한 모범 사례를 자세히 설명한다.

A Guide to Python's Magic Methods

파이썬의 '매직 메서드'를 설명한 레이프 케틀러(Rafe Kettler)의 블로그 게시글을 모아 출간한 유용한 자료(*https://github.com/RafeKettler/magicmethods*)이다. 매직 메서드는 밑줄 두 개(예: __init__)로 감싸져 있으며 클래스와 객체를 다양한 마술같은 방식으로 동작시킬 수 있다.

엔지니어와 과학자

Effective Computation in Physics

앤서니 스코파츠(Anthony Scopatz)와 캐서린 D. 허프(Kathryn D. Huff)이 작성한 이 책(*http://bit.ly/effective-computation-in-physics*)은 파이썬을 사용하기 시작하는 과학이나 엔지니어링 분야 대학원생 저년차를 염두하고 작성된 안내서이다. SED와 AWK를 사용해 파일을 탐색하는 스니펫을 포함하며, 데이터 수집과 분석부터 논문 개제까지 매 연구 단계에서 원하는 바를 성취하는 방법에 대한 팁을 제공한다.

A Primer on Scientific Programming with Python

한스 페터(Hans Petter Langtongen)가 작성한 이 책(*http://bit.ly/primer-sci-pro-py*)은 주로 파이썬을 과학 분야에 사용하는 예시를 다룬다. 수학과 자연 과학 분야의 예시가 담겨 있다.

Numerical Methods in Engineering with Python

얀 키우살라스(Jaan Kiusalaas)가 작성한 이 책(*http://bit.ly/numerical-methods-eng-py*)은 현대 수치 방법론에 중점을 두며, 이를 파이썬으로 구현하는 방법을 설명한다.

Annotated Algorithms in Python: with Applications in Physics, Biology, and Finance

이 두꺼운 책(*http://amzn.com/0991160401*)은 직접 구현한 알고리즘을 보여주기 위해 마시모 디 피에로(Massimo Di Pierro)가 교육용으로 작성했다.

기타 주제

Problem Solving with Algorithms and Data Structures

이 책(*http://www.interactivepython.org/courselib/static/pythonds/index.html*)은 자료구조와 알고리즘을 다룬다. 모든 개념이 파이썬 코드와 함께 설명되어 있으며, 대화형 예시가 있어 브라우저에서 실행할 수 있다.

Programming Collective Intelligence

이 책(*http://bit.ly/programming-collective-intelligence*)은 다양한 기본 기계학습과 데이터마이닝 방법론을 소개한다. 수학적인 설명 대신 직관적 설명과 파이썬 알고리즘 구현에 초점을 둔다.

Transforming Code into Beautiful, Idiomatic Python

레이몬드 헤팅거(Raymond Hettinger)가 만든 비디오(*http://bit.ly/hettinger-presentation*)다. 파이썬의 최고 기능의 장점을 취해 기존 코드를 개선하는 방법을 일련의 코드 개선을 통해 보여준다. "보면서 그대로 따라해보세요."

Fullstack Python

이 사이트(*https://www.fullstackpython.com/*)는 웹 서버 설정, 프론트 엔드 설계, 데이터베이스 선택, 최적화/규모 확장과 같은 웹 개발 작업을 파이썬으로 하고 싶은 사람을 위한 완전한 참고 자료이다. 이름에서도 알 수 있듯이, 완벽한 웹 애플리케이션을 밑바닥에서부터 작성하고 실행하는 데 필요한 모든 것들을 다룬다.

참고자료

Python in a Nutshell

이 책(*http://bit.ly/python-in-a-nutshell*)은 구문과 내장 라이브러리부터 C 확장 작성과 같은 고급 주제까지 대부분의 크로스 플랫폼 파이썬 사용법을 다룬다.

The Python Language Reference

파이썬 온라인 참고 매뉴얼(*https://docs.python.org/3/reference/index.html*)이다. 구문과 파이썬 핵심 시맨틱을 다룬다.

Python Essential Reference

이 책(*http://www.dabeaz.com/per.html*)은 파이썬에 대한 궁극의 참고 자료다. 핵심 언어와 내장 라이브러리의 핵심을 간결하게 설명하고, 파이썬 3와 파이썬 2.6을 다룬다.

Python Pocket Reference

마크 러츠(Mark Lutz)가 작성한 이 책(*http://bit.ly/python-pocket-reference*)은 언어의 핵심을 다룬 사용하기 쉬운 참고 자료로, 자주 사용되는 모듈과 툴킷에 대한 설명도 포함되어 있다. 파이썬 3와 파이썬 2.6을 다룬다.

Python Cookbook

데이비드 비즐리(Davis Beazley)와 브라이언 K. 존스(Brian K. Jones)가 작성한 이 책(*http://bit.ly/python-cookbook-3e*)은 실용적인 레시피로 가득하다. 파이썬 언어 핵심과 다양한 응용 분야에 공통적으로 사용되는 작업을 다룬다.

Writing Idiomatic Python

제프 크누프(Jeff Knupp)가 작성한 이 책은 가장 일반적이고 중요한 파이썬 관용구를 분별력과 이해도을 최대화하는 방식으로 소개하고 있다. 자주 사용되는 코드 조각을 작성하는 방법으로 각 관용구를 추천하며, 왜 이 관용구가 중요한지에 대한 설명이 뒤따른다. '위험한' 방법과 '관용적' 방법의 예시를 모두 담고 있다. 파이썬 2.7.3+(*http://amzn.com/1482372177*)과 파이썬 3.3+ (*https://amzn.com/B00B5VXMRG*)에 대해 서로 다른 버전의 책이 있다.

문서

공식 문서

공식 파이썬 언어와 라이브러리 문서는 파이썬 2.x(*https://docs.python.org/2/*)와 파이썬 3.x(*https://docs.python.org/3/*)의 버전별로 있다.

공식 패키징 문서

파이썬 코드 패키징에 대한 최신 지침은 파이썬 공식 패키징 가이드(*https://packaging.python.org/*)에 있다. testPyPI(*https://testpypi.python.org/pypi*)가 있으니, 이를 사용해 여러분의 패키지가 작동하는지 확인하자.

리드 더 닥스

리드 더 닥스(Read the Docs, *https://readthedocs.org/*)는 오픈 소스 소프트웨어 문서를 호스팅하는 인기 있는 커뮤니티 프로젝트이다. 많이 사용되거나 이국적인 여러 파이썬 모듈에 대한 문서가 있다.

Pydoc

pydoc은 파이썬을 설치할 때 설치되는 유틸리티다. 셸에서 빠르게 문서를 탐색하고 그 결과를 볼 수 있다. 예를 들어, time 모듈에 대한 내용이 궁금하면 다음과 같이 셸에 입력하면 된다.

```
$ pydoc time
```

결과 내용은 파이썬 REPL에서 다음 코드를 실행하는 것과 같다.

```
>>> help(time)*
```

뉴스

파이썬 소식을 얻을 수 있는 가장 좋아하는 장소를 이름순으로 나열하였다.

이름	설명
/r/python (http://reddit.com/r/python)	파이썬 관련 뉴스에 기여하고 투표하는 레딧 파이썬 커뮤니티
Import Python Weekly (http://www.importpython.com/ newsletter/)	파이썬 기사, 프로젝트, 비디오, 트윗을 포함하는 주간 뉴스레터
Planet Python (http://planet.python.org/)	사용자가 증가하고 있는 파이썬 종합 뉴스
Podcast.init (http://podcastinit.com/)	파이썬과 파이썬을 훌륭하게 만들어주는 사람들에 대한 주간 팟캐스트
Pycoder's Weekly (http://www.pycoders.com/)	파이썬 개발자를 위한, 파이썬 개발자에 의한 무료 파이썬 뉴스레터(관심 프로젝트를 조명하고, 기사, 뉴스, 구인구직 정보를 포함)
Python News (https://www.python.org/blogs/)	공식 파이썬 웹사이트(https://www.python.org/)의 뉴스 섹션으로 파이썬 커뮤니티 뉴스를 간략히 소개함
Python Weekly (http://www.pythonweekly.com/)	파이썬 관련 큐레이팅 뉴스, 기사, 새 기능, 구인구직 정보에 대한 무료 주간 뉴스레터
Talk Python to Me (https://talkpython.fm/)	파이썬 및 관련 기술에 대한 팟캐스트

찾아보기

기호

@property 데코레이터 146

__call__() 메서드 180

__slots__ 146

__slots__를 사용한 메모리 절약 146

A

ActivePython 22

ActiveState 22

Amazon S3 201

AMQP(고급 메시지 큐잉 프로토콜) 298

Anaconda 22, 47

argparse 모듈 219, 220

Atom 31

autoenv 43

B

bbFreeze 203, 210

bcrypt 304

Behave 101

Berkeley Software Distribution(BSD) 스타일
라이선스 109

Bokeh 310

Boost.Python 279

bpython 40

BSD(Berkeley Software Distribution) 스타일
라이선스 109

Buildbot 254

Buildout 46

C

C 외부 함수 인터페이스(CFFI) 275

C/C++

　Boost.Python 279

　CFFI (C Foreign Function Interface) 275

　ctypes 276

　SWIG 278

　라이선스 이슈 203

Canopy 23

Cassandra 337

Celery 298

CFFI(C 외부 함수 인터페이스) 275

Chameleon 페이지 템플릿 244

CI(지속적 통합 참고)

Click 219, 223

cliff(Command-Line Interface Formulation
Framework) 226

cmath 라이브러리 312

cocos2d 235

Conda 47, 198

Couchbase 338

CPython 5

　스택리스 파이썬 6

　윈도우 설치 17

Cryptography 302

ctypes 274

cv2 318

cx_Freeze 203, , 206

Cython 270

D

decimal.Decimal 클래스 311

Diamond 122-135

　구조 예시 128

　네임스페이스로 기능 분리하기 129

　로그 127

　문서 읽기 123

　복잡한 내부 코드 129

　복잡함 vs. 꼬임 129

　사용자 인터페이스 130

사용자가 확장할 수 있는 사용자 정의
클래스 129
스타일 예시 133
실행 124
코드 읽기 126
Diamond의 사용자 인터페이스 130
difflib 모듈 313
Django Girl's 329
Django ORM 329
Docker 48
docopt 219, 220
Druid 337

E

easy_install 199
Eclipse 34
Elpy 30
Emacs 30
Enthought 23
Eric(Eric Python IDE) 37

F

F2PY(Fortran-to-Python) 인터페이스
생성기 277
fixture (테스트 도구) 100
Flask 182-194
구조 예시 191
라우팅 데코레이터 190
로그 188
모듈성 192
문서 읽기 183
사용하기 184
스타일 예시 189
애플리케이션 전용 기본 값 191
코드 읽기 184
Flask의 모듈성 192

G

gevent 294
GTK+ 229, 232

GUI 애플리케이션 227
GTK+ 229, 232
Kivy 228, 230
Objective-C 229, 233
Qt 228, 230
Tk 228, 229
wxWidgets 233
게임 개발 234
Green Unicorn 249

H

hashlib 모듈 300
HBase 337
Homebrew 10
HowDoI 115-122
구조 예시 119
단일 파일 스크립트 읽기 115
밑줄이 앞에 붙은 함수 이름 120
스타일 예시 120
시스템에서 사용할 수 있는 데이터 활용 119
파이썬스러운 코딩 선택 121
패키징 118
하나의 함수는 하나의 일만 하도록 하자 119
호환성 처리 120
HTTP(Hypertext Transfer Protocol) 282

I

IDE(integrated development environment) 32-38
LiClipse 35
PyDev 35
닌자IDE(NINJA-IDE) 36
비주얼 스튜디오(Visual Studio) 38
스파이더(Spyder) 36
앱타나 스튜디오 3(Aptana Studio 3) 35
에릭(Eric) 37
윙IDE(WingIDE) 35
이클립스(Eclipse) 34

인텔리제이 아이디어(IntelliJ IDEA)   34

코모도 IDE(Komodo IDE)   37

파이참(PyCharm)   34

IDLE(Integrated Development and Learning
Environment)   38

INI 파일을 사용한 로그 기록   105

IntelliJ IDEA   34

IPython   309

IronPython   7

ISC(Internet Software Consortium) 라이선스
110

J

Jinja2   242

JSON   284

Jupyter Notebook   217

Jython   7

K

Kivy   228, 230

Komodo IDE   37

L

Lettuce   101

libnacl   303

libsodium   303

LiClipse   35

LMDB   338

lxml   287

M

Mako   242, 246

math 라이브러리   312

matplotlib   310

MicroPython   8

Microsoft Code 텍스트 에디터   32

MIT(Massachusetts Institute of Technology)
라이선스   110

Mock   92, 100

MongoDB   337

N

Neo4j   338

Nginx   248

NINJA-IDE   36

nltk(Natural Language ToolKit)   313

Nose   99

NoSQL 데이터베이스 라이브러리   336

Numba   273

numbers 라이브러리   311

NumPy   275, 309

O

Objective-C   229, 233

OpenCV(Open Source Computer Vision)
318

ORM(object-relational mapping)   323

P

Pandas   311

peewee   332

PEP (Python Enhancement Proposal)   339-
340

PEP 20(파이썬 계명)   55

PEP 8   54

Pickle   289

pika   298

Pillow   317

pip

easy_install vs. pip   199

VCS 지원   202

리눅스에 파이썬 설치하기   13

맥에 파이썬 설치하기   10

윈도우에 파이썬 설치하기   17

plac   219, 221

platform as a service(PaaS)   247

Plotly   310

PonyORM   334

Psutil   261

Punkt 토크나이저   314

py.test   97

py2app   203, 208

py2exe   203, 209

PyCA(Python Cryptographic Authority)
    299

PyCharm   34

PyCrypto   304

PyDev   35

pyenv   43

Pygame   235

Pygame-SDL2   235

pyglet   235

PyInstaller   203

PyNaCl   303

pyOpenSSL   300

PyPA(Python Packaging Authority)   195

PyPI

    easy_install vs. pip   199

    pip를 위한 VCS 지원   202

    Pypiserver   200

    S3 호스팅   201

    개인용 PyPI   200

    다운로드/설치   199

    샘플 프로젝트   199

    테스트   199

Pypiserver   200

PyPy   269

Pyramid   237

PySDL2   236

Python Cryptographic Authority(PyCA)   299

Python Packaging Authority(PyPA)   195

python.el   30

Python-mode (Vim)   27

PythonNet (Python for .NET)   7

PyZMQ   296

Q

Qt   228, 230

R

RabbitMQ   298

random 라이브러리   312

Records(SQL 라이브러리)   333

Redis   338

Requests 라이브러리   150-165

    HTTP   151

    Request와 PreparedRequest 객체   157

    Sphinx 호환 문서화 문자열   154

    구조 예시   155

    문서 읽기   151

    사용하기   152

    상태 코드   162

    스타일 예시   160

    집합과 집합 연산   160

    최상위 수준 API   155

    코드 읽기   152

    코드 테스트   88

requirements.txt   42

Response 클래스   178

RESTful API   283

reStructured Text   103

Rpy2   311

S

S3(Amazon S3)   201

SageMath   311

Scikit-Image   319

Scikit-Learn   311

SciPy   310

secrets 라이브러리   300

Setuptools

    리눅스에 파이썬 설치하기   13

    맥에 파이썬 설치하기   10

    윈도우에 파이썬 설치하기   17

shim   43

Simple Storage Service (S3) (Amazon S3
    참고)   201

simplejson   285

Simplified Wrapper Interface Generator
    (SWIG)   278

Skulpt   8

Sphinx
 Requests 프로젝트의 문서화 문자열 154
 reStructuredText 103
 Tablib 문서 138
 문서 103
Spyder 36
SQLAlchemy 325
sqlite3 325
SQLObject 333
ssl 모듈 300
Stackless Python 6
Sublime Text 27
subprocess 라이브러리 268
SWIG(Simplified Wrapper Interface
 Generator) 278
SymPy 312
SyntaxNet 316

T
Tablib
 __slots__를 사용한 메모리 절약 146
 Sphinx 문서 138
 구조 예시 139
 문서 읽기 136
 사용하기 136
 설명자와 프로퍼티 데코레이터 140
 스타일 예시 148
 연산자 오버로딩 148
 코드 읽기 137
 코드 테스트하기 95
 프로그램스럽게 등록된 파일 형식 143
 함수 137
TCP/IP 281
TDD(테스트 주도 개발) 88
testPyPI 199
TextMate 31
Tk 228, 229
tox
 Werkzeug 58
 코드 테스트 99

TweetNaCL 303
Twisted 295

U
unittest 91, 99
Unittest 2 99
untangle 285
uWSGI 250

V
VCS(버전관리 시스템) 202
Vi 28
Vim 27-29
virtualenv 명령어 41
 리눅스에 파이썬 설치하기 41
 맥에 파이썬 설치하기 41
 윈도우에 파이썬 설치하기 41
virtualenvwrapper 44
Visual Studio 38
VS Code(VS 코드, 텍스트 에디터) 32

W
Werkzeug 165-182
 Response.__call__ 178
 tox 173
 구조 예시 176
 문서 읽기 167
 믹스인 180
 사용 예시 167
 스타일 예시 174
 자료형 추론 175
 정규표현식 176
 코드 읽기 171
 클래스 기반 데코레이터 177
 플라스크(Flask) 182-194
WingIDE 35
WSGI(웹서버 게이트웨이 인터페이스) 서버
 249
wxWidgets 233

X

XML(웹 API를 위한 파싱) 285

xmltodict 285

Z

ZeroMQ, PyZMQ 296

ZIP 파일(순수 파이썬 앱을 패키징하기 위한) 212

ㄱ

가변 인자 리스트 61

가변 키워드 인자 딕셔너리 62

가브리엘 팔코 101

가상환경 40-49

    라이브러리 추가하기 42

    비활성화 42

    생성/활성화 41

가상환경 생성/활성화 41

가이 L. 스틸 주니어 30

값 무시하기 69

기능이 강화된 대화형 도구 38

    bpython 40

    IDLE 39

    IPython 39

기능이 강화된 대화형 도구(IDLE) 38

같음을 확인하기 위한 대안 64

개발 도구 14-17

개발환경 25-49

    가상환경 40-49

    기능이 강화된 대화형 도구 38

    격리 도구 40

    텍스트 편집기 26

    통합 개발 환경(IDE) 32

객체 관계 매핑(ORM) 323

객체 지향 프로그래밍에 대한 파이썬 특유의 방식 81-83

게으른 바인딩 클로저 74

게임 개발을 위한 GUI 애플리케이션 234

격리 도구 40-49

    Autoenv 43

    Buildout 46

    Conda 47

    pyenv 43

    virtualenvwrapper 44

    가상환경 40

    도커(Docker) 48

경쟁 조건 82

고급 메시지 큐잉 프로토콜(AMQP) 298

고장 난 테스트 90

엘더리온(Eldarion) 247

과학 애플리케이션을 위한 라이브러리 308

    decimal, fractions, numbers 311

    IPython 309

    matplotlib 310

    NumPy 309

    Pandas 311

    Rpy2 311

    Scikit-Learn 311

    SciPy 310

    SymPy 312

관심사 분리 콘셉트 241

관용구(파이썬스러움)

    값 무시하기 69

    같은 값으로 채워진 길이가 N인 리스트 만들기 69

    언패킹 68

    예외로부터 안전한 문맥 70

    코드 스타일 68-72

구조화된 파일 321

귀도 반 로섬 39, 339

기능을 네임스페이스로 분리 129

기본값

    애플리케이션 전용 191

    정상 192

ㄴ

내장 배포

    리눅스를 위한 패키징 211

    정의 196

네임스페이스

Tablib 프로젝트의 함수 그룹화   139

서로 다른 기능 분리   129

네임스페이스 도구   78

네트워킹   292-298

gevent   294

PyZMQ   296

RabbitMQ   298

Twisted   295

뉴 스타일 클래스   182

뉴 스타일 클래스와 object 클래스   182

ㄷ

단 노스   101

덕 타이핑   176

데이비드 비즐리   266

데이비드 하이네마이어 핸슨   251

데이터 압축   291

데이터 작업 라이브러리   307

cv2   318

decimal, fractions, numbers   311

Ipython   309

matplotlib   310

nltk   313

Numpy   309

Pandas   311

Pillow   317

Rpy2   311

Scikit-Image   319

Scikit-Learn   311

SciPy   310

SymPy   312

SyntaxNet   316

과학 애플리케이션   308

라이브러리 비교   307-308

이미지 작업   317

텍스트 작업과 텍스트 마이닝   313

파이썬 표준 라이브러리의 문자열 도구   313

데이터 지속성   321-338

구조화된 파일   321

데이터베이스 라이브러리   322, (데이터베이스 라이브러리 항목 참고)

데이터 직렬화   289-292

Pickle   289

버퍼 프로토콜   291

압축   291

언어 간 직렬화   289

데이터베이스 라이브러리   322

Django ORM   329

NoSQL 데이터베이스 라이브러리   336

peewee   332

PonyORM   334

Records   336

SQLAlchemy   325

sqlite3   325

SQLObject   335

데코레이터

@property 데코레이터   146

Tablib 예시   140

라우팅   190, (플라스크(Flask) 프로젝트 예시 참고)

클래스 기반 데코레이터(Werkzeug 프로젝트에서의)   177

프로젝트 구조   83

데코레이터와 함수   83

동적 타이핑   84

딕셔너리 요소에 접근하기   65

딕셔너리를 사용한 logging   107

ㄹ

라비올리 코드   80

라우팅 데코레이터   190

라이브러리에서 로그 남기기   104

라이선스

C 라이브러리   203

법적 측면 이해에 도움되는 자료   111

선택 프로세스   108-111

선택사항   109

업스트림   108

랍 맥퀸   212

래리 엘리슨   321

레이몬드 헤팅거   345

로그   104

    Diamond 프로젝트   124

    INI 파일을 사용한 구성   106

    딕셔너리를 사용한 구성   107

    라이브러리에서 로그 남기기   104

    로그 vs. 출력   105

    애플리케이션에서 로그 남기기   106

    코드에 직접 구성   108

    플라스크(Flask) 프로젝트   188

로그 vs. 출력   105

루이지(Luigi)   263

리눅스

    가상환경 생성/활성화   41

    내장 배포 패키징   211

    배포 패키지에 대한 주의사항   211

    파이썬 설치   13

리스트 (*) 연산자   69

리스트 다루기   65

리스트 컴프리헨션   87

리처드 스톨만   30

마틴 파울러   251

맥 운영체제에 파이썬 설치하기   10

멀티프로세싱   266

메사추세츠 공과대학(MIT) 라이선스   110

명령줄 애플리케이션   218

    argparse   219, 220

    Click   219, 223

    cliff   219, 226

    Clint   219, 225

    docopt   219, 220

    plac   219, 221

모듈   76-80

몽키 패치   92

문서   101

    문서를 위한 Sphinx 도구   103

    문서화 문자열 vs. 블록 주석   103

프로젝트 공개   102

프로젝트 문서   101

문서화 문자열

    Requests 프로젝트의 Sphinx 호환 문서화

        문자열   154

    블록 주석   103

문서화 문자열 vs. 블록 주석   103

문자열 도구   313

    nltk   313

    SyntaxNet   316

믹스인   180

밑줄이 앞에 붙은 함수 이름   120

ㅂ

반 린드버그   111

반환값   64

배포 패키지   198

버전 관리 자동화 후크   90

버퍼 프로토콜   291

벤더화/벤더화한 패키지   88, 146, 213

벤자민 글라이츠만   115

변경 가능한 기본 인자   72

변경 가능한 자료형   85

변경 불가능한 자료형   85

변수

    게으른 바인딩 클로저   74

    동적 타이핑   84

변수로 지정하고 싶지 않은 값과 밑줄   69

복잡한 코드 vs. 꼬인 코드   129

부작용   82

분산 시스템

    gevent   294

    PyZMQ   296

    RabbitMQ   298

    Twisted   295

    네트워킹   292-298

    소프트웨어 인터페이스   290-296

    파이썬 표준 라이브러리의 성능 네트워킹

        도구   293

브람 몰라나   27

비주얼 스튜디오를 위한 파이썬 도구 7
빌 조이 28
빌드봇(빌드봇(Buildbot)) 254

ㅅ

사용자가 확장할 수 있는 사용자 정의 클래스
129
사용자와의 상호작용 217-250
   GUI 애플리케이션 227, (GUI 애플리케
     이션 참고)
   Jupyter Notebook 217
   명령줄 애플리케이션 218, (명령줄 애플
     리케이션 참고)
   웹 애플리케이션 개발 236, (웹 애플리케
     이션 개발 참고)
상용 파이썬 재배포판 21-23
상태 코드 162
서버 자동화 255-260
   CFEngine 260
   Salt 255
   셰프(Chef) 259
   앤시블 256
   퍼핏 257
선택 인자 61
설명자와 메서드 84
설치 패키지 198
셀러리(Celery) 298
셰프(Chef) 259
셰프(Chef) 259
소프트웨어 인터페이스 281-305
   데이터 직렬화 289
   분산 시스템 (분산 시스템 참고)
   암호 299
   웹 API 283
   웹 클라이언트 282
소프트웨어 툴킷 166
속도 최적화 264-275
   Boost.Python 279
   C/C++/FORTRAN 라이브러리와의 인터페
     이스 275

CFFI(C Foreign Function Interface) 275
ctypes 276
Cython 270
F2PY 277
GPU 라이브러리 274
Numba 273
PyPy 269
subprocess 라이브러리 268
SWIG 278
   멀티프로세싱 266
   스레딩 265
속도 최적화를 위한 GPU 라이브러리 274
솔트 255
순수 함수 82
순환 의존성 79
숨겨진 연결 80
스레딩 265
스파게티 코드 80
시스템 관리
   Travis-CI 252
   서버 자동화 255-260
   시스템/작업 모니터링 260
   젠킨스 253
   코드 관리/개선 252-264
시스템/작업 모니터링 260-264
   Psutil 261
   루이지(Luigi) 263
   패브릭(Fabric) 262
시아란 월시 31

ㅇ

아나콘다 22, 47
아르민 로나허 166
아마존 S3 201
아베 페티그 296
아파치 HTTP 서버 249
아파치 라이선스 109
알렉스 토틱 35
암호 299
   hashlib 300

libnacl   303

PyCrypto   304

PyNaCl   303

pyOpenSSL   302

secrets   300

ssl   300

라이브러리   299

암호 라이브러리   299

애플리케이션에서 로그 남기기   106

액티브스테이트   22

액티브파이썬   22

앤디 게일   260

앤시블   256

앨런 오드가드   31

앱타나 스튜디오   35

언어 간 데이터 직렬화   289

언패킹   68

업스트림 라이선스   108

에그   197

에드가 F. 코드   321

엔진엑스(Nginx)   248

엘리 벤데르스키   291

연산자 오버로딩   148

오류 처리를 위한 코드 스타일   58

오픈 소스 라이선스   109

올드 스타일 클래스   182

요르겐 셰이퍼   30

우리는 모두 책임 있는 사용자다   63

웨이트리스(Waitress)   249

웹 API   283

JSON 파싱   284

lxml   287

XML 파싱   285

웹 스크래핑   287

웹 배포   246

WSGI 서버   249

웹 서버   248

호스팅   247

웹 스크래핑   287

웹 애플리케이션 개발   236

배포   246

템플릿 엔진   240

프레임워크/마이크로프레임워크   236

웹 클라이언트, 소프트웨어 인터페이스   282

웹 템플릿 엔진   240

Chameleon   244

Jinja2   242

Mako   242, 246

웹 프레임워크/마이크로프레임워크   236

장고   237, 238

토네이도   237, 239

플라스크   237, 238

피라미드   238, 240

웹서버   248

웹서버 게이트웨이 인터페이스(WSGI) 서버
   249

위젯 라이브러리   228

GTK+   229, 232

Kivy   228, 230

Objective-C   233

Qt   228, 230

Tk   228, 229

wxWidgets   233

위치 인자   60

윈도우

C++ 라이선스 이슈   203

가상환경 생성/활성화   41

벤더화   87, 146

순환   79

파이썬 설치   17-20

패키징   196

의존성

이미지 작업   317

cv2   318

Pillow   317

Scikit-Image   319

이중 밑줄 (__)   69

인자 전달을 위한 코드 스타일   60-62

인터넷 소프트웨어 컨소시엄 (ISC) 라이선스
   110

인텔의 파이썬 배포판   21

ㅈ

자료형
  동적   84
  변경 가능/불가능   85
  추론   175, (Werkzeug 프로젝트 예시
    참고)
잔 스트렁크   314
장고   237, 238
전역 상태나 문맥   80
전역 인터프리터 잠금(GIL)   274
정규표현식   176
정상 기본값   192
제시카 맥켈러   296
제프 크누프   266
젠킨스   253
존 스키너   27
지속적 통합(CI)   251
  Buildbot   254
  젠킨스   253
  tox   252
직렬화(데이터 직렬화 참고)
집합   160

ㅊ

추상화 계층   76-80

ㅋ

카를로스 코르도바   36
카브야 조쉬   295
카산드라(Cassandra)   337
카피레프트 라이선스   110
캐노피(Canopy)   23
컨벤션
  같음을 확인하기 위한 대안   64-65
  긴 줄의 코드를 여러 줄로 나누기   67
  딕셔너리 요소에 접근하기   65
  리스트 다루기   65-66
  코드 스타일   64-67

컨티넘 애널리틱스   22
케네스 레이츠   135
켄트 벡   251
코드
  매우 긴 한 줄의 코드   67
  배포   195-214
  복잡함 vs. 꼬임   129
  읽기   111-192
  테스트   88-101
  훌륭하게 작성하기   53-111
코드 관리/개선   251-280
  속도 최적화   264-275
  시스템 관리   252-264
  지속적 통합   251
코드 동결하기   202
  bbFreeze   203, 210
  cx_Freeze   203, 206
  py2app   203, 208
  py2exe   203, 209
  PyInstaller   203
  인기 있는 도구 비교   203
  정의   202
코드 배포 (훌륭한 코드 배포하기 참고)
코드 스타일   53-76
코드 스타일
  Diamond 예시   133
  HowDoI 예시   120
  PEP 20   55
  PEP 8   54
  Requests 스타일 예시   160-165
  Tablib 예시   148
  Werkzeug 스타일 예시   174
  관용구   68-72
  구현 결과 설명하기   62
  명시적 vs. 암시적   57
  반환값   34
  여유로운 것 vs. 밀집한 것   57
  오류 처리   58
  우리는 모두 책임 있는 사용자라는 철학   63
  일반적인 갓차   72-75

일반적인 조언 56-64
컨벤션 64-67
플라스크(Flask) 스타일 예시 189
함수 인자 60-64
코드 테스트 88-101
Behave 101
doctest 93
fixture 100
Lettuce 101
Mock 92, 100
Nose 99
pytest 97
Requests 예시 97
Tablib 예시 95
tox 99
unittest 91
Unittest2 99
기본 91-94
예시 94-98
이전 버전의 파이썬을 위한 선택지 99
트래비스-CI(Travis-CI) 250
팁 89
코드 테스트 속도 89
코드 테스트 함수 이름은 정확하게 89
코드 테스팅에서의 독립성 89
코드 프리징하기 (코드 동결하기 참고)
코루틴 294
클래스
뉴 스타일 vs. 올드 스타일 182
믹스인 180
사용자가 확장할 수 있는 사용자 정의 클래
스 129
클래스 기반 데코레이터 177
클로저
Diamond 프로젝트 예시 133
게으른 바인딩 74
키워드 인자 60

E
테스트 주도 개발(TDD) 88

텍스트 에디터 26-32
Sublime Text 27
TextMate 31
Vim 27
VS Code 32
아톰(Atom) 31
이맥스(Emacs) 30
텍스트 작업/마이닝 313
nltk 313
SyntaxNet 316
파이썬 표준 라이브러리의 문자열 도구
313
템플릿 엔진 (웹 템플릿 엔진 참고)
토네이도 237, 239
톡스(tox)
CI 252
통합 개발 학습 환경(IDLE) 38
통합 개발 환경 32, (IDE 참고)
툴킷   (소프트웨어 툴킷 참고)
트래비스-CI(Travis-CI) 252
티보어 키스 314
팀 피터스 56

ㅍ
파비안 에제키엘 갈리나 30
파비오 자드로즈니 35
파이썬 2
파이썬 2 vs. 3 3
파이썬 2를 사용해야 하는 이유 4
파이썬 2.7, 뉴 스타일 클래스 182
파이썬 3
뉴 스타일 클래스와 object 182
파이썬 2 vs. 3 3
파이썬 3를 사용해야 하는 이유 4
파이썬 개선 제안(PEP) 339
파이썬 계명(PEP 20) 55
파이썬 구현 5-8
Cpython 5
IronPython 7
Jython 7

MicroPython   8

PyPy   6

PythonNet   7

Skulpt   8

Stackless   6

설명하기 쉬운/어려운 구현   62

파이썬 설치   9-23

리눅스   13

맥   10

상용 파이썬 재배포판   21

윈도우   17

파이썬 소프트웨어 재단   339

파이썬 커뮤니티   339

파이썬(일반적인)

구현   5

뉴스   347

문서   347

설치   (파이썬 설치 참고)

커뮤니티   339

파이썬 2 vs. 파이썬 3   3

학습 참고자료   346

파이썬애니웨어(PythonAnywhere)   248

패브릭(Fabric)   262

패키지   80

다양한 정의   198

프로젝트 구조   80

패키징   197, (훌륭한 코드 배포하기 참고)

conda 패키지 관리자   198

HowDoI 프로젝트   118

PyPI   198

퍼핏   257

프레임워크   (소프트웨어 프레임워크 참고)

프레임워크 코드 읽기   184

프로그램스럽게 등록된 파일 형식   141

프로젝트

공개   102

구조화   (프로젝트 구조화하기 참고)

문서   101

프로젝트 공개   102

프로젝트 구조화하기   76-80

Diamond 예시   128

Requests 예시   97

Tablib 예시   95

Werkzeug 예시   176

객체 지향 프로그래밍   81

데코레이터   83

동적 타이핑   84

모듈   76

의존성 벤더화   88

패키지   80

플라스크(Flask) 예시   191

피해야 할 구조   79

피터 파렌테   101

필립 J. 에비   165

ㅎ

함수 인자   60-64

함수 정의   72

함수 프로그래밍   82

허용 라이선스   109

헌터 블랭크   56

헤로쿠(Heroku)   247

호스팅   247

훌륭한 코드 배포하기   195-214

단어와 콘셉트   196

리눅스 내장 배포를 위한 패키징   211

실행 가능한 ZIP 파일   212

코드 동결하기   202

패키징   197

훌륭한 코드 읽기   111-192

Diamond 프로젝트   122, (Diamond 참고)

HowDoI 프로젝트   115-122, (HowDoI 참고)

Requests 프로젝트   150-165, (Requests 참고)

Tablib 프로젝트   135-150, (Tablib 참고)

Werkzeug 프로젝트   165-182, (Werkzeug 참고)

예시 프로젝트의 공통 특성   114

플라스크(Flask) 프로젝트　182-194, (플
　　　라스크(Flask) 참고)
훌륭한 코드 작성하기　53-111
　　라이선스 선택　109
　　로그　104
　　문서　101
　　코드 테스트　89
　　프로젝트 구조화하기　76
　　코드 스타일　53, (코드 스타일 참고)
　휠　197